Rudolf von Bitter

Südwestfrankreich

Bordeaux
Périgord · Atlantikküste
Pyrenäen

D1640261

INHALT

Bon appétit!

Château de Beychevelle: das ›Versailles des Médoc‹

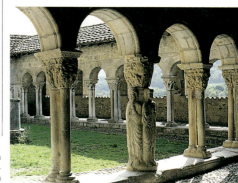

Im Kreuzgang von St-Bertrand-de-Comminges (S. 291)

Zwischen Brandung, Burgen und Bergen

Weite Sandstrände und tosende Brecher, stille Seen und verträumte Gewässer, malerische Schlösser und vergessene Städte, romantische Festungen und die phantastischen Malereien in den verzweigten Höhlensystemen an Dordogne und Vézère: Kaum ein Reisegebiet kann sich mit der Vielfalt des südwestlichen Frankreichs, Aquitaniens und der Gascogne, messen.

Dabei sind die Genüsse des Gaumens, für die diese Region neben seinen Kunstschätzen vor allem steht und die auch in diesem Reiseführer besonders berücksichtigt werden, nicht einmal mitgenannt. Das Bordelais, die Weine des Médoc, des Entre-deux-Mers und des Baskenlands, die Enten- und Gänseleberdelikatessen, die Trüffel des Périgord, die Austern aus Arcachon: Der Tisch ist immer gedeckt, und kaum eine Leckerei darf fehlen. Welche Weine wo angeboten werden, und wie die regionalen kulinarischen Spezialitäten heißen, wo man am besten, aber auch preisgünstigsten einkehrt, erfahren Sie in diesem Buch.

27 Rundtouren führen durch Stadt und Land. Die alte Stadt Bordeaux, wo nicht nur die Römer und die Architekten des Barock gebaut haben, wo vielmehr moderne Kunst, Einkaufsstraßen und schöne Cafés zum Verweilen einladen, ist die erste Station. Anschließend geht es ins Périgord, wo berühmte Kuppelkirchen, wie z. B. die von Périgueux, beinah neben den einzigartigen Höhlen von Lascaux und Les Eyzies stehen. Die Landes mit ihren unendlichen Wäldern und dem vielfältigen Freizeitangebot, die verträumte Landschaft der Lomagne, die Pyrenäen, in denen Sie der Autor auf einer Weinroute oder auf einer Route de Fromage begleitet – all das gehört zu dem Teil von Südwestfrankreich, der früher einmal englisch war.

Oder wie wäre es mit einem Besuch der Höfe der Troubadoure oder einem Abstecher auf den Pfaden der Pilger?

Die schönsten Restaurants am Weg, Gelegenheiten zu Kanu- oder Reitausflügen – für Abwechslung vom Kunstgenuß ist reichlich gesorgt.

Wer mehr wissen will, blättert in den ›Blauen Seiten‹ – praktische Tips mit z.B. einer umfassenden Liste aller Campingplätze.

Und am Ende? Die schönsten Entdeckungen bleiben natürlich die, die man selbst gemacht hat. Anregungen hierzu gibt es in Hülle und Fülle, und, wie man hierzulande so schön sagt: découvrir et s'émerveiller, entdecken und entzückt sein – Autor und Verlag sagen hierzu: bonne chance!

Gleich geht's los: beim Festival von Biarritz

Aquitanien: Wo die Geschichte der Erde und die Vorgeschichte des Menschen sich treffen

In kaum einem Land gibt es so viele Zeugnisse der Erdgeschichte, und an kaum einem Platz Europas ist so viel von der Geschichte der Menschheit und der Alten Welt zu sehen wie in Aquitanien. Die Natur hat das Land reich beschenkt: Das Meer lädt zum Baden, Segeln oder Surfen, Thermalbäder versprechen Entspannung und Erholung, und die Gipfel der Pyrenäen verlocken zum Wandern und Bergsteigen. Zu Aquitanien gehören die erlesenen Trüffel ebenso wie der berühmte Bordeaux-Wein, ohne die die französische Küche nicht vorzustellen ist. Die Tropfsteinhöhlen oder die Höhlen mit den prähistorischen Malereien, die Spuren der Römer, der Goten, der Sarazenen und der Spanier, die Dichtung der Troubadoure und die berühmten Musketiere des *Alexandre Dumas*: Aquitanien hat Geschichte gemacht.

Die Berge im Nordosten

Im Nordosten des heutigen Aquitanien erhebt sich das Massif Central (Zentralmassiv) mit der wilden Landschaft des Périgord als dessen südwestlichem Ausläufer. Am Südrand des Zentralmassivs fließt die Garonne, die Flüsse Lot, Vézère und Dordogne haben sich ihren Weg durch das Massiv gebahnt. Besonders das Tal der Vézère mit den Zeugnissen der Frühgeschichte und das Tal der sich um die Felsen windenden Dordogne mit ihren steinernen Trutzburgen und teils auf Kegeln errichteten verwinkelten Dörfern sollte der Reisende nicht versäumen. Die Höhlen in diesem Kalkgestein sind wegen ihrer Tropfsteinbildungen weitere Anziehungspunkte: Der vom abtropfenden Wasser mitgeführte Kalk hinterließ an der Abtropfstelle wie an der Aufprallstelle eine Spur, die im Laufe der Jahrhunderte (ca. 3 cm in 100 Jahren) Zapfen, Stalaktiten und Stalagmiten, entstehen ließ, weiß wie Kalk oder gefärbt, je nachdem, welche Stoffe das Wasser enthielt.

Die Pyrenäen im Süden

In der Kreidezeit und im Tertiär, ungefähr vor 50 Millionen Jahren, entstanden die Pyrenäen gleichzeitig mit den Alpen, dem Apennin und dem Atlas. Zu dieser Zeit sollen an den Brüchen des Sockels, unterhalb der Pyrenäen, die noch heute vielbesuchten Thermal- und Schwefelquellen angefangen haben zu sprudeln.

Die Pyrenäen zwischen Atlantik und Mittelmeer sind der südliche Abschluß Aquitaniens und zugleich die Grenze zwischen Frankreich und Spanien, ein Gebirge von 430 km Länge, das auf der französischen Seite 30–40 km breit ist. Wenn man von Pau aus auf die teilweise dicht bewachsenen Berge schaut, blickt man auf eine grüne, im Dunst verwaschene, fast konturenlose Wand. Das Kalkgestein der Pyrenäen ist nicht nur reich an Aushöhlungen, es gibt eine Reihe nordsüdlich verlaufender Einschnitte. Ein langes, parallel zu den Bergkämmen verlaufendes Tal, das die Quertäler verbindet, fehlt dagegen. In einigen dieser Quertäler, deren Ausgänge – zumal im Winter – nicht leicht gangbar sind, haben sich Lebensformen erhalten, die einer anderen Zeit zu entstammen scheinen. In diesem Zusammenhang sind das *Couserans* (›Land der 18 Täler‹) und das idyllische *Pays de Toy*, das bis ins 18. Jh. nur per Maultier zu erreichen war, zu nennen.

Die höheren Gipfel der Pyrenäen befinden sich auf der spanischen Seite. Der *Vignemale* (3298 m) und der *Pic D'Estats* (3115 m) liegen auf der Grenzlinie. Auf der französischen Seite sind der *Pic du Midi d'Ossau* (2884 m, östlich des Col du Somport) mit seinen vulkanischen Felsen, der vorgelagerte *Pic du Midi de Bigorre* (2865 m, südlich von Lourdes) und die mächtige Wand von *Néouvielle* (3192 m, südlich vom Pic du Midi de Bigorre) bemerkenswert. Nur ein einziger richtiger Gletscher, der *Glacier d'Ossoue* auf der Ostseite des Vignemale, ist erhalten. Die Spuren der ehemaligen Gletscher dagegen sind noch zu sehen: dunkel funkelnde Bergseen und wuchtige Findlinge.

In der wunderschönen Landschaft, wo sich enge Schluchten unvermittelt auf weite Täler mit einsamen Seen und schäumenden Sturzbächen öffnen, zwischen dem *Aspe-Tal* im Westen und dem *Vallée d'Aure* im Osten, befindet sich der auf französischer Seite 46 000 ha umfassende und teilweise vom Wanderweg GR 10 durchquerte *Parc National des Pyrénées*. Auf einer Breite von einem bis zu 15 km zieht er sich an der Grenze entlang und setzt sich auf der spanischen Seite fort. Eine fast unberührte Hochgebirgslandschaft, die 1967 unter Schutz gestellt wurde. Auch die Fauna dieser Region ist einzigartig. Es existieren hier noch einige Tierarten, die sonst in Westeuropa längst ausgestorben sind. Hierzu zählen Braunbären, Bart- und Gänsegeier, Kaiseradler und Pyrenäengemsen.

Das Herzstück Aquitaniens: Les Landes de Gascogne

Das Périgord im Nordosten, die Pyrenäen im Süden: zwei Hauptstücke schönster Natur und doch nur zwei Ränder des aquitanischen Mittelstücks, der Gascogne, mit ihren duftenden Pinienwäldern und den Mais- und Weizenfeldern. Aber zuerst: nur Wasser. Darum nennen es die Geologen das ›Aquitanische Becken‹.

War dieses ursprünglich eine spitze Bucht des Golfe de Gascogne, so hat sich das im Lauf der Erdgeschichte geändert. Vor ungefähr 300 Millionen Jahren begannen die Auffaltungen des

Zentralmassivs im Nordosten und des Armorikanischen Massivs (Armorikanische Auffaltung = Vendée und Bretagne) im Norden. Dadurch kam es zur Ablagerung von Sedimenten, in deren Folge sich das Aquitanische Becken in seiner Dreiecksform (80 000 km²) nach und nach auffüllte. Man nannte es daher auch ›Sedimentationstrog‹. Wer hier in die Tiefe gräbt, unternimmt eine Reise in die Geschichte der Erde.

Bei den *aquitanischen Flüssen* fällt auf, daß die meisten ihre Quelle nahe beieinander haben. Sie entspringen alle im Bereich des Plateaus von Lannemezan zwischen Tarbes, St.-Gaudens,

›Aus der Mitte entspringt ein Fluß‹. Filmreife Flußlandschaft der Gascogne

11

Lourdes und Bagnères-de-Luchon, also unterhalb des National-
parks der Pyrenäen. Mit den Flüssen Adour und Garonne ziehen
sich zwei Haupt- und Trennlinien durch Aquitanien. Die Garonne fließt zwischen Zentralmassiv und Pyrenäen, der Adour
trennt das flache, grüne Waldland der Gascogne vom lieblich
herben Vorland der Pyrenäen. Dieses ist geprägt von den sanften
Hügeln und Kuppen und den behaglich weißen Fachwerkhäusern der Siedlungen von Navarre und Béarn, durch das sich zahlreiche romantische Bäche und kleinere Flüsse schlängeln, um
schließlich in den Adour zu münden.

Les Landes: seit Menschengedenken ein unwegsames, ungenutz-
tes Sumpfland, das erst in den vergangenen dreihundert Jahren
trockengelegt und durch Korkeichen- und Pinienanbau aufgeforstet wurde. Hierdurch entstand nicht nur eine Holzwirtschaft, das Wandern der Dünen, die der atlantische Wind noch
bis vor hundert Jahren mit einer Geschwindigkeit von jährlich 7
bis 25 m ins Landesinnere getragen hatte, konnte verlangsamt
werden. Es war der Ingenieur *Nicolas Brémontier*, der im 18. Jh.
(ab 1788) in ungefähr 70 m Entfernung vom Wasser eine Boh-
lenpalisade hatte errichten lassen, an der der Sand sich sammeln
konnte. Mit dem Anwachsen der Dünen wurden auch die Boh-
len nach oben gezogen, die Küstendüne wuchs auf zehn bis
zwölf Meter Höhe an. Ihre Oberfläche wurde mit Sandpflanzen
bestückt, deren Wurzeln sich schnell und weit ausbreiteten.
Heute sind die Sanddünen und -strände, die mit ihrer endlosen
Weite zum Laufen einladen, *die* Touristenattraktion.

Im Westen der Atlantik, im Osten das Agenais und die Côteaux de Gascogne

Der atlantische Küstenstreifen mit seinem über 2 000 km feinen
Sandstrand, der sich bis zu einer Breite von fünf Kilometern vor
den hohen Dünen erstreckt, ist einmalig in Europa. Hier kann
man segeln, surfen, baden und sonnenbaden. Die gewaltigen
Wellen und schaumigen Brecher, mal grün, mal braun, mal tür-
kis oder rot unter der versinkenden Sonne, sind schon für sich
ein Erlebnis. Hinter diesem Sandgürtel liegen flache Binnenseen,
von denen nur der größte, das *Bassin d'Arcachon*, Verbindung
zum Meer hat. Südlich von Biarritz verändert sich der Charakter der Küste: Ausläufer der Pyrenäen ragen bis ins Wasser, steile und bizarre Klippen wechseln mit entlegenen Sandbuchten.
   Nördlich vom Bassin d'Arcachon liegt das *Bordelais*. Die
Mündung der Gironde ist eingefaßt von Hügeln aus Kalkgestein,

die auf der Südseite der Mündung mit Kies überdeckt sind. Hier wird der Wein des Médoc kultiviert. Schwemmland und ehemalige Sumpfgebiete sind zu Wiesen oder Weinanbaugebieten umgewandelt worden. Die Bedeutung des Landstrichs um Bordeaux rührt von den Weinbaugebieten Médoc, Entre-Deux-Mers und dem Gebiet um St. Emilion (*s. Weinkarte in der hinteren Umschlagklappe*). Östlich vom Bassin von Arcachon liegt *der Parc Naturel Régional des Landes de Gascogne* (seit 1970). Er umfaßt 210 000 ha und dehnt sich bis fast an den Ort Roquefort im Süden von Bazas aus. Innerhalb dieses Naturschutzgebiets befinden sich das *Ecomusée de la Grande Lande* und der *Parc ornithologique du Teich*. Die *Parcs Naturels Régionaux* sind keine Naturschutzgebiete. Sie dienen dem Tourismus: Sport (Reiten, Radeln, Paddeln, Angeln), Bauwerke und altes Handwerk werden gepflegt und gefördert. Wem am Wasser die Sonne zu viel oder zu wenig scheint, hat hier alle Möglichkeiten, seinen Urlaub aktiv zu gestalten.

Vom Klima zur Kultur: Wie in Aquitanien Geographie und Klima ein Stück Vorgeschichte der Menschheit ermöglicht haben

Im Rückblick klingt es ganz einfach: Die Menschen konnten bleiben, weil die Eiszeit nicht mehr kam. Das war, als die Höhlen im Kalk des Karstlandes um die Dordogne bereits entstanden waren. Manche der Höhlen liegen oberhalb der unterirdischen Wasserströme. Hier konnten Tier und Mensch vor 40 000 Jahren einen Unterschlupf (*abri*) finden. Die Höhlenmalereien von Lascaux (*S. 119*) – das berühmteste Zeugnis – erzählen davon. Ein Siedlungs-Zentrum des Cro-Magnon-Menschen war das Gebiet um den Ort Les Eyzies an der Vézère, der sich mit dem Namen einer ›Hauptstadt der Vorgeschichte‹ ziert.

Das Klima Aquitaniens wird vor allem vom Atlantik geprägt, Temperatursprünge sind selten. Es ist mild und angenehm, im Winter nicht zu kalt, im Sommer nicht zu heiß, thermische Winde kühlen zusätzlich ab. Im Jahr liegt die Temperatur durchschnittlich bei 13°C, im Sommer bei 20°C.

Gutwetterlagen halten sich und werden allenfalls von Gewittern unterbrochen. Im Winter kann das Thermometer an geschützten Stellen auf 20°C klettern. Nur in den höheren Lagen im Norden und in den Pyrenäen kann es zu dieser Jahreszeit kalt werden. Dauerschnee liegt in den Pyrenäen, in deren Wintersportzentren man bis Ende April noch Skilaufen kann.

Klimatabelle

Lufttemperatur (Max.–Min.), mm Niederschlag u. Sonnenstunden (Ø) in:

Bordeaux

	Jan	Feb	März	Apr	Mai	Juni	Juli	Aug	Sep	Okt	Nov	Dez
Max.	9,3	10,9	13,9	16,4	20	24	25,3	26	23	18,4	12,7	9,8
Min.	2,1	2,5	3,9	6	9,2	12,1	13,8	13,8	12	8,6	4,7	3
mm	82	83	78	56	76	45	55	67	70	76	91	85
Sonne	83	102	156	190	200	243	268	255	203	157	102	80

Biarritz

	Jan	Feb	März	Apr	Mai	Juni	Juli	Aug	Sept	Okt	Nov	Dez
Max.	11,4	12	14,5	15,2	18,3	21	23	23,6	22,5	19	14,5	11,5
Min.	4,2	5	6,2	8	11	13,5	16,5	15,8	14,4	11	7	4,8
mm	135	104	122	120	123	95	74	103	143	135	186	160
Sonne	98	106	160	167	200	212	235	219	186	152	100	81

Die Wassertemperaturen am Atlantik

Jan	Feb	März	Apr	Mai	Juni	Juli	Aug	Sept	Okt	Nov	Dez
11,5	11	11,8	13	15,3	18	19,5	20,5	19,5	17	14,7	13

Flora und Fauna

Sonnen-blumen-landschaft über den Ufern des Lot

Das Klima ist mild, aber nicht zu trocken. So gedeihen die Pflanzen besser als an der französischen Mittelmeerküste: Palmen, Bananenstauden, Zitrusbäume. Das Waldgebiet des Landes ist mit 15 000 km² das größte von Frankreich. Zwischen den Seekiefern (*Pinus maritima*) mit ihrem duftenden Harz immer wieder Inseln von Korkeichen. Die Heidelandschaften mit Buschwerk, die sich in den Landes, im Lot-et-Garonne und im Nordosten finden, bezeichnet man als *garrigue* (von provenzalisch *garriga* für steiniges Land). Sie werden von Schafherden abgegrast. Es wachsen hier Wachholder, Ginster, immergrüne Eichen sowie Kräuter wie Thymian und Bohnenkraut. Im Frühjahr blühen Geißblatt, Zistrosen, im Sommer Lavendel, im Herbst Heidekraut, Rosmarin und Buchsbaum. Auf den Hügeln und Bergen trifft man auf immergrüne Eichen, in den Tälern auf Kastanien, Platanen, Zypressen, Pappeln, Oleander und Steinlorbeer. An den Stränden gedeihen Hornmohn, Kresse, Schneckenklee und Strandkamille.

Wer in Aquitanien Tiere beobachten will, wird, was Säugetiere angeht, wohl wenig Glück haben. Relativ verbreitet sind die

Wildschweine, die man am ehesten im Périgord und unterhalb der Pyrenäen antrifft. Die seltenen Braunbären, die es bis jetzt noch vereinzelt im Naturpark der Pyrenäen gibt, stehen kurz vor dem Aussterben.

Mehr Erfolg kann man beim Beobachten der Vögel haben, wenn auch Bartgeier und Kaiseradler sehr selten geworden sind.

An der Garonne kann man Bienenfresser (*Merops apiaster*) sehen, die durch ihr blau und gelb schillerndes Federkleid auffallen. Richtig große Ansammlungen von Vögeln trifft man im *Parc ornithologique du Teich* (März–Sept 9–19, Okt–Feb 10–17.30 Uhr) bei Arcachon, Sammelplatz und Überwinterungsort der Zugvögel (Gänse, Störche, Reiher) und Brutort anderer seltener Vögel. Bei Arcachon machen im Herbst und Frühjahr um die 200 Vogelarten Station. Bei den Einwohnern erfreut sich die Feldtaube, *la palombe*, besonderer Beliebtheit: Ab dem 18. Oktober jeden Jahres darf sie geschossen oder mit Netzen gefangen werden. Als weitere Delikatesse gilt die Gartenammer (*Ortolan, Emberiza Hortulana*).

Hinweis: Unter den **Schlangen** sind ungiftige Schlingnattern in der Mehrzahl. Auch die ein Meter lange Zornnatter ist ungiftig, sie zischt nur wie Giftschlangen. Kreuzottern sind weniger häufig, und auch die giftige Sandviper soll selten sein. Falls man jedoch tatsächlich einmal gebissen wird, sollte man in jedem Fall einen Arzt aufsuchen.

Wo viel Licht ist, gibt es auch Schatten: Neben den Schönheiten der Natur sind auch einige Unschönheiten zu betrachten: Für den ständigen Bedarf an Baumaterial in Bordeaux wurde das Flußbett der Dordogne ausgebaggert, bis Umweltschützer (écologistes), Süßwasser-Fischer und Sportangler ein Verbot durchsetzen konnten. Nun wird der benötigte Kies aus Gruben geholt, mit der Folge, daß sich das Grundwasser zu senken droht und die Winzer um ihre Bestände fürchten müssen. Im Hinterland von Biscarosse befinden sich ein Militärflughafen und eine Raketenbasis mit Übungsgelände, an den Küsten werden in der Hoffnung auf kommende Touristenscharen immer neue Bauten geplant, Plastikmüll wird angeschwemmt, die Einwohner schießen die Zugvögel, um sie zu essen – es wäre Schönfärberei, darüber hinwegzureden. Und trotzdem ist diese Region noch immer eine der schönsten Europas.

Alter neuer Name ›Aquitanien‹.
Die politische Gliederung Aquitaniens

Der Name Aquitanien wurde dem Gebiet am Atlantik bereits von Cäsar verliehen. Es ist darin der Begriff ›aqua‹, Wasser, enthalten, was sich nicht auf das Meer, sondern auf die vielen Flüsse, Bäche, Seen, Teiche und Sümpfe bezieht, die es gibt oder gab. Das *aquitania* Cäsars und des 1. Jh. entsprach einem Drittel Gesamtgalliens und umfaßte das Gebiet von der Loire im Norden zu den Pyrenäen im Süden, vom Atlantik im Westen zum

Massif Central im Osten. Der Begriff *Aquitaine*, wie es auf französisch heißt, verschwand im 13. Jh. aus den Dokumenten und wurde ersetzt von *Guyenne*, angeblich eine Verformung des lateinischen Aquitania über Aquitaine zu Quittanie, Quaine zu Guienne. Als das Herzogtum 1453 an die französische Krone zurückfiel, wurde es aufgeteilt in die beiden Provinzen Guienne (nördlich) und Gascogne (südlich). Nach der Revolution 1789 wurden die Provinzen zu Départements umgebildet: Guienne wurde zu Gironde, Dordogne, Lot, Aveyron und einem Teil des Lot-et-Garonne und des Tarn-et-Garonne, die Gascogne wurde zu Landes, Pyrénées-Atlantiques, Hautes-Pyrénées und Gers. Wieder zweihundert Jahre später (1964) wurden die Départements zu größeren Regionaleinheiten zusammengefaßt, und der alte Begriff ›Aquitaine‹ kam wieder zur Geltung als wirtschaftlich-geographischer Überbegriff der Départements Gironde, Dordogne, Lot-et-Garonne, Landes und Pyrénées-Atlantiques, also vor allem der Gascogne. So ist der Name des Landes nach einer Nordwanderung und dem Verschwinden wieder am Ausgangspunkt aufgetaucht, die Gascogner wurden zu Aquitaniern. Dabei sind doch die Gascogner berühmt für ihren Mut und ihr Mundwerk, wie es *Alexandre Dumas* in seinem Roman ›Die drei Musketiere‹ romantisch verklärt hat: Seine hochherzigen Naturburschen voller Mut und Kraft sind zugleich Schwadroneure, Luftkutscher, Alleinunterhalter und Draufgänger.

Gliederung in Départements

An der Gliederung in Départements hat sich nichts geändert. Die alten Landschaftsnamen hat man dabei mehr oder minder unberücksichtigt gelassen. Die Nummern decken sich mit der Endnummer der Auto-Nummernschilder.

Am Atlantik:

Gironde: (Nr. 33, Präfektur Bordeaux, alte Landschaftsbezeichnung: Bordelais)

Les Landes: (Nr. 40, Präfektur Mont-de-Marsan, alte Landschaftsbezeichnung: Gascogne, was einen Teil des Départements Lot-et-Garonne mitbeinhaltet)

Pyrénées Atlantiques: (Nr. 64, Präfektur Pau, alte Landschaftsbezeichnung: westlicher Teil, zwischen Atlantik, Pyrenäen und Adour: Pays Basque; östlicher Teil: Béarn; darin noch Basse Navarre, das natürlich viel kleiner ist als das spanische Navarra)

Im Landesinneren:

Dordogne: (Nr. 24, Präfektur Périgueux, alte Landschaftsbezeichnung: Périgord)

Lot-et-Garonne: (Nr. 47, Präfektur Agen, alte Landschaftsbezeichnung: Agenais).

Weitere Landschaftsbezeichnungen sind **Médoc** für das Gebiet am linken Ufer der Gironde nördlich von Bordeaux, **Blayais** mit der Stadt Blaye, gegenüber dem Médoc an der Gironde, **Entre-deux-Mers** östlich von Bordeaux, zwischen Garonne und Dordogne, bevor sie zusammenfließen. **Bordeaux** ist auch Hauptstadt der Region Aquitaine.

Einwohnerzahlen:

Bordeaux: 226 000 (mit den Vororten: 620 000).
Biarritz: 29 000, Bayonne 43 000, Libourne 24 000.
Insgesamt leben in Aquitanien 2,7 Millionen Menschen (1987).
Die Bevölkerung hat je nach der Entwicklung eines Landstrichs zu- oder abgenommen: Im Département Gironde wurden es um 50% mehr, was auf die Ansiedlung von Klein- und mittlerer Industrie um Bordeaux und auf den Weinbau zurückgeführt wird, in den Pyrénées leben heute knapp 20% mehr als vor 150 Jahren, im Département Dordogne nahm die Einwohnerzahl infolge des Rückgangs der Landwirtschaft ab.

Die Sprachen

Die Sprache in Aquitanien ist das Französische. Daneben bestehen einige Dialekte sowie zwei eigene, ältere Sprachen, von denen die eine, nämlich das *Baskisch* (baskisch: *euskera*), als einzige nichtindogermanische Sprache in Westeuropa noch gebräuchlich ist. Der Ursprung dieser Sprache, über den es verschiedenste Theorien gibt, ist bis heute nicht geklärt. Die andere ältere Sprache ist die *Langue d'oc* der *Occitan* oder das *Okzitanische*, eine eigene romanische Sprache, in die nur wenige Worte der Eroberer aus dem Norden Eingang gefunden haben, während aber keltische, ligurische und iberische Wortstämme nachzuweisen sind. Auch nach der Einführung des Französischen als Amtssprache unter *Franz I.* (Erlaß von Villiers-Cotteret, 1539) war diese Sprache im gesamten Gebiet Aquitaniens vorherrschend. Zu Beginn unseres Jahrhunderts war das Okzitanische immerhin noch so lebendig, daß sein Gebrauch in den Schulen verboten wurde. Dem Okzitanischen sehr ähnlich ist das Katalanische.
Im südlichen Teil des Lot-et-Garonne klingt das Französische durch das gerollte ›R‹ und aufgrund fehlender Nasale schon ein bißchen nach Provence, in Bordeaux wird das Französische als ›englisch‹ empfunden, daneben gibt es einen eigenen Dialekt, das *Bordeluche*, in das sogar einzelne spanische Worte gelangt sind.

Von der Urzeit zur Postmoderne – aquitanische Geschichte

Grabungen in den Regionen um die Flüsse Dordogne, Charente und Lot sowie um und in den Pyrenäen haben erwiesen, daß Frankreichs Südwesten von Völkern der Altsteinzeit (zwischen dreißig- und zehntausend Jahren vor unserer Zeitrechnung) bewohnt oder durchwandert wurde. An der Küste, im Sumpf von Blaye, unterhalb der Felsen von Bourg, an den Anhöhen des Libournais ist man auf Silex-Steine in Lorbeer- oder Ulmenblattform, als Nadeln, Stichel, Schaben oder Spitzen, gestoßen. Diese werden auf die Zeitspanne von 120 000 bis 40 000 v. Chr. geschätzt. Für manche gravierte Gerätschaften aus Knochen setzt man die Zeit zwischen 40 000 und 10 000 v. Chr. an. Aus dieser Zeit stammen auch die Gräber, in denen Leichname in Säuglingsposition bestattet worden sind, sowie die berühmten Höhlen und Grotten des Vézère-Tals (*S. 118*).

Die ersten Siedler waren die Ligurier, ihnen folgten im 6. Jh. v. Chr. die Iberer. Im 5. Jh. v. Chr. zogen Kelten aus dem Rheinland (Boiens, Bituriges, Vivisques, Vasates) hierher.

72 v. Chr. Gründung der gallischen Stadt *Lugdunum Convenarum* (St-Bertrand-de-Comminges) durch Pompejus.

Römische Provinz und germanisches Beutefeld

In die geschriebene Geschichte tritt Aquitanien mit der Eroberung durch die Römer ein. Was wir heute als Aquitanien bezeichnen, war eine der vier Provinzen des alten Gallien und war zudem viel größer als unser Aquitanien (*s. Vorsatzkarte*). *Aquitania* wurde ursprünglich von iberischen Stämmen zwischen Pyrenäen und Garonne bewohnt. Unter Augustus (30 v. Chr. bzw. 27 v. Chr.–14 n. Chr.) dehnte es sich bis zur Loire aus. Im spätrömischen Reich (395) hatte man für das heutige Aquitanien den Namen *Novempopulana*.

56 v. Chr. Crassus, Feldherr Caesars, erobert Aquitanien. Wenige Jahre später Gründung von *Burdigala* (Bordeaux), das als Fischerort schon vorher existiert hat, von *Vesuna Petrucorium* (Périgueux), *Agonnum* (Agen) und *Iluro* (Oloron).

3. und 4. Jh. n. Chr.: Verbreitung des Christentums. Aufteilung in drei Aquitaniae: 1. *Aquitania prima* mit Bourges, Limousin und Auvergne, 2. *Aquitania secunda* um Bordeaux (Bordelais,

Périgord, Agenais), 3. *Aquitania tertia* oder *Aquitania novem populana* wegen der am nördlichen Pyrenäenrand lebenden neun Völker, was später das nördliche Navarra, das Béarn und die Gascogne wurde.

310 – 393: *Decimus Magnus Ausonius*, der römische Dichter aus Burdigala (Bordeaux); dichtete in Trier.

5. Jh.: Germanische Völkerwanderung. Alanen, Sueben, Wandalen und Westgoten kommen nach Aquitanien. Bordeaux ist Hauptstadt der Provinz Aquitanie secunda. Weinhandel.

412 besetzen Westgoten Bordeaux als Verbündete der Römer, um die Stadt vor weiteren Überfällen der Vandalen und Alanen zu schützen. Ihr Anführer *Athaulf* heiratet 414 die Tochter des Kaisers Theodosius, *Galla Placidia*, die nach seinen Tod 415 den späteren Konstantius III. ehelicht.

418 werden das römische *Turrita Tolosa* (Toulouse) und *Novempopulania* unter dem neuen *König Theoderid* (418–51) Hauptstadt des westgotischen Tolosanischen Reichs.

451: *König Theoderid* fällt auf den Katalaunischen Feldern. Nachfolger *Theoderich*, nach Sidonius Apollonius »von Gott und der Natur begabt mit den seltensten Qualitäten«.

466 – 484: Sein Bruder *Eurich* beseitigt ihn und wird neuer König.

474: Römische Anerkennung eines Westgotenreichs, das sich von Loire und Rhône bis fast nach Salamanca, Toledo und Málaga ausdehnt. Eurich führt Eroberungen durch. Er ist für den Arianismus und köpft die Prälaten, die dagegen sind – schreibt *Gregor von Tours* 100 Jahre später, obwohl es wohl eher so war, daß die Aquitanier die nichtarianischen Altäre nicht mehr aufsuchten.

Die von den Westgoten vertriebenen Vaskonen oder Gaskonen drängen ins Land nördlich der Pyrenäen.

485: Alarich II. (484–507) läßt in Latein einen römisch geprägten Rechtscorpus (*Bréviaire d'Alaric*) verfassen, der in Aire-sur-l'Adour beschlossen wird.

Arabische Bedrohung und Vormacht der Franken

Unter *Chlodwig I.* verdrängen die Franken die Westgoten. Chlodwig ist seit 481 König, seit 486 dringt er in Frankreich vor. 508 macht der Paris zur Hauptstadt seines Frankenreichs.

507: Schlacht um Vouillé. Chlodwigs Heer reibt bei Poitiers Alarichs Heer auf und vernichtet die Goten.

Bis 511 (Tod Chlodwigs) wird Gallien fester Teil des Frankenreichs.

Bis 531 wird auch die Gascogne dem fränkischen Herrschaftsbereich angegliedert.

629: Frankenkönig *Dagobert I.* richtet für seinen Sohn *Charibert II.* das Herzogtum Aquitanien ein (Limoges, Poitiers, Saintes, Périgueux, Cahors, Agen, Toulouse), ohne Bordeaux. Dort herrschte ein Saxone, Aegina (629–38). Charibert starb in Blaye, seinen Sohn soll Dagobert vergiftet haben, so daß Aquitanien wieder in seine Hände kam.

Ab ca. **670** regierten die aquitanischen Herzöge relativ selbständig, zahlten aber Tribute an die Sarazenen.

732: Eroberungs- und Raubzug der Araber unter *Abd ul Rahman*, der bis an die Loire vordringt und bei Poitiers von den Franken unter *Karl Martell* zurückgeschlagen wird.

771 macht *Karl der Große* Aquitanien zu einer fränkischen Provinz und zieht weiter nach Pamplona, dessen Befestigungen er abreißen läßt, zum Ärger der Basken. Bei der Rückkehr des Frankenheers gerät *Roland*, Graf der Bretagne, in einen Angriff der Basken bei Roncevaux und fällt. Erst zwei Jahre später wird er zum Helden hochgesungen.

Am **15.6.781** ernennt Karl der Große seinen 6-jährigen Sohn *Ludwig den Frommen* (den andere den Gutmütigen nennen) zum König von Aquitanien. 802 erobert er Barcelona von den Arabern.

814 wird Ludwig der Fromme zum König von Frankreich. Sein Sohn *Pippin I.* tritt seine Nachfolge an. Es folgen Jahre des Machtkampfs verschiedener Kronprätendenten. *Pippin II.*, *Sanche-Mittara*, *Karl der Kahle* und dessen Sohn *Ludwig* wechseln einander ab.

Die Wikinger (oder *Normannen*) beginnen ihre Raubzüge, die sie vom Atlantik aus mit ihren schnellen Langschiffen die Flüsse aufwärts führen.

848 und **862** erobern sie Bordeaux, Bazas, Agen, Dax und St-Sever. Die merowingische und karolingische Baukunst wird teilweise vernichtet.

879/80: Verträge von Verdun und Ribemont. Das westfränkische Königreich wird geteilt in das nördliche Franzien und das südliche Aquitanien, darin im Süden die Gascogne. Bis ins 10. Jh. dauern die internen Machtkämpfe, die Überfälle durch Normannen und Araber an. Frankreichs Südwesten zerfällt in kleine Machtbereiche, deren Herrscher ihre eigenen Gesetze, Münze, Verwaltung etc. aufziehen.

950 kommt das *Herzogtum Aquitanien*, dessen Name sich mehr und mehr verändert in Richtung ›Guyenne‹, an die Grafen von Poitou, während die Gascogne und Toulouse selbständig bleiben.

989: Göttlicher Friede, *La Paix de Dieu*. Den Edelleuten, die nunmehr Chevaliers, Ritter, heißen, ist verboten, den König anzugreifen oder sich am Gut anderer Ritter zu vergreifen oder Leute, die nicht Krieg führen, also Bauern, Priester, Pilger, Händler und Reisende, zu bekriegen. Einander dürfen sie dafür nach Herzenslust bekämpfen. Dieser Friede wurde selten respektiert.

Die Pilger kommen

Um 1000: Beginn der großen Pilgerzüge nach Santiago de Compostela in Galicien. Jährlich ziehen um die 500 000 Menschen über Tours, Saintes und Bordeaux nach Spanien. Orte wie St-Amand-de-Coly, St-Léon-de-Vézère, Tayac, Paunat, Limeuil, Cadouin, St-Avit-Sénieur werden zu Wegstationen.

Ab 1076: Neusiedlungen durch Mönche, die im Médoc, Entre-Deux-Mers, Bordelais, Fronsadais und Bazadais roden und urbar machen: Diese Landstücke hießen in der Langue d'oc ›artiga‹ (artigo, artigue). Bis ins 13. Jh. ist dieser Ausdruck üblich. Weit über einhundert Orte, Flure und Parzellen heißen nach *artigues*: Artigau, Aux Artigues, Lartigaut, Lartigon, Artiguedéjus, Artiguetorte (wird zu Tiquetorte), Malartigue und Malartic, Sartigue, Martillac, Lucartigue. Andere Wortendungen lassen Rückschlüsse auf andere Zeiten zu: Worte auf -os werden auf die Kelten zurückgeführt. Worte auf -ac sollen aus gallisch -acos entstanden sein, bei lateinischen Namen auch als -as. -an stammt aus der römischen Zeit, abgeleitet von anum. -ens wird im Bereich der Gironde von den Wisigoten, -ingas vom germanischen -ing hergeleitet.

990–1030: Im heutigen Aquitanien regiert *Wilhelm V. der Gr.*
961–997: In der Gascogne regieren die *Ducs de Gascogne*. Sie

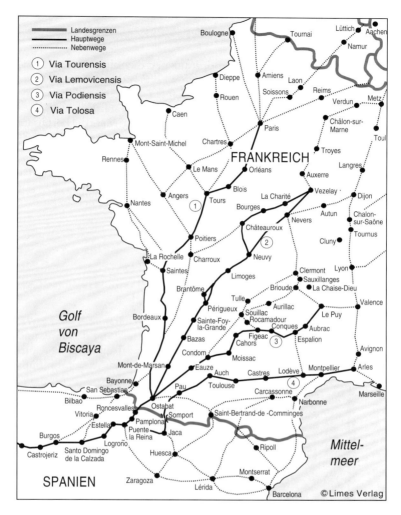

Die Wege der Jakobspilger: 500 Jahre pilgerten Hunderttausende quer durch Europa nach Santiago de Compostela (*S. 260*)

fühlen sich mehr dem spanischen Königreich Navarra verbunden. Die *Herzöge von Aquitanien* hingegen haben Interesse, ihrem Land die Gascogne einzuverleiben.

1030–38: In der Zeit unter *Wilhelm VI.* folgen Überschwemmungen, Mißernten, Hungerkatastrophen (Kannibalismus) aufeinander.

1058–86: Guy-Geoffroy wird als *Guillaume VIII.* Herzog von Aquitanien. Vereint Aquitanien und die Gascogne und erweitert seinen Machtbereich um Bordeaux und die Saintonge (um Saintes) im Norden und wird Graf von Poitiers. Als er 1059 die Ritter des Königs zur Krönung *Philippes I.* in Reims anführte, umfaßte seine Macht ein Viertel des heutigen Frankreich.

Gérard de Corbie gründet im Entre-Deux-Mers die berühmte und mächtige Abtei La Sauve-Majeure, eine der wichtigen Etappen auf dem Pilgerweg nach Santiago.

1086–1127: *Wilhelm IX.*, der Troubadour. Gründet das Kloster Fontevrault an der Loire.

1119: Erster Konflikt mit England.

1127–37: *Wilhelm X.*

Aquitanien als Machtfaktor zwischen Frankreich und England

1137 heiratet *Eleonore von Aquitanien* (Poitou, Guyenne, Gascogne) König Ludwig VII. von Frankreich.

1152: Scheidung Eleonores von Ludwig. Heirat *mit Heinrich II. Plantagenet*. Er ist Herzog der Normandie, Graf d'Anjou, und ist Lehnsherr über die Bretagne, Maine und Touraine. Mit Aquitanien gehört jetzt das westliche Frankreich zu seinem Einfluß-

Hochzeit Ludwig VII. mit Eleonore von Aquitanien (links) und der Aufbruch zum zweiten Kreuzzug im Jahr 1147 (Buchmalerei aus dem 14. Jh.)

bereich. Der französische König verliert fast die Hälfte seines Reichs.

1154 wird Heinrich als *Henry II.* König von England. Sein Land wird als *Angevinisches Reich* bezeichnet.

Bis **1453** sind die Jahre geprägt von kriegerischen Auseinandersetzungen zwischen Frankreich und England. Im *Hundertjährigen Krieg* (Beginn in Aquitanien: 1345) geht es um die französische Thronfolge, nachdem die Kapetinger ausgestorben sind. Zuerst gibt es Niederlagen für Frankreich. Das Haus Valois setzt sich gegen die englischen Ansprüche durch. Die aquitanischen Orte haben derweil nichts dagegen, englisch zu sein.

1259 bestätigt *Ludwig IX.* im Frieden mit dem englischen König *Henry III.* das Herzogtum Aquitanien als französisches Lehen.

1453 kommt Aquitanien unter *Karl VII.* als Guyenne wieder an Frankreich (Bataille von Castillon). Darin die Grafschaften Albret, Armagnac, Béarn, Bigorre, Comminges, Foix, Toulouse. Die entscheidende Schlacht wird von der Jungfrau von Orléans, *Jeanne d'Arc*, geführt. England zieht sich vom Festland zurück, bis auf Calais.

1462: Einrichtung eines Gerichts in Bordeaux durch Ludwig XI.

1402–1589: Das Haus Albret (›Könige von Navarra‹) gewinnt die Vormacht in Aquitanien. *Johanna von Albret* heiratet Anton von Bourbon.

1553: Geburt ihres Sohns Heinrich von Bourbon, Heinrich von Navarra, in Pau.

1562: Johanna von Albret tritt zur Reformation über. Hugenottenkriege, französische Religionskriege.

1589: *Heinrich von Navarra* wird zum französischen König Henri IV. Er will seine Stammlande Albret, Armagnac, Béarn und Basse-Navarre vom Königreich getrennt lassen, muß sie aber 1620 dem französischen Königreich einfügen.

1598: *Edikt von Nantes.* Es sichert Protestanten freie Religionsausübung zu.

1660: *Ludwig XIV.* heiratet in St-Jean-de-Luz die spanische Infantin *Maria Theresia.*

1685: Nach der Rücknahme des Toleranz-Edikts von Nantes durch Ludwig XIV. werden in Bordeaux 2500 Protestanten umgebracht.

18. Jahrhundert: wirtschaftlicher Aufschwung in Aquitanien.

1789: Aquitanien wird im Zuge der *Französischen Revolution* eingeteilt in Basses und Hautes Pyrénées, Gers, Gironde, Lot-et-Garonne, Haute Garonne, Landes, Dordogne.
   1789 tritt die Gegend noch einmal hervor durch den girondistischen Aufstand um Bordeaux. Die Girondisten waren gegen die harte Linie der Jakobiner. Dafür mußten sie aufs Schafott.

1870, **1914**, **1940** war *Bordeaux* vorübergehend provisorischer Regierungssitz Frankreichs. Insgesamt gesehen ist die Geschichte Aquitaniens seit der Revolution in die französische Geschichte integriert. Unter Franco, also seit Ende der dreißiger Jahre, waren Bayonne, Biarritz und die umgebenden Orte Zufluchtspunkte für Exilspanier und zugleich auch Ausgangspunkt für politisch motivierte ›Aktionen‹ separatistischer Untergrundorganisationen (ETA, GRAPO). Die Folge waren von der spanischen Polizei (GAL) ausgehende Gegenaktionen, die erst seit den 80er Jahren nach und nach aufgedeckt werden.

1990: Der Hochgeschwindigkeitszug *TGV Atlantique* verbindet Bordeaux mit Paris (Fahrzeit: keine 3 Std.).

Menschen, die Geschichte machten

Cro-Magnon-Mensch (ca. 30 000–15 000 v. Chr): *siehe S. 118*

Decimus Magnus Ausonius, römischer Dichter, 310 in Burdigala (Bordeaux) geboren und 393 dort verstorben. Sohn eines Arztes, lehrte dreißig Jahre lang Grammatik und Rhetorik in Bordeaux. Wurde 364 als Erzieher des Thronfolgers Gratian in die Residenzstadt Trier geschickt. Einer der wenigen lateinischen Autoren, die in Deutschland und über Deutschland geschrieben haben. War zu seiner Zeit ein beliebter Dichter, nach den Maßstäben der Literaturgeschichte aber vergleichsweise unbedeutend. Er verstand sich selbst als Grammatiker und Rhetor, der seine Umwelt und seinen Alltag in Verse faßte und eher auf Kunststückchen als auf hohe Literatur aus war. So verfaßte er sogenannte Verse in Keulenform (›versus rhopalici‹), wo jedes Wort eine Silbe mehr hat als das vorhergegangene. Heute würde man ihn deshalb wohl der literarischen Gruppe ›Oulipo‹ um *Georges Perec* und *Italo Calvino* zuordnen. Das bekannteste Werk von ihm war die Beschreibung einer Reise auf der Mosel von Bingen nach Trier in 483 Hexametern, ›Mosella‹. Als besonders gelungen gilt sein schwärmerischer Gedichtzyklus ›Bissula‹, worin er ein Suebenmädchen preist, das ihm bei den Alemannenfeldzügen als Beute zuteil wurde. Er gab ihr die Freiheit, und ihre gegenseitige Liebe führte zum ersten Liebesgedicht auf eine Schwäbin.

Die Guillaumes – Wilhelme von Aquitanien: Der erste aquitanische Wilhelm, Guillaume auf französisch, und zu seiner Zeit noch Guilhem geschrieben, war 802 mit dabei, als *Ludwig der Fromme* Barcelona von den Arabern eroberte. Guilhem, über seinen Vater verwandt mit *Karl dem Großen* (wird behauptet), wurde Graf von Barcelona, zog sich aber 804 in das Kloster des Benoît von Aniane zurück. Stiftete 806 die Abtei von Gellone und wurde fortan als Wilhelm von Gellone bezeichnet. Heute heißt das Kloster, nördlich von Montpellier über dem Hérault gelegen, St-Guilhem-le-Désert. Sein Leben soll den Dichter des berühmten Heldenepos (Chanson de Geste) von Wilhelm von Oranien inspiriert haben. Auch zwei Heldenepen des 11. Jh. werden auf ihn bezogen: ›Roman de Guillaume au court Nez‹ (Wilhelm mit der kurzen Nase) und ›Moniage Guillaume‹.

Es folgen eine Reihe von Wilhelmen, angefangen *mit Wilhelm I. der Fromme* (886 Herzog von Aquitanien); sie bilden aber keine Familienlinie. Das beginnt erst mit *Wilhelm III.* dem ›Flachskopf‹ (951 Herzog von Aquitanien), Vater von Wilhelm IV., genannt *Fier à Bras* – Großmaul, der 963 die Nachfolge seines Vaters antrat. Ihm folgten u. a. Wilhelmen *Wilhelm V. der Große* und *Wilhelm VIII.*, der zunächst Guy-Geoffroy geheißen hat. Wichtig wird es dann mit Wilhelm IX. dem Troubadour.

Wilhelm IX. der Troubadour (22.10.1071 – 10.2.1127): Graf von Poitou, Herzog von Aquitanien und Gascogne. Heiratete 1092 *Philippa*, einzige Tochter von Wilhelm IV., Graf von Toulouse, den sie 1097 gegen Wilhelms Erwartungen nicht beerbte. Trotzdem tat er, wenn auch ohne Erfolg, alles, um den als Erben eingesetzten Bruder des Grafen von Toulouse und anschließend dessen Sohn Bertrand um ihre Grafschaft zu bringen. Das Gebiet von Wilhelm IX. reichte von der Loire bis an die Pyrenäen. Er hatte mehr Macht als der König von Frankreich, dessen Vasall er war. 1100 führte er einen – gescheiterten – Kreuzzug nach Konstantinopel und reiste als Pilger nach Palästina.

Wilhelm IX. war ein Bilderbuchfürst, groß gewachsen und gut aussehend (laut Überlieferung), rauhbeinig und grausam, hochgebildet und großzügig, ein Machiavellist vor Machiavell und ein Verehrer der Frauen. Zum Beispiel hatte er in der Kathedrale von Poitiers, dem Hauptsitz der aquitanischen Herzöge, wo sie ihre Herzogswürde empfingen, den damaligen Bischof mit dem

Schwert bedroht, als ihm dieser die Absolution verweigerte, weil er exkommuniziert worden war. Der Kirchenmann bewahrte die Ruhe, und Wilhelm steckte das Schwert wieder ein mit den Worten: »Erwarte nur nicht, daß ich dich ins Paradies schicke.« Einem anderen Kleriker, der schon älter und kahlköpfig war, gelobte er Besserung für den Fall, daß dieser sich einmal kämme. Zwiste mit der Kirche gehörten zum Leben von Wilhelm IX.; seine Amouren lebte er ganz offen am Hof und vor Augen seiner Frau aus. Wie auch immer, gegen Ende seines Lebens bezeugte der stürmische Fürst Reue und stiftete das Kloster Fontevrault in der Touraine, wo später seine Frau und seine Tochter, aber auch Eleonore, bestattet wurden. Eleonore begünstigte dies Kloster durch Schenkungen und Zuwendungen. Hierher zog sie sich zurück, wenn sie der Ruhe und inneren Einkehr bedurfte.

Das Andenken an Wilhelm IX. hat sich aus anderen Gründen bewahrt: Er war der erste Troubadour der Literaturgeschichte, und er war es, der das später verbindliche Höfische Ideal zuerst formulierte – obwohl er sich selbst so wenig darum scherte. Woraus die Minnedichtung der Troubadoure entstanden ist, ist unklar. Als mögliche Quellen und Anstöße sind Gesänge arabischer Gefangener, aber auch lyrische Wendungen der Kirchenliturgie vermutet worden, die im 10. Jh. durch St-Martial in Limoges eine musikalische Weiterentwicklung erfahren hatte. Die elf Lieder des dichtenden Fürsten, darunter auch ein Bußlied und ein paar sinnlich derbe Minnelieder, sind jedenfalls die ältesten, die überliefert sind. Seine Strophenform ist noch relativ einfach, aber die stilistischen Mittel des höfischen Minnelieds sind bereits formal enthalten. Er schrieb seine Gedichte in der Sprache seines Landes, in Okzitanisch.

Wilhelm X. (1099 – 1137) übernahm den Lebensstil des Vaters und förderte die Dichtung und den Gesang. Sein Hof galt als der erste ›Liebeshof‹ (im Sinne der Minnedichtung) Europas. Er schätzte die Wissenschaften und die Macht. Eindrucksvoll war er allein schon durch seine körperliche Masse. Aber nicht nur seine Kräfte sind legendär, auch die Mengen, die er essen konnte (»soviel wie acht Männer«). Nach seinem unerwarteten Tod trat seine Tochter Eleonore das Erbe Aquitaniens an.

Eleonore von Aquitanien *siehe S. 70.*

Gaston Phoebus (1331–91) wurde als *Gaston III.* Graf von Foix und Vizegraf von Béarn. Den Beinamen ›fébus‹, was damals noch soviel wie ›der Glanzvolle‹ bedeutete, bekam er wegen seiner Gedichte, seiner Bildung und aufgrund seines Umgangs mit Troubadouren und Sängern. Literarische Fähigkeiten und persönliches Verhalten aber standen in krassem Gegensatz. Nach der Devise ›toque-y si gauses‹ – ›Greif zu wenn du's wagst‹ – herrschte er als grausamer und jähzorniger Despot. Seinen Bruder ließ er umbringen, den einzigen Sohn erschlug er im Streit. Er hielt sich 600 Jagdhunde, und er verfaßte um 1387 ein Jagdhandbuch, das zu den wertvollsten Buchschätzen gehört. Nicht nur, daß an die hundert Miniaturen von unbekannten Meistern mit größter Kunstfertigkeit geschaffen wurden und der Text in reinem Französisch verfaßt war. Besondere Bedeutung hat auch der Inhalt: Von einer Naturgeschichte des Béarn über ein Kompendium der Tierarten bis zur Landwirtschaft und Lebensweise der Bewohner wird dem Leser ein Gesamtüberblick über das Leben im Béarn des Mittelalters gegeben.

Margarete von Angoulême (oder de Navarra, 11.4.1492 – 21.12.1549), geborene Valois, war die Schwester des Königs *Franz I.* Sie heiratete nach Südfrankreich, wo sie Königin von Navarra wurde und in Nérac residierte.

Margarete von Angoulême gilt als die feinsinnigste und humanistisch gebildetste französische Schriftstellerin der Frührenaissance. Sie förderte nicht nur an ihrem Hof in Nérac die Künste und Wissenschaften, sie dichtete auch selber. Platonismus, Renaissance-Bildung und gallische Sinnlichkeit fanden Widerhall in ihren Dichtungen. Weil sie sich mit der protestantischen Reform auseinandersetzte, wurde eine ihrer Schriften in Paris ver-

Heinrich IV., König von Frankreich, geboren im heutigen Aquitanien

brannt. In ›Les marguerites de la Marguerite des princesses‹ sammelte sie Mysterienspiele, Moralitäten und Komödien. Berühmt geworden ist ihr ›Heptameron‹, eine Folge von 72 Novellen nach dem Vorbild von Boccaccios ›Decamerone‹, in der sie derbe und erotische Geschichten einem moralisch urteilenden Kommentar gegenüberstellt. Neu war das Bemühen um psychologische Zeichnung der Figuren, für uns reizvoll ist nicht zuletzt auch die Beschreibung des damaligen Alltagslebens.

Heinrich IV. (Pau 13.12.1553 – 14.5.1610 Paris), Sohn von Anton von Bourbon und Johannas von Albret, wurde 1562 als Heinrich III. König von Navarra. Mit zwölf oder dreizehn Jahren wurde er offiziell kalvinistischer Protestant, seit 1581 Anführer der Hugenotten, d. h. der Protestanten Südfrankreichs.

1559 hatten sich die *Hugenotten* zu einer politischen Partei zusammengeschlossen und kämpften 1562–98 gegen ihre Unterdrückung in den Hugenottenkriegen. Heinrich wollte mit seiner Vernunft-Heirat 1572 mit der – katholischen – Schwester des französischen Königs auch die verfeindeten Glaubensparteien aussöhnen. Das wurde verhindert. Zur Hochzeit waren zahlreiche Hugenottenführer in Paris versammelt. Sechs Tage später folgte die ›Pariser Bluthochzeit‹ oder ›Bartholomäusnacht‹. Allein in Paris wurden 3000 Hugenotten und im ganzen Land an die 10 000 Hugenotten auf Geheiß der Königinmutter Katharina von Medici umgebracht. Heinrich blieb bis 1576 als Gefangener in Paris.

Nach dem Tod des französischen Königs Heinrich III. 1589 meldete Heinrich von Navarra seinen Anspruch auf die Krone an. Dem wurde erst nach zähem Verhandeln und nach Heinrichs Übertritt zum Katholizismus 1593 (»Paris ist eine Messe wert«) stattgegeben. 1594 wurde er zum König Heinrich IV. von Frankreich gekrönt. Nach seiner Scheidung 1599 heiratete er 1600 *Maria von Medici*, die nach seiner Ermordung 1610 Regentin wurde.

Heinrich IV. schuf inneren politischen Frieden, indem er den Hugenotten Glaubensfreiheit zusicherte (Edikt von Nantes 1598, das Ludwig XIV. 1685 wieder aufhob) und durch Bekämpfung der Arbeitslosigkeit versuchte, den Lebensstandard zu heben. Sein Spruch, der zu seinem Ansehen als ›bon roi Henri – guter König Heinrich‹ beitrug, war: »Jedem Franzosen sein Huhn im Topf!«

Etienne de La Boétie (1.11.1530 – 18.8.1563), gebürtig aus Sarlat, Richter und Parlamentsrat in Bordeaux, verfaßte eine Abhandlung von der freiwilligen Knechtschaft, ein Text, dessen aus der antiken Literatur entlehntes Freiheitsgefühl jedem politischen und moralischen Herrscherwillen widerspricht.

Michel Eyquem de Montaigne (28.2.1533 – 13.9.1592) lebte und schrieb im Schloß Montaigne nördlich von Bordeaux. Seine Essais, noch wörtlich als ›Versuche‹ verstanden, begründeten das literarische Genre des Essays: eine Mischung aus Brief und Dialog, in der er Beobachtungen seiner selbst und seiner Umwelt mit den Schriften der Antike in Beziehung setzt und versucht, sich und seinen Lesern die Welt zu erklären. Zwischen seinen literarischen Arbeiten war er Parlamentsrat und später Bürgermeister von Bordeaux.

François de Salignac de la Mothe-Fénelon (1651–1715), geboren im Schloß Fénelon an der Dordogne, Priester und überzeugender Protestanten-Bekehrer. Von Ludwig XIV., dem Sonnenkönig, zum Erzieher des Thronerben berufen. Verfaßte

Michel de Montaigne (1533-92); Kupferstich von Victor Pollet (1811-82)

1699 den Erziehungsroman ›Die Abenteuer des Telemaque‹, in dem klassische Bildung, humanistische Weltanschauung und erbauliche Moral in größtmöglicher Gefälligkeit dargelegt werden. Dies Buch fand in Europa weite Verbreitung.

Charles-Louis de Secondat (Montesquieu), Baron de la Brède et de Montesquieu (18.1.1689 – 10.2.1755), blieb der Literaturgeschichte als Montesquieu erhalten. Kam im Schloß La Brède südlich von Bordeaux zur Welt und studierte Jura, was ihm zum Posten eines Parlamentsrats (1714) und später Senatspräsidenten in Bordeaux verhalf. In die Geschichte ist er vor allem mit zwei Büchern eingegangen: In den zeitkritischen ›Persischen Briefen‹ (1721) beschrieb er sein Land aus der Perspektive zweier fiktiver Reisender aus Persien. Im ›Geist der Gesetze‹ von 1748 schuf er die theoretische Grundlage des modernen, heutigen Staatswesens. Er wurde damit zu einem der bedeutenden Vertreter der Aufklärung, die in Frankreich in die Revolution von 1789 mündete.

Jacques Pierre Brissot (1754–93), Revolutionär von 1789. Kam zwar in Chartres zur Welt, gehörte aber der nach der Gironde benannten Partei der Girondisten an, deren Mitglieder überwiegend aus dem nationalistischen, zumeist wohlhabenden und von den Ideen der Aufklärung erfüllten Bürgertums Südwestfrankreichs stammten. Nach ihren Anführern wurden sie auch ›Brissotisten‹, ›Buzotins‹ (nach Buzot) und ›Rolandais‹ (nach Roland) genannt.

Neben den königstreuen ›Feuillants‹, den etwas orientierungslosen ›Indépendants‹ und den radikalen ›Jakobinern‹ bildeten die

›Girondisten‹ die Gesetzgebende Versammlung von 1791. Voll missionarischem Eifer, auch andere Völker von ihren Fürsten zu befreien, setzten die Girondisten 1792 die Kriegserklärung gegen Österreich und Preußen durch. In demselben Jahr beschlossen sie gemeinsam mit den Jakobinern die Beseitigung des Königtums und die Ausrufung Frankreichs zur Republik. Das muß *Brissots* großer Moment gewesen sein, denn er wird in diesem Zusammenhang mit dem Ausruf »Das Volk will es!« zitiert. Im Gegensatz zu den Jakobinern forderten die Girondisten unter Brissot, Vergniaud und Roland Rechtsgleichheit, Privateigentum und Selbstverwaltung, was den föderalistischen Neigungen der Aquitanier entgegenkam. Die Jakobiner unter Danton, Robespierre und Marat setzten sich dagegen durch. 1793 wurden die Girondisten, auch weil die militärischen Erfolge ausblieben, gestürzt, angeklagt und großenteils hingerichtet.

In Lourdes unvergessen: Bernadette Soubirous

Der deutsche Dichter **Friedrich Hölderlin** war 1802 vorübergehend als Hauslehrer bei *Daniel Christoph Meyer*, Hamburger Konsul in Bordeaux. In Erinnerung verfaßte er 1803 das Gedicht ›Andenken‹, in dem er dem Nordostwind aufträgt, die schöne Garonne und die Gärten von Bordeaux zu grüßen. Er erinnert an die Traubenberge, »wo herab / die Dordogne kommt, / und zusammen mit der prächtgen / Garonne, meerbreit / ausgeht der Strom. Es nehmet aber / und gibt Gedächtnis die See, / und die Lieb auch heftet fleißig die Augen, / was bleibet aber, stiften die Dichter.«

Bernadette Soubirous (17.2.1844 – 16.4.1879) kam in Lourdes als Müllerstochter zur Welt. 1858 erlebte sie mehrere Marienerscheinungen in der Grotte von Massabielle bei Lourdes. 1862 wurden ihre Visionen von der Kirche bestätigt. Lourdes wurde zum Wallfahrtsort, Bernadette trat 1866 in den Orden der ›Sœurs de la Charité‹ ein und wurde 1933 heiliggesprochen. Ihr Leichnam blieb unverwest. Franz Werfel hat ihr im ›Lied von Bernadette‹ (1941) ein Denkmal gesetzt.

François Daleau (1845–1927) stammte aus Bourg-sur-Gironde gegenüber der Landzunge Bec d'Ambès zwischen Garonne und Dordogne (die zusammen die Gironde bilden) und war ein begeisterter Anhänger der Idee, eine steinzeitliche Vergangenheit zu entdecken. 1883 fand er in der Höhle Pair-non-Pair (zwischen Bourg und St.-André-de-Cubzac) Felsgravuren, die er mit einer Weinpumpe herauswusch.

Abbé Henri Breuil (1877–1961) begründete die systematische Erforschung vorgeschichtlicher Höhlen und überwand die Zweifel der konventionellen Historiker an der Echtheit eiszeitlicher Kultur.

Josephine Baker (3.6.1906 – 12.4. 1975), berühmter afro-amerikanischer Tanzstar im Europa der zwanziger und dreißiger Jahre, Mitglied der französischen Résistance. In Aquitanien Schloßherrin des Château ›Les Milandes‹ an der Dordogne, wo sie mit ihren Adoptivkindern ein internationales Kinderzentrum errichten wollte.

Kurt Tucholsky (9.1.1890 – 21.12. 1935) reiste 1925 durch Südfrankreich und Nordspanien. 1927 erschien sein ›Pyrenäenbuch‹, eine Reisebeschreibung der besonderen Art. Tucholsky beobachtete, verglich, was er sah, mit seiner Heimat, und war vor allem fasziniert vom Wallfahrtswesen in Lourdes.

Jacques Chaban-Delmas (*7.3.1915), eine der hervorragenden Politikergestalten der fünften Republik. Gaullist, 1947 bis 1995 Bürgermeister von Bordeaux, dazu immer wieder Minister, Premierminister oder Präsident der Französischen Nationalversammlung. Sein Spitzname ist ›Herzog von Aquitanien‹, sein Doppelname enthält den Geburtsnamen ›Delmas‹ und den Decknamen der Résistance, ›Chaban‹.

Alain Juppé (*1946) aus Mont-de-Marsan, wo sein Vater, ein gaullistischer Lokalpolitiker, Landwirt und Weinbauer gewesen ist. Besuchte drei Eliteschulen Frankreichs (für Politik, Verwaltung und klassische Philologie), bevor er enger Berater und Premierminister des aktuellen Präsidenten Jaques Chirac wurde. Chaban-Delmas hat ihm 1995 zur Kandidatur für das Amt des Bürgermeisters von Bordeaux den Vortritt gelassen.

Blickpunkte der Kunst: von den Römern bis zur Gegenwart

Hinweis: Zur Höhlenmalerei s. *S. 121 f.*

Die Bauten der Römer

Die Römer hatten die Baukunst der Griechen übernommen und diese durch eigene architektonische Entwicklungen wie Gewölbe- und Kuppelbau sowie die Konstruktion von Bögen erweitert. Das, was sie bauten, diente zumeist praktischen Zwecken: Aquaedukte und Thermen, Brücken und Befestigungen, Theater und Paläste.

Nach den nordeuropäischen Barbaren, die schon viel zerstört hatten, waren es die Aquitanier selbst, die die Bauwerke der Römer abtrugen, um selbst zu bauen. So landete ein geriffelter Säulenstumpf im Grundgemäuer einer Bauernkate, oder ein römischer Sarkophag wurde zum Kirchenaltar. Die Besichtigungsmöglichkeiten römischer Gebäude beschränken sich heute mehr oder minder auf die beiden Orte *Burdigala* (Bordeaux; ein Mauerstück und ein paar Bögen des Amphitheaters) und *Vesuna Civitas Petrucorum* (Périgueux), wo die Reste einer Arena mit ungefähr 20 000 Plätzen eine Vorstellung von der damaligen Größe des Orts vermitteln. Der Turm an der *Rue romaine* (Tour de Vésone; 20 m Durchmesser, Höhe: 27 m) ist der Rest eines der wenigen noch erhaltenen Rundtempel aus dem ausgehenden 1. Jh. Vorbild war vermutlich das Pantheon in Rom.

Weitere Funde aus römischer Zeit sind in Montcaret (östlich von St-Émilion/13 km westlich von Ste-Foy-La-Grande), in Sorde-l'Abbaye (Mosaiken eines Bades), in Nérac (Bodenmosaiken einer Villa) sowie natürlich in den Museen zu sehen. Sehr reichhaltig ist die gallo-römische Sammlung im Musée d'Aquitaine in Bordeaux. Das Musée des Beaux-Arts in Agen besitzt wenige, aber sehr schöne Stücke, wie die ›Venus du Mas‹, eine Aphrodite nach griechischer Vorlage, und einen Faun. Auch im Musée du Périgord in Périgueux sowie im Museum von Villeneuve sind Fundstücke aus der Römerzeit ausgestellt. In den Landes, in der Kirche Sainte-Quitterie du Mas in Aire-sur-l'-Adour, lohnt sich die Besichtigung des Sarkophags der hl. Quitterie, dessen Reliefarbeiten stilistisch vor der Frühromantik anzusiedeln sind.

Karolingische Baukunst und Romanik

Im Rückblick wird die Baukunst der karolingischen Zeit als vorbereitende Epoche der Romanik eingeordnet, die ihre große Zeit im 11. und 12. Jh. hatte. Die Karolinger übernahmen die architektonischen Grundlagen von den Römern. Um 1000 entstehen in Aquitanien einige Sakralbauten und Burganlagen. Den Kirchen wird als Grundriß zumeist das lateinische Kreuz zugrunde gelegt, über dem eine – einschiffige – Saalkirche errichtet wird. Warum es überwiegend Saalräume sein mußten, weiß man nicht, aber es wird vermutet, daß der römische Tempel das Vorstellungsvermögen noch beherrschte. Der Typ der Basilika – Vorbild waren in Rom die Markt- und Gerichtshallen mit seitlichen, niedrigeren Seitenschiffen und einem Halbrund, der Tribuna, am Ende, aus der dann in den christlichen Kirchen die Apsis wurde – war zwar bekannt, wurde aber erst später verwendet. Gebaut wurde massiv in Stein, die Bauten sind gedrungen und an den Fassaden wenig ausgestaltet. Parallel angeordnete Tonnengewölbe fangen den Druck ab und lasten auf Arkadenreihen mit dicken Pfeilern. Ein Blick in den Geschichtsteil erklärt die Trutzigkeit dieser Bauwerke: Sie boten den Bürgern und Bauern Schutz vor den Angriffen und Raubzügen der Barbaren. Normannen und Sarazenen, die Soldaten des Hundertjährigen Kriegs und der Albigenserkriege demolierten viele Kirchen, die alsbald restauriert wurden – allerdings im Stil der jeweiligen Zeit, so daß man heute in Aquitanien oft Kirchen sieht, bei denen auf romanisches Gemäuer gotische Dachbauten, Renaissancesäulen und ein barocker Chor gestellt worden sind. Beispiele für frühe Romanik in Aquitanien sind die Kirche *St-Léon-sur-Vézère* und die eindrucksvolle Kirche *St-Amand-de-Coly*, ebenfalls in der Nähe der Vézère, sowie, außerhalb unseres Reisegebiets, der *Glockenturm von Brantôme* nördlich von Périgueux. Die größte *unterirdische Felsenkirche* (bei St-Émilion) ist ebenfalls ein Bauwerk der Romanik.

Eine Ausnahmestellung nimmt die aquitanische Romanik wegen ihrer **Kuppelkirchen** ein. Besonders im Dordognegebiet ist dieser Typ der mit einer Kuppel überwölbten Saalkirche gebaut worden. Während sich beim romanischen Tonnengewölbe einige statische Probleme daraus ergeben, daß die Tonne auf das Mauerwerk eine beachtliche Schubkraft ausübt, kann der Schub einer Kuppel auf vier Stützpfeiler verteilt werden. Die Kuppel hatte außerdem eine erbauliche Wirkung auf den Kirchenbesucher, ähnelt sie doch der Himmelskuppel, also dem Ort, wo der

Gläubige seinen Gott vermutete. Zwei herausragende Beispiele stehen in Périgueux, weitere romanische Kuppelkirchen finden sich in Trémolat (östlich von Bergerac) und in Temniac (nördlich von Sarlat). Hier vermutet man, vermittelt über Italien, byzantinischen Einfluß. Bei den Kuppeln der Kirchen *Ste-Croix* in Oloron und *Hôpital-St-Blaise* nordwestlich von Oloron (Béarn) dagegen legt man arabischen Einfluß zugrunde, obwohl auch hier, wie bei St-Front in Périgueux, ein griechisches Kreuz den Grundriß abgibt.

In Aquitanien wurden schon lange vor dem Jahr 1000 zahlreiche **Klöster** gegründet. *Karl der Große* sah in ihnen Stützpunkte für Christenheit und staatliche Ordnung, für die Pilger nach Santiago waren sie Haltepunkte zur geistigen und körperlichen Erbauung. Kriege und Fehden, die Große Revolution und die Säkularisierung sind Gründe dafür, daß heute viele Klöster nur noch als Ruinen erhalten sind. Aber selbst die sind bisweilen noch eindrucksvoll, wie z.B. die Abteien von Cadouin (östlich von Bergerac), Blasimon oder La Sauve Majeure.

Unsere Kenntnis von der **Bildhauerkunst der Romanik** wird zumeist von christlichen Motiven bestimmt und dies natürlich deshalb, weil die meisten romanischen Skulpturen an Kirchen und Klöstern zu finden sind. Christus als Weltenlenker und als Erlöser, die Engel als Stellvertreter der himmlischen Mächte, Apostel und Heilige, Bilder aus der Bibel, Menschen, die mal vom Bösen vernichtet, mal erlöst werden, und Tiere, die häufig das Böse verkörpern. Dazu bleibt anzumerken, daß die Kirche in Aquitanien über Jahrhunderte hinweg missionarisch tätig war: Nach den römischen

Gottheiten mußten der Islam und später die Katherer verdrängt werden. In *Cénac* bei Domme (Dordogne) geben dreißig erhaltene Säulenkapitelle einen Überblick über die Bildmotive der Romanik. Das Portal der Kirche *Ste-Marie* in Oloron und die Fassade von *Ste-Croix* in Bordeaux sind ebenfalls Beispiele für gotische Bildhauerkunst in Aquitanien. Trotzdem ist nicht alles auf das Christentum fixiert. Am Hauptportal der *Klosterkirche von Blasimon* (südlich von Castillon-La-Bataille im Entre-Deux-Mers) haben die Steinmetze neben moralischen Allegorien auch Jagdszenen angebracht, und im Kirchenbau und Kreuzgang des *Klosters von Cadouin* sind ein paar Charakterdarstellungen von Mönchen zu sehen, die eine Nähe zur Karikatur aufweisen.

Ein herausragendes Beispiel romanischer Bildhauerkunst: die Könige der Apokalypse in Oloron-Ste-Marie (S. 272)

Baukunst versus Kriegskunst: gotische Wehrkirchen und aquitanische Bastiden

Nordfranzösische Bauleute entwickelten im 13. Jh. die Technik des Spitzbogens. Die Last von Dach und Gewölbe ruhte nicht mehr auf dem Mauerwerk, sondern auf dem Strebewerk, einem System von Pfeilern und Bögen, die das Gewicht des Kirchendachs wie auf Beinen tragen. Damit wurden die Wände entlastet und konnten nach außen durch Fenster geöffnet werden. Die Innenräume wurden höher als bisher konstruiert, so daß sich durch die Gestaltung der Fenster (Glasmalerei) bisher unbekannte Wirkungen erzielen ließen.

Auch die Organisationsform der Bauleute veränderte sich. Es entstanden Bauhütten, deren Chefs gleichermaßen Architekten und Bildhauer, Statiker und Kunstberater sein mußten. Bauaufwand und Bauvolumen gingen weit über die aus der Romanik bekannten Maße hinaus. Weltliche Herrscher und Kirchenfürsten sowie auch wohlhabende Bürgerschaften wurden zu Auftraggebern. Die Kathedrale entwickelte sich zu einem Ort der Repräsentation und irdischer Prachtentfaltung, natürlich stets zum Lob Gottes. Ein frühes Beispiel für gotisches Bauen in Aquitanien ist die *Kathedrale St-André* in Bordeaux.

In kleineren Ortschaften diente die Kirche allerdings nicht nur der Andacht. Die Zeiten waren unruhig, es gab noch keine zentrale Macht, so wurden die Gotteshäuser zugleich auch zu Wehranlagen. Romanische Kirchen, aber auch die gotischen Kirchen von Roquefort und Mézos in den Landes geben davon noch heute Zeugnis ab. Regelrechte Festungen sind die Kirchen von Luz-St-Sauveur oder Sentein (beide in den Pyrenäen).

Aber auch ›zivile‹ Anlagen, regelrechte Burgen (*castelnaux* oder *châteauneufs*), entstanden, vorwiegend auf Initiative von Grundherren. Pau war beispielsweie ein solches ›castelnau‹. Viele Namen wie Castelnaud-de-Gratecambe oder Castelnau-Barbarens, Castelnau-de-Médoc etc. geben dem Reisenden einen Hinweis auf die jeweilige Ortsgeschichte. Diese Burgen bestanden in der Regel aus einer ringförmigen Schutzmauer, Wohn- und Wirtschaftsgebäuden, einer Kapelle und einem Aussichtsturm, vorzugsweise auf einem Felsdorn oder über einem Flußtal, so daß gute Sicht und schwere Zugänglichkeit ein Maximum an Schutz boten. Waren es zunächst ehemalige gallo-römische Befestigungen, ausgehobene Gräben oder Palisadenwände (auf Okzitanisch ›pau‹) um eine Kuppe, so entwickelten sich im 11. Jh. die ›Donjons‹ (Bergfried), aus rechteckigen Steinen errichtete Türme, die zuerst eine Schutzfunktion innehatten und später zu reinen Wohntürmen wurden. Zu betreten waren sie nur über den 1. Stock, unten waren Lagerräume, oben Wohnräume. Als eins der besonderen Beispiele gilt der Donjon der *Bastide Bassoues* (westlich von Auch). Im Bereich der Dordogne prägen diese Burgen einen ganzen Landstrich. Besonders die Burgen *Beynac* und *Castelnaud*, die einander fast gegenüberliegen, bilden zusammen mit den von der Renaissance geprägten Schlössern *Les Milandes* und *Fayrac* ein beeindruckendes Ensemble. Im Béarn sind u. a. die aus Ziegelsteinen errichteten Burgen *Morlanne* und *Montaner* aus der Zeit von *Sicard de Lordat*, Militäringenieur unter Gaston Phoebus (*S. 28*), zu nennen. Der Donjon (in Montaner ist er 40 m hoch) steht über der Burgmauer und dient als Eingangstor.

Eine aquitanische Besonderheit sind die **Bastiden** des 13. und 14. Jh., eigens angelegte wehrhafte Orte, die im Grenzbereich zwischen dem angevinischen Herrschaftsbereich (*S. 24*) und Frankreich ›gebaut‹ (das ist die Übersetzung von okzitanisch ›bastida‹ oder ›bâtie‹) wurden. Die meisten (insgesamt gut dreihundert) liegen innerhalb eines Streifens zwischen dem südlichen Périgord über die mittlere Garonne (Agen) zum nördlichen Rand der Pyrenäen. Die Initiatoren der Bastiden waren sowohl Engländer als auch Franzosen. Auf englischer Seite waren es vor allem *Eduard I. Plantagenêt* (1212–1307), König von England und Herzog von Aquitanien, *Jean de Grailly* und *Roger Leyburn*, die aus strategischen Motiven Bastiden gründeten. *Alphons von Poitiers* (1249–71), Bruder von Ludwig dem Heiligen und Graf von Toulouse, verschaffte sich umfangreiche Nebeneinnahmen, indem er Bastiden gründen ließ, die von Steuer- oder

Tributpflichtigen besiedelt wurden. Zugleich trieb er dadurch die Französisierung der Region voran. Unter den von *Eustache de Beaumarchais* (1272–94), Seneschall von Toulouse, gegründeten Bastiden befinden sich einige mit schönem (Mirande, Marciac) oder originellem (Fleurance: Dreieck) Grundriß. Manche der Orte sind nach ihren Erbauern benannt: ›Libourne‹ nach Leyburn, ›Hastingues‹ nach dem englischen General Hastings oder ›Beaumarchés‹ nach Beaumarchais. Andere wie Villefranche (freie Stadt) zeigen ihren Status im Namen an, manche tragen den Namen damals bedeutender Städte: ›Valence‹ nach Valencia, ›Cologne‹ nach Köln, ›Mirande‹ nach Miranda.

Die Anlage einer Bastide erinnert an ein römisches Castrum: Von einem mittleren, rechteckigen, wenn nicht quadratischen Platz aus bilden vier Straßen ein Kreuz und führen zu den Ausfall- oder Stadttoren. Um den Platz herum Arkaden, in der Mitte meistens eine Markthalle, manchmal mit erstem Stockwerk oder Glockenturm. Die Straßen ziehen durch den rechteckig angelegten Ort ein Schachbrettmuster, vorausgesetzt die Bodenbeschaffenheit läßt es zu. Ein festgelegtes Rechteck diente den Bürger zum Hausbau, Platz für einen kleinen Garten war meistens auch vorhanden. Auch die Kirchen, unweit vom Platz, mußten sich mit einer Parzelle begnügen, was den Bau der gotischen, einschiffigen Hallenkirche gefördert hat. Montpazier entspricht diesem Straßenschema, bei der Anlage von Domme über der Dordogne mußten die Bauherren den Unebenheiten des Bodens Rechnung tragen und ihre aufs Rechteck genormten Pläne abändern. Fleurance bildet ein Dreieck, Fourcès einen Kreis. Manche der Bastiden wurden kaum (Labastide-d'Armagnac, Villefranche) erweitert, andere lassen nur noch an ihrem rechteckigen, arkadengefaßten Platz in der Ortsmitte erkennen, daß es sich um eine Bastide handelt (Cadillac, Créon).

Wechselnde Baustile nach fremden Vorbildern: Renaissance, Barock und Rokoko wie am französischen Hof, Klassizismus und Neo-Stile nach dem Geschmack der Zeit

Der Baustil der **Renaissance** setzte sich in Südwestfrankreich nur langsam gegen die gotische Bauweise durch. Nachdem *Franz I.* seine Renaissancebauten an der Loire hatte errichten lassen, traf es sich, daß viele der aquitanischen Adligen ihre im Lauf des Hundertjährigen Kriegs ramponierten Burgen neu erbauen oder reparieren lassen mußten. Außerdem hatte sich auch in Sachen Wohnkomfort einiges getan. Weite Ehrentreppen, reiche Porta-

le und großzügige Kamine waren die ersten Schritte von der Burg zum Schloß. Beispiele dieser Übergangzeit sind die Schlösser *Les Milandes* und *Fayrac* an der Dordogne, das *Château Biron* bei Montpazier und das *Schloß von Pau*. Inzwischen waren nicht mehr nur weltliche oder kirchliche Würdenträger Bauherren. Auch reiche Bürger begannen, ihre Häuser und Stadtpalais ›stilvoll‹ errichten zu lassen. Ein hervorragendes Beispiel für eine Stadt mit Bürgerhäusern der Renaissance ist Sarlat (siehe **6**).

Wie der Renaissancestil, so kam auch das **Barock** über den französischen Hof und die Loire nach Aquitanien. Vor allem das *Schloß von Hautefort*,

Von Gaston Phoebus bis Napoleon III. haben französische Herrscher das Schloß von Pau umgestaltet

wo sich früher der Troubadour *Bertran de Born* aufgehalten hat, gilt als in sich geschlossene Anlage des Barock. Zu den beeindruckenden Baukomplexen des 17. Jh. gehört die *Festungsanlage von Blaye*.

In Bordeaux steht mit dem *Grand Théâtre* ein großartiges Beispiel für den **Klassizismus** in Aquitanien. Auch im benachbarten Médoc finden sich zahlreiche klassizistische und neo-barocke wie neo-gotische Bauten: Wahrzeichen für den florierenden Handel der Weingutbesitzer, die sich ihre Wohngebäude zu kleinen Schlössern haben ausbauen lassen. Hierher gehören auch die ›chais‹, die ebenerdigen Lagerräume für Wein, mal als eigene Schuppen, mal als Erdgeschoß von Bürgerhäusern. Die Chais ersetzen die Weinkeller, die im sumpfigen Untergrund von Bordeaux und des Médoc nicht angelegt wurden.

Moderne Architektur findet man in Aquitanien allenfalls in Bordeaux. Das Mériadeck-Viertel, das als Ausblick auf ›Bordeaux 2000‹ an die Stelle eines heruntergekommen Schandflecks gesetzt worden ist, gilt mit seinen Hochhäusern und Ladenzonen im Stil der 70er Jahre schon längst nicht mehr als Vorzeigeviertel. Allenfalls der *Pont d'Aquitaine* genießt den Ruf einer beachtenswerten modernen architektonischen Leistung.

Aquitaniens Wirtschaft

Hinweis: Ein ausführliches Kapitel zum Thema ›Wein‹ finden Sie ab *S. 43*

Aquitanien ist geprägt von Landwirtschaft und Waldlandschaft (je ca. 40%), weite Waldgebiete sind Heide und Buschland. Die Anzahl der landwirtschaftlichen Betriebe hat sich verringert, während sich die Fläche agrarisch genutzten Bodens weiter ausgedehnt hat: mehr Fläche für weniger Betriebe; die Landwirte haben rationalisiert. Es werden Mais, Weizen (Lot-et-Garonne), Obst und Gemüse, mitunter auch Tabak (Marmande und Tonneins an der Garonne, Sainte-Foy-la-Grande an der Dordogne), und natürlich Wein (Jahresumsatz 14 Mrd. Francs). Landwirtschaft (Jahresumsatz 17 Mrd. Francs, dabei besonders Mais und Weizen) und Holzwirtschaft (Jahresumsatz 15 Mrd. Francs) liefern die wichtigen Exportartikel.

Davon ist der **Wein** (*S. 43)*, der um Bordeaux und im Vorland der Pyrenäen kultiviert wird, sicher das bekannteste Ausfuhrgut Aquitaniens. An Bordeaux-Weinen werden durchschnittlich im Jahr 4 bis 4,5 Mio. Hektoliter Roter und 2 bis 3,5 Mio. Weißer hergestellt. 1,3 Mio. Hektoliter wurden bisher jährlich exportiert, im Rahmen des europäischen Marktes hat man hier ein Steigerungspotential prognostiziert. Wie unsicher das Geschäft ist, hat sich nach den letzten Währungsabwertungen gezeigt: Die spanischen und italienischen Weine haben Marktanteile gewonnen. In Bordeaux sind in der Folge die Preise der Weingüter auf den Stand von 1988 zurückgefallen.

Neben dem Massenprodukt Wein existiert natürlich auch der Handel mit den edlen Kreszenzen. Unter Liebhabern kostet ein guter Mouton-Rothschild seine 500 bis 700 DM. Die Weingüter Haut-Biron, Lafite, Latour, Margaux und Mouton bürgen für die erste Qualität der *Premiers Grands Crus*, bei Château Petrus und Château Mouton-Rothschild wird nicht einmal mehr die Klassifizierung auf dem Etikett vermerkt – *s*noblesse oblige.

Der Handel und Export mit Wein, der schon seit Jahrhunderten floriert, erleidet bei schlechten Jahrgängen Einbußen, und wenn Winzer aus Not gepanscht haben, waren die Einbußen in der Folge um so größer. Als 1882 die Phylloxera-Seuche die Weinstöcke vernichtete, wurde spanischer Wein gekauft und gepanscht – ein Riesenerfolg, bis der Schwindel aufflog. Auch wenn heute nicht gepanscht wird, der sogenannte ›EG-Wein‹ ist sicherlich kein Wein, der sich zum Genießen eignet.

Im **Périgord** werden Walnüsse geerntet, und es gedeiht die Trüffeleiche, an deren Wurzeln der Trüffelpilz heranwächst, der hier dunkler aussieht als die Trüffelpilze anderer Herkunft und dessen Aroma stärker ist.

Weitere Wirtschaftszweige sind die Kuh- und Schafzucht im Vorland der Pyrenäen und in den Landes sowie die Austern- und Muschelzucht im Bassin von Arcachon.

Vollkommen bedeutungslos geworden sind die Zucht von Korkeichen, die Gewinnung von Pinienharz (*gemmage*) und die Fischerei an der Gironde, weil das Wasser zu verschmutzt ist.

Industrie – nichts für Aquitanien

Die Industrialisierung des 19. Jh. ist an Aquitanien mehr oder minder vorbeigegangen. Schiffsbau hatte natürlich Tradition, Eisenbahnbau kam hinzu. Bis auf Erdgas (zwischen Pau und Orthez) und Erdöl (an der Landzunge von Ambès im Entre-Deux-Mers und bei Biscarosse) gibt es kaum Bodenschätze. Zellstoff- und Papierwerke, die die Bäume der Forste der Landes verwerten, sowie die mittleren und kleinen Industriebetriebe im Umkreis der Städte, vor allem Bordeaux (Glas und Verpackung), waren die einzigen Industriezweige Aquitaniens, bis sich 1936 die Firma des Flugzeugbauers *Dassault* in Bordeaux-Mérignac niederließ. Toulouse ist zwar als Ort des Airbus bekannt, die berühmten französischen Mirage-Düsenjäger, die Weltraumfahrzeuge der Aérospatiale und die Treibsätze der Ariane-Raketen werden allerdings in und um Bordeaux hergestellt. Bordeaux wurde auch aus strategischen Gründen gewählt – es lag am weitesten weg von der Front der Weltkriege. Schon 1915 ließen sich deshalb Flugzeugbauer hier nieder, unter ihnen der Kanalüberflieger *Louis Blériot*. In den 20er Jahren startete der Schriftsteller *Saint-Exupéry* (›Nachtflug‹) vom Flughafen Bordeaux nach Lateinamerika. Nach der euphorischen Anfangsstimmung ist mittlerweile auch in dieser Branche Ernüchterung eingekehrt. Bei den ungefähr 300 Firmen, die Dassault und der Aérospatiale zuarbeiten, haben sich in den 1980er und 1990er Jahren Wettbewerb und Rezession negativ bemerkbar gemacht. Dafür haben sich seit den 1970er Jahren vor allem Unternehmen der Branchen Gesundheit, Chemie und Elektronik im Umfeld von Bordeaux niedergelassen. Das hat an der Arbeitslosenquote nichts geändert: Sie liegt mit 14% leicht über dem nationalen Durchschnitt.

Die **Hafenanlagen** der Girondemündung staffeln sich bis nach Bordeaux. Verdon-sur-Mer mit seinem von den Gezeiten unabhängigen Hafenbecken und dem Container-Terminal ist für Tanker, große Container- und Hochseeschiffe geeignet. Mit 400 000 Tonnen werden hier 80% der Waren umgeschlagen. Die Hafenanlagen von Bassens und Ambès wurden in den 1970er und 1980er Jahren erweitert und verfügen über beachtliche Kapazitäten, die allerdings teilweise ungenutzt bleiben, zumal die bei Ambès ansässigen Raffinerien von Esso 1983 und von Shell 1986 geschlossen wurden.

Der **Tourismus** ist einer der wichtigen Wirtschaftsfaktoren Aquitaniens, insbesondere an der Küste. Franzosen, Engländer, Deutsche, Belgier und Holländer stellen den Großteil der Badegäste, die zu hunderttausenden kommen. Bevor zuviel Beton an den Sandstrand gesetzt werden konnte, um noch größere Massen anzuziehen, haben Einwohner und Naturschützer die weitgehenden Pläne in den Anfängen gestoppt.

Weine in Aquitanien

(s. Karte in der hinteren Umschlagklappe)

Hinweis: Über das nachfolgende Kapitel hinausgehende Informationen erhalten Sie vor Ort bei der *Maison du Vin* (Cours du 30 Juillet, 33000 Bordeaux, Tel.: 56 59 30 27). Ein ausführliches Kapitel zum Thema ›Essen‹ in Aquitanien (mit Rezepten und Speisen-Lexikon) finden Sie in den ›Blauen Seiten‹, ein Getränkelexikon an gleicher Stelle.

Die ersten Weinstöcke kamen vor 2000 Jahren mit griechischen Kaufleuten nach Marseille. Die Römer brachten den Wein weiter nach Norden und pflanzten ihn bevorzugt in den Tälern der Flüsse an, die sie gerodet und urbar gemacht hatten. Verarbeitet wurde der Wein in Fässern, die den unseren gar nicht unähnlich waren. Als ältestes französischs Weinanbaugebiet gilt die Gegend um Bordeaux. Schon *Plinius der Ältere* (23–79 n. Chr.) wußte den Wein zu loben, und *Decimus Ausonius* (310–93) erzählt ganz selbstverständlich von Aquitaniens Weinäckern. Nach den Römern perfektionierten die Gallier die Verarbeitung des Weins weiter, so daß er sich zu einer der wichtigsten Handelswaren Aquitaniens entwickelte.

Heute ist das Weinbaugebiet von Bordeaux aufgrund der Vielfalt der Stile und Arten, die dennoch alle die Unverwechselbarkeit des Bordeaux-Weins besitzen, das bedeutendste Weinanbaugebiet weltweit. Von Nord nach Süd mißt es über 105 km, von West nach Ost ca. 130 km. Die ca. 100 000 ha Rebfläche bringen eine durchschnittliche Ernte von ca. 50 hl/ha. Die bedeutenden Anbaugebiete erstrecken sich nördlich (Médoc, am linken Ufer der Gironde) und südlich von Bordeaux (Graves, am linken Ufer der Garonne). Am rechten Garonne-Ufer liegen die Premières Côtes de Bordeaux. Zwischen Garonne und Dordogne wachsen die Weißweine des Entre-Deux-Mers, und rechts (nördlich) von der Dordogne liegen die Anbaugebiete St-Émilion, Pomerol und Côtes de Castillon. Die Weine des dem Médoc gegenüberliegenden Ufers der Gironde (um die Orte Blaye und Bourg) heißen Blayais und Bourgeais. Die Dessertweine Sauternes und Barsac gelten seit 1855 als Spitzengewächse.

Bestimmend für den Charakter des Weins sind eher die Traubensorten und das Meeresklima als die Böden, auch wenn die natürlich ihre Bedeutung haben. Zwischen Juni und September liegt die Temperatur bei 19, 20 Grad. Der Westwind trägt die gleichmäßige Temperatur des Meers herüber, und die Wälder schirmen das Weingebiet gegen den Salzgehalt des Windes ab. Regen und Sonne halten sich ideal die Waage. Die Flüsse sorgen ebenfalls für Gleichmäßigkeit des Klimas.

Die Weingüter nennen sich zumeist ›Château‹. Das Weingut oder eben das ›Château‹ bildet die Grundlage der Klassifizierung des Bordeaux-Weins, nicht der Grund und Boden, wie dies im Burgund der Fall ist. Die Zahl der Weingüter selbst geht immer weiter zurück, während die Größe der Weingüter steigt. Nur teilweise haben sich die alten Eigentümer-Familien der Weingüter halten können. Die Erbschaftssteuer von 40% und lukrative Angebote reicher Firmen wie Nestlé oder Fiat, die sich ein Weingut gewissermaßen ans Revers heften möchten, haben zu mancher Veränderung beigetragen. Einem Mann wie dem Besitzer der Handelskette *Félix Potin*, von Herkunft Grieche, der sich das Château Margaux zugelegt hat, steht der ehemalige amerikanische Finanzminister *Dillon* gegenüber, der als Eigentümer des Grand-Cru-Weinguts *Haut Brion* mit Sicherheit die besten Angebote bekommen hat, weil sein Gut mitten in der Stadt Bordeaux liegt. Die hat er abgelehnt, und die Bewohner der umliegenden Mietshochhäuser danken es ihm.

Der Bordeaux-Wein läßt sich in vier große Kategorien unterteilen: leichte Rotweine, feinere Rotweine, trockene Weißweine und süße ›Likör‹-Weißweine. Haupttraubensorten sind im Médoc der *Cabernet Sauvignon*, eine rote Sorte mit starkem Aroma, die einen dunklen, gerbstoffreichen Wein hervorbringt.

Weine mit Lehm an den Stiefeln ...

Von Anfang an haben wir die Renaissance der Weine aus dem Südwesten begeistert beobachtet und aktiv mitbetrieben. Was haben sie gemeinsam, diese Weine aus Bergerac, aus Cahors, Jurançon, Buzet...? Sie eint eine ganz wesentliche Eigenschaft, sie gehören zu Frankreichs bodenständigsten Gewächsen. Es sind gewissermaßen Weine mit Lehm an den Stiefeln. Nichts für Etikettentrinker, dafür sind sie zu unbekannt, aber Weine für Liebhaber und Liebhaberinnen wahrer „Vins du terroir". Und nicht zuletzt wegen der immer noch sehr angenehmen Preise haben sie ihren festen Platz in unserem Sortiment gefunden.

JACQUES' WEIN·DEPOT
PROBIEREN IST BESSER

Frankreich
Italien

Jacques' Wein-Depot gibt es in:
Das Telefonbuch sagt Ihnen, wo Sie uns finden. Unter Jacques' mit dem „c" vor dem „q".

Weich und fruchtig sind die Weine aus der ebenfalls roten *Cabernet-Francs-Traube*, die heute hauptsächlich in Pomerol und St-Émilion (hier heißt sie ›Bouchet‹) anzutreffen sind. Die meisten Weinberge mit hellen Trauben sind mit den beiden Hauptsorten *Sauvignon Blanc* und *Semillon* bepflanzt. Würzig ist die *Muscadelle-Traube.* Manche Weinsorten haben mehr *Merlot-Trauben* (Château Lafite), die anderen mehr *Cabernet Sauvignon* (Château Latour). Natürlich spielen die Böden eine bedeutende Rolle für den Anbau der jeweiligen Rebsorte. Sand, Kiesel, Quarz und Lehm über Kalkgestein sind gut für die Sorten Cabernet, Merlot, Sauvignon und Petit Verdot.

Die bekanntesten Weingüter und Anbaugebiete sind für Rotwein: St-Estèphe, Pauillac, St-Julien, Margaux, Haut-Médoc, Graves, St-Émilion, Pomerol, Bourg, Blaye. Für Weißwein: Graves, Barsac, Sauternes, Entre-Deux-Mers.

Früher wurden die Bordeaux-Weine überwiegend verschnitten. Bis ins 19. Jh. wurden manchem Faß Bordeaux noch einige Liter Alicante, Weißweinmost und ein Schuß Branntwein zugesetzt, um ihn dann erneut zu vergären. Diese Methode hieß ›à l'anglaise – nach englischer Art‹. Ab dem 19. Jh. aber begann man auch, den reinen Wein zu schätzen und zu klassifizieren. Das mehrstufige Klassifizierungssystem für die Weine des Médoc, das im 19. Jh. eingeführt wurde, basierte auf den Verkäufen der vorhergegangenen hundert Jahre. Die Lage hat den Wert des Weins immer bestimmt, so daß diese Einstufungen auch heute noch gelten. Erste Sorten kosten das dreifache einer 2. Sorte, ohne darum enorm viel besser zu sein. Und da jeder Jahrgang anders ist, erhalten die Jahre zusätzlich eigene Einstufungen. Die Qualitätssorten beginnen mit ›Cru paysan‹ und ›Cru artisan‹, steigen über ›Cru Bourgeois‹, ‹Cru Bourgeois Supérieur‹ und ›Cru Bourgeois Exceptionnel‹ bis zum ›Cru Classé‹ und zum ›Grand Cru Classé‹, und weil es hier kostspielig wird, haben die beiden oberen Klassen noch Einzeleinstufungen nach Zahlen: Der ›1er Grand Cru Classé‹ ist der allerbeste – aber ein ›Cru Bourgeois‹ kann auch schon sehr zufriedenstellen. Die einfachen Weine benötigen schon drei Jahre, um zu reifen, die mittleren sollen fünf, die guten mindestens zehn Jahre lang gelagert werden. Auch die einzelnen Appellationen (gehobener Wein trägt die Bezeichnung AOC [Appellation d'origine contrôlée]) klassifizieren die Weine nach ihrer jeweiligen Qualität. Je enger sie definiert sind – im Bordelais ist die am engsten umgrenzte Appellation jeweils ein Ort, innerhalb dessen Grenzen die Winzer nach eigenem Ermessen anpflanzen können – desto höher auch das

Qualitätsniveau. Einfache Weine sind *vin de pays* (= Landwein) und *vin de table* (= Tischwein), zusammengefaßt als *vins de consommation courant*e (Wein für gewöhnlichen Verbrauch). Der Geschmack kann passabel, kann aber auch grauenvoll sein. Bei dem Zusatz: ›mis en bouteille à la proprieté‹ oder ›mis en bouteille au Château‹ (beides heißt ›Erzeugerabfüllung‹) kann man erwarten, daß der Inhalt trinkbar ist. Besserer Wein trägt das Kürzel VDQS (Vin délimité de qualité supérieure).

Die anderen Weine

Wein gedeiht fast überall in Aquitanien. Der *Irouléguy* im Baskenland, der *Jurançon* in den Pyrenäen, *Vin de Béarn* zwischen Pyrenäen und Adour, die diversen Weine der Gascogne, der weiße und rote *Tursans* in den Landes, der *Bergerac* und der süßere *Monbazillac* an der Dordogne. Seitdem der Weinkonsum zu einer Prestigesache geworden ist und die Preise in Bereiche purer Unvernunft vorgestoßen sind, haben auch die Weinbauern ›kleinerer‹, also weniger bedeutender Anbaugebiete angefangen, ihre Weinkultur neben der normalen Landwirtschaft zu intensivieren und zu vermarkten. Solche Weine haben als Tafelweine längst große Verbreitung. Sie werden nun auch für den gehobenen Markt kultiviert. Ihre weniger berühmte Herkunft bewirkt, daß sie weniger kostspielig sind bei zumeist ganz guter Qualität. Man sollte sie probieren, um so den Unterschied zu den großen Weinen aus Bordeaux zu erleben.

Einst auch im Vatikan berühmt: der süße Monbazillac

Der Weinbrand

Natürlich, Cognac kennen wir alle. Aber das Gebiet des Cognac liegt nördlich von Aquitanien. Mitten im Land dagegen liegt das Gebiet des **Armagnac**, und dieser Weinbrand ist fast genauso edel, wenn auch etwas kerniger im Geschmack. Der Wein, aus dem er gewonnen wird, ist zu sauer zum Trinken, aber ideal zum Brennen. Im Gegensatz zum Cognac wird der Armagnac nur einmal gebrannt. Dabei kommt das Destillat nur auf 53% Alkoholgehalt, dafür enthält es aber mehr Geschmackstoffe. Danach wird er auf ungefähr 42% Alkohol verlängert und mit den Bränden von anderen Rebsorten vermengt – das Geheimnis der Kellermeister. Mindestens fünf Jahre lang bleibt der Weinbrand im Eichenholz-Faß, bis er reif ist. Je länger er gelagert wurde, desto wertvoller ist er, nach zwanzig Jahren ist er hervorragend. Aus dem Eichenholz der Fässer, das hier als ›schwarz‹ bezeichnet wird, kommen weitere Aromastoffe. In diesem Holz altert der Armagnac außerdem schneller als Cognac in seinen Fässern aus der weißen Eiche des Limousin. Bemerkenswert ist, daß bisher jeder Versuch, anderes Eichenholz als das aus der Gascogne zu verwenden, den Weinbrand hat mißlingen lassen.

Santé! Ein Garçon ruft zum Mahle

Weitere Getränke der Region: *Fine de Bordeaux* ist ein Trester-Schnaps aus der Weingegend um Bordeaux. *Floc* – das Wort der Gascogner für Blüte – ist eine Mischung aus Traubenmost und Armagnac und wird in Fässern gegoren. Als Likörwein mit 16% bis 18% wird der Floc (rot oder weiß) kühl als Aperitif getrunken.

IM BORDELAIS,
DEM WEINBAUGEBIET
VON BORDEAUX

1 ★★★Bordeaux und Umgebung

226000 Einw. **Office de Tourisme** im Zentrum: 12, cours du XXX Juillet, Tel. 56442841; im Bahnhof: Esplanade Arrivée, Tel. 56916470; am Flughafen. Hall Arrivée, Tel. 56.34.50.00. **Post**: Rue du Château d'Eau, Mo–Fr 8–19 Uhr, Sa 8–12 Uhr. Die wichtigen **Einkaufsstraßen**: Rue Ste-Cathérine, Rue de la Porte Dijeaux, Cours de l'Intendeance, Cours Clémenceau, Allée de Tourny, Quartier Mériadeck. **Antiquitäten**: Rue Notre-Dame, Quartier Saint-Pierre, Rue Bouffard. **Flohmarkt** jeden Morgen (außer Mo und Sa) an der Basilika Saint Michel. Mo findet hier der *Marché neuf*, ein Markt für Produkte aller Art, und am Sa der *Marché royal*, ein Markt mit Produkten der Umgebung, statt. **Sonstige Märkte**: Place des Grands Hommes, Cours Victor Hugo (Grand Marché) und an der Place des Capucines.

Stendhal nannte Bordeaux Frankreichs schönste Stadt, *Victor Hugos* Vergleich mit Versailles und Antwerpen bezog sich auf die Verbindung von gestaltendem Herrscherwillen mit dem Charakter einer Handel treibenden Bürgerstadt. Wer heute nach Bordeaux fährt, denkt zuerst an die berühmten Weine, dann an den Ort. Die Bewohner selbst vergleichen ihre alte Stadt sogar mit dem Wein: Bordeaux erschließe sich wie eine Flasche guten Weins nur in kleinen Schlucken. Wer länger bleibt, wird noch etwas von der früheren englischen Zeit spüren, von der Weltläufigkeit des einst wichtigsten Hafens nach Marseille, vom Sprachgemisch aus Spanisch und Kreolisch, Englisch und Portugiesisch, das hier ›schon immer‹ geherrscht hat. Das liegt am Überseehandel, dessen Vertreter sich England oder Spanien näher gefühlt haben als der eigenen Metropole. Manch einer hat einen urenglischen Namen, ohne jemals den Kanal überquert zu haben, Familien wie ›Schyler‹, ›Schröder‹ oder ›Kressmann‹ erinnern nur durch ihren deutschen Namen an die Herkunft aus Hamburg oder Bremen. Daß Bordeaux auch heute noch weltoffener ist als die vergleichbare Stadt Toulouse, sieht man an ihrem Flughafen: Von Bordeaux haben bei der gleichen Anzahl Flüge dreimal mehr ein ausländisches Ziel als von Toulouse, wo sich die Reisenden in der Hauptsache nach Paris orientieren.

Auch für den eiligen Besucher, der vom Strandquartier in die Stadt gekommen ist oder auf der Durchreise das Schönste kurz

ins Auge fassen will, gibt es mehr als nur Monumente und Museen: die Silhouette der Stadt von der Brücke oder des Pont de Pierre von der Stadt aus, die Gassen, die Cafés, ein Glas Wein auf einem harmonisch gegliederten klassizistischen Platz – die Stimmung, die der Ort ausstrahlt, macht ihn zugleich attraktiv.

Die Weine sind alt, die Geschichte ist noch älter

Im 3. Jh. v. Chr. soll ein keltisches Volk aus Nordfrankreich, der Stamm der *Bituriger* (Bituriges Vivisques), am Zusammenfluß zweier Bäche, Peugue und Devèze, die Siedlung gebaut haben, die die Römer *Burdigala* nannten. Über einen natürlichen Binnenhafen (Navigera) handelten sie mit Zinn.

An anderen Stellen kann man nachlesen, die *Römer* hätten den kleinen Hafenort *Burdigala* gegründet, der in der späten Antike zu einiger Bedeutung kam. Der Ortsname wandelte sich im Lauf der Zeiten: Burdegala, Bordelh, Bordel, Bordeau, Bourdeaus.

Als im Jahr 56 v. Chr. die Römer unter *Crassus* den Ort besetzten, gliederten sie ihn nach römischer Tradition in eine Nordsüdstraße *Cardo*, heute *Rue Sainte Cathérine*, und eine Ostweststraße, den heutigen *Cours de l'Intendance*. Aquädukte, Tempel und Arena gehörten zur Grundausstattung eines Orts, dem die Römer Bedeutung beimaßen. Die Legionäre des Crassus brachten Weinstöcke hierher, um ein bißchen vom gewohnten Lebensstil zu behalten.

Nach den ersten Invasionen der Barbaren 276 wurde *Burdigala* befestigt. Die Mauern des Castrum liefen ungefähr auf den heutigen Straßen Cours du Chapeau Rouge und Rue de l'Intendance, Rue des Remparts und Cours Alsace Lorraine. Im 3. Jh. wurden die ersten Kirchen errichtet, wie St-Rémi, St-Pierre, St-Siméon. Es folgte eine relativ ruhige Zeit. Nach den Römern kamen *Araber*, *Franken* und immer wieder die *Normannen*, die den Ort, der im 4. Jh. an die 30 000 Einwohner gehabt haben dürfte, vom Meer aus heimsuchten. Die Stadt entwickelte sich zunächst nicht über die Befestigung hinaus. Der lateinische Dichter *Ausonius* (310–93), der im Bordeaux dieser Epoche zur Welt kam, hat darüber geschrieben.

412 besetzten die *Westgoten* als römische Verbündete Bordeaux. Kaiser *Honorius* hatte ihnen die Stadt als Siedlungsort zugewiesen. Ihr Anführer *Ataulf* heiratete hier 414 die römische Kaisertochter und spätere Kaiserin *Galla Placidia*.

Ende des 8. Jh. wurde Bordeaux Hauptstadt des Königreichs Aquitanien (eine Gründung *Karls des Großen*), das im Machtbereich des französischen Königs allerdings auf den Rang eines Herzogtums abstieg.

Eleonore von Aquitanien (*S. 70*) brachte Bordeaux zweimal in ihre Ehe ein: Blieb es zuerst französisch, wurde es 1154 für dreihundert Jahre englisch. Als 1362 *Edward III.* seinem Sohn *Edward*, dem ›Schwarzen Prinzen‹ (wegen seiner schwarzen Rüstung) Aquitanien übereignete, machte dieser Bordeaux zum Hauptquartier und Ausgangspunkt für seine ertragreichen Raubzüge in die Nachbarregionen Languedoc, Limousin, Auvergne und Berry.

Bordeaux unterschied sich von anderen Städten Südfrankreichs durch seine Verfassung. Neben dem Bürgermeister regierte ein Gremium von Geschworenen. Ein weiterer Unterschied: Bei anderen Städten haben sich im Verlauf der Geschichte die Quellen ihres Wohlstandes oder die Gründe ihrer Bedeutung gewandelt. Bei Bordeaux sind es immer die landwirtschaftlichen Erzeugnisse, und eben vor allem der Wein, in Verbindung mit dem Seehandel geblieben.

Während des Hundertjährigen Kriegs konnten die Bürger von Bordeaux Gewinne erzielen: Sie lieferten Waffen an alle kriegführenden Parteien, und ihr Wein beherrschte als ›claret‹ fast konkorrenzlos den englischen Markt. So schreibt auch der Engländer *Samuel Pepys* 1663 vom »Ho Bryan«.

Unter der Tour Pey Berland: Ein Päuschen nach der Besichtigung der Kathedrale St-André

51

Im 14. Jh. wurde eine neue Mauer um ein erheblich größeres Stadtgebiet gebaut. Die Klöster der Karmeliter, Franziskaner und Augustiner gehörten nun zur Stadt, die Sprengel um St.-Michel und St-Pierre wurden Handwerkerviertel, wovon noch die Straßennamen ›Rue des Faures‹ (Schmiede), ›Rue Carpenteyre‹ (Zimmerei) oder ›Rue de la Fusterie‹ (Küferei) zeugen.

Als Bordeaux 1453 wieder französisch wurde, bekamen die Bürger im Norden das Fort Trompette, im Süden das Fort Louis und im Westen das Fort du Hâ vor die Mauern gesetzt. Die bisherigen Privilegien der Stadt bei Zoll und Steuern wurden erst aberkannt, dann aber zurückgegeben. Der Amerika- und Antillenhandel brachte Reichtum. Zucker und Rum, Tabak und Baumwolle kamen als begehrte Waren nach Europa. In die Neue Welt wurden dafür Weizen und schwarze Sklaven aus Afrika geliefert. In diese Zeit fällt die Ansiedlung ausländischer Händler im Bereich des abgerissenen Kartäuserklosters nördlich der Stadtgrenze. Heute heißt es ›Chartrons‹ und beherbergt noch immer einige alte Handelsfamilien, die man bildhaft als ›Aristokratie des Korkens‹ bezeichnet. Im Schloß Ombrière tagte das *parlement* (ein Ort der Gerichtsbarkeit); das Viertel um St. Pierre wurde zu einer Art Beamtenviertel.

Kardinal Richelieu, seit 1624 Erster Minister, schuf durch die Einrichtung der Intendanturen ein zentralistisches Gegengewicht gegen die Parlamente der Generalstände und begründete so die Anfänge des absolutistischen Staats. Die Intendanten forcierten den Ausbau der Stadt und den Handel. Unter den Intendanten und im Zuge eines erneuten Aufschwungs im 17. und 18. Jh. öffnete sich die befestigte Stadt an der Place Royale (heute de la Bourse) zum Hafen. Es entstanden weitere Bauten und Prachtstraßen: Rathaus, Börse und das Theater wurden errichtet, die heutige Allées de Tourny und die diversen Cours wurden angelegt, und manch mittelalterlicher Bau wurde dafür abgerissen. Zwischen dem Jardin Public im Norden und St-Michel im Süden stehen ungefähr 5 000 Gebäude aus dieser Zeit. Einer der gefragten Architekten, der auch in Paris maßgebend gewirkt hat, war *Victor Louis*.

Bordeaux modern: die Cité Mondiale du Vin (S. 54)

Im 18. Jh. wurde ein großer Teil der alten Stadt einer neuen Anordnung unterworfen, wie in Paris *Haussmann*, so gliederte der Intendant (Gouverneur) *Marquis Louis Urbain Aubert de Tourny* im Zeitraum 1743–58 die Stadt in Boulevards und Promenaden, die als Aufmarschplätze sowie als Prachtstraßen gedacht waren. Zugleich entwickelte sich Bordeaux zum bedeutendsten Hafen Frankreichs. Ende des 19. Jh. war Bordeaux nach Marseille die wichtigste Hafenstadt Frankreichs. Der Überseehandel mit den Kolonien in Afrika und Amerika, mit England, Deutschland und Spanien wurde zum großen Teil hier abgewickelt. Zusätzlich lag hier eine Flotte von über hundert Fischereischiffen.

Den Beinamen einer ›Capitale tragique – tragische Hauptstadt‹ erhielt Bordeaux nicht, weil es hier zu Tragödien gekommen wäre, sondern weil es in der Folge nationaler Tragödien vorübergehend Hauptstadt wurde, und immer waren die Deutschen beteiligt: 1870, 1914 und 1940 mußte

die Regierung dem feindli-
chen Nachbarn ausweichen.

Daß bei all den Expan-
sionsbestrebungen die alte
Stadtsubstanz verlorenging,
hat man im 20. Jh. bemerkt.
1967 wurde ein Teil von 150
ha mit viertausend Häusern
der Altstadt unter Denkmalschutz gestellt. Fußgänger-
zonen haben Einkauf-
straßen entstehen lassen
(Rue St. Catherine), so daß
die Altstadt heute ein leben-
diges Zentrum ist, in dessen
Cafés auch Fremde sich
gern aufhalten. Politisch
wurde Bordeaux seit 1947
von den, besser: von einem
konservativen Gaullisten regiert: von *Jacques Chaban-
Delmas*. Im Jahr 1995 hat er
dem Parteifreund und Pre-
mierminister *Juppé* den Vortritt gelassen. Jetzt darf der
sich mit der leicht erhöhten
Arbeitslosenquote, mit der
reparaturbedürftigen Bau-
substanz, mit den sozialisti-
schen Bürgermeistern der
umliegenden Gemeinden,
mit der alten Handelsaristo-
kratie und mit den bisherigen Nutznießern des fest
etablierten ›Système Cha-
ban‹ herumschlagen.

Uni, Hafen, Industrie: das moderne Bordeaux

Bordeaux ist Univer-
sitätsstadt, es hat 226 000
Einwohner, 620 000 sind
es mit den umliegenden

Gemeinden, die als Communauté urbaine de Bordeaux (CUB) firmieren. Seiner Größe nach nimmt Bordeaux unter den französischen Städten den achten Rang ein, allerdings mit fallender Tendenz: Immer mehr Menschen zieht es ins Umland, wo sich auch ein Großteil der regionalen Arbeitsplätze befindet.

Der stadteigene Hafen ›Port de la Lune‹ nahe der Esplanade de Quinconces wird bevorzugt von der Tourismusindustrie genutzt. Bei Bordeaux münden Garonne und Dordogne zur Gironde ineinander. Zusätzlich schafft der Canal du Midi eine Verbindung über die Garonne vom 98 km entfernten Atlantik zum Mittelmeer. Immerhin können Schiffe bis zu 9,5 m Tiefgang bis zur Stadt fahren. Handelshäfen mit internationaler Bedeutung wurden in Bassens und Ambès nördlich von Bordeaux angelegt. Seit über zwanzig Jahren befindet sich in Verdon-sur-Mer ein Anlegehafen für Container- und Tankschiffe bis 250 000 Tonnen. Allerdings sind diese relativ neuen Hafenbauten nicht vollständig ausgelastet.

Auf beiden Flußufern gibt es Werftanlagen, Raffinierien, chemische und metallverarbeitende Fabriken. Die Verkehrsanbindung mit dem *TGV* (Train à Grande Vitesse, ein Eisenbahnzug, der schneller ist als der deutsche ICE; nach Paris knapp 3 Std.), das *World Trade Center* von Bordeaux und die Cité Mondiale du Vin sowie die internationalen Messen und Ausstellungen sind Indizien der Geschäftigkeit. Das moderne Büro- und Verwaltungsviertel *Mériadeck* (westlich der Kathedrale) wurde in den 70er Jahren aus dem Boden gestampft, nachdem die alte Bausubstanz auf 20 Hektar Grund niedergerissen worden war. Das Viertel ›Le Lac‹ – der See mit Hotels, Kongreßzentrum und dreißig Hektar Ausstellungsfläche für die internationalen Messen ist im Norden des Stadtkerns angelegt worden. Zum Schutz vor dem feuchten Untergrund wurde das Terrain zuerst um drei Meter erhöht. Das dazu erforderliche Erdreich wurde vor Ort gegraben: So entstand ein künstlicher See, der auch für die Freizeit genutzt wird (Bootsfahrten, Surfen, Baden). Das nächste Projekt ist das *Nouveau Quartier de la Bastide*, das mit einigen Hotels am anderen Ufer der Garonne als urbanistische Antwort auf die Esplanade des Quinconces entstehen soll. Allerdings müßten als Begleitmaßnahme die umliegenden Straßenzüge und die verrottenden Hafenanlafen an dieser Seite der Garonne restauriert oder verändert werden. Ebenfalls restaurierungsbedürftig ist mittlerweile das hauptsächlich von Arabern bewohnte Bahnhofsviertel südlich des Zentrums.

Erste Orientierung

Das moderne Bordeaux dehnt sich weit aus, das historische Zentrum hingegen ist auf relativ engen Raum konzentriert, so daß man an einem halben bis ganzen Tag das Wichtigste besichtigt haben kann.

Wer am *Bahnhof Saint-Jean* ankommt, hat **zu Fuß** zwei Kilometer auf der Rue de Tauzia (am rechten Rand des Bahnhofplatzes) bis zum Cours Victor Hugo zurückzulegen, hinter dem die Altstadt beginnt. Unterwegs kommt man an der École des Beaux-Arts, der Kirche Sainte Croix, der Porte de la Monnaie und an St-Michel vorbei. Ein Pendelbus (Navette Centre Ville) bringt Sie zum innerstädtischen **Office de Tourisme** (12, cours du XXX Juillet, Juni–Sept Mo–Sa 9–20, So 9–15 Uhr, ansonsten Mo–Sa 9–12.30, 13.30–18, So 9.30–12.30 Uhr, Tel. 56.44.28.41). Ein Tourismusbüro gibt es auch im Bahnhof (Esplanade Arrivée, Tel. 56.91.64.70).

Flugreisende kommen im Westen von Bordeaux (12 km bis Zentrum), in *Mérignac*, an, von wo man mit einem Pendelbus (Navette) oder Taxi (Tel. 56.97.11.27) in die Innenstadt oder zum Bahnhof oder mit dem Mietwagen direkt an sein Ziel gelangt. Der Flughafen liegt an einem Autobahnring. Touristen-Information gibt es auch am Flughafen (Hall Arrivée, Tel. 56.34.50.00 bzw. 56.34.39.39). Non-Stop-Flüge werktags mit Air France von München und Frankfurt. Mit Umsteigen in Paris bieten sich mehr Möglichkeiten zur Anreise.

Wer mit dem **Bus** nach Bordeaux fährt, kommt am Bus-Bahnhof *Gare Citram* (14, rue Fondaudège, Tel. 56.42.04.04) an. Um sich zu informieren, geht er in Richtung Grand Théâtre zum Tourismusbüro, 12, cours du XXX Juillet (Tel. 56.44.28.41).

Wo geht's lang?

Die Busse der städtischen *Verkehrsbetriebe CGFTE* (Tel. 56.24.23.23) haben ihr Zentrum am Boulevard Antoine Gautier. Attraktiv ist das Angebot einer Tages- oder Dreitageskarte ›Carte Bordeaux Découverte‹.

Wer mit dem **Auto** kommt, parkt am besten an den Quais oder auf dem Platz der *Esplanade des Quinconces*. Es empfiehlt sich, zu Fuß zu gehen. Zum einen ist Bordeaux nicht zu groß, zweitens befindet sich ein Teil der Sehenswürdigkeiten in der Fußgängerzone, und drittens ist der Verkehr in dieser Provinzhauptstadt bereits sehr dicht. Bewachte Parkplätze und Parkhäuser gibt es auch entlang der Uferstraße an der Gironde.

Die **Mitfahrerzentrale**, Allostop 13, cours de la Somme, erreichen Sie unter der Tel.- Nr. 56.94.58.49.

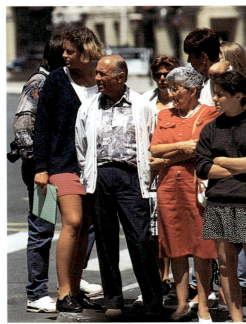

Rundgang in Bordeaux

Hinweis: Jeder kann sich selbstverständlich seine eigene Tour durch Bordeaux zusammenstellen. Die Nummern ① – ⑱ zeigen Ihnen auf einem Rundweg die Sehenswürdigkeiten dieser Stadt. Wer abkürzen möchte,
aber das Wichtigste sehen will, folge den Nummern ①,
③, ⑥, ⑧, ⑪, ⑫, ⑯, ⑰, ⑱ oder bloß ①, ③, ⑫, ⑯, ⑱.

Für den Autofahrer beginnt die Besichtigung bereits im Auto. Von dem 1767 m langen, 1967 erbauten *Pont d'Aquitaine* hat er in 50 m Höhe einen grandiosen Blick über die Garonne, den alten Hafen *Port de la Lune*, der wegen seiner geschwungenen Form nach dem Mond benannt ist,
und die Stadt. Von der alten Steinbrücke Pont de
Pierre ⑮ bietet sich ihm ein ebenso schönes Panorama. Er fährt über die Garonne auf die Stadt-
silhouette zu, von der er hinter ein paar Schiffen
die Place de la Bourse ⑰ und einige Kirchtürme
und schließlich die *Porte des Salinières* erkennt,
um dann nach rechts am Ufer entlang noch einmal die Fassaden aus der Nähe anzusehen.

Die **Esplanade des Quinconces** ① ist mit zwölf
Hektar einer der größten Plätze Europas. In
Bordeaux ist das ein Parkplatz, auf dem gelegentlich der Jahrmarkt stattfindet. Dem Fremden, der sein Auto abstellen will, mag das recht
sein, die Wirkung wäre vermutlich größer ohne
die Autos. Die Esplanade wurde an der Stelle des
königlichen *Château Trompette* angelegt, der
ehemaligen Zwingburg zur Überwachung der
Stadt, in der das Gefängnis untergebracht war.
1828 war ihr Abriß zwar nicht mehr so revolu-

tionär wie die Erstürmung der Bastille 1789, aber eine befreien-
de Wirkung ging davon dennoch aus. Im westlichen Halbrund
steht eine 43 m hohe *Säule* (Ende des 19. Jh.) zu Ehren der 1792
hingerichteten Girondisten, der Revolutionäre aus der Gegend
der Gironde, die sich für eine Dezentralisierung einsetzten und
die nicht ganz so diktatorisch veranlagt waren wie Robespierre
und seine Anhänger. Der 1983 restaurierte *Brunnen* darunter
zeigt in Bronze die Allegorien ›Triumph der Republik‹ und ›Triumph der Eintracht‹. Am Ostrand stehen *Denkmäler* des Jahres
1858 für die beiden großen Denker aus Bordeaux, *Montesquieu*

Bordeaux: Stadtplan

①   Esplanade des Quinconces
②   Musée d'Art Contemporain
③ ** Grand Théâtre
④ ** Jardin Public
⑤ * Basilique Saint-Seurin
⑥ * Musée des Arts Décoratifs
⑦ ** Musée des Beaux-Arts
⑧ ***Kathedrale St-André
⑨   Ste-Eulalie

⑩ * St-Paul
⑪ ** Musée d'Aquitaine
⑫ * Grosse Cloche
⑬ * St-Michel
⑭   Ste-Croix
⑮ * Pont de Pierre
⑯ * Porte Cailhau
⑰ * Place de la Bourse
⑱ * Place du Parlement

und *Montaigne*, und nicht weit davon *zwei Säulen*, die 1829 mit Schiffsschnäbeln und Symbolfiguren des Handels und der Seefahrt aufgestellt worden sind. Von der Esplanade bietet sich ein Blick auf die Garonne und den Pont de Pierre (1821), bis 1965 der einzige Überweg über die Garonne in Bordeaux.

Wer *Hafenrundfahrten* und Fahrten auf der Garonne unternehmen möchte, kann dies von hier aus mit der ›Vedette Ville de Bordeaux‹ tun (Anlegestelle Quai Louis XVIII, 15 Uhr, Dauer ca. 90 Min., ganzjährig, Tel. 56.52.88.88). Für längere Flußfahrten auf der ›Aliénor‹ erkundige man sich am Quai Louis XVIII, Hangar 7 (Tel. 56.51.27.90). Hier kann man sich auch Boote mieten.

Am Westende des Platzes liegt der *Cours du XXX Juillet*. Im Haus Nr. 12 befindet sich die **Touristeninformation** (Juni–Sept Mo–Sa 9–20 Uhr, So 9–15 Uhr. Sonst 9–12.30, 13.30–18 Uhr, So 9.30–12.30 Uhr. Von hier aus werden Stadtrundfahrten und Weingutfahrten organisiert). Das Gebäude stammt aus dem Jahr 1820 und beherbergte zeitweilig das Café Montesquieu.

An der Ecke des *Cours du XXX Juillet* und der *Allées de Tourny* steht die **Maison du Vin** (Information, aber kein Verkauf). Früher war dies die Maison Gobineau, 1786 bis 1789 vom Architekten *Ch. Durant* nach einem Entwurf des berühmten *Victor Louis* für das Parlamentsmitglied *J. Gobineau* errichtet. Wer Weine kaufen will, hat schräg gegenüber der Maison du Vin, in der *Vinothèque*, Gelegenheit dazu (8, cours du XXX Juillet; Mo–Sa 8–19.30 Uhr, Tel. 56.52.32.05).

Ein kleiner Abstecher führt von der Esplanade Richtung Norden über den *Cours du Mal. Foch* und dann rechts in die *Rue Ferrère* zum ehemaligen Entrepôt Lainé und heutigen Museum für moderne Kunst – **Musée d'Art Contemporain** ② (7, rue Ferrère, Di–So 11–19 Uhr, Mi bis 22 Uhr Tel. 56.44.16.35. Bus Nr. 1, 7, 8, 24 bis ›Chartrons‹). Eigentlich sollte diese frühere Lagerhalle für Wolle und Gewürze abgerissen werden, um modernen Bauten Platz zu schaffen. Heute ist das Gebäude eins der wichtigsten Zentren zeitgenössischer Kunst in Frankreich (C.A.P.C.; Centre d'Arts Plastiques Contemporains), Karrierestation für aufsteigende Künstler, internationaler Treffpunkt von Kunstinteressierten und allgemein Veranstaltungsort für jung und alt.

›Entrepôt‹ heißt ›Lagerhaus, Speicher‹. Das Gebäude, das dem Garonne-Ufer zweckmäßig nahe steht, wurde 1824, in der Blütezeit der Hafenstadt, vom Architekten *Claude Deschamps* (1765–1843, *S. 77*) errichtet. Außen sind die Steine nur an den

Ecken schön poliert und glatt, das Mauerwerk selbst ist aus roh behauenen Steinen. Hier wurde nicht repräsentiert, hier wurden Waren gelagert: Indigo aus Bengalen, Pfeffer, Safran, Curry von der Insel Ceylon, aus China Opium, Moschus, Patschuli und Seide, aus Südamerika und der Karibik Kaffee, Kakao, Zucker und Vanille. Der Bau stand jahrelang leer. Jetzt bietet er dem Besucher neue Kunst an alten Mauern. Der Charakter des Innenraums (4 000 m² Ausstellungsfläche) ist weitgehend erhalten. In diesem Ambiente wirken die Werke moderner Künstler – darunter *Daniel Buren*, *Richard Long*, *Mario Merz* – natürlich anders als in einem herkömmlichen Museum. Zum Beispiel gewinnen *Richard Serras* Eisenskulpturen, deren Rostfarbe in normalen Museen eher etwas Befremdendes hat, in der Umgebung der rauhen Wände eine eigene Ausstrahlung. Longs Stein-Assemblagen auf dem Dach sehen fast aus, als gehörten sie zum Mauerwerk. Die Künstler, die hier als Gast weilen, richten ihre Ausstellungen zumeist selbst ein: So wird das Museum zum Atelier. Ganz andere Assoziationen wecken die Kanaldeckel, die zu den Brunnen in den Katakomben des Speichers führen. Bei Hochdruckwetter entströmt aus ihnen eine Moderluft, die an den einst

Bronzene Pferde im Brunnen der Esplanade des Quinconces (S. 56)

sumpfigen Grund um Bordeaux denken läßt. Dagegen finden wir auf der Toilette modernes Design von *Andrée Putman*.

Neben der Bibliothek gibt es einen Museumsladen und, sehr angenehm und erholsam, auf dem Dach ein Café.

Ein Abstecher in die nördlichen Viertel an der Garonne

Richtung Garonne gelangt man zum *Quai des Chartrons*. Hier liegt das *Kriegsschiff Colbert*, das besichtigt werden kann und als ›letzter großer Kreuzer (croiseur)‹ gilt (Juni–Okt tgl. 10–17.15 Uhr, sonst Mi–So 10–16.15 Uhr, Tel. 56.44.96.11).

Das nördliche **Quartier des Chartrons** zwischen der Garonne und dem Jardin Public hat seinen Namen nach einem Kartäuserkloster, das unter *Richelieu* abgerissen wurde. Hier siedelten sich vornehmlich ausländische Händler an, die weder in der Stadt noch am Hafen wohnen wollten. Zunächst eine Art baulicher Fremdkörper vor den nördlichen Grenzen der Stadt, hat es sich seit dem 18. Jh. zu einem in sich geschlossenen Stadtensemble gemacht, dessen teilweise großzügige, wenn auch nie über drei Etagen hohe Häuser mit ihren Toren, Balkons und Gewölben vom Wohlstand ihrer Erbauer zeugen. Die Hauptstraße dieses Viertels ist der *Cours Xavier-Arnozan*. Zeugnis von der schönen Zeit gibt das **Musée des Chartrons** (41, rue Borie, Di–Sa 10–12.30, 14–17.30 Uhr, Tel. 56.44.27.77) in einem Haus, das 1720 der Ire *Francis Burke* bauen ließ. Die *Sammlung der Druckerei Wetterwald* zeigt Weinetiketten des 19. Jh. und gibt darüber hinaus Einblick in das Alltagsleben eines Weinhändlers. Auch Weinproben sind hier möglich. In Erinnerung an dieses Zentrum der Händler heißt das weiter nördlich gelegene Viertel, wo sich das *World Trade Center* von Bordeaux und die *Cité Mondiale du Vin* (25, quai des Chartrons; ›Internationale Weinstadt‹ mit multimedial aufbereiteten Informationen rund um den Wein, tgl. geöffnet, Verkauf nur Mo–Sa, Besichtigung und Weinproben nach Vereinbarung, Tel. 56.01.20.20) befinden, ›Nouveau Quartier des Chartrons‹.

Wer sich für Boote interessiert, dem sei das **Conservatoire International de Plaisance** (23, quai des Chartrons, Feb–Dez Di–Fr 13–19, Sa/So 10–19 Uhr, Tel. 56.11.11.50) empfohlen. Hier kann man, in einer ehemaligen *Base del la Marine*, auf mehr als 10 000 m² an die 70 Sport- und Freizeitboote aus aller Herren Länder, ein U-Boot-Modell und den ersten, 1662 in Europa hergestellten Katamaran bewundern.

Die **Allées de Tourny** wurden 1745 unter dem Intendanten *Tourny* angelegt. Die Häuser auf der westlichen Seite stammen aus der Mitte des 18. Jh. Im 19. Jh. wurden sie zweimal aufgestockt. Cours du XXX Juillet und Allées de Tourny treffen sich an der *Place de la Comédie*. Früher war hier ein römischer Tempel, dessen Ruine erst unter *Louis XIV* abgetragen wurde. Heute steht da das **★★Grand Théâtre** ③, der wichtigste Prachtbau der Stadt. Schon die zentrale Lage am Schnittpunkt mehrerer Boulevards zeigt die Bedeutung dieses wichtigsten Bauwerks des Pariser Architekten *Victor Louis* (1731–1800), der seine Ausbildung teilweise in Rom absolviert hat, wo er die Vorbilder seiner klassizistischen Entwürfe aus der Nähe hat sehen können.

Das zwischen 1773 und 1780 errichtete Theater von Bordeaux

Klassizismus pur: im Grande Théâtre von Bordeaux

gilt als das schönste in Frankreich. Es beherrscht die *Place de la Comédie* mit ihren teilweise ebenfalls klassizistischen Fassaden. Die Fassade des Theaters erinnert an antike Tempel, die Säulenhalle ist Ausdruck des klassizistischen Geschmacks im 18. Jh. Die zwölf korinthischen Säulen tragen eine Balustrade, auf der wiederum zwölf Statuen der Bildhauer *Berruer* und *van den Drix* die Göttinnen Juno, Venus und Minerva sowie neun Musen darstellen. Seitlich stützen Säulen einen Arkadengang oder sind als Pilaster an die Wand gedrängt worden. Innen entspricht die Ausstattung dem prachtvollen Äußeren. Die großzügige Treppenanlage und die Kuppel werden als Vorbild der Pariser Oper gewertet, die knapp hundert Jahre später von *Charles Garnier* entworfen wurde. Im Zuschauerraum prangt ein riesiger Kristall-Lüster, bestehend aus 14 000 böhmischen Kristallen, über viel Samt und Gold. Wer das Theater nicht im Rahmen einer Theaterveranstaltung besichtigen will: Juli–Sept Di–Fr 10.30, 15 und 16.30 Uhr werden Führungen angeboten.

Ganz in der Nähe als Empfehlung: ›**La Chamade**‹ (20, rue Piliers de Tutelle, So geschl., Tel. 56.48.13.74), ein sehr gutes Restaurant. In der gleichen Richtung kommen Sie zur Rue Ste-Cathérine. Wenn bis zum Ende durchgehen, erreichen Sie die Rundgangsnummern ⑪ und ⑫.

Hinter dem Theater, auf dem *Cours du Chapeau Rouge*, geht es vornehm weiter. Die drei Gebäude der **Préfecture** stammen ebenfalls vom Architekten *Victor Louis*. In dieser Straße stehen noch mehr bemerkenswerte Bürgerhäuser: das **Hôtel Boyer-Fonfrède**, das *Victor Louis* 1776 für den Vater des Girondisten, *Pierre Boyer-Fonfrède*, errichtete (1, place Jean Jaurès), ein paar Schritte weiter zum Theater das **Hôtel Saige**, ebenfalls von *Victor Louis* (25, cours du Chapeau Rouge), gegenüber das **Hôtel Lourbademont**, das schon 1608 gebaut wurde und in dem *Marie de Médicis* bei der Hochzeit von *Louis XIII* gewohnt hat (40, cours du Chapeau Rouge). Gegenüber dem Grand Théâtre das **Hôtel Bonnaffé** (gebaut 1782, Nr. 54, cours du Chapeau Rouge), und weiter das **Hôtel Roly** aus dem Jahr 1780, das die Nummern 1 bis 5 der Place de la Comédie einnimmt. Die Reihe der schönen alten Bürgerhäuser setzt sich auf dem *Cours de l'Intendance* fort. Auf der linken Seite das **Hôtel Pichon** (4, cours de l'Intendance), das 1610 gebaut wurde, das aber weitgehend verändert wurde. Gegenüber das **Hôtel Acquart**, das 1785 für den Weinhändler *Acquart* gebaut wurde (5, cours de l'Intendance) und das **Hôtel de Verthamon** (um 1829 gebaut, 13, cours de l'Intendance). Übersehen Sie unter den Fassaden nicht die Läden –

Sie sind in einer von Bordeaux' schöneren Einkaufsstraßen.

Ein Stück weiter in dieser Richtung gelangt man durch die *Rue Martignac* zur Dominikanerkirche **Église Notre Dame** (Place du Chapelet), die in den Jahren 1684 bis 1704 als Kopie der Barock-Kirche Il Gesù in Rom errichtet wurde. Die großzügige und auf Prachtentfaltung angelegte Fassade mit Dreiecksgiebel und Akanthusfries entspricht dem Baustil der Jesuiten. Innen (schöne Orgelempore) sind Bilder des 18. Jh. und Kunstschmiedearbeiten zu sehen (So nachmittag und Mo geschlossen).

An der Kirche vorbei und nach links kommt man zum *Marché des Grands Hommes*, einem Marktgebäude in Rotundenform auf einem runden Platz. Wenn die Füße schmerzen, ist die ›**Bar des Grands Hommes**‹ am Platz vielleicht die erste Wahl. Fein essen können Sie gleich ums Eck in der *Rue Montaigne*: ›**Le Chapon fin**‹ wird als Bordeaux' bestes Restaurant klassifiziert. Außerdem sitzt man in original Fin-de-Siècle-Dekor (Haus Nr. 5, Tel. 56.79.10.10).

Der Rundgang geht weiter über die *Allées de Tourny* zur *Place de Tourny* mit dem Denkmal des Intendanten der Guyenne, *Louis Urbain Aubert de Tourny* (1900). Eine nette Einkaufsstraße, deren Läden von Seemannsbedarf über Comics bis Käse vieles bieten, ist die *Rue Huguerie* an der Place de Tourny links. Nach rechts gehen Sie über den *Cours de Verdun* zum ****Jardin Public** ④. Diese weitläufige Grün-

Ein kleiner Brunnen im Jardin Public

anlage von zehn Hektar wurde 1746 vom Intendanten *Tourny* (1695–1760, Intendant von 1743–57) als französischer Garten geplant und bis 1756 angelegt. Unter dem Zweiten Kaiserreich wurde daraus eine englische Gartenanlage mit ›naturgemäßen Unregelmäßigkeiten‹, was den Jardin von den französischen Gartenanlagen mit ihrer reglementierenden Naturauffassung wohltuend unterscheidet. Seit 1756 gibt es den künstlichen *Wasserlauf*, das kleine *Marionetten-Theater* stammt aus dem 19. Jh., der *Spielplatz* ist neueren Datums – beliebte Aufenthaltsorte für die Bewohner der Stadt. An sonnigen Werktagen sitzen hier vor allem Studenten, ältere Leute mit und ohne ihren Hund sowie Künstler, die Zeichnungen nach den aufgestellten Steinskulpturen anfertigen. Unter Dattelpalmen lagern müßige Touristen, auf den Stufen des Museums wird geplaudert und gepicknickt.

Der Jardin ist als botanischer Garten gedacht. An den Bäumen (Palmen, Magnolien etc.) stehen die lateinischen Bezeichnungen, beim Eingang von der Stadt befindet sich das **Musée d'Histoire-Naturelle** (Jardin Public, 5, pl. Bardineau, Mo–Fr 9–11.30, 13–17.30, Sa, So 14–17.30 Uhr. Tel. 56.48.26.37 und 56.48.29.86), das im ehemaligen Hôtel de Lisleferme (18. Jh.) eingerichtet worden ist (Tierskelette, mineralogische Sammlung, Fauna Südwestfrankreichs; zusätzlich Wechselausstellungen).

Durch die *Rue Duplessy*, dann rechts durch die *Rue de Fondaudège* und anschließend links über die *Rue du Dr. Albert Barraud* erreicht man den ***Palais Gallien**, die Reste eines römischen Amphitheaters aus dem 3. Jh. Die elliptische Anlage maß in ihren Achsen 133 und 111 m, und es sollen an die 15 000 Menschen Platz gefunden haben. Heute sieht man nur noch ein paar Bögen und Gewölbereste über den Grundmauern.

Weiter auf der *Rue du Docteur Albert Barraud*, dann links durch die *Rue de l'Abbé-de-Lepée* und rechts durch die *Rue Thiac* führt der Weg zur Kirche Saint-Seurin. Unterwegs öffnet sich hier und da ein Platz, dessen Häuser mit klassizistischen Fassaden schlicht wirken, wo aber die Ausgeglichenheit und das Ebenmaß und die leicht gelbliche Färbung des Gesteins auf den Passanten eine angenehme Ausstrahlung haben. Einladung zum Verweilen? Nicht doch, Bordeaux ist eine eifrige Handelsstadt.

*Basilique Saint-Seurin ⑤

Mo–Sa 8–12, 14–19 Uhr, So 8–12.15, 17–20 Uhr

Im Mittelalter stand die Kirche in hohem Ansehen, weil hier außer den Gebeinen des *hl. Front* auch die Relique der *hl. Veronika* aufbewahrt wurde. Sie soll das Schweißtuch Christi nach Rom gebracht haben und anschließend nach Soulac gereist sein, wo sie dann im Jahr 70 angeblich gestorben ist.

Die ›moderne‹ *Fassade* (1831) verdeckt die Vorhalle mit ihren romanischen Kapitellen (11. Jh.). Das Kirchenschiff wurde im 13. Jh. gotisch verändert. Das Figurenportal ist ebenfalls aus dieser Zeit. Im Chor der Kirche steht ein steinerner Bischofsstuhl aus dem 15. Jh., gegenüber ein Retabel mit vierzehn Alabastertafeln, die Szenen aus dem Leben des hl. Seurin zum Thema haben. Zwölf weitere Alabastertafeln in der Kapelle *Notre Dame de la Rose* (links vom Chor) zeigen Szenen aus dem Leben der Heiligen Jungfrau. Die Alabasterstatue der Notre Dame de la Rose ist ebenfalls ein Werk des 15. Jh.

In der *Krypta* befinden sich merowingische Sarkophage des 3. und 4. Jh. mit fein eingearbeiteten christlichen Bilddarstellungen und Rankenornamenten. Zu sehen sind außerdem gallo-römische Säulen und Kapitelle, lackierte Fensterscheiben des 13. Jh. und Grabstatuen des 14. und 15. Jh. Das Grab des *hl. Front* ist aus dem 17. Jh.

Bei der Kirche (Südportal) befindet sich außerdem eine **archäologische Ausgrabungsstätte** (Site paléochrétien de St-Seurin, Place des Martyrs-de-la-Résistance, Apr–Sept Di, Sa 14–18 Uhr. Tel. 56.79.05.39) mit – vom Palais Gallien abgesehen – den ältesten Zeugnissen des Lebens in Bordeaux. Darunter eine Nekropole, Sarkophage, Amphoren und einige Fresken.

Wieder zurück Richtung Stadtmitte geht es auf der *Rue Judaïque*. Ein Stück stadtauswärts das Restaurant ›**L'Alhambra**‹ (111bis, rue Judaïque, Tel. 56.96.06.91, Sa/So geschl.). Die Rue Judaïque wird nach der Place Gambetta zum eleganten Cours de l'Intendance, der zum Grand Théâtre führt. Auf dem Weg zum Theater liegt linker Hand die ***Casa de Goya** (57, cours de l'Intendance, Mo–Fr 13.00–18 Uhr, Tel. 56.52.79.37), das Haus, in dem *Francisco Goya* im Exil lebte und 1828 starb. Heute sind hier Dokumente, Briefe und ein paar Bilder zu betrachten.

Noch ein Stück weiter zum Theater ist die **Passage Sarget** (19, cours de l'Intendance) zu beachten, eine Passage von 1878, als auch in Paris die Passagen modern waren, die in *Walter Benjamins* ›Passagen-Werk‹, einer materiellen Geschichtsphilosophie des 19. Jh., eine zentrale Stellung einnehmen sollten.

Statt zum Theater zu gehen, bleiben wir einen Moment auf der belebten und mit einem kleinen englischen Garten verschönerten **Place Gambetta** stehen. Schräg gegenüber das Stadttor *Porte Dijeaux* (von 1748), rundum Gebäude und Arkaden im Stil Louis XV (1750–70). Der Intendant *Tourny* bestimmte diese Anordnung. Daß wenige Jahre nach der Bebauung im großbürgerlichen Stil eine Guillotine auf der Mitte des Platzes stehen würde, hätte Tourny sich wohl nicht träumen lassen.

Beim Stadttor beginnt die *Rue Bouffard*, auf der wir zum ⋆**Musée des Arts Décoratifs du Moyen Age au 18ème Siècle** ⑥ gelangen (39, rue Bouffard, Tel. 56.10.15.62, Mi–Mo 14–18 Uhr; *Café* im Museum von 11.30–18 Uhr). Erstes Besichtigungsobjekt ist das Gebäude selbst: Es wurde 1779 vom Architekten *Etienne Laclotte* für den *Marquis de Lalande* (den Namensgeber des Hauses) im Stil Louis XVI gebaut. Elegant mit Holz getäfelte Salons, die nach den Farben ihrer Draperien und Anstriche bezeichnet werden, geben den passenden Rahmen für die Sammlungen von Email- und Fayence-Stücken, für die Schmiede-, Silber- und Glasarbeiten, für Möbel, Teppiche und was sonst die Einrichtungen gutbürgerlicher bis vornehmer Wohnungen ausgemacht hat. Ein Raum ist mit Kolonialmöbeln aus kubanischem Holz ausgestattet (Anfang des 19. Jh.). Stiche und Dokumente geben Einblicke in die Lokalgeschichte.

Von hier ist es nicht weit zur **Mairie** oder **Hôtel de Ville** (Führungen Mi 14.30 Uhr), dem Rathaus, das 1773–84 als Palais des Erzbischofs *Ferdinand-Maximilien de Mériadeck*, Prince de Rohan, im klassizistischen Stil erbaut wurde. Die Ehrentreppe und die reiche Saaltäfelung mit Bemalungen sind einen Blick wert. Dem Ehrenhof am Eingang entspricht hinten die Anlage des Gartens und der Gebäudeflügel, in denen inzwischen das Kunstmuseum Musée des Beaux-Arts seinen Platz hat.

Das ⋆⋆**Musée des Beaux-Arts** ⑦ (20, cours d'Albret, Mi–Mo 10–18 Uhr, Tel. 56.10.16.93) beherbergt neben einer Vielzahl weniger bedeutender Arbeiten ein paar echte Meisterwerke aus der Zeit vom 15. Jh. bis zur Gegenwart. Große Namen: *Tizian* (›Tarquinius und Lucretia‹), *Brueghel d. Ä.* (›Der Hochzeitstanz‹), *Rubens* (›Martyrium des hl. Georg‹), *Tischbein* (Porträt der Fürstin von Oranien-Nassau), *Delacroix* (der Stolz des Museums: ›La Grèce sur les ruines de Missolonghi‹ von 1826), *Renoir* (›Landschaft von Cagnes‹) und *Kokoschka* (›Notre-Dame-de-

Bordeaux‹). Dazu einige Maler aus Bordeaux, von denen *Odilon Redon* (1840–1916) der bekannteste ist.

Für Ausstellungen stehen dem Museum die **Galéries des Beaux-Arts** am *Place du Colonel Raynal* (schräg rechts gegenüber; Tel. 56.96.51.60) zur Verfügung.

***Kathedrale St-André ⑧

Kathedrale: Mo–Sa 7.30–13.30, 14–18.30 Uhr, So 8–12, 14.30–17.30 Uhr. Tour Pey Berland: Juli/Aug tgl. 10.30–12.30, 14.30–17.30 Uhr

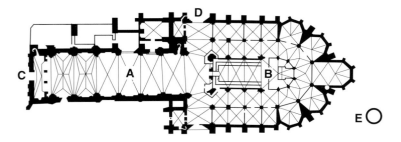

St-André: Grundriß

A Langhaus
B Chor
C Porte Royale (s. Skizze, Nr. 1– 7)
D Nördliches Portal (s. Skizze, Nr. 8 – 15)
E Tour Pey Berland

Auf der anderen Seite des Rathauses, und erheblich beeindruckender, steht der Nachfolgebau der romanischen Kirche, in der Eleonore von Aquitanien (*S. 70*) 1137 mit dem französischen Thronerben getraut wurde. Der hochgotische Dom ist das bedeutendste sakrale Bauwerk von Bordeaux. Daneben erhebt sich die Tour Pey Berland *(s. unten)*.

An dem Gotteshaus – das zeigen die Stilelemente mehrerer Epochen – wurde sehr lang gebaut. Begonnen hat man mit dem romanischen **Langhaus (A)** im 11. und 12. Jh., um vom 13. bis 15. Jh. daran weiterzubauen. Das gotische Kreuzrippengewölbe, das sich über romanischen Mauern erhebt, entstand zwischen dem 13. und 16. Jh. Von der Anlage ist der Dom ein einschiffiger Saalbau geblieben, mit seinen 124 m Länge und 44 m Breite ist er nur unwesentlich kleiner als Notre-Dame in Paris. Bordeaux war zur Zeit der Engländer vermögend, so daß eine weitere Vergrößerung in Angriff genommen wurde. Als das Geld dann aber doch nicht ausreichte, hat man nur noch abgestützt, was nicht ganz sicher stand. Daher die unregelmäßig angesetzten Stützpfeiler und Strebebögen.

Querhaus und der Chor (beide 14. und 15. Jh.) sowie das Hauptportal Porte Royale (13. Jh.) sind nach nordfranzösischem Vorbild gestaltet worden. An der Vierung kann man die beiden nebeneinander bestehenden Stilformen vergleichen. Der **Chor** (**B**) mit seinem Umgang und den Kapellen unter langgezogenen Lanzettfenstern gilt als seltenes Beispiel stilreiner Gotik in Aquitanien.

Zu den Besonderheiten gehören die beiden **Portale** (**C**, **D**) mit ihrem reichen Figurenschmuck. Der Architekt und Restaurator *Viollet-le-Duc* hat die erhabenen Skulpturen abgießen und die Kopien an der Fassade von Notre-Dame in Paris als Beispiele gotischer Skulptur aufstellen lassen. Hier sind die Originale: Die westliche **Porte Royale** (**C**) gehört zum älteren Teil des Doms (13. Jh.). Ihren Namen ›royale‹ hat sie wegen der Königsabbildung in der Galerie über dem Portal, wo von links sechs *Bischöfe* (1), ein *König* (2) und eine *Königin* (3) stehen. Man weiß zwar nicht, wer hier dargestellt wird, rein allegorische Figuren sind es aber auch nicht. Unterhalb das eigentliche Portal: Das Tympanon zeigt das

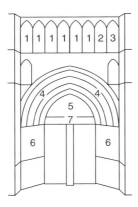

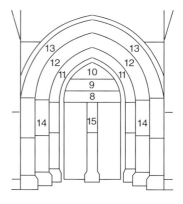

Kathedrale St-André: Porte Royale (= C im Grundriß)

(1) Bischöfe
(2) König
(3) Königin
(4) Die Seligen und Auserwählten
(5) Das Jüngste Gericht
(6) Zehn Apostel
(7) Auferstehung Christi

Kathedrale St-André: Nord-Portal (= D im Grundriß)

(8) Abendmal
(9) Auferstehung Christi
(10) Triumph Christi
(11) Engel
(12) Die 12 Apostel
(13) Propheten
(14) Heilige und Kirchenväter
(15) Hl. Martial

Jüngste Gericht (5), auf dem Sturzband darunter *Jesu Auferstehung* (7). In den Archivolten darüber die *Seligen* und *Auserwählten* (4), während im Gewände seitlich der Tür *zehn Apostel* (6) stehen.

Das **nördliche Portal** (**D**) ist hundert Jahre jünger. Drei Abschnitte gliedern das Tympanon – von unten: *Abendmahl* (8), *Auferstehung* (9) und *Triumph Christi* (10) –, dreifache Archivolten, die – von innen – *Engel* (11), die *zwölf Apostel* (12), *Propheten* (13) und *Kirchenväter* (14) darstellen, rahmen es. Während in den Gewänden neben der Tür unidentifizierte Heilige stehen, erkennt man im Trumeau die Figur des *hl. Martial* (15), Nationalheiliger des Limousin.

Über den Dächern von Bordeaux: auf der Tour Pey Berland (S. 70)

Innen sind einige Ausstattungsstücke bemerkenswert. Beim Chor ist an der 4. Säule rechts St. Anna mit der Jungfrau dargestellt (16. Jh.); eine schön geschnitzte barocke Holztür im Chor, Alabasterstatuen des hl. Martial (in einer Bogennische der Wand, die den Chor umgibt) und der Jungfrau mit Kind (nördl. Seitenkapelle des Chors, über dem Altar) sind Arbeiten des 14. Jh. Die Reliefarbeiten an der Orgeltribüne sind der Renaissance zuzuordnen und stellen den Sieg Christi über die heidnischen Götter und seine Auffahrt gen Himmel dar – dabei hat Jesus einen Adler bestiegen, was an Darstellungen Jupiters erinnert. Weiter sind die Glasfenster, die schlanken Spitzbogen, das schmiedeeiserne Gitterwerk an den Seitenkapellen, eine alte Uhr am Seiteneingang und die barocke Orgel für sich genommen sehenswert, die

Wirkung dieser Kirche aber geht nicht von den Details, sondern von ihrer Gesamtheit aus. Je nach Stand der Sonne sind es weniger die Fenster, sondern das durch sie gefärbte Licht auf dem hellen Stein, das der Kirche Atmosphäre gibt. Unter den Stücken des Kirchenschatzes sind flämische und spanische Handschriften aus dem Mittelalter bemerkenswert.

An der spätgotischen, mit Steinmetzarbeiten dekorierten und 30 m vom Chor entfernten **Tour Pey Berland** (**E**; Do, Sa, So 10.00–12.30, 14.30–17.30 Uhr; Juli/Aug tgl. 10.30–12.30, 14.30–19 Uhr) wurde von 1440 bis 1466 gebaut. Seinen Namen verdankt der Campanile dem damaligen Bischof, der die Errichtung veranlaßt hat. Auf der Spitze erhebt sich als Abschluß eine kupferne Marien-Statue aus dem Jahr 1863. Man kann den Turm durch eine enger werdende Steintreppe besteigen und genießt einen hervorragenden Blick über die gesamte Stadt, von St-Michel bis zum Pont d'Aquitaine, der das Panorama mit den roten Ziegeldächern, dem Fluß und seinen Schiffen, den Arkaden unter den Quais und den moderneren Häusern des Quartier des Chartrons wie ein Rahmen oben abschließt. Und hinter ihnen die beiden Türme der Kathedrale. Aus der Nähe können Sie hier oben die Maßwerkfenster mit Vierpaß, Kriech- und Kreuzblumen betrachten, die überreich angebracht sind.

Eleonore von Aquitanien, Königin der Troubadoure

Immer wieder kommt es vor, daß sich die Geschichte um eine historische Person verdichtet. Eine der faszinierenden Gestalten des abendländischen Mittelalters ist Eleonore, französisch Aliénor, Tochter von *Wilhelm X.*, des Herzogs von Poitou und Aquitanien.

Das Läuten der Glocken der Kirche Saint-André in Bordeaux ist die Begleitmusik zu Eleonores Eintritt in die abendländische Geschichte. Es ist der 25. Juli 1137, Eleonore ist vor kurzem fünfzehn geworden, als sie mit *Ludwig*, dem gerade sechzehnjährigen Thronfolger Frankreichs, vermählt wird.

Eleonore ist reich, denn nach dem Tod ihres Vaters und ihres Bruders ist sie Alleinerbin eines großen Herrschaftsbereichs, zu dem die Gascogne, das heute Aquitanien, das Périgord (um Périgueux), das Poitou (um Poitiers), das Angoumois (um Angoulême), die Saintonge (um Saintes) und die Lehens-Herrschaft über die Auvergne und das Limousin gehören. Aus heutiger Sicht umfaßte das Gebiet zwischen Indre und Pyrenäen neunzehn Départements.

Der Machtzuwachs des französischen Königs *Ludwig VI.*, Eleonores Schwiegervater, ist dementsprechend groß. Zwar ist er König von Frankreich, aber der königliche Grundbesitz ist mit der Île de France (um Paris) und der Gegend um Orléans vergleichsweise gering.

Außerdem sind die Böden dieser Gegenden, im Vergleich zu Südwestfrankreich, nicht besonders ergiebig. Andere Fürsten wie die Herzöge der Normandie und die Grafen der Champagne, wenn auch Vasallen des Königs, besitzen mehr und reicheres Land als dieser selbst. Lange kann sich Ludwig VI. an der Vermehrung seines Familienbesitzes nicht erfreuen: Er stirbt noch während der Hochzeitsreise des jungen Paars.

Ludwig VII., Eleonores Ehemann, wird neuer König von Frankreich. Seine Zeitgenossen beschreiben ihn eher als gebildeten Stubenhocker. Ganz anders Eleonore. Sie bringt nicht nur Landbesitz in die Ehe ein, sondern auch höfische Kultur und südfranzösisches Temperament. Die Dichter am Hof ihres Vaters haben ihr Lob gesungen. Durch sie wissen wir, daß sie über alle Maßen schön gewesen sein soll. Das Ideal waren ein schlanker Körper, graublaue Augen, blondes Haar und weiße Haut an Hals und Busen, wie man bei *Raoul von Soissons* nachlesen kann: »Meine Herrin hat, so meine ich, lachende Augen, dunkle Augenbrauen, Haar, das schöner ist als Gold, eine schöne Stirn, die Nase gerade und wohlgeformt; Farben wie Rosen und Lilien, einen lieblichen roten Mund; der Hals ist weiß, nicht sonnenverbrannt, der Busen strahlt vor Weiße. Sie ist liebenswürdig, freundlich und heiter.«

Kurz: Eleonore, die auch durch ihre Kleidung Aufsehen erregt, versteht sich keineswegs als untätig-unbedeutende Person neben ihrem königlichen Gemahl. Doch nicht alle ihre Wünsche sind zum Guten: Sie verdrängt den bis dahin so nützlichen Ratgeber *Abt Suger* und stachelt Ludwig an, vor allem die Vasallen ihres eigenen Machtbereichs in Schach zu halten.

Eleonore bringt mit Ludwig nur Mädchen zur Welt. Im Mittelalter mag eine Frau zwar Macht haben – Eleonore wird am Ende ihres Lebens ein besonderes Beispiel dafür sein –, aber für eine Dynastie ist entscheidend, daß männliche Thronfolger geboren werden. Dazu kommt, daß sie ihren Mann während des Zweiten Kreuzzugs (1146–49) in Antiochia mit dem dortigen Fürsten, ihrem Onkel Raimund von Poitiers, einem jüngeren Sohn Wilhelms IX., betrogen haben soll – Verleumdung oder nicht: Im Jahr 1152 folgt die Scheidung der Ehepartner und ihrer Stammlande. Wenige Monate später ist sie wieder verheiratet, und zwar mit *Henri Plantagenêt*, Graf von Anjou und Herzog der Normandie.

Für den französischen König ist Eleonores neue Ehe eine arge Schlappe, denn durch sie ist der gesamte Westteil Frankreichs seinem Einfluß entzogen. Für Eleonore ist es der Auftakt zu einem ruhmvollen und erfolgreichen Leben. Und schon bald wird sie von neuem Königin, diesmal von England. Jetzt reicht ihr Einfluß von den Pyrenäen bis nach Schottland. Das Haus Plantagenêt herrscht unter dem Namen ›York‹ bis 1485 über England.

Mit *Heinrich II.*, wie er nach seiner Krönung zum König von England heißt, hat Eleonore acht Kinder. Zwei von ihnen werden König von

England: *Richard I. Löwenherz* und *Johann Ohneland*, eine Tochter heiratet *Heinrich den Löwen* und macht Eleonore zur Großmutter des späteren deutschen Kaisers *Otto IV.*, eine Enkelin heiratet den französischen Thronfolger und wird Mutter *Ludwigs des Heiligen*: Beide Königshäuser, in denen sie zuvor einmal auch Königin geworden war, können sich auf sie als gemeinsame Vorfahrin berufen.

Gegenüber der Südseite der Kathedrale steht das **Rechtswissenschaftliche Institut der Universität** mit zwei Standbildern von *Cujas* und *Montesquieu* im Treppenhaus, gegenüber der Nordseite, wo die Häuserfront Raum läßt für einen Platz, befindet sich das **Centre National Jean Moulin** (Place Jean Moulin/Rue des Trois Conils, Sept–Juli Mo–Fr 14–18 Uhr, Tel. 56.10.15.80), eine Erinnerungsstätte an die Résistance, den Widerstand im Untergrund, gegen die deutschen Besatzer des 2. Weltkriegs und an die Verfolgungen unter den Nazis. Jean Moulin ist die Symbolfigur der Résistance geworden. Im Mittelpunkt der Exponate steht der Schreibtisch, den Moulin in Nizza benutzte.

Hinweis zur Rundtour: Nächste größere Station ist das Musée d'Aquitaine. Wer von der Kathedrale direkt dorthin gehen möchte, folgt von der Tour Pey Berland der *Rue Duf. Dubergier*, die zum *Cours Pasteur* wird. Wer hingegen Interesse an der Besichtigung zweier weiterer Kirchen hat, folge den im Anschluß vorgeschlagenen Abstechern, die jeweils von der Kathedrale ihren Ausgangspunkt nehmen.

Von der Porte Royale der Kathedrale aus, mit Blick auf das Rathaus, geht es nach links über die *Rue Maréchal Joffre*, später *Rue Jean Burguet*, vorbei am Justizpalast und am Hôpital St-André, zur Kirche **Ste-Eulalie** ⑨. Die Fassade zeigt Bildhauerarbeiten aus dem 15. und 16. Jh. Innen sind vor allem die schmiedeeisernen Gitter einen Blick wert.

Der zweite Abstecher führt von der Tour Pey Berland auf der *Rue Dubergier* zur *Rue des Ayres*, in die man nach links einbiegt, um zur **★Kirche St-Paul** ⑩ (20, rue des Ayres) zu gelangen. Das aus der Renaissance stammende Gotteshaus besitzt einen beachtenswerten barocken Altar. Anschließend führt der Weg auf der schönen Einkaufstraße *Rue Ste-Catherine* (die wir auf dem Hinweg gekreuzt haben) nach links zum *Cours Victor Hugo*, der nach rechts zum Musée d'Aquitaine ⑪, nach links zur Grosse Cloche ⑫ führt. Der Cours Victor Hugo war bis 1709 Stadtgraben. Nachdem diese Befestigung nicht mehr vonnöten war, wurde daraus nach Pariser Vorbild ein Boulevard gemacht.

An der Ecke Rue Ste-Cathérine, 132, cours Victor Hugo, liegt das ›**Café des Arts**‹, eine einfache Brasserie mit Tagesgerichten. .

**Musée d'Aquitaine ⑪

....
20, cours Pasteur, Di–So 10–18 Uhr, Führungen Sa 15.30 Uhr. Eintritt. Am
Mi frei. Tel. 56.10.17.58
....

Das Musée d'Aquitaine ist mit seinen Sammlungen von der Vorgeschichte bis zur Gegenwart in den früheren Räumen der geis-
tes- und naturwissenschaftlichen Fakultäten eingerichtet worden. Hier wird Aquitanien als Land am Meer, als Land des Handels und der Landwirtschaft dokumentiert. Werkzeuge, Münzen, Einrichtungsgegenstände und Schmuckwerk bezeugen dies.
Das Wichtigste sind natürlich die Fundstücke aus der Vorgeschichte und Fragmente aus den Höhlen (2. Stock), darunter das
Original der ›Venus von Laussel‹ (20 000 v. Chr.) und ein ›Stück
mit einem Bison‹ aus dem monumentalen Fries von Cap Blanc
(mittleres Magdalénien). Hinzu kommt die *Sammlung antiker
und mittelalterlicher Skulpturen*. Über 400 architektonische
Fragmente, Grabstelen, Inschriften ›zeigen‹ die *gallorömische
Zeit*, herauszuheben ist u.a. ein bronzener Herkules aus dem 2.
Jh. Unter den *mittelalterlichen Schaustücken* ragt die Grabpla-
stik der Frau des Gründers von Libourne, *Lady Roger Leyburn*,
heraus. Stadt- und Landleben, Bordeaux und Aquitanien, sind
im dritten Stock Gegenstand der vom frühen 18. Jh. bis heute rei-
chenden Sammlungen. Eine *Bibliothek* vervollständigt das Angebot für die, die sich umfassend über Aquitanien bilden wollen.

Aus dem Museum nach links kommt man zum Cours Victor
Hugo, auf dem man zur denkmalgeschützten **Grosse Cloche** ⑫
(Eingang zur Rue St. James) gelangt. Das 41 Meter hohe Stadttor, zugleich Teil des früheren Rathauses, wurde auf der ehemaligen Porte St-Eloi errichtet, die zur Stadtbefestigung des 14. Jh.
gehörte. Seinen Namen hat es nach der großen Glocke (die heutige ist von 1775), mit der nur besondere Ereignisse eingeläutet
wurden, zum Beispiel die Weinernte. Die Glocke hängt frei
sichtbar zwischen frei Rundtürmen, die sich darüber zu einer
Etage verbinden, bevor sie in runden Helmdächern auslaufen.
Dazwischen, und noch höher, eine schlanke Laterne. In diesem
Zusammenhang muß man wissen, daß im Mittelalter und darüber hinaus die Weinfelder bis an die Stadtmauern reichten. Wenn
der König die Bürger von Bordeaux strafen wollte, nahm er ihnen die dicke Glocke weg. Neben dem Tor die kleine spätgotische **Kirche St-Eloi**. Am Gotteshaus vorbei (oder vom Cours Victor Hugo links ab) kommen Sie in die *Rue Buhan*. Hier können

Sie auswählen zwischen dem Stern-Restaurant ›**Le Vieux Bordeaux**‹ (27, rue Buhan, So und im Aug geschl., Tel. 56.52.94.36), in dem Sie regionale Spezialitäten, aber auch Köstlichkeiten der Karibik serviert bekommen können. Im Haus Nr. 28 ist ›**Le Buhan**‹ mit einfacher, aber guter Küche (Sept geschl., Tel. 56.52.80.86) die Alternative.

Wer auf die Passanten achtet, wird es bemerkt haben: Dies ist nicht das Stadtviertel der eleganten Bordelais. Hier sind die Läden ein bißchen schmuddlig, und den Leuten sieht man an, daß es ihnen im Leben nicht leicht gemacht wird. Im Mittelalter grenzte hier das Handwerkerviertel an die Stadt, das nach der Kirche St-Michel benannt wurde.

Ein Umweg führt uns vom Cours Victor Hugo rechts in die *Rue du Pilat*, wo ein Fachwerkhaus geblieben ist (Nr. 2), und zur *Place Camille-Pelletan* mit ihrem schönen Häuserensemble des 18. Jh., dem gegenüber die Reste einer Franziskanerkirche stehen. Auf der *Rue St-François* kommen wir (in Richtung Garonne) zur Basilika St-Michel.

Der direkte Weg führt vom Cours Victor Hugo rechts in die *Rue des Faures*, auf der man dann zur Basilika St-Michel gelangt.

*Basilika St-Michel ⑬

So nachmittag geschl. Die Öffnungszeiten des Turms waren aber bei Redaktionsschluß (Dez. 1995) noch unklar (Tel. 56.79.05.39)

Wie schon bei der Kathedrale St-André, so steht auch hier der Glockenturm frei von der Kirche auf dem Platz. Um den Campanile herum ist ein Flohmarkt (Mo–Sa) entstanden, Araber sitzen auf den Betonpollern und plaudern, während auf dem Boden allerlei Trödel angeboten wird. Wird der Platz nicht anderweitig genutzt, parken hier Autos. Die langgezogene, spitze Haube des sechseckigen und mit 114 m höchsten Turms Südfrankreichs war lange Zeit das Wahrzeichen von Bordeaux. Unerschrockene Besucher zieht es vielleicht in die *Krypta*. Hier erwartet sie ein Mumiengewölbe, ›Caveau des Momies‹, eine Sammlung von Leichen aus dem 18. Jh., die 1810 vom angrenzenden Friedhof hierher verlagert worden sind. In 58 m Höhe, von der ersten Plattform des Turms, hat man einen guten Ausblick über die Stadt.

Aber nun zur **Kirche** selbst. Innen ist die spätgotische Basilika St-Michel von imponierender Weiträumigkeit. Die Gliederung mit Arkaden und hohen Fenstern in zwei Etagen verstärkt diesen Eindruck noch. Begonnen wurde mit den Bauarbeiten am

Gotteshaus um 1350, die angebauten Kapellen stammen aus dem ausgehenden 15. Jh. Die ursprüngliche Fensterverglasung ging im letzten Krieg durch Bomben zu Bruch, die modernen Fenster sind Werke von *Max Ingrand*. Weitere sehenswerte Stücke sind die Kanzel und die barocke Orgelempore. Der hl. Michael, der über der Kanzel den Drachen tötet, ist ein Werk aus dem 18. Jh. In der ersten Kapelle rechts sehen wir die hl. Ursula, wie sie einige Personen mit ihrem Mantel schützend abschirmt. In der Kapelle des hl. Joseph (vierte links) steht ein Retabel (16. Jh.).

Auf der *Rue Camille Sauvageau*, die beim Glockenturm der Basilika auf die *Place Canteloup* mündet, sind es ein paar hundert Meter bis zur Kirche des hl. Kreuzes.

Église Sainte-Croix ⑭

Geschichte: Ursprünglich war das Gotteshaus eine Konventskirche, zu der ein Armenspital gehörte. *Guillaume le Bon*, Comte de Bordeaux, ließ das Kloster Sainte-Croix wieder herrichten. Vom Vorgängerbau war nur das Grab des *hl. Mommolin*, Abt von Fleury-sur-Loire (gestorben 643), erhalten geblieben. Es wurde ab dem 11. Jh. von Pilgern aufgesucht, die vom epilepsieähnlichen Antoniusfeuer, der großen Krankheit des Mittelalters, und vom Schwachsinn befallen waren. Jahrhundertelang sah man in Ketten gelegte Verrückte in die Kirche einkehren. Die großen Eisenringe am Fuß der Säulen dienten zum Befestigen der Ketten. Trotzdem ließen sich die Benediktiner des Klosters eine Kaution bezahlen für mögliche Beschädigungen, die die Befallenen anrichten könnten. Ein anderer weltlicher Aspekt dieser geschäftüchtigen Mönche war ihre Fähigkeit, die Soutane zu reffen und zu Pferd, das Schwert in der Hand, um den Besitz des Priorats und um den Ort Soulac zu kämpfen.

Die heutige Kirche stammt aus der Zeit vom 11. bis 13. Jh. und ist dem Stil der Romanik des Poitou verwandt. An der Fassade über dem Portal werden die Laster und Sünden der Menschen anschaulich dargestellt. Während der rechte Glockenturm ein Werk des 12. Jh. ist, wurde der linke, der nie vorgesehen war, im 19. Jh. hinzugefügt.

Die frühere Benediktiner-Abtei nebenan beherbergt jetzt die Kunstakademie. Im Hof steht ein Brunnen aus dem 18. Jh.

Nächstes Ziel ist der Pont de Pierre. Man erreicht die Brücke entweder auf dem Umweg über die Porte Salinières (*s. unten*; zurück zum Cours Victor und dann rechts), oder man biegt von der Rue Sauvageau recht ab in die *Rue Porte de la Monnaie*, wo im Haus Nr. 6 das Restaurant ›**La Tupina**‹ regionale Küche anbietet (So geschl., Tel. 56.91.56.37). Oder man geht von der Kirche St-Michel direkt zum Ufer der Garonne und dann links. Wer diesen Weg vorzieht und dennoch eine kleine Rast einlegen möchte, dem sei rechter Hand, am Quai de la Monnaie Nr. 30, die Weinstube ›**Les Celliers Bordelais**‹ (Sa, So Ruhetag) empfohlen, in der man übrigens auch einen kleinen Imbiß zu sich nehmen kann. Gestärkt geht es zum ***Pont de Pierre** ⑮, der 500 m langen, aus siebzehn Steinbögen bestehenden Brücke über die Garonne. Errichtet wurde sie zwischen 1811 und 1821 von dem Architekten *Claude Deschamps* (1765–1843), und bis 1965 war sie die einzige Brücke der Stadt. Von der Brücke aus hat man einen schönen Blick auf Fluß und Stadt, ganz hinüber muß man allerdings nicht.

Wer den etwas längeren Weg gegangen ist, macht vielleicht an der **Porte des Salinières**, der ehemaligen Porte de Bourgogne, Station. Das einstige Stadttor hat sich, umgeben von Häusern im Stil Louis XV, bis heute behaupten können.

Von der Porte des Salinières geht es weiter in die *Rue de la Rousselle*. Hier hat in dem *Haus Nr. 23/25* eine zeitlang der Renaissancedenker und Bürgermeister von Bordeaux (1580), *Montaigne,* gewohnt. Die Familie des Verfassers der berühmten ›Essais‹ verfügte sogar über eine eigene Kapelle – fragen Sie nach der Garage, das war die Kapelle. Wenn Sie die nächste Straße links und wiederum die nächste links in die *Rue Neuve* gehen, kommen Sie an das *älteste Haus von Bordeaux*, erkennbar an seinen gotischen Maßwerkfenstern. Die *Rue de la Rousselle* führt zum *Cours d'Alsace-et-Lorraine.* Schräg gegenüber, in der *Rue Ausone,* ein Stern-

Restaurant, ›**Les Plaisirs d'Ausone**‹ (Nr. 10, Aug geschl., Tel. 56.79.30.50) mit Spezialitäten der Region, Seefischen und natürlich Bordeaux-Weinen. Die Rue Ausone führt zur **Place du Palais**. Der Name ›Palais‹ erinnert an das Château de l'Ombrière, den Sitz der Herzöge von Aquitanien, das 1800 abgerissen worden ist. 1137 war hier die Hochzeit von *Eleonore von Aquitanien* mit dem französischen Thronfolger *Ludwig (S. 71)* gefeiert worden. Zum alten Schloß gehörte die ***Porte de Cailhau** ⑯ (Place du Palais, 15. Juni–15. Sept 10–13, 14–18 Uhr; 16. Sept–14. Juni und Sa 14–18 Uhr, Tel. 56.79.05.39), die man von der Brücke über den *Quai Richelieu* erreicht. Der Name wird zurückgeführt auf eine Kiesbank (caillou = Kiesel, Stein) im Fluß vor dem Tor, wo die Schiffe ihren Ballast zu- oder abluden. Das Tor, das vorher an dieser Stelle stand, wurde 1495 unter *Karl VIII.* nach der gewonnenen Schlacht in Fornoue zu einem 34 m hohen Triumphtorbogen umgebaut. Man sieht an der Fassade einige Bauelemente, die normalerweise der Verteidigung dienen, die hier aber dekorative Funk-

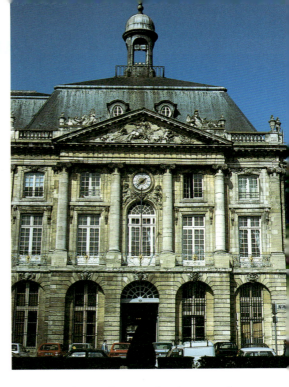

tion haben, wie zum Beispiel der Pechnasenkranz.

Im Innern des Stadttors hat man eine *Ausstellung* eingerichtet, die den Besucher über die Geschichte der Stadt und ihrer Bürger informiert. Außerdem hat man von hier einen Ausblick auf die nähere Umgebung – nicht so weit wie von der Tour Pey Berland, dafür aber mit weniger Stufen. Den besten Blick bietet natürlich die Miniplattform, die sich in Gestalt einer Laterne hoch über die spitzen Dachhelme erhebt. Es ist dort wie im Mastkorb eines der Segelschiffe, die früher nach Bordeaux kamen.

Über die Place du Palais geht nach rechts in die *Rue des Argentiers* oder, etwas weiter, nach rechts in die *Rue des Bahutiers*. Von der Rue des Bahutiers links in die Rue Pas-St-Georges kommen Sie zum Restaurant ›**Didier Gélineau**‹ (Nr. 26, Tel. 56.52.84.25). Beide Straßen führen zur Kirche **St. Pierre** am gleichnamigen Platz, auf dem jeden Donnerstag ein kleiner Markt stattfindet, mit Produkten aus biologischem Anbau. Wir befinden uns mitten in der Altstadt von Bordeaux, in einem Viertel, dem die Kirche St-Pierre seinen Namen gegeben hat. In *der Rue des Argentiers* ist das *Haus Nr. 14* mit einer engelshaften Knabenskulptur geschmückt und heißt deshalb auch *Maison de l'Angelot* (= Engelshaus; um 1750). Das Gotteshaus selbst mit seinem gotischen Portal und Treppenaufgang stammt aus dem 14. und 15. Jh., wurde aber im 19. Jh. stark verändert. Die umliegenden Häuser sind aus dem 18. Jh. Nach und nach werden sie wieder renoviert, was dem Platz sichtlich guttut.

Noch ein klassizistisches Glanzstück im Herzen von Bordeaux: die Börse

★Place de la Bourse ⑰

Auf dem *Quai des Douanes* gelangt man zur Place de la Bourse, die gemeinhin als urbanistisches Glanzstück bezeichnet wird. Zugestanden, der Platz mit den Gebäuden wirkt sehr harmonisch, aber noch mehr als auf der Esplanade de Quinconces beeinträchtigen die dicht an dicht geparkten Autos und der Lärm und Gestank von der Uferstraße den Genuß der Örtlichkeit. Angelegt wurde die Place de la Bourse, die aufgrund ihrer architektonischen Ausgewogenheit als Place Royale dem König gewidmet wurde, zwischen 1730 bis 1755 von *Jacques-Ange Gabriel* (1698–1782), Hofbaumeister Ludwigs XV. Einerseits zitiert der Entwurf den klassischen Barock französischer Architektur, andererseits korrespondiert er mit dem Klassizismus des Grand Théâtre *(S. 81)*. Der Platz, damals als die erste Öffnung der Stadt zum Fluß geschaffen, wird eingefaßt von drei großen Gebäuden mit einheitlicher Fassade. An der Flußseite stehen südlich (Richtung Porte Cailhau) das frühere Hôtel des Fermes, das später zum *Hôtel de la Douane* wurde, und nördlich das *Palais de la Bourse*. Beide Gebäude harmonieren mit ihren angesetzten Säulen und den klassizistischen, mit Reliefarbeiten gezierten Giebeln mit den Fassaden der rückwärtigen Platzseite. Im Hôtel des Douanes befindet sich das *Musée des Douanes* mit einer reichhaltigen Dokumentation des französischen Zollwesens einschließlich Uniformen und Waffen sowie einer Bibliothek (Place de la Bourse, Di–So 10–12, 13–17 Uhr, Apr–Sept bis 18 Uhr, Tel. 56.52.45.47).

In der Mitte des Platzes befand sich einst eine Reiterstatue Ludwigs XV. Sie wurde 1792 entfernt und später durch den *Brunnen* mit den Bronzefiguren der drei Grazien ersetzt.

Von der Place de la Bourse kommt man durch *die Rue Fernand Philippart* zur *Place du Parlement ⑱, dem einstigen königlichen Marktplatz, einem abschließenden Höhepunkt des Rundgangs. Keine architektonischen oder plastischen Sensationen, sondern Ambiente. Eine schmale Straße führt am Rande entlang, der Rest dieses Platzes mit eleganten klassizistischen Gebäuden aus der Zeit Ludwigs XV. ist mit den Tischen und Sonnenschirmen einiger Speiselokale (gute Salatauswahl im ›**Aux 3 Arcades**‹) und Cafés besetzt. Den *Brunnen* in der Mitte schuf *Louis Garros* im Jahr 1867. Hier ist es angenehmer zu sitzen, als in der betriebigen Fußgängerzone oder am Rand einer vielbefahrenen Straße. Wer erst am Ende der Rundtour zum Restaurant ›Chamade‹ (*s. oben*) gehen will, hat es von hier sehr nah.

Weitere Sehenswürdigkeiten außerhalb des Rundgangs

Das **Musée Goupil** (40–50, cours du Médoc, Di–Sa 14–18 Uhr, Tel. 56.69.10.83, Bus Nr. 1, 7, 8 bis ›Quai des Chartrons‹) zeigt den Fundus der Bilderdruckerei Goupil, gezeichnete und Fotovorlagen und die entsprechenden Druckerzeugnisse aus den Jahren 1827–1920.

Im **Musée des Metiers de l'Imprimerie** (8–10, rue du Fort Louis, Mo, Mi 14–18 Uhr, Sa 9-13 Uhr, Tel. 56.92.61.17; Bus Nr. 7, 8 bis ›Place André Meunier‹), einem Druckereimuseum, kann man sich über Geschichte der Satz- und Druckmaschinen, Lithoapparate und der Buchbinderei informieren und so die Entwicklung der Grafik von 1800 bis 1956 nachverfolgen.

Das **Musée ethnographique** (3ter, place de la Victoire, Mo–Fr 10–19 Uhr, Tel. 56.91.34.24; Bus Nr. 7,8 bis Place de la Victoire) besteht aus Sammlungen aus dem Fernen und Mittleren Osten, Afrika, Ozeanien und Amerika. Einiges aus seinen Beständen stammt aus den Pariser Museen Trocadéro und Guimet.

Im **Parc Industriel de Pessac** (D 109E) am südwestlichen Rand von Bordeaux befindet sich die staatliche Münzanstalt, wo auch Ihr derzeitiges Kleingeld hergestellt worden ist. Wer die 300 m lange Fertigungsstraße sehen will, auf der pro Minute 250 Münzen geprägt werden, muß seinen Ausweis mitbringen. (Établissement monétaire de Pessac, Mitte Sept–Juni Mo, Mi 14, 14.30 Uhr, Do 9, 9.30 Uhr, Tel. 56.36.44.01 poste 335).

Ebenfalls im Vorort Pessac steht das **Château Haut-Brion** (an der N 250 nach Arcachon), dessen Weine berühmt sind und der obersten Güteklasse zugeordnet werden. Der Name von Pessac wird zurückgeführt auf die Villa des *Pesus*, eines römischen Patriziers, die zwischen den beiden römischen Straßen von Bordeaux nach Spanien (über Dax und Bayonne) lag.

Ausflüge um Bordeaux

Hinweis: Von Bordeaux bieten sich Ausflüge in die Umgebung an. Wer baden gehen will, fährt nach Arcachon `14` und Soulac `13`. Weitere Ziele sind die berühmten Weingebiete des Médoc `12` und von Blaye `11` auf der anderen Seite der Gironde. Im Nordosten liegt mit St-Émilion `2` ein weiterer bekannter Weinort. Im Osten von Bordeaux das Entre-Deux-Mers `8`–`10`, das mit dem Süden von Bordeaux auch als ›Bordelais‹ bezeichnet wird.

Wer sich für heimische und exotische Pflanzen interessiert, sollte einen Abstecher zum **Cap Vert** bei **Cadaujac** machen (zwischen N113 und der Ausfahrt *Sortie 1* der A 62). In dem überdachten und 1500m² großen botanischen Garten (tgl. 10–12, 14–18 Uhr) herrscht tropisches Klima. In einer Nachbarabteilung gedeihen neben ›normalen‹ Blumen auch Wüstenpflanzen.

Auf der ›Ferme exotique‹ zwischen Cadaujac und der Garonne (Domaine de la Roussie) gibt es einen kleinen **Zoo** mit Zwergziegen und Affen. Außerdem werden Ritterturniere und römi-

sche Wettrennen nachgestellt (1932, Avenue du Port de l'Esquillot, Tel. 56.30.94.80).

Auf der N10 (nach Süden Richtung Béliet) erreicht man, noch im Einzugsgebiet von Bordeaux, die ehemalige **Priorei von Cayac**. Gebaut im 13. Jh., war dies eine Station für die Pilger nach Santiago. Die Anlage wurde zerstört, im 17. Jh. wieder aufgebaut und in der Revolution erneut zerstört. Heute sieht man einige restaurierte Reste, so daß man sich ein Bild machen kann von dem früheren Ensemble.

Ungefähr 20 km nach Süden sind es bis zum Stammschloß von *Montesquieu,* dem ***Château de la Brède** (oder Labrède), schon im Weinbaugebiet ›Graves‹. Man fährt auf der N113 nach Süden (Richtung Langon und Marmande) bis zum Örtchen La Prade, wo man nach links in Richtung Labrède und Saucats abbiegt. Nach einer Fahrt durch Wald sieht man das Einfahrtstor rechts. Hier kam 1689 der Aufklärer und Denker *Charles de Secondat,* Baron de La Brède et de Montesquieu, zur Welt (1689–1755). Er wandte sich gegen den Absolutismus unter *Ludwig XV.* und favorisierte eine Monarchie nach englischem Modell. Seine staatspolitischen Gedanken fanden Eingang in die amerikanische Ver-

fassung, seine Idee der Gewaltenteilung bestimmt auch unsere Staatsauffassung (*s. auch S. 31*). Sein Arbeitszimmer im früheren Waffensaal, der bereits vor ihm zur Bibliothek umgewandelt wurde, ist erhalten geblieben. 7 000 Bücher, Manuskripte und das Schreibgerät des Denkers sind zu sehen. Im Mai finden im Rahmen des ›Mai Musical de Bordeaux‹ in diesem Raum Konzerte statt. Das gedrungene gotische und immer noch im Besitz der Familie befindliche *Schloß* (12.–15. Jh.; Führungen Ostern– Ende Juni Sa, So 14–18 Uhr, Juli–Sept Mi–Mo 10–12, 14–18 Uhr) steht hinter einem Wassergraben, inmitten einer Wiesen- und Weidenfläche, die von hohem Wald eingefaßt ist. Wer gerade aus dem hektischen Bordeaux kommt, scheint hier in eine andere Welt gelangt zu sein. Der ehemalige Innenhof wurde in der Renaissance zu einer Terrasse umgeformt. Man kommt über eine kleine Brücke ins Schloß, die Tore sind mit lateinischen Inschriften versehen. Die Weinberge ringsum gehören zum Anbaugebiet Graves (*S. 43 f.*). Sie sicherten dem Philosophen das materielle Auskommen.

Nach Osten, auf dem anderen Ufer der Garonne, gelangt man ins ›**Entre-Deux-Mers**‹, das Dreieck zwischen Garonne und Dordogne vor ihrem Zusammenfluß. ›Entre-Deux-Mers – zwischen zwei Meeren‹: Es sind die Gezeiten des Atlantiks, die bis zu hundert Kilometer weit ins Land auch den Wasserstand von Dordogne und Garonne beeinflussen und so dieser Region den Namen gegeben haben. Die Nähe der großen Stadt und der Reichtum, der mit dem Wein gekommen ist, haben das Entre-Deux-Mers geprägt. Aber auch die Auseinandersetzungen zwischen Engländern und Franzosen haben diesem Landesteil ihren Stempel aufgedrückt: Quer über das Land verteilt trifft der Reisende auf Burgen, befestigte Mühlen und Häuser, wehrhafte Kirchen und Schlösser.

Wer gut zu Fuß ist, wird vielleicht auf dem *Fernwanderweg GR 6* von Ste-Foy-la-Grande nach Langon wandern. Eine Reihe von Routen, auf denen man bestimmten Baudenkmals-Arten (Bastiden, romanischen Kirchen) begegnet, ist ausgeschildert. Dazwischen immer wieder Weingüter, wo man sich mit dem berühmten Regionalerzeugnis versorgen kann.

DER OSTEN VON BORDEAUX

2 St-André-de-Cubzac · Libourne · St-Émilion

Auf dem Weg nach St-Émilion

Wer von Bordeaux Richtung Osten fährt, folgt mehr oder weniger unwillkürlich der Dordogne flußaufwärts. Der reizvollste und touristisch interessanteste Ort in dieser Richtung ist sicherlich St-Émilion. Doch bevor dieser erreicht wird, liegen noch einige Stationen am Weg, die nicht vergessen werden sollten.

Von Bordeaux führen die D60 und die D113 Richtung Norden. Noch diesseits der Dodogne liegt an der D113, kurz vor dem Zusammenfluß von Dordogne und Garonne, **Ambès**. Der Ort ist, zumal er nicht auf dem direkten Weg nach St-Émilion liegt, keinen Abstecher wert. Eine Ölraffinerie und die Anlagen der Elektrizitätswerke EDF werden die wenigsten begeistern, erwähnt werden aber sollte er, da für die Römer von strategischer Bedeutung. Von ihnen stammte der Steinweg von *Ambarès* (▲), der bis 1830 der einzige Zuweg nach Ambès blieb. Angeblich hat die hl. Veronika hier auf einer Fahrt von Bordeaux nach Soulac wegen eines Unwetters Station machen müssen und dabei (1. Jh.) den Ort gegründet.

Wir folgen der D60 Richtung Norden und überqueren bei **Cubzac-les-Ponts** die Dordogne. Früher, so sagt man, waren die Fährleute oft betrunken, so daß die Überfahrt zu einem Wagnis wurde. Eine erste Brücke wurde 1879–82 unter dem Erbauer des berühmten Eiffelturms, Gustave Eiffel, errichtet. Sie ist 1046 m lang (das Mittelstück 552 m) und wirkt von unten durch die verwendeten Natursteine wie eine gigantische Kathedrale. Die Eisenbahnbrücke ist sieben Jahre später nach dem Vorbild des Pont Eiffel gebaut worden und schwebt 40 Meter über dem Fluß. Die Autobahnbrücke ist dagegen neu (1974). Über dem Fluß erhebt sich auf einem Felsen das *Château des Quatre Fils Aymon*, ein karolingisches Bauwerk aus dem 8. Jh. Man sieht davon nur noch einige Gemäuer. Teils sind sie mit Efeu überwachsen, teils lassen sie die Mauertechnik aus wechselweise unbehauenen und behauenen Steinen erkennen.

Erste größere Station jenseits der Dordogne ist St-André-de-Cubzac. Wer möchte, kann einen kleinen Schlenker über das ein Stück aufwärts der Dordogne gelegene **Asques** machen (D137). Der Name kommt von dem ligurischen ›asco‹ (von lat. aqua), zu erklären aus der Tatsache, daß die Dordogne den Ort südlich und westlich umschließt und es außerdem hier zahlreiche Brunnen gibt. Im 17. und 18. Jh. hatte der Ort seine Bedeutung als Umschlagort für die Weine und sonstigen Waren, die nach Bordeaux oder Libourne weitergingen. Daß sich dabei einiges Vermögen angesammelt haben dürfte, läßt sich aus der Anzahl von Häusern des 19. Jh. ablesen.

Kurz darauf ist man in **Saint-André-de-Cubzac** (6 500 Einw., 15 km nördl. von Bordeaux, an N10, N137, D670, Office de Tourisme du Cubzaguais, 141, rue Nationale, Tel. 57.43.64.80. Traditioneller Markt am Do und Sa. ▲), dessen Erscheinungsbild geprägt ist vom stetigen Durchgangsverkehr.

In der Ortsmitte erhebt sich die Klosterkirche der Benediktiner von La Sauve (12. Jh.), deren vierstöckiger Glockenturm allerdings vierhundert Jahre später errichtet wurde. Wer erst eine Kleinigkeit zu sich nehmen möchte, dem sei gegenüber der Kirche das Restaurant mit dem ausgefallenen Namen ›**Le Coq hardi**‹ (›der kecke Hahn‹; Tel. 57.43.02.60) empfohlen. Anschließend bietet sich ein kleiner Spaziergang durch den schönen Park des *Château Robillard* an. Nicht nur das vom Wein überwucherte Schloß mit seinem spitzen Ziegeldach und dem angesetzten Rundturm, sondern auch die 70 m hohe, 400 Jahre alte Platane lohnen den Besuch. Von der Anhöhe *Montalon*, wo von fünf Windmühlen noch die Rümpfe stehen, hat man den besten Ausblick auf die Dordogne. An dieser Stelle verläuft der 45. Breitengrad – ein besonderer Stein erinnert daran. Erinnert sei auch an die *Cubes,* einen Stamm der Bituriger, die sich an dieser Stelle im 4. Jh. v. Chr. niederließen. Die Römer, deren *via belli* hier entlangführte, machten aus dem Platz ›cubes acus‹, woraus dann der aktuelle Ortsname wurde.

Ein kleines Stück nördlich von Saint-André-de-Cubzac befindet sich an der Stelle eines alten Kastells das ***Château de Bouilh** (D115; Führungen [30 Min.] durch das Schloß Juli–Sept Do, Sa, So 14.30–18.30 Uhr. Tel. 57.43.01.45). Es handelt sich hierbei um ein unvollendetes Werk des Architekten *Victor Louis*, der die Arbeit daran 1787 aufnahm, nachdem das Theater von Bordeaux fertig gebaut war. Bauherr war der Comte de La Tour du Pin, der 1794 auf dem Schafott endete. Was man heute inmitten der Weingärten sieht, ist im Stil Louis XVI gehalten. Über arkadenähnlichen Bögen stehen auf einer um den gesamten Bau laufenden Balustrade gewaltige Säulen, die vor die Fenster zweier Stockwerke gesetzt sind. Darüber wieder eine Balustrade, über der die Fenster des oberen Stockwerks zu sehen sind, die bereits in die

Schieferschindeln des Dachs à la Mansart eingefaßt sind. Der ›Hémicicle‹ umfaßt eine nüchtern neo-griechische Kapelle, der ›Pavillon‹, der seinem Stil nach als typisch für Louis gilt, war als Westflügel gedacht. Im Schloß ist ein Weinkeller zu besichtigen.

Ein wenig weiter nordwestlich (D115) kann man in **St-Gervais** das *Château du Bart*, ein neoklassizistisches Gebäude, besuchen (heute Rathaus). Wer einkehren möchte, dem sei das ›**Au Sarment**‹ (Mo und im Aug. geschl., Tel. 57.43.44.73) genannt. Wiederum weiter nördlich liegt das Dorf **Peujard** mit seiner befestigten Klosterkirche, zwei kleinen klassizistischen Châteaux und einigen alten Häusern im Ortskern.

Der Weg nach St-Émilion aber führt weiter über Libourne auf der D670 in südöstlicher Richtung. Nach wenigen Kilometern ist das Dorf **La Lande de Fronsac** erreicht (Kirche aus dem 12. Jh.; das Portal ist mit Figurenreihen und arabisch anmutenden Schlängellinien verziert. Im Tympanon die Vision des hl. Johannes in Patmos).

Von der Kunst zum Thema ›Essen und Trinken‹, in dieser Region zwei benachbarte Themen und auch auf diesem Weg nah beieinander. Ein Stückchen weiter, in **Cadillac-en-Fronsadais** (Tel. 57.58.21.15) und in **Lugon** (Tel. 57.84.40.19, links der D670, an der D138), werden Weine angeboten. Essen kann man, ebenfalls in Lugon, im Hotel-Restaurant ›**Hostellerie Château du Vieux Raquine**‹ (Tel. 57.84.42.77. Hanglage mit Terrasse).

In **St-Germain-la-Rivière** hat man gleich alles auf einmal. Vom Syndicat d'Initiative (Tel. 57.84.40.18) werden Rundfahrten sowohl zu den romanischen Kirchen als auch zu den Weinbergen und -kellern angeboten. Weiter geht es Richtung Fronsac. In den Weinbergen steht das neogotische **Château La Rivière** (Weinproben 8–11, 14–17 Uhr).

Wer ein Faible für mittelalterliche Burgen hat, wird vielleicht den Abstecher nach **Vayres** machen (jenseits der Dordogne, hinter St-Michel-de-Fronsac links über die D670E3). Der Ort selbst erlangte wegen einer Furt (lat. varatio und lat. edum: weit: Varatedum) Bedeutung: Es war die erste Etappe auf dem Römerweg von Bordeaux nach Perigueux. Beindruckend die Lage der Burg (17. Jh.) über der Dordogne. Wer will, kann hier sogar übernachten (Besichtigung So und Feiertags 15, 16 und [im Sommer] 17 Uhr. Juli/Aug. tgl. 15, 16, 17 Uhr; Tel. 57.74.85.15). Die in dieser Region beinahe schon obligatorischen Weinproben organisiert das *Syndicat Viticole des Graves de Vayres* (Tel. 57.74.81.08).

Die Hauptroute verläuft auf der anderen Seite der Dordogne weiter Richtung St-Émilion. Wer allerdings auf dieser Seite des Flusses noch ein wenig verweilen möchte, besuche den kleinen Mühlenort **Moulon** (D242 bis Arveyres, dann D128), in dem einst Fischer und Tuchmacher lebten und den *Stendhal* besonders geschätzt haben soll.

Nächste Station ist **Fronsac** (1 000 Einw., 3 km westl. von Libourne, an D670, *Information*: Maison du Vin, Tel. 57.51.80.51. ▲. *Weinverkauf*: Château de Fronsac, Tel. 57.51.27.46 oder 57.51.31.26. Regelrechte Weinprobenkurse [2–3 Stunden] kann man in Saillans [über D128] besuchen [Château de la Brande] Tel. 57.74.36.38.). Der Ort besaß schon zu Zeiten *Karls des Großen*

Der Kenner schnuppert vor dem Kosten

strategische Bedeutung. Oben, auf dem Plateau, wurde eine Burg errichtet, die nach den Franken ›Franciacus‹ hieß, woraus der heutige Ortsname wurde. Bis 1623 dominierte die Burg das Dordogne-Tal, dann wurde sie auf Befehl Richelieus zu einem Festhaus umgebaut. 1674 wurde hier *Anne de Caumont* geboren, die als zwölfjährige zwangsverheiratet und sogleich Witwe wurde. Der *Duc de Mayenne* entführte sie, um sie seinem Sohn zuzuführen, was aber *Henri IV* verhinderte – das waren Zeiten.

Weiter geht es durch das **Libournais** nach Libourne. Das hügelige Land ist ähnlich wie das Entre-Deux-Mers reich an Weinbergen, romanischen Kirchen und wehrhaften Häusern aus der Zeit der Engländer.

*Libourne

21 000 Einw., an N89/D670, **Office de Tourisme**: Place de l'Hôtel de Ville, Tel. 57.51.15.04.

Libourne, am Zusammenfluß von Isle und Dordogne gelegen, ist ein Durchgangsort für den Verkehr und ganz vom Handel bestimmt. Trotzdem hat sich im Zentrum als ›harter Kern‹ noch so viel von der historischen Substanz gehalten, daß Libourne mehr ist: ein Platz, der noch etwas von seiner langen Geschichte ausstrahlt. Seinen Namen hat es vom Gründer *Roger Leyburn*, Seneschall des englischen Königs, der den Ort 1268 als Bastide (*S. 37*) anlegen ließ. Zugleich sollte es ein Binnenhafen, so wichtig wie Bordeaux, sein. Immerhin konnten die damaligen Seeschiffe bis hierher fahren.

Geschichte: Libourne ist älter als sein Name. Früher befanden sich hier zwei Dörfer, Condat oder Condatis und Saint-Jean de Fozera, die zusammengefaßt und befestigt werden sollten – eben als Bastide. Die verkehrsgünstige Lage machte Libourne zu einem Treffpunkt von See- und Binnenschiffahrt (bis hierher wirken sich noch die Gezeiten aus); seine Brücke sicherte bis ins 19. Jh. den Durchgangsverkehr von Paris nach Bordeaux und umgekehrt. Das Salzmonopol, das einstmals Reichtum brachte, gibt es nicht mehr, aber der Markt auf dem Hauptplatz der früheren Bastide wird noch immer abgehalten. Von hier wurden die Weine aus St-Émilion, aus Pomerol und Fronsac per Schiff versandt. Nicht nur die englischen Herrscher, auch der französische König Louis IX schätzte Libourne als ›Schlüssel zur Guyenne‹ und räumte ihm das Recht ein, sein Stadtwappen mit der königlichen Lilie zu zieren (über den drei Schiffsmasten).

Vom alten Libourne gibt es nicht mehr allzuviel zu sehen: Aus der früheren Befestigungsanlage sind Boulevards geworden, nur

an der *Porte du Grand Port* (14. Jh) haben sich Teile davon gehalten. In der Mitte ist die schöne **Place Abel Surchamp** mit ihren
Arkaden erhalten geblieben (Di, Fr, Sa Markt).

Auch die mittelalterlichen Häuser am Marktplatz sind verschwunden. Die ältesten Exemplare, mit roh behauenem Stein-
material, stammen aus dem 16. Jh. (Nr. 16, Nr. 35). Aus dem 18.
Jh. sind die Häuser Nr. 7, 8, 9, gegenüber stehen neoklassizisti-
sche Gebäude (Nr. 27–30). An der Westseite befindet sich das
Rathaus mit dem **Musée des Beaux-Arts et d'Archéologie** (2.
Etage; Werktags 10–12, 14–18 Uhr, Tel. 57.55.33.44). Hier hängen ein *Jordaens*, ein *LeBrun*, Bilder des Tiermalers *René Prince-
teau* (19. Jh.) und kleine Arbeiten von *Raoul Dufy*. Ein stilvoller
Aufgang führt in das Gebäude aus dem Jahr 1429: Spitzbögen in
der Eingangshalle, eine Ehrentreppe und im ersten Stock zwei
Säle mit mächtigen Steinkaminen, an denen die Wappen der Stadt
angebracht sind. Auf der ersten Etage war früher eine Kapelle
eingerichtet, in der Franziskaner Gottesdienst hielten und dafür
mit Wein aus St-Émilion entlohnt wurden. Von hier aus hat man
einen Blick in den Innenhof mit seinem Garten und der Statue
des Nachkriegspolitikers *Robert Boulin*.

Gegenüber, an der Ecke *Rue Fonneuve* und *Rue Victor Hugo*
(Nr. 62 und 70), sieht man zwei schöne Gebäude aus dem 18. Jh.,
von denen das hintere im Keller einen Brunnen hat. Wenn man
nach links in die Rue Fonneuve einbiegt, kommt man an der
Kreuzung mit der *Rue des Chais* (benannt nach den ehem. Weinlagern = chais) zu einem reizvollen Ensemble von vier Eckhäu-
sern. Die Nr. 40 der Rue des Chais ist ein Laden (16. Jh.), dessen
Torbogen eine Maske ziert. Die anderen drei Häuser stammen
aus dem ausgehenden 18. Jh. Wer Hunger hat, findet gleich hier
einen Italiener (›**Trattoria Agostini**‹, 37, rue Fonneuve).

Kurz vor der Porte du Grand Port steht ein weiterer Laden
(Gebäude aus dem 16. Jh.), dessen Eingang von zwei Steinsäulen
flankiert wird. Ein Stückchen nach rechts in der *Rue Victor Hugo* ein weiteres Exemplar aus der gleichen Zeit und an der Ecke
ein mittelalterliches Haus mit Türmchen.

Schon von weitem kann man von der massigen **Porte du Grand
Port** den runden, schiefergedeckten Turm sehen, mit seiner
Glocke in der Laterne und den Zinnen und Pechnasen, die unterhalb des Dachs einen Ring bilden. Ohne diesen Ring sähe der
Turm wie ein Bleistift aus. Die Stadtbefestigung übrigens wurde
aus denselben Steinen gebaut, die die Schiffe als Ballast benutz-
ten. Über die Straße kommen wir an den Isle und den ehemaligen Hafen. Rechts eine Art Trockendock: Bei Flut wurden die

Schiffe heranbugsiert, bei Ebbe konnte man sie bis zum Kiel reinigen und neu kalfatern. Einen schönen Blick auf die Stadt, besonders auf die Tour du Grand Port, hat man von der Steinbrücke bei der Einmündung des Isle in die Dordogne. Sie wurde 1824 erbaut und ähnelt der Brücke von Bergerac (*S. 103*). An der Uferstraße liegt das Restaurant ›**La Marée**‹ (16, quai de l'Isle, Tel. 57.74.06.06), gegenüber sieht man auf Parks und Gärten.

Etwa 8 km (D243) trennen Libourne von St-Émilion. Wer nicht gleich dorthin will, macht vielleicht einen Abstecher Richtung Norden nach St-Denis-de-Pile. Auf der D910 führt der Weg über **La Lande de Pomerol**, wo man im dortigen Château Pomerol-Weine probieren und kaufen kann. **St-Denis-de-Pile** selbst besitzt eine Kirche aus dem 12. Jh., in der ein Bild der Brüder *Le Nain* (›La Visitation‹) hängt. Wer sich seemännisch betätigen möchte, kann Sightseeingfahrten auf dem Isle unternehmen, aktiv rudernd oder bequem im Dampfboot fahren (Tel. 57742963). Der Fluß ist hier besonders kurvenreich, so daß sich dem Bootfahrenden immer wieder neue, unerwartete Blicke auf schroffe Felswände und verträumte Dörfer, Brücken, Weinberge und Waldstücke eröffnen.

***St-Émilion

2 850 Einw, 8 km östl. Libourne; 35 km östl. von Bordeaux, an D122, **Office de Tourisme**: Place des Créneaux, Mo–Fr 9.30–12.00, 13.45–18.30 Uhr; vom 1.11. bis 1.3. bis 18.00, Tel. 57.24.72.03. Organisiert Führungen durch die Weinanbaugebiete (Dauer ca. 2 Std.; Abfahrt um 14.00 und 16.15 Uhr). **Maison du Vin de St-Émilion**: Place Pierre Meyrat, Tel. 57.74.42.42; hier werden Juli/Aug auch 1-Std-Kurse im Weinprobieren gegeben. **Parkplatz** nördlich der Porte Bourgeoise bzw. südlich der Porte Bouqueyre. **Fahrradverleih**: ›Loc'aAlouette‹, Tel. 57.24.70.97. Auskunft auch im Fremdenverkehrsbüro. **Hinweis**: Die Felskirche, die Chapelle de la Trinité und die Kollegiatskirche können nicht auf eigene Faust, sondern nur im Rahmen einer Führung, Ausgangspunkt Touristeninformation, ›Salle Doyenné‹, tgl. 10.00, 10.45, 11.30, 14.00, 14.45, 15. 30, 16.15 und 17 Uhr, besichtigt werden. ▲

Am Abend zeigt St-Émilion seinen ganzen Charme

Abgelegen von der Überlandstraße, dehnt sich St-Émilion über zwei Hügel inmitten der Weinfelder. Dazwischen in der Senke die ehemalige Einsiedelei und die Felskirche. Die gepflegte Altstadt mit den Stadtmauern macht diesen Ort erlesener Weine (s. auch das Kapitel ›Weine‹, *S. 43*) auch ohne die Baudenkmäler zu einem Schmuckstück. Die steilen, kopfsteingepflasterten Gassen

und die kleinen Plätze zwischen Häusern aus hellem Sandstein fordern geradezu heraus, daß man nicht gleich die Sehenswürdigkeiten aufsucht, sondern erstmal nur so herumgeht. Zwischen den Fassaden alter Häuser öffnet sich immer wieder ein Ausblick auf die umliegenden Weinberge, deren Grün und Braun vom Dunst zu zarten Pastelltönen verwaschen wird. Weinläden gibt es fast in jeder Gasse, man kann sich also Zeit lassen, bis man ›den richtigen‹ gefunden hat. Auch wenn die Vielzahl der Angebote vielleicht einen anderen Eindruck erweckt: Wein ist nicht die einzige Spezialität. Auch auf ihre Mandelmakronen halten sich die Bürger von St-Émilion etwas zugute.

Geschichte: Bereits im 3. Jh. hatte ein gewisser *Marcus Aurelius Probus*, Römer, mit dem Weinbau in dieser Gegend begonnen, und der Dichter *Ausonius* besaß im 4. Jh. eine Villa in den Weinbergen. Im 8. Jh. zog aus der Bretagne ein *Aemilianus*, *Emilion* oder *Emilian*, Mönch in Saujon (Royan), hierher und ließ sich in einer Grotte nieder. 767 starb er und hinterließ eine Mönchsklause. Die Leute erzählten von Wundern, unter seinen Händen soll eine Quelle aus dem Stein gesprudelt sein. Die Klause wurde zum Ziel von Pilgerfahrten. Benediktiner gründeten ein Kloster und gruben nach seinem Vorbild ihre Zellen und Kirche in den Fels: Heute befindet sich in St-Émilion Europas größte Felskirche. Die Gastspiele der Sarazenen und Normannen ließen den Platz in Trümmern. Im 11. Jh. hatte sich der Ort erholt, blieb aber zwischen den Mächten: 1224 von den Franzosen eingenommen, dann von den Engländern zurückerobert, bald wieder französisch, 1303 zurück an England. Erst nach der Schlacht von Castillon fand dieses Hin und Her ein Ende. 1379 war St-Émilion ein bedeutender Ort. In seiner Blütezeit im hohen Mittelalter muß St-Émilion an die 10 000 Einwohner gehabt haben. Diese Zahl dient weniger als Vergleich mit der aktuellen Einwohnerzahl, sondern ist Erklärung dafür, warum schon im 13. Jh. größere Bauvorhaben außerhalb der Stadtmauern realisiert wurden. Die ehemaligen Klöster der Dominikaner und der Franziskaner mit ihren Predigerkirchen wurden ohne Schutz errichtet und waren bald zerstört. Da die Mönche in St-Émilion Macht hatten, setzten sie durch, nun innerhalb der Stadt bauen zu dürfen. Eine Pestepidemie, danach die Religionskriege brachten nachhaltigen Niedergang. Der Weinhandel ließ St-Émilion im 17. Jh. wieder aufblühen, bis die Revolution erneut Unruhe brachte. *Élie Guadet* und andere Girondisten hatten sich hier verborgen. Sie wurden entdeckt und in Bordeaux hingerichtet. Auch die Klosteranlagen, deren Ruinen noch heute zu sehen sind, wurden ein Opfer der Revolution.

Der Spaziergang beginnt in der Oberstadt, bei den Resten des ⋆**Franziskaner-Klosters** mit **Kreuzgang** und **Kirche** (Rue de la Porte Brunet, bei Rue Guadet; tgl. 10.00–12.00, 14.00–18.30 Uhr). Zwischen üppigem Grün und den gotischen Ruinen kann man wie in einer verspielten Parkanlage umherwandeln. Weinranken umschließen romanische und gotische Bögen, und selbst an einem solchen Ort ist an das leibliche Wohl gedacht: An einem Stand werden Weine verkauft, in den Gewölben ist eine Weinkellerei untergebracht, wo man auch essen kann. Das Franziskanerkloster bildet ein Dreieck mit den beiden Hügelkuppen des Orts, auf denen jeweils ein besonderes Bauwerk zu sehen ist. Auf dem nördlichen steht die Kollegiatskirche (*s. unten*), auf dem südlichen (an der Rue du Couvent, über Rue de l'Ermitage in westl. Richtung zu erreichen) ist es der gedrungene **Turm/Donjon** des **Château du Roi** (tgl. 9.30–12.30, 14.30–18.45 Uhr), das auf Geheiß von *Henri III Plantagenêt* 1237 errichtet wurde, um die Einwohner des Orts zu schützen. Um zu dem Donjon zu gehen, nehmen Sie die Rue Guadet links. In einem Bogen werden Sie zur *Porte Bouqueyre* geführt. Übersehen Sie nicht das ›**Lokal von Francis Goullée**‹ in der *Rue Guadet* (Tel. 57.24.70.49). Durch die Rue Porte Bouqueyre kommen Sie zur *Rue de la Grande Fontaine*, rechts ab können Sie in die *Rue de la Petite Fontaine* gehen, wo Sie in der Nr. 12 beim ›**Clos du Roy**‹ speisen können (Tel. 57.74.41.55). Gehen Sie auf der Rue de la Grande Fontaine weiter geradeaus; nach einem Stück geht es links zum Donjon. Der 32 Meter hohe Turm, von wo man einen sehr schönen Blick über die Stadt hat, ist in breite vertikale Bänder unterteilt, die ihn höher und schlanker erscheinen lassen. Bis ins 18. Jh. diente er als Rathaus. Unter dem Turm wurde ein großer unterirdischer Saal in den Fels gehöhlt. Jedes Jahr wird am dritten Septembersonntag von hier aus die Weinlese offiziell eröffnet, und im Mai wird hier der Wein des Vorjahres von einer Jury, genannt ›Jurade‹, bewertet.

Vom Mittelalter bis zur Revolution waren die Jury-Mitglieder zugleich auch Stadträte, mit anderen Worten, sie mußten nicht nur schwatzen, sondern auch schmecken können. Und sie kleideten sich wie Könige oder unsere Bundesverfassungsrichter in rote Roben mit Pelzbesatz und roter Mütze: Der Wein macht die Verfassung! Seit 1948 wird wieder in der Felskirche geschmeckt und beurteilt, und weil so viele Fässer und Flaschen geöffnet werden, folgt eine Reihe von Essen und Gelagen.

Zwei schmale Straßen, die *Rue de la Grande Fontaine* und (rechts) die *Rue de l'Ermitage*, führen zur ****Felskirche** und zur Eremitage des St-Émilion, also zu der Grotte, die sich der Ortspatron geschaffen hat (Besichtigungen der Felskirche, der Trinitätskapelle, der Ermitage und der Katakomben über das Office du Tourisme: Ganzjährig dreimal vormittags ab 10 Uhr

Das Café
vor der
Felskirche
von St-
Émilion

alle 45 Min. [so lange dauert die Führung] und ab 14 Uhr fünfmal, Apr–Okt zusätzlich um 17.45 Uhr). Von außen ist das Gotteshaus nur durch sein gotisches ›Portal ohne Kirche‹ erkennbar.
Die Skulpturen, stark zerstört, stellen das Weltgericht dar.

Nach dem Tod des Einsiedlers *Aemilius* haben Benediktiner-
Mönche eine Gebetsstätte neben seiner Klause ins Kalkgestein
gegraben – nach 300 Jahren waren sie soweit: 38 m lang, 20 m
breit und 11 m hoch ist das Gewölbe der **Église monolithe**, in
dem die Mönche zwei Reihen à fünf Pfeilern vom Fels stehen
ließen, so daß es gewissermaßen dreischiffig ist. Die Felskirche
gilt als eine der originellsten Schöpfungen des Mittelalters. Die

Wandmalereien haben sich im Kalk verflüchtigt, aber ein paar Skulpturen sind erhalten, wie die beiden Engel im Gewölbe des vorletzten Jochs, Tierkreiszeichen an den Pfeilern und ein Michael mit Drachen. Das Tageslicht fällt durch die Fenster ein, die sich zur Place du Marché öffnen. Oben in der Decke ein Loch für die Kordel der Glocke des Glockenturms, die von der Kirche aus betätigt wurde.

Neben der Felskirche die **Chapelle de la Trinité**, ein gotischer Bau, den die Benediktiner im 13. Jh. über der zweiteiligen Einsiedelei **Ermitage St-Émilion** errichtet haben. Der Heilige soll in dem einen Teil geruht, im anderen gebetet haben. Daneben im Fels die **Catacombes**, unter deren zahlreichen Grabhöhlungen auch das erste Grab des Heiligen vermutet wird.

Sollte die Kirche gerade geschlossen sein oder die Führung noch nicht begonnen haben: Am Platz gibt es schöne Cafés und in der Mitte die Akazie, der Freiheitsbaum von 1848, um den die Kinder spielen und der den Hunden auch was sagt. Wenn sich abends die hellen Fassaden gegen die Nacht abheben, wird es erst richtig romantisch. Schräg gegenüber der Felskirche steigt eine der schmalen malerischen Gassen mit schönen Hauseingängen auf zur *Porte de la Cadène*. Gehen Sie hindurch und sehen Sie sich um! Es sieht mit dem Kirchturm im Hintergrund aus wie gemalt. Weiter hinauf, kommen Sie wieder zum Franziskanerkloster. Vom Platz neben dem Glockenturm, der über der Felskirche errichtet ist, genießt man einen schönen Ausblick über den Ort mit seinen mittelalterlichen Gassen. Bei einer Höhe von 198 Stufen bietet sich vom *Glockenturm* ein noch weiteres Panorama. (Besichtigung über das Office de Tourisme). Und an der Place de Cloche: Die ›**Hostellerie Plaisance**‹, wo Sie Stör mit Kaviar oder Entenleber mit getrüffelten Spaghetti essen können (Tel. 57.24.72.32).

Auf demselben Hügel wie der Glockenturm steht die **Kollegiatskirche** (Eingang linke Chorseite), an der die Benediktiner im Anschluß an die Fertigstellung der Felskirche bauten. Die Erweiterungsarbeiten an dieser heute 72 m langen Kirche zogen sich bis ins 16. Jh. hin, weil der Raum für die immer zahlreicher

heranströmenden Pilger nicht mehr ausreichte. Von den Portal-
skulpturen wurde der Großteil zerstört. Dafür haben sich Wandmalereien an der rechten Mauer erhalten, auf denen die Jungfrau
und die Geschichte der hl. Katharina gezeigt werden. Zwei Joche
des Langhauses sind mit Kuppeln überwölbt. An der Südseite
ein *Kreuzgang* (Zugang über Fremdenverkehrsamt) mit vier Flügeln von 30 mal 5 Metern. Weil diese Flügel so schmal sind, ver-
sah man sie mit zierlichen Säulen und einem hölzernen
Dachstuhl.

Schräg gegenüber der Kirche steht ein in die Befestigungsmauer eingefügtes Haus, über dem der Wehrgang verläuft. Das
Logis de Malet de Roquefort ist zugleich **Archäologisches Museum** (Juni–Sept Di–So 10.30–12.30, 15–19 Uhr, Tel.
57.24.72.03), in dem neben prähistorischen und gallo-romani-
schen Objekten auch Dokumente der Rechtsprechung aus der
Zeit des Mittelalters zu sehen sind. Gehen Sie zurück über die
Plätze *Poincaré* und *Pioceau* an der Kollegiatskirche vorbei in die
Rue de la République: Die führt Sie zum ›**Palais Cardinal**‹, wo Sie
vergleichsweise preiswert essen können, und zur *Porte Bourgeoise*. Hier können Sie die alte Stadtbefestigung, die Remparts,
sehen, und links vom Tor vor der Stadt steht noch eine Mauer des
früheren Dominikanerklosters: *Les Grandes Murailles*, von
Spitzbogenfenstern durchbrochen. Aber von hier aus sehen Sie
noch mehr: den Norden von St-Émilion.

Im Norden von St-Émilion

Der Norden von St-Émilion: eine anmutige, von Weinstöcken
überzogene Landschaft, die sich mit den Jahreszeiten verfärbt.
Winter und Frühling erdfarbenrötlich, so daß die Häuser fast un-
kenntlich werden, dann grün und im Herbst rotgolden. Die
Weingüter produzieren 230 000 Hektoliter (5% der Rotwein-
·produktion A.O.C.) Wein. Der größte Anteil der Trauben des
St–Émilion-Anbaugebiets sind Merlot-Trauben, das Gebiet er-
streckt sich über die Gemeinden St-Émilion und im Umkreis: St-
Christophe des Bardes, St-Étienne de Lisse, St-Hippolyte, St-
Laurent-des-Combes, St-Pey-d'Armens, St-Sulpice-de-Faley-
rens, Vignonet sowie über einen größeren Teil der Gemeinde von
Libourne.

An den Flüssen Isle und Dronne im Norden von St-Émilion
ist das Fischen ertragreich, dementsprechend bereichert sich die
Küche um Fischgerichte wie Aal, Alse und Flußneunauge.

Auf der D122 nach Norden (durch das Tor Porte Bourgeoise

von St-Émilion) kommt man nach vier Kilometern durch schöne Landschaft nach **St-Georges** mit seiner romanischen Kirche (11. Jh., abstrakt wirkende Skulpturen bei der Apsis) und seinem wenig entfernten *Château* (18. Jh., mit einer schönen Balustrade) und weiter nach **Montagne** (1 800 Einw., 5 km nördl. von St-Émilion, an der D122). Von der Kirchenterrasse eröffnet sich ein schöner Blick zurück nach St-Émilion. Im Innern des Gotteshauses kann man den Übergang von der Romanik zur Gotik beobachten: romanisch die Kuppel, bereits gotisch hingegen die Gewölbe. Die polygonalen Apsiden und der wehrhafte Turm darüber zeugen von den ständigen Bedrohungen durch Invasoren und Eroberer. Eine Besonderheit ist das nahe gelegene **Écomusée du Libournais**. Hier sind Alltagsgegenstände aus dem Leben der Winzer von Anno Dazumal ausgestellt. In der eingerichteten Stube mit gedecktem Tisch fällt das schottenkarierte Bettzeug auf, das sicherlich so oft gewechselt wird, wie seinerzeit die Franzosen mit den Engländern die Hoheit über diesen Landstrich wechselten. Ein *Wein-Lehrpfad* (›Sentier viticole du Libournais‹) bringt dem Besucher die Pflanzen, Trauben und Weine und die Arbeitsmethoden nahe, ein Picknickplatz lädt zum Pausieren ein (*Weinbergwanderungen*: 15. März–15. Nov 10–12, 14–18.30 Uhr, Juli/Aug je eine Stunde länger; Tel. 57.74.56.89; *Weinproben*: Maison du Vin de Montagne [Tel. 57.74.60.13], Maison du Vin im Nachbarort Puisseguin [Tel. 57.74.50.62, weiterer Verkauf in Puisseguin, Tel. 57746346]; westlich an der N89 in Goujon [Tel. 57.51.50.05]).

Auf der D122 geht es weiter nach **Lussac** (4 km nördl. Montagne, Syndicat d'Initiative und Maison du Vin, 2, avenue Gambetta, Tel. 57.74.50.35) mit seiner weit sichtbaren Kirche und dem *Menhir de Picampeau*, der wegen der Opfer, die die Kelten darauf gemacht haben sollen, auch Stein der Märtyrer (›Pierre des Martyrs‹) genannt wird. Nach 2 km haben Sie das **Château de Roques** erreicht. Hier kann man einen in den Fels gehauenen Weinkeller besichtigen. Außerdem werden Weinproben angeboten, es gibt ein Restaurant und Gästezimmer (Tel. 57.74.69.56).

Vier Kilometer nördlich liegt **Petit Palais** (600 Einw., 15 km nordöstl. von St-Émilion). In der Mitte des Friedhofs steht eine sehenswerte kleine **Kirche* (12. Jh.). Dreistöckige Arkadenbögen an der Fassade und zwei Scheintüren links und rechts vom Eingang geben dem Gotteshaus das Aussehen eines dreischiffigen Bauwerks, obwohl es sich um einen einschiffigen Saalbau handelt. Der reiche Skulpturenschmuck aus biblischen und weltlichen Motiven, darunter Tierszenen und groteske Menschendarstellungen, lassen den Betrachter eine Weile verharren. Innen erinnern die dekorativen Elemente an arabische Bauwerke. Weil sie so originell ist, hat man nach ähnlichen Kirchen gesucht und eine in Spanien, in Zamora, gefunden. Welche nun welcher das Vorbild war, oder ob es eine dritte Kirche als gemeinsames Vorbild gibt, bleibt offen.

Von Petit Palais nach Norden kommt man nach 4 km nach **St-Médard** (romanische Kirche) und von dort auf der D10 nach 8 km nach Coutras und Guîtres (weitere 5 km). Fährt man von St-Médard hingegen auf der N89 Richtung Westen, kommt man zuerst nach **Abzac**, das nach einem Römer namens *Avitius* oder *Apicius* benannt ist. *Raymond de Fronsac*, Seigneur d'Abzac, besaß hier ein Schloß. Als er 1353, mitten im Hundertjährigen Krieg, Partei für die Franzosen, also für *Jean le Bon*, ergriff, zerstörten die Engländer sein Schloß.

Auf letzterem Weg oder auf erstgenanntem erreicht man das am Zusammenfluß von Isle und Dronne gelegene **Coutras** (7 000 Einw., 18 km nördl. von Libourne, an D674, Syndicat d'Initiative, Place Ernest Barraud, Tel. 57.69.36.53 und außer Saison: 57.49.04.60). Früher war Coutras nach Vayres die zweite Station auf der Römerstraße von Bordeaux nach Périgueux (dieser Weg wurde später als ›Weg Karls des Großen‹ bezeichnet, ›camin de Carlemagne‹). Die Lage an einem Dreieck zwischen zwei Flüssen wird in Coutras touristisch genutzt. An der Anlegestelle am Quai Fagnart werden *Bootsfahrten* auf dem Isle angeboten, Fußwege führen am Ufer der Dronne entlang, Radtouren durch das Umand werden vom Syndicat d'Initiative genauso organisiert wie gastronomische Ausflüge in die näheren und ferneren Weinbaugegenden. In die Geschichte ist Coutras nicht wegen der wiederholten Zerstörungen durch Normannen und den Hundertjährigen Krieg eingegangen, sondern wegen eines blutigen Kampfs zwischen Protestanten und Katholiken im Jahr 1587. An diese Zeiten erinnert noch der *Puits Henri IV*, ein zierlicher Brunnen in dorischem Stil. Die *Kirche* von Coutras ist gotisch, ihr Turm dagegen romanisch.

Über die Dronne erreicht man nach 5 km **Guîtres** (1 450 Einw., 16 km nördl. von Libourne, an D910, Syndicat d'Initiative, 4, avenue de la Gare, Tel. 57.69.11.48 und außer Saison 57.69.10.34). Der Ort, dessen Häuser und Gassen sich an den Hang eines Hügels über dem Isle schmiegen, war einer der vielen Anlaufpunkte der Jakobspilger. Die Klosterkirche Notre Dame mit ihrem Portal aus dem 13. Jh. ist der Überrest der Benediktiner-Abtei (erbaut zwischen 11. und 15. Jh.), die bis 1774 aktiv war. Die Apsis mit den fünf Kapellen stammt aus dem 12., die Fassade und das Portal aus dem 13. Jh. Vom Platz vor der Kirche, la *Place des Tilleuls*, hat man einen schönen Ausblick auf den unten schimmernden Fluß und die Landschaft am anderen Ufer. Im alten Bahnhof hat man ein *Eisenbahnmuseum* (Mai–Okt. So/Feiertags 15.30–18.15 Uhr, 14. Juli–Sept. auch Sa; Tel. 57.69.10.69, Reservierungen 57.24.58.78) mit einer Reihe alter SNCF-Lokomotiven und -waggons eingerichtet. Hier können Sie sogar mit einem hundertjährigen Zug fahren.

Im Osten von St-Émilion

Von St-Émilion nach Osten fährt man auf der D243, die sich kurz hinter dem Ort gabelt. In St-Christophe-des-Bardes führt links die D130 nach **Parsac** mit seiner schlichten romanischen Kirche. Wer diesen Abstecher ausläßt, fährt auf der landschaftlich schönen D243 weiter geradeaus bis St-Genès-de-Castillon, wo es auf der D10 nach rechts weitergeht nach Castillon-la-Bataille.

Den Trauben sieht man noch nicht an, ob es ein guter Tropfen wird…

Castillon-la-Bataille

3 000 Einw., 24 km östl. von Libourne, an D936/D10, **Office de Tourisme**: 5, allées de la République, Tel. 57.40.27.58. **Maison du Vin**, 8, allées de la République, werktags, Tel. 57.40.00.88

Wer den kleinen Ort am rechten Ufer der Dordogne heute besucht, trifft auf ein Provinzstädtchen, dessen Gegenwart eigentlich keiner besonderen Erwähnung bedürfte. Der Wein dominiert das Leben. Anfang August jeden Jahres findet eine Weinmesse statt, auf der auch die hier produzierten unterschiedlichen Apellationen ›St-Émilion‹, ›Bergerac‹, ›Entre-Deux-Mers‹ und ›Côtes de Castillon‹ angeboten werden. Sonntags ist Blumenmarkt, und der Montagsmarkt ist wegen des vielfältigen Angebots in der Umgebung bekannt. Wir nähern uns dem Ort und sehen von der *Promenade des Quais* zur Brücke, die auf dem mittleren Straßenniveau, also relativ hoch, gehalten ist. Über die grauen Steinmauern erhebt sich der genauso steingraue Kirchturm mit seinem runden Schieferdach. Die Bedeutung Castillons liegt in der Vergangenheit.

Geschichte: Seinen Beinamen ›la Bataille‹ (›die Schlacht‹) hat Castillon wegen der Entscheidungsschlacht zwischen Engländern und Franzosen bekommen, die hier stattfand und die das Ende der englischen Herrschaft auf aquitanischem Boden bedeutete. König *Charles VIII* von Frankreich wollte es noch einmal wissen, sein englischer Gegenspieler *Henri VI* wollte es ihn wissen lassen und schickte unter *Talbot* eine starke Armee. Am 17. 7. 1453 endete die Schlacht mit dem Sieg der Franzosen. Talbot fiel, und mit ihm über 4 000 Mann. Der Hundertjährige Krieg nahm ein Ende, Castillon bekam zur Erinnerung einen Beinamen und einen Obelisk, an dem wir vorbeifahren. Am 14. Juli wird diese Schlacht gleich mitgefeiert. Hunderte von Leuten stellen sie nach mit tourismuswirksamem Tamtam.

Aber natürlich ist der Ort älter, es gab hier schon eine Burg (castellum) auf einem Fels, als im 5. Jh. die Barbaren kamen. Am 26. 6. 845 tagte hier *Pippin der Kurze*, im 13. Jh. wurde eine Mauer mit drei Toren (darunter die massige Porte de Fer) gebaut und eine Leproserie, ein Haus für Aussätzige, im Quartier Fombaude eingerichtet (bis ins 18. Jh. existent). Im 17. Jh. kam es erneut zu Kriegshandlungen, diesmal zwischen Hugenotten und Katholiken. Der Stadtkommandant Turenne trat über (21. 10. 1668) und erhielt dafür Geld, das übertretende Bedürftige erhalten sollten, das dann aber für den Bau der Kirche St-Symphorien-de-Castillon verwendet wurde. Immerhin reklamieren die Castillonais sie als einzige Barockkirche Aquitaniens (fertiggestellt 1743).

Bevor es von Castillon weiter Richtung Osten geht, ein Abstecher: Ein Stückchen südwestlich (D123) von Castillon liegt über der Dordogne **Sainte-Terre** (Syndicat d'Initiative, Hôtel de Ville, Tel. 57.47.14.34), wo man sich erst einmal stärken kann. In der Konservenfabrik *Conserves & Tradition* werden regionale Spezialitäten angeboten (31, avenue Charles-de-Gaulle, Tel. 57.47.13.00), im Freizeitpark an der Dordogne *Aire de Loisirs Sainte-Terre Plage* (Mitte Juli–Mitte Aug, Tel. 57.47.16.23) gibt es Bademöglichkeiten, außerdem kann man wandern, radeln, Kanu fahren und anderen Sport treiben.

Wer derartige Aktivitäten weniger schätzt, fährt vermutlich weiter von Castillon Richtung Ste-Foy. Nach einem kurzen Stück auf der D936 zweigt links die D21 ab. An einer Kreuzung nach 2 km führt ein schmaler Weg nach rechts. Wer den verpaßt, kann weitere 2 km danach in die D9 nach rechts abbiegen. Hier kommt man zum Familiensitz von *Michel de Montaigne* (1533–92; *s. auch S. 30*), dem Schloß Montaigne und dem Örtchen **St. Michel de Montaigne**. Das *Schloß* (nur im Sommer 9–12, 14–19 Uhr und wann es den Eigentümern beliebt. Tel. 53.58.60.56), in dem der Renaissance-Denker und Essayist, Bürgermeister von Bordeaux, lebte, ist 1885 ausgebrannt. Nur der Bibliotheksturm mit dem Arbeitszimmer von Montaigne blieb unversehrt. Unterhalb davon eine Kapelle, deren Gottesdienste er durch eine Maueröffnung mithören konnte. Heute gehen wir durch einen lichten Wald zum Schloßkomplex.

Richtung Süden, fast an der D936, aber noch vor der Bahnlinie, liegt *Montcaret, wo Reste einer großen gallo-römischen Villa und einer gallischen Siedlung gefunden wurden. Montcaret hat, wie so viele Orte, unter den diversen Invasionen gelitten. Ob die Verwüstungen daher stammen und die Barbaren und später die Christen unwissentlich ihre Toten über den Mosaiken (*s. unten*) begraben haben (wie in Sorde-l'Abbaye, *S. 232*), oder ob die benediktinische Kirche im Mittelalter bewußt darüber errichtet wurde, ist unklar. Beim Umbau der Kirche hat man die verzierten merowingischen Marmorkapitelle als Bauelemente verwendet – Respekt vor älteren Bauwerken gab es damals nicht. Als im Jahr 1827 ein Waschhaus gebaut werden sollte, kam ein großes Mosaikensemble (4. Jh.) mit Fischmotiven zutage, das zu einer Thermenanlage gehörte: naturalistische Fischdarstellungen aus blauen Mosaiksteinen mit schwarzer Umrißlinie. Rote Steine setzen farbliche Akzente, der Kopf und die Augen sind extra hervorgehoben. Im *Museum* (Führungen [45 Min.] Apr–Sept 9–12, 14–18 Uhr, sonst 10–12, 14–16 Uhr) kann man u. a. einen kleeblattförmigen Raum mit Mosaikboden besichtigen, der durch ein ausgeklügeltes Heizsystem warmgehalten wurde.

Château Montaigne: hier unternahm Montaigne seine philosophischen ›Versuche‹

Auf der anderen Seite der Dordogne (von Castillon über die D15/ D130 E2) kommt man über Flaujagues (Weinprobe und Verkauf, Tel. 57. 40. 40. 33) nach **Juillac** (218 Einwohner). Zu sehen gibt neben den Resten der Römerstraße Périgueux – Bazas die Burg von Soulac und einen halbrunden Platz ›La petite Roque‹, der von Druiden benutzt worden sein soll. Das Restaurant ›**Belvédère**‹ bietet gutes Essen mit Blick auf die Dordogne.

Wenige Kilometer östlich liegt, auf einer Anhöhe über der Dordogne, **Gensac** (Syndicat d'Initiative, Hôtel de Ville, Tel. 57.40.42.37 oder 56.47.46.67). Die Befestigungen des Orts lassen auf eine bewegte Vergangenheit schließen, und tatsächlich war Gensac war vor Castillon einer der letzten Orte, die die Franzosen den Engländern abnahmen.

Wer erst jetzt einkehren möchte, dem sei das Restaurant ›**Les Remparts**‹ (Tel. 57.40.43.46) empfohlen. Weinverkauf und Kunstausstellungen, das ganze auch auf deutsch, werden im *Château Claire Abbaye* geboten (Tel. 57.40.40.83).

Wer weiter zur Dordogne möchte, fährt nach **Pessac**. Die romanische Kirche des Orts auf merowingischen Grundmauern besitzt einen römisch-byzantinischen Glockenturm mit drei runden Laternen-Aufsätzen, die wie Trommeln oder Tempelchen anmuten. Vor der Kirche stehen einige verwitterte Steinkreuze, bei deren Herstellung die Steinmetze mehr Freude am Dekor gezeigt haben als an der Kirchenfassade selbst. Von der Brücke aus sieht man oben das *Schloß Vidasse* aus dem 15. Jh., der Name ist viel älter: Es ist die baskische Bezeichnung für Furt.

DAS PÉRIGORD

Vier Farben – Grün, Weiß, Schwarz und Purpurrot – kennzeichnen das zum Departement Dordogne gehörende Périgord, eine Region, die aufgrund ihrer Vielfalt beeindruckt, aber dennoch in ihrer Gesamtheit stets unverwechselbar bleibt. Die Zeugnisse des Steinzeitmenschen im ›Schwarzen Périgord‹ (Tour **5**), dem Tal der Vézère, sind weltberühmt. Aber Lascaux, die Grotten von Rouffignac und Les Eyzies sind nicht alles, was diesen Landstrich auszeichnet. Périgueux im Herzen des ›Weißen Périgord‹ mit seiner weit in die Vergangenheit zurückreichenden Geschichte und seiner beeindruckenden Kathedrale St-Front (Tour **4**), die Burgen und Bastiden im Tal der Dordogne (Tour **7**), die Stadt Sarlat (Tour **6**) mit dem Geburtshaus von Étienne *Paradies der Feinschmecker: das Périgord* La Boétie und immer wieder eine einzigartige Natur, die zu vielerlei Aktivitäten einlädt und deren Produkte wie Wild-, Pilz- und Fischgerichte zu wahren Gaumenfreuden zubereitet werden: Das Périgord hält von allem etwas Besonderes für seinen Besucher bereit.

Nördlichste Region, schon jenseits unseres Reisegebiets, ist das ›Grüne Périgord‹ zwischen Lanouaille und la Roche-Chalais (bis Bussière-Badil im Norden). Daran anschließend im Süden das ›Weiße Périgord‹ zwischen Hautefort und Montpon-Ménestrol mit Périgueux im Zentrum (Tour **4**). Die kalkreichen (›weißen‹) Hochebenen haben diesem Landstrich seinen Namen gegeben.

Im Osten, dann, um die Flüsse Vézère und Dordogne, das ›Schwarze Périgord‹ mit seinen beeindruckenden Höhlen und Zeugnissen der Menschheitsgeschichte und seinen wunderbaren Schlössern. Als purpurrot (Périgord pourpre) wird der Landstrich um Bergerac (Tour **3**) – hier dominieren Wein- und Tabakanbau – bezeichnet.

3 *Ste-Foy-la-Grande · Bergerac · *Monbazillac

*Ste-Foy-la-Grande

3 200 Einw., 21 km östl. Castillon, 23 km westl. von Bergerac, an D936, D708, **Syndicat d'Initiative**: 102, rue de la République, Tel. 57.46.03.00 oder 57.46.10.84. Am Sa Markt im Stadtzentrum.

Ste-Foy-la-Grande wurde 1255 als Bastide gegründet, was man heute noch an dem rechtwinkligen Grundriß erkennen kann. Der in der Mitte angelegte Hauptplatz mit seinen flachen und weiten Arkaden ist erhalten geblieben, wie auch ein paar hundert Meter Stadtmauer mit vier dicken Türmen und einige Fachwerkhäuser des 15. Jh. (96, rue de la République), an denen man manchmal ins Holz geschnitzte kleine Figuren sehen kann, die, um nach ihrer Ausgestaltung zu schließen, den Bewohnern wohl entweder Fruchtbarkeit oder Lustbarkeit bringen sollen. Wo heute der Boulevard verläuft, stand bis 1622 die Stadtmauer mit Graben. *Ludwig XIII.* hat sie abreißen lassen, nachdem die Stadt zum Katholizismus übergetreten war. Sechzig Jahre lang herrschte hier der Glaube der Protestanten, was dem Ort den Beinamen eines Genf des Südwestens eingebracht hatte. Zum Lokalprestige gehört es, ein paar berühmte Personen aufzuzählen, angefangen mit dem Chirurgen *Paul Broca* (19. Jh.) bis zum Denker und Schriftsteller *Elie Faure* (1873–1937). Wer nach dem Hauptplatz und den so schön altmodischen Straßen noch mehr sehen möchte, sollte ans Dordogneufer *Quai de la Brèche* gehen, wo einige alte Befestigungsgemäuer über dem Wasser stehen. Im Rathaus befindet sich außerdem das **Musée du Centre d'Études et de Recherches préhistoriques** (über das Office de Tourisme).

Südlich von Ste-Foy hat man in **Saint-André-et-Appelles** zahlreiche prähistorische Werkzeuge und einen Menhir gefunden. Letzterer (›des Goulards‹) ist nach der Familie benannt, auf deren Territorium er 1922 entdeckt wurde.

Bergerac

28 000 Einw., 23 km östl. Ste-Foy, 82 km östl. von Bordeaux, an N21, D936, D933, D660, **Office de Tourisme**: 97, rue Neuve d'Argenson, Tel. 53.57.03.11. **Parken**: Place de la République. **Kanuvermietung**: 18, Promenade Pierre Loti, Tel. 53.27.20.05. ▲

Jeder meint den Hauptort des Périgord Poupre zu kennen, zumindest dem Namen nach, denn von hier muß er doch stammen, der duellierfreudige gleichnamige Freigeist mit der langen Nase, zuletzt durch *Gérard Dépardieu* auf der Leinwand so wunderbar porträtiert. *Edmond Rostand* hatte das Versdrama ›Cyrano de Bergerac‹ geschrieben, nur hatte *Cyrano de Bergerac* (1619–55) seinen Besitz im heutigen Département Seine-et-Oise, also ganz woanders. Ebenfalls bekannter als der Ort ist der gleichnamige Wein, der zwar nicht zu den Spitzenerzeugnissen der Bordeaux-Weine gehört, der aber durch konstante Qualität seine Abnehmer findet. Mehr über den Wein erfährt man in der *Maison du Vin* (Juli/Aug tgl. 11–12, 13.30–17.30 Uhr, sonst auf

Pfeifen, die Geschichte machten: im Tabakmuseum von Bergerac

103

Verabredung Tel. 53.57.12.57. Weinprobe, Weinverkauf), die in Gebäuderesten des ehemaligen Klosters *des Récollets* beim alten Hafen untergebracht ist. Die kühlen Gemäuer aus der Zeit vom 12.–17. Jh. geben ein stimmungsvolles Ambiente für die ausgestellten Weine.

Bergerac ist ein Zentrum für landwirtschaftliche Erzeugnisse. Außer den Trauben werden Pfirsiche und Aprikosen auf Plantagen angebaut. Dazu ist Bergerac ein Zentrum des Tabakanbaus. In der *Maison Peyradère, einem schönen, ebenmäßigen Gebäude der Renaissance-Zeit, ist ein *Tabakmuseum (Place du Feu, Di–Sa 10–12, 14–18 Uhr, So 14.30–18.30 Uhr, Tel. 53.63.04.13) eingerichtet worden, das in seiner Art einmalig ist. Hier kann man sich über die Geschichte des Tabaks in Frankreich, über Anbau, Verarbeitung und Handel und natürlich über die Wirkungen des Tabaks informieren. Gemälde und Stiche, Tabakdosen und Pfeifen veranschaulichen, welchen kulturellen Platz der Tabakkonsum einnimmt. Zur Rauchkultur gehört inzwischen auch das Rauchverbot, das wie in anderen Museen auch an diesem Ort herrscht.

Ein Stückchen weiter, über drei sich aneinander anschließende Plätze, kommt man zum **Musée du Vin, de la Batellerie et de la Tonnellerie** (Place de la Myrpe, Di–Fr 10–12, 14–17.30 Uhr, Sa 10–12 Uhr, So 14–18.30 Uhr, Tel. 53.57.80.92). Dort kann man sich über das andere Regionalgewächs kundig machen, den Wein und seine Verarbeitung. Und auch hier ist das Gebäude selbst sehenswert: Ein Fachwerkbau, dessen Ausfachung mit flachen, im Fischgrätmuster angeordneten Ziegelsteinen bestückt ist. Solche Häuser sieht man häufig, besonders in den alten Bastiden, aber selten kann man sie betreten.

Seine Bedeutung hatte Bergerac durch seine Lage an den Handelswegen, als blühender Marktort hat es sich stetig gewandelt. Darum ist von der alten Stadt außer der schönen Steinbrücke über die Dordogne, dem Rathaus, dem sogenannten *Château Henri IV* aus dem 16. und 17. Jh. und ein paar schmalen Gassen mit älteren, teilweise schön restaurierten Häusern im Bereich der Grand Rue nicht allzuviel geblieben. An der *Place Pelissière* liegt die Kirche **St-Jacques** (12. Jh.). Gegenüber beginnt die *Grand Rue* und führt zur gotischen Kirche **Notre Dame**, deren Hauptattraktion zwei Bilder (Anbetung der Hirten und der Könige) sind, von denen eines dem Giorgione-Schüler *Pordenone* zugeschrieben wird. An Samstagen findet im Bereich der Kirche Notre Dame ein Markt mit landwirtschaftlichen Produkten der Dordogne statt. Parallel zu Notre-Dame ist die Place Gambetta angelegt: Dort können Sie in den Hotels ›**Bordeaux**‹ und ›**Commerce**‹ essen, wenn Sie nicht ins ›**Cyrano**‹ (2, boulevard Montaigne, Tel. 53.57.02.76) gehen wollen. Das ist schräg gegenüber am Boulevard Montaigne.

Das **Musée d'Art sacré** in der *Rue de la Mission* zeigt Kirchenkunst (So 15.30–18 Uhr, Juli/Aug Di–So 15.30–18 Uhr, Tel. 53 .57.33.21).

Auf der D933 Richtung Eymet (Süden) kommt man zur Anhöhe der **Mühle von Malfourat**. Wer sich die Mühe macht, hinaufzugehen, kann einen schönen Ausblick über die Landschaft des Périgord Pourpre genießen. Im ›**La Tour des Vents**‹ (Di geschl., Tel. 53.58.30.10) kann man bei einem weitem Ausblick ins Tal von Bergerac seinen Hunger stillen.

Gleich nach der Anhöhe führt eine Straße östlich nach ∗**Monbazillac**, dessen Schloß mit seinen mittelalterlichen Rundtürmen 1550 errichtet wurde. Zwischen den Rundtürmen erheben sich steile Biberschwanzdächer, was den Eindruck vermittelt, als bestehe das Dach insgesamt aus einer Sammlung von kleinen Einzeldächern. Der Pechnasenkranz wirkt nur mehr wie Dekor – das einzige Ornament an der Fassade. Der Ort war nie größer als jetzt, aber berühmt war er schon im Mittelalter. Um Monbazillac wird nämlich auf sehr kleinem Gebiet ein besonderer Wein hergestellt, der süß und schwer ist und deshalb als Dessertwein oder nur so als Delikatesse genossen wurde und wird. Wenn der Jahrgang gut ist, kann man den Wein bis zu dreißig Jahre lang lagern. Was wäre dafür geeigneter als ein Schloß mit kühlen Gewölben. Ein solches haben sich die örtlichen Winzer gekauft, hier halten sie ihre Erzeugnisse für die interessierten Touristen bereit. Man kann hier auch in restaurierten Gemäuern gepflegt essen (Juni–Sept tgl. 10–12.30, 14–19.30 Uhr, Okt–Mai tgl. 10–12, 14–17 Uhr, Tel. 53.57.06.38).

Auf der D933 weiter geradeaus fährt man durch Rouffignac de Sigoulès. Nach links (Osten) geht es zum Schloß **Château de Bridoire**, einem hübschen Weinschlösschen aus dem 16. Jh.

Ein weiterer Abstecher, auch von Tour **7** gut zu erreichen, führt von Bergerac nach **Lalinde** (22 km östl. Bergerac, über D660 bzw. D703. Syndicat d'Initiative, Tel. 53.61.08.55, außerhalb der Saison: 53.61.00.44). Der Ort, malerisch zwischen der Dordogne und dem Kanal von Lalinde gelegen, war eine englische Bastide (1267 gegründet); hiervon zeugen noch heute das Stadttor *Porte Bragera* und Teile der Befestigungsmauer. Die Felsauswaschungen im Dordogneufer bei Lalinde waren schon zu vorgeschichtlichen Zeiten bewohnt; die Römer bauten hier den Wachposten *Diolindum*. Im Verlaufe der Jahre hat der Wasserreichtum in Verbindung mit dem Wald die Entwicklung einer Papierindustrie begünstigt. Von den dreizehn Papiermühlen, die ab dem 15. Jh. entstanden waren, gibt es noch zwei. Im benachbarten **Couze** soll die *Mühle von Rouzique* restauriert werden. Mit Blick auf die Dordogne speist man im Château (Tel. 53.61.01.82).

4 Périgueux und Umgebung

***Périgueux

40 000 Einw., 47 km nordöstl. Bergerac, 100 km nordöstl. von Bordeaux, an N21, N89, D939, D710, **Office de Tourisme**: 26, place Francheville, Tel. 53.53.10.63. Informationen über das Département erteilt: das Comité Départemental du Tourisme de la Dordogne, 25, rue Wilson, Tel. 53.35.50.24. **Bahnverbindungen** (Auskunft: Tel. 53.09.50.50): 4 Std. bis Paris, 1 Std. 15 Min. bis Bordeaux. ▲

Bis man das alte Zentrum erreicht hat, dauert es ein bißchen. Die ›aglomération‹ Périgueux dehnt sich weit aus und bezieht die umliegenden Dörfer in das Stadtbild mit ein. Die neueren Gebäude, die selten mehr als zwei Etagen haben, ähneln denjenigen anderer Provinzstädte, und auch der in Neubauten gefaßte *Parkplatz* am Isle unterhalb des alten Stadtzentrums verspricht noch alles andere als schöne Gassen und Gemäuer. Früher war Périgueux die Hauptstadt des Périgord, heute ist es Präfektur des Departements Dordogne.

Geschichte: Wer ohne bestimmtes Ziel durch die Stadt schlendert, wird bald feststellen, daß in einem Teil der Altstadt die Straßen irgendwie ›ordentlich‹, im anderen eher spitzwinklig und versetzt sind, also eher als Gassen zu bezeichnen sind. Der ›rechtwinklige‹, ›ordentliche‹ Teil stammt von den Römern. Hier befand sich die Siedlung *Vesuna Civitas Petrucorum*. Die *Petrucores* oder *Petrucorier* waren ein keltischer Stamm, der an dieser Stelle auf dem westlichen Ufer des Isle ein Quellheiligtum besaß. Für die Römer wurde es eine wichtige Kolonie in Gallien, kaum weniger bedeutend als Bordeaux (*Burdigala*). Nach ihnen heißt noch heute die Stadt und das Umland. Im antiken Périgueux begannen die Germanen den Reigen zerstörerischer Invasionen. Es wechselten ab dem 3. Jh. Alemannen, Westgoten, Franken, Sarazenen und Normannen einander ab, so daß im 10. Jh. von der prosperierenden ehemaligen Römerkolonie nur mehr Reste übrig waren.

Parallel zum Niedergang der römischen *Civitas* oder *Cité* und zu den diversen kriegerischen Ereignissen entwickelte sich ab dem 5. Jh. eine christliche Gemeinde um die Grabstelle des *hl. Frontus*. St. Front war einer derer, die den christlichen Glauben ins Périgord gebracht haben, er soll ein Schüler des Petrus gewesen sein, und auf alle Fälle ist er ein regionaler Heiliger. Deshalb benannten die Christen ihre Siedlung, was inzwischen nicht mehr *cité*, sondern *bourg* hieß, nach ihm: Puy St-Front. Im Zentrum, auf dem Grab, ein Kloster. Nach dem Niedergang der Römersiedlung konnten die beiden Orte sich der Größe nach vergleichen und konkurrierten auch miteinander. Bis 1251. Da stellte sich die Frage der Loyalität: Französisch oder englisch sein? Beide Bürgerschaften wollten zu Frankreich gehören und schlossen sich zur *Ville Périgueux* zusammen. Man hat sich das so vorzustellen: Wenn Sie durch die mittelalterlichen Gassen des Puy St-Front an die Tour Mataguerre oder zur Place Bugeaud gegangen sind, dann haben Sie die alte Stadtgrenze des Bourg erreicht. Vor Ihnen waren bis zur Kirche St-Étienne Wiesen und Felder, auf denen nach und nach Privathäuser und klerikale Einrichtungen gebaut wurden.

Trotz allem: Beide Teile wurden englisch. 1360 haben die Engländer Périgueux im dritten Anlauf erobert, wenig später gaben sie es wieder auf. Die folgenden Kriege und Ereignisse der französischen Geschichte gingen an Périgueux vorbei. Absolutismus und revolutionärer Zentralismus machten es zur Provinzstadt. Daran hat die Ansiedlung der staatlichen Briefmarkendruckerei (1945) nichts geändert.

Wo Sie Ihren Rundgang durch Périgueux beginnen, hängt sicherlich von Ihrem Parkplatz ab. Chronologisch beginnt es mit der römischen Cité (dort liegt auch der **Bahnhof**). Von der zentralen *Place Francheville* (Parkplatz) führt die *Rue de la Cité* zur Kirche **St-Étienne-de-la-Cité** ①, einer der ältesten Kuppelkirchen von Frankreich (Baubeginn Ende 11./Anfang 12. Jh.). Allerdings ist nur noch die Hälfte der früheren Pracht zu sehen. Im 16. Jh. haben die Hugenotten der Kirche arg zugesetzt. Von den vier Kuppeln, die über dem langgezogenen Schiff hintereinander angeordnet waren, sind im 17. Jh. (1625) nur mehr zwei wieder hergestellt worden: diejenige über dem Chor (12. Jh.) und die über dem älteren Gebäudeteil (11. Jh.). Westlich davon folgten zwei weitere Kuppeln, die der romanischen Saalkirche ein beeindruckendes Inneres verliehen haben dürften. Wie der Grundriß ausgesehen hat, wurde 1926 anhand von Grabungen festgestellt. Für die Historiker war es ebenfalls überraschend festzustellen, daß bei dieser Kirche, anders als sonst üblich, die Bauarbeiten nicht mit dem Chor, sondern mit dem Mittelteil begonnen haben. Innen befindet sich an der Nordwand (links vom Eingang) das *Grab des Bischofs Jean d'Asside* aus dem ausgehenden

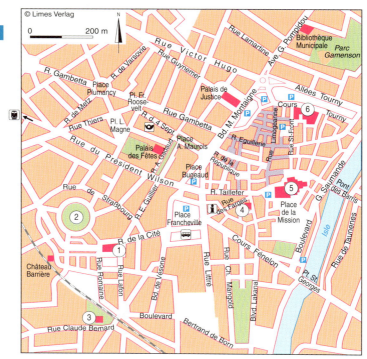

Périgueux: Stadtplan

① St-Étienne-de-la-Cité
② Arènes
③ ★ Tour Vésone
④ Musée militaire du Périgord
⑤ ★ Kathedrale St-Front
⑥ ★ Musée du Périgord

12. Jh. Mit seinen Blattornamenten und Wandpfeilern sticht es ab vom sonst eher mager dekorierten Innenraum.

Die Römerstadt *Vesuna P.* verfügte über die zur Zeit des Augustus üblichen Einrichtungen. Die Kirche St-Étienne-de-la-Cité steht in der Mitte zwischen den beiden sehenswerten römischen Ruinen. Schräg nach rechts vom Kircheneingang ist es nicht weit zu den **Arènes** ② (Geöffnet von 7.30–18.30 Uhr, im Sommer bis 21 Uhr). Die ehemalige römische Arena wurde zu einem hübschen Park mit Spielplatz und Brunnen umgestaltet. Die Bewohner der umliegenden Straßen kommen hierher, um sich auf die vielen kleinen geneigten Rasenflächen zu legen, um zu joggen oder bloß, um sich auf einer Bank ins Grüne zu setzen. Für Kinder und Jugendliche sind die eingezäunten, von Unkraut überwucherten Mauern und Arkaden ein beliebter Platz zum Toben (selbstverständlich verboten). Ellipsenförmig umgeben die Mauerreste des Amphitheaters die Anlage: Die Achsen messen 153 und 123 m, an die 20 000 Menschen dürften hier Platz gefunden haben. Die Germanen mit ihrem fehlenden Sinn fürs Spektakel machten daraus eine Burg, die nach wiederholten Angriffen nach und nach abgetragen wurde. Vermutlich wurde ein Teil der Steine für den Bau von Häusern verwendet.

In der Nähe, wenige Meter südlich, befinden sich die Reste des *Château Barrière*, einer im 12. Jh errichteten und 1577 zerstörten Festung mit gallo-römischen Grundmauern (Rue Chanzy/Rue de la Cité).

Wiederum vom Platz vor der Kirche St-Étienne aus kann man das andere sehenswerte Bauwerk der Römer sehen, das sich gehalten hat: die ***Tour Vésone** ③. Wer von der Straße zu dem runden Bauwerk niederblickt, denkt zunächst an itanienische Veduten, die Zeichnungen, die für die ersten Bildungsreisenden u. a. von römischen Bauten gefertigt wurden. Es handelt sich um den zylinderförmigen, aus Haustein mit Ziegelbändern gebauten Mittelteil eines Rundtempels oder Tholos (Maße: 27 m hoch, 20 m Durchmesser, Baujahr vermutlich 2. Jh.). Die kleinen Öffnungen unter Bogenstürzen wirken wie Dekor. Drumherum standen Säulen, der Eingang entsprach dem normalen rechteckigen Erscheinungsbild klassischer Tempel. Der französische Revolutionsarchitekt *Ledoux* dürfte darin ein Vorbild für seine Pariser Zollstationen gefunden haben. Der Standort war wohl das Forum der antiken Stadt Vesuna. Die Öffnung im Rundbau erklärt eine nette Legende: Der hl. Frontus soll die Mauer eingeschlagen haben, als er die letzten Heiden verfolgte, die sich hierher zurückgezogen hatten.

Wen auf dem Weg zum mittelalterlichen Périgueux der Hunger überkommt, kann im ›**Domino**‹ (21, place Francheville) traditionelle périgordinische Küche kosten.

Auf der östlichen Seite der Place Francheville liegt der mittelalterliche ***Bourg Puy St-Front**, dessen Straßen reizvoller, malerischer und lebendiger sind als die der römischen Cité, vor allem an Markttagen (Sa und Mi), wenn es die Bauern der Umgebung in die Stadt zieht. Gegenüber der *Rue de la Cité*, vorbei am einzigen verbliebenen Turm der mittelalterlichen Stadtmauer *Tour Mataguerre*, kommt man in die *Rue des Farges*, die direkt zur Kathedrale führt. Unterwegs, *Rue des Farges Nr. 32*, kann man ins Militärmuseum **Musée militaire du Périgord** ④ hineinschauen (Mi, Sa 14–18 Uhr). Wer sich für Uniformen, Waffen, Bilder, Rüstungen etc. interessiert, kommt hier auf seine Kosten.

Man geht im Bourg nur in ein paar Gassen so ›ordentlich‹ auf Bürgersteigen wie in der Cité. Meist promeniert man über Kopfsteinpflaster oder einen geflickten Asphaltstreifen, in dessen

Mitte oder an dessen Seiten Rinnen das Wasser abfließen lassen. Die Enge der Gassen läßt die Häuser höher erscheinen, als sie sind, die Sonne dringt nur kurze Zeit bis auf den Boden. Die manchmal unebenen Gassen und die sich neigende Fassaden mancher Häuser geben einen Eindruck, wie es in einer Stadt des Mittelalters ausgesehen haben könnte. Es macht Spaß, immer wieder an Plätze oder durch alte Bebauung erzwungene Kurven zu gelangen und zu erleben, wie sich mit dem Weitergehen die Perspektiven und Anblicke wandeln, und dazwischen Wohngebäude der Renaissance (Rue Eguillerie, Rue de la Constitution, Rue Barbecane) oder der Gotik (Rue Limogeanne) zwischen anderen, oft nicht viel neueren Gebäuden zu erkennen.

Die Stadtverwaltung bietet einen ›Circuit de la Vieille Ville‹, einen mit Schildern ausgewiesenen Rundgang durch die Altstadt, an. Er führt durch die Einkaufsstraße *Rue Taillefer* zum *Cours Montaigne*, an der Ecke zu den *Allées de Tourny* rechts in die Altstadt zurück in die *Rue Limogeanne*, wiederum eine Einkaufsstraße, die zum Rathaus geht, und von dort rechts in die *Rue de la République* wieder zum Cours Montaigne. In die entgegengesetzte Richtung kommt man vom Rathaus zu den beiden Hauptattraktionen von Périgueux, zur Kathedrale und weiter zum Musée du Périgord. Wer unterwegs essen will, findet leicht ein Restaurant.

Wer nach dem Rundgang durch die Stadt und vor der Besichtigung der Kathedrale noch Lust hat, über die Brücke *Pont des Barris* zu gehen und auf dem anderen Ufer zur Brücke *Pont St-Georges*, sei dies wegen des Blicks auf das Altstadtufer empfohlen. Hier fällt ein *Fachwerk-Lagerhäuschen* auf, das aus nicht mehr als einer dicken Mauer und darauf einem etwas breiteren ersten Stock mit der einzigen Tür zwischen den schmalen Fächern besteht: Als gäbe es hier derart bedrohliche Hochwasser. Aus der Mauer ragen Balken als Stützen hervor, so daß das Ganze wie ein kleines Schiff aussieht. Darüber erheben sich die Kuppeln der Kathedrale mit ihren spitzen Laternen, als habe sich ein Architekt des Orients an den Isle verirrt.

*Kathedrale St-Front ⑤ (Während der Mittagszeit geschlossen)

Das Gotteshaus zwischen der Altstadt und dem Isle, Frankreichs größte Kuppelkirche, beherrscht vom Fluß aus gesehen das Stadtbild. Trotzdem war St-Front bis ins 17. Jh. nach St-Étienne-de-la-Cité nur die zweite Kirche von Périgueux – auch Kirchen haben ihre Karrieren.

St-Front wurde 1699 zur Bischofskirche, weil die Hugenotten im 16. Jh. St-Étienne noch mehr beschädigt hatten als St-Front. Angefangen hat es mit der Grabstätte des *hl. Fronto*, des ersten Bischofs von Périgueux. Im 6. Jh. wurde eine merowingische Kapelle errichtet, an deren Stelle eine größere Kirche gebaut wurde. 1047 geweiht, wurde sie 1120 bei einem Brand zerstört. Das war der Anlaß, eine noch größere Kirche zu bauen, den Kuppeldom St-Front. Von den alten Mauern aus dem 11. Jh. sind auf der Seite zum Markt noch Reste zu sehen. Auch innen, vor dem Schiff, sieht man noch Reste einer älteren Kirche, der *Église latine* (10./11. Jh.).

Ob man durch den Haupteingang an der Nordseite oder einen Nebeneingang eintritt, man hat ein vergleichbares Erlebnis: Ein riesiger Innenraum. Gotische Kathedralen sind zwar auch hoch und gewaltig in der Weite ihres Raums, aber hier kommt hinzu, daß die Mauern nicht nur schmucklos, sondern glatt und ebenmäßig sind. Die wuchtigen, viereckigen Pfeiler, auf denen die Kuppeln ruhen, und die breiten Tonnengewölbe zwischen den Pfeilern, die die Kuppeln voneinander trennen, vermitteln dem nach oben schauenden Besucher ein Gefühl von Großartigkeit, machen ihn aber auch zugleich winzig klein. In der Kirche St-Étienne sieht man in den Kuppeln noch unregelmäßige Steine, die Fugen sind nicht immer perfekt gemauert. In St-Front sieht das Mauerwerk dank der Restaurierungsarbeiten (1852–1901) aus wie geleckt. Damals wurden auch die Wandbemalungen des Mittelalters von den Wänden entfernt.

Die Kathedrale gilt nicht bloß als vollkommenes Beispiel der Kuppelbauweise des Périgord, sie ist eine der wenigen Kirchen, deren Grundriß ein griechisches und nicht ein lateinisches Kreuz bildet. Die Vierung und jeder Arm hat seine Kuppel. Darin ähnelt St-Front der Markuskirche in Venedig, deren Vorbild wiederum in Byzanz gesehen wird. Das mag auch den Chefrestaurator *Paul Abadie* inspiriert haben, der eine neoromantische Vorliebe für orientalisierende Gestaltung (Sacré-Cœur in Paris) hatte. Jedenfalls werden ihm die verspielt byzantinischen Laternen und Türmchen auf dem Dach ›angelastet‹, die der Kathedrale ein anderes Aussehen verleihen, als sie ursprünglich wohl gehabt haben dürfte.

Der *Glockenturm* ist 60 m hoch. Sein Glockenspiel gilt als eine regionale Seltenheit; es leitet seine Uhr-Schläge genauso ein wie Big Ben in London. Im *Kreuzgang* (12.–16. Jh.) sind neben merowingischen Sarkophagen lauter Reste kirchlicher Steinmetzarbeiten aufgestellt worden. In der Mitte stehen Lautsprecher zur geistlichen Beschallung.

Durch die *Rue St-Front* geht man zu einem weiteren Hauptan-
ziehungspunkt von Périgueux, dem Musée du Périgord. Für
Feinschmecker und solche, die in mit feinschmeckerkritischen
Sternen gezierten Restaurants essen möchten, liegt eine
Hauptattraktion auf dem Weg: Kurz vor dem Museum erreicht
man das Restaurant ›**L'Oison**‹ (31, rue St-Front, Tel. 53.09.84.02,
Ruhetag: Mo und So abend). Und natürlich bekommt man hier
regionale Spezialitäten wie Gänseleber, Seegetier und Wild.

Das **Musée du Périgord* ⑥ (22, cours de Tourny, Mi–Mo
10–12, 14–17 Uhr, Apr–Sept bis 18 Uhr) ist ein umfassendes Re-
gionalmuseum mit einer Völkerkundeabteilung. Museumsstück
ist schon das Gebäude, ein ehemaliges Augustinerkloster. Der
lichte Eingang mit den Glastüren erlaubt einen Durchblick zum
Innenhof. Eine Sammlung von kunstgewerblichen Erzeugnissen
der Region, Gemälde, Stücke aus dem Mittelalter, Stelen und Ge-
denktafeln der Römerzeit und massenweise Steinwerkzeuge aus
der Steinzeit machen die Landesgeschichte anschaulich. Drei
Höhepunkte: Das berühmte *Skelett eines eiszeitlichen Menschen*, der nach seinem Fundort Chancelade bei Périgueux benannt wird (1888 gefunden), ein *Altar mit Stierkopf der Römerzeit*, der den Gläubigen des Mithraskults gedient haben dürfte,
und eine *Darstellung der Passion Christi* auf einem Diptychon
aus Rebastens im Languedoc (13. Jh.).

*St-Front,
die
berühmte
Kuppelkir-
che von
Périgueux
im Abend-
licht*

Die nähere Umgebung von Périgueux: Zwei Wege zu den Höhlen der Steinzeitmenschen an der Vézère

Westlich von Périgueux (D939) liegt **Chancelade**. Hier wurde
unter dem *Abri de Raymonden* das berühmte Eiszeit-Skelett gefunden, das wir soeben im Musée du Périgord besichtigt haben.
Der Ort besitzt ein *Augustiner-Kloster* aus dem 12. Jh., das nach
Zerstörungen immer wieder aufgebaut und verändert wurde. In
der *Klosterkirche* ist das Chorgestühl vor die Wandbemalungen
gestellt worden. Damit man diese dennoch sehen kann, sind die
Wandteile des Gestühls aufklappbar.

Hinweis: Wer als nächstes den Spuren des Cro-Magnon-Menschen an der
Vézère folgen möchte, dem seien ab Périgueux zwei Möglichkeiten vor-
geschlagen, an Tour **5** anzuschließen.

Der **erste Weg** führt von Périgueux in südöstlicher Richtung
(zunächst auf der N2089, dann D710; hinter Les Versannes links
in die D6) zum im Forêt de Barade gelegenen **Château de l'Herm**
(Juli–20. Sept Mo–Sa 10–12, 14–19 Uhr, Tel. 53.05.46.61), von

dem nur noch eine Ruine des achteckigen Treppenturms und ein paar Kamine von der Burg erhalten geblieben sind. Von diesem Schloß gibt es mehr Druckerzeugnisse als bloß hübsche Postkarten,; in diesem Zusammenhang sei ›La tragique histoire du Château de l'Herm‹ von *Jean Maubourguet* genannt. Der Schriftsteller *Eugène Le Roy* (s. Château Hautefort, *S. 116*) hat das Schloß als Kulisse seines Erfolgsromans ›Jacquou Le Croquant‹ (1899, dt. ›Jakob der Rebell‹, 1955) verwendet. Er erzählt darin das Leben eines armen Bauern des Périgord zur Zeit der Französischen Revolution.

Einen ersten Eindruck der Höhlen und Grotten kann man sich bereits acht Kilometer weiter südlich (über D31) in der **Höhle von Rouffignac** (Ostern bis Okt. 10–11.30, 14–17 Uhr, Juli–Mitte Sept 9–11.30, 14–18 Uhr) verschaffen (südlich von Rouffignac, man biegt von der D32 in den Wald nach Osten ein). Die unterirdischen Gänge der auch ›Cro de Granville‹ oder ›Grotte aux Cent Mammouths‹ genannten Höhle sind acht Kilometer lang, ein kleines Stück kann man sich mit einer Elektrobahn fahren lassen. Letztere Bezeichnung (›Höhle der hundert Mammuts‹) verdankt sie den zahlreichen Mammuts, die hier neben den Zeichnungen von Nashörnern, Bisons, Pferden und Steinböcken zu sehen sind. Bei der Entdeckung im Jahr 1956 wurde zuerst an der Echtheit der Malereien gezweifelt (*S. 119*).

Der alternative, oben angesprochene **zweite Weg** führt nach Osten (über N21 Richtung Limoges, 11 km nordöstl. Périgueux). Am Isle, vor dem Zusammenfluß mit der Auvézère (N21, 10 km), steht das **Château Les Bories** (Juli–Sept tgl. 10–12, 14–18.30 Uhr, sonst nach Vereinbarung Tel. 53.06.00.01). Erbaut wurde das schmucke Renaissanceschlößchen anläßlich der Hochzeit von *Jean de Saint-Astier* mit *Jeanne de Hautefort* im Jahr 1497 (1604 vollendet). Durch einen kleinen Wald fährt man

heran. Es wirkt kleiner als es ist, weil es so kompakt und gedrungen auf der Wiese steht. Von der anderen Seite, an der ein
rechteckiger Turm vorgesetzt ist, und mit dem Fluß und der steinernen Balustrade im Vordergrund wirkt es prächtiger. Die beiden dicken Türme, die man vom Parkplatz aus sieht, umfassen
den Wohntrakt, sind aber schon nicht mehr als Wehrbauten auf-
gefaßt. Nicht nur die Wohnräume, auch die Küche ist hier inter-
essant. Sie stammt aus dem 15. Jh. und verfügt über gotische
Spitzbogengewölbe, wie man sie sonst aus Klosterbauten kennt.
Gekocht wurde in einem riesigen Kamin.

   Weiter geht es zum Örtchen **Laurière**, wo man nach rechts
über den Isle auf die D69 abbiegt und auf einer hübschen gewundenen Nebenstrecke nach **Cubjac** oder **Tourtoirac** weiterfährt. Das Gotteshaus der zuletzt erreichten Ortschaft ist schon
von weitem zu sehen, steht es doch auf einer Kuppe. Tourtoirac
ist nicht nur wegen des Landsitzes mit Allee am Ortseingang
reizvoll. Die nahe beieinander stehenden efeubewachsenen Häuser passen sich organisch in die sie umgebene Landschaft ein. Die
schmale Durchfahrtsstraße öffnet sich auf einen Platz, bevor sie
zu der Kirche mit ihrem seitlichen Hof hinaufführt.

*Das Ba-
rockschloß
von Haute-
fort (S. 116)
erhebt sich
stolz über
der Straße*

Zehn Kilometer weiter (D62; 45 km nordöstl. Périgueux) steht mit dem *Château de Hautefort (Schloßbesichtigungen [45 Min.] März–Nov tgl. 9–12, 14–18 Uhr, Nov–Feb So 14–18 Uhr; Tel. 53.50.51.23) das bedeutendste südfranzösische Barockschloß. Im 12. Jh. stand an dieser Stelle die Burg des Troubadours Bertran de Born. 1614, die Schloßherren hießen inzwischen Hautefort und waren überdies zu Grafen gekürt worden, wurde die Burg durch einen Bau ersetzt, der dem gesellschaftlichen Stand entsprechen sollte. Bis 1680 wurde gebaut, zuletzt sollte es auch kein Baumeister der Provinz, sondern der Pariser Architekt *Jean Maigret* sein, der hier plante. Die Spuren des großen Brandes von 1968 sind inzwischen getilgt. Historisches Mobiliar mußte nachgekauft werden. Schon von der Straße aus sieht man die breite kastenförmige Anlage über aufsteigenden Gärten stehen. Was von unten so trutzig aussieht, erweist sich, wenn man Zugbrücke und befestigtes Tor hinter sich gelassen hat, als eine reizvolle Barockanlage mit einem schönen Park. Französischer und englischer Garten dehnen sich über 30 ha aus. In den Sommerwochen kann man sich mit einer Pferdekutsche durch die Anlagen fahren lassen. Der Sohn eines der Verwalter ist der Schriftsteller *Eugène Le Roy* gewesen (hier geboren 1836, 1907 in Montignac gestorben). Ihm ist ein kleines Museum (Südwestturm) gewidmet.

Troubadoure und Turniere

Ritter mit dem Schwert in der Hand, Minnesänger unter den Fenstern einer verheirateten Fürstin, eifersüchtige Ehemänner und verstoßene Frauen – hier hat der Troubadour die Hand im Spiel.

Der Ausdruck ›Troubadour‹ stammt aus dem Provenzalischen, vom Verb trobar – finden, erfinden, erdichten. Der Troubadour, also der südfranzösische Minnesänger und Minnedichter (in Nordfrankreich hießen sie Trouvères, was ebenfalls mit dem Wort für finden, trouver, zusammenhängt), gehörte zumeist dem Stand der Ritter an. Die Sänger der unteren Stände wurden als ›Jongleurs‹, Spielleute, bezeichnet. Ein Troubadour war ein Erfinder neuer musikalischer und poetischer Weisen. Als erster Troubadour gilt der Großvater Eleonores von Aquitanien (S. 70), Wilhelm IX. Der letzte, Guiraut Riquier, starb um 1280. Die Entstehung der Toubadour-Dichtung und ihr Aufblühen ist zugleich die Geburtsstunde der abendländischen Lyrik. Ohne die südfranzösischen *trobadors* sind sowohl der deutsche Minnesang wie der italienische *dolce stil nuovo* nicht recht vorstellbar.

Die Troubadoure führten den obligatorischen Reim und eine verbindliche Silbenzählung ein. Sie übernahmen aus Ovids Dichtungen, aus der Poesie der Jokulatoren und vermutlich auch aus arabischen

Dichtungsformen ihre Stilelemente und bildeten daraus etwas Neues. Dazu komponierten sie die passenden Melodien oder – was häufiger der Fall gewesen sein soll – übernahmen sie von anderen Liedern.

Von den über vierhundert okzitanisch dichtenden Troubadouren, die namentlich bekannt sind – darunter auch ungefähr 20 weibliche Troubadoure –, waren einige aus Italien und aus dem benachbarten Katalonien. Wenige waren Fürsten, die meisten stammten aus anderen Schichten und wurden von Fürsten gefördert. Hauptsache, sie vertraten das aristokratische höfische Ideal.

Zu den bekannteren Namen gehören *Bernart de Ventadour* oder von Ventadorn (um 1150–80) aus der Corrèze, Sohn eines Knechts und einer Magd. Er wurde von seinem ersten Förderer aus Eifersucht verstoßen und gelangte an den Hof von Eleonore und Henry II.

Bertran de Born (um 1140–1210), Vicomte von Hautefort im Périgord, kämpfte mit dem jungen Henri Plantagenêt gegen dessen Vater Henry II. von England und später gegen Richard Löwenherz. Die von ihm bevorzugte Gedichtform waren die *sirventes*, was zunächst die Bedeutung eines Dienstliedes (sirvent – Diener), also im Dienst eines Herrn verfaßten Gedichts, hatte. Als Gattung der Troubadour-Dichtung bezeichnen sirventes Rüge- und Scheltlieder mit zeitkritischem Inhalt. Bertran de Born gilt als bedeutendster politisch-satirischer Troubadour. Ihm hat Ludwig Uhland ein Gedicht gewidmet. Dante dagegen hat ihn in seiner ›Göttlichen Komödie‹ als Störenfried im Inferno plaziert.

Aber auch andere Troubadoure ließ Dante in seiner ›Göttlichen Komödie‹ erscheinen. So preist er *Peire Cardenal* (um 1174–1271) im ›Paradiso‹ als moralischen Christen.

Arnaut Daniel (12./13. Jh. aus Ribérac/Dordogne) gilt als bedeutendster Vertreter einer besonders kunstvollen und erlesenen, auf die Klangwirkung der Worte abgestimmten Dichtung, die noch Dante und Petrarca gelesen haben. Dante hat auch ihn verewigt, allerdings im ›Purgatorio‹, wo er zwischen den Lüstlingen und den Fleischessündern wider die Natur zu sitzen kommt.

Jaufré Rudel (12. Jh.) wurde in Blaye geboren und besingt seine Liebe zu einer fernen Geliebten (die Unerreichbarkeit gehört zu den Stilformen des Minnesangs). Seine ›princesse lointaine‹ war Melissende von Tripolis, zu der er sich schließlich auf den Weg machte, und die er auch erreichte, allerdings von der weiten Reise so geschwächt, daß er in den Armen der Verehrten starb. Heinrich Heine, Ludwig Uhland und Edmond Rostand haben über ihn gedichtet.

Peire Vidal (um 1175–1210) stammte aus Toulouse und zog als singender Dichter durch Frankreich, Spanien, Ungarn, Italien, Malta, Zypern und Palästina von Hof zu Hof. Er hielt seine griechische Frau für die Nichte eines oströmischen Kaisers und ernannte sich selbst bald auch zum Kaiser.

5 Zuhause beim Cro-Magnon: An der Vézère zwischen *St-Amand-de-Coly, ***Lascaux und **Les-Eyzies-de-Tayac

*St-Amand-de-Coly

Bevor man in das Tal der Vézère einbiegt, lohnt der kleine Umweg nach St-Armand-de-Coly. Man fährt hinter Montignac (26 km südl. Hautefort) noch ein Stückchen weiter auf der D704 in Richtung Sarlat, biegt aber nach 2 km nach links ab.

Den Weg vom Parklatz zur Kirche säumen noch in althergebrachter Bauweise konstruierte Dächer: Steinplatten, die in mehreren Lagen versetzt aufeinandergeschichtet sind. Auch kommt man an einem auf dem Feld stehenden kleinen Steinhäuschen vorbei. Mit einem Durchmesser von wenigen Metern dienten und dienen diese kleinen Bauten als Unterstände für Gerätschaften. Dann aber zur romanischen Abteikirche **St-Amand-de-Coly** selbst, einem Kleinod abseits der touristischen Trampelpfade. Vor dem Eingang der Mauerumfassung stehen auf der Straße ein Holzkreuz und im Asphalt der Straße ein alter Brunnen mit Kurbel, als habe in diesem Teil des Landes die Verkehrsplanung nicht soviel Macht wie anderswo. Die Kirche ist vollkommen unverziert, im Verhältnis zu ihrem Umfang ist sie hoch wie eine Burg. Der Turm über dem Eingang, selbst kaum höher als das Kirchendach, ist ein Bollwerk und wirkt trotzdem leicht durch den tiefen und hochgezogenen Bogen, in dessen Rückwand das einzige größere Fenster eingelassen ist. Daß von der Glocke ein Seil zur Eingangstür herniederbaumelt, gibt dem Gotteshaus etwas Dörfliches. Die Fensteröffnungen in der Kirche sind vergleichweise schmal, manche ähneln eher Schießscharten. Trotzdem verbreiten sie ein warmes Licht über den hellen Stein der flachgetretenen Bodenplatten, der Gewölbe und Mauern, die ein grüner Schimmer überzieht. Wenn man das Innere betritt, ist man überrascht, daß der Boden ansteigt: Der Fels als Grundlage des Gotteshauses wurde nämlich beim Bau nicht geebnet. Errichtet wurde St-Amand über einem lateinischen Kreuz, an dessen Armen sich polygonale Kapellen nach Osten öffnen. In einer Ecke der linken Seitenkapelle erinnert ein Gedenkstein an den *Abt Guillaume*, dessen Schrift kunstvoll verschnörkelt und voller Kürzel ist, so daß man annehmen darf, sie sollte nur von solchen gelesen werden, die Latein konnten und außerdem literarisch versiert waren. Wer es genau wissen will, hier der Text:

»Discat qui nescit/ Vir nobilis hic requiescit/ Qui Rachel que Lia/ Qui Marta fuit atque Maria/ Psalmos cantate/ Fratres Christum que rogate/ Salvet ut abatem/ Wilhelmem per pietatem«, was soviel heißt wie: »Es nehme zur Kenntnis wer es nicht weiß, hier ruht ein Mann von Ehr und Preis, der war wie Rachel und Lia, wie Marta und Maria. Singt Psalmen, Brüder, und betet zu Christ um Erlösung für Abt Wilhelm, weil er so fromm gewesen ist.«

Dieser Abt muß in der ersten Hälfte des 12. Jh. gestorben sein, als vermutlich noch an der Kirche gebaut wurde. Schon sehr viel früher gab es hier ein Augustiner Chorherrenstift, das bei der Mönchszelle des *hl. Amandus* aus dem 6. Jh. eingerichtet wurde. Das Kloster, an einem Nebenweg der Jakobspilger gelegen, war bis zum Hundertjährigen Krieg sehr wohlhabend an Ländereien. Die Bauern des Dorfes konnten sich bei Angriffen mit ihrem Vieh in den Bereich der Schutzmauer zurückziehen. Vielleicht weil sie so wehrhaft gebaut waren, hatten die Militärs der jeweiligen Kriege den Ehrgeiz, Kirche und Kloster zu erobern und für sich zu nutzen. Dementsprechend nahm beides Schaden. Die Klosterbauten sind nicht mehr aufgebaut worden, die Kirche wurde Ende des 19. Jh. restauriert.

Die berühmte Höhle von Lascaux wurde naturgetreu nachgebaut

***Die Grotte von Lascaux

Besichtigungen für Lascaux II und Le Thot mit Führung: Feb–Juni Di–So 10–12, 14–17 Uhr. Juli/Aug tgl. 9.30–19 Uhr. Sept–Dez Di–So 10–12, 14–17 Uhr. Während der Feriensaison werden die Karten nur beim Syndicat d'Initiative von Montignac [Point I unter den Arkaden] ab 9 Uhr verkauft. Tel. 53.51.95.03, für Gruppen 53.35.06.09. Dauer der Führung: 45 Min. **Hinweis**: In der Höhle ist es nicht besonders warm (12°C). Warme Kleidung ist ratsam.

Letzte Station vor der berühmten Grotte ist **Montignac** (3 000 Einw., 48 km südöstl. von Périgueux, an D67, D704, D706, *Syndicat d'Initiative*, place Léo Magne, Tel. 53.51.82.60. Kanuverleih an der neuen Brücke, Place Salle des Fête. ▲). Vielleicht besuchen Sie das *Musée Eugène Le Roy et des Vieux Metiers* (Tel. 53.51.82.60) an der Place Bertrand de Born, wo lebensgroße Puppen die lokale Geschichte nachstellen. Die meisten aber werden den Ort durchfahren, allenfalls einen Blick auf den Turm werfen, der als einziger Gebäudeteil von dem Schloß aus dem 14. Jh. erhalten blieb. Man überquert zweimal die Vézère, bis man man die Straße (D704E) nach Lascaux gefunden hat. Vorher kann man im Hotel-Restaurant ›**Roseraie**‹ (Place d'Armes, Mo Mittag geschl., Tel. 53.50.53.92) eine Kleinigkeit zu sich nehmen.

Die berühmte Grotte de Lascaux liegt südöstlich von Montignac. An einer Schule und einem Sportplatz vorbei, fährt man in einen Wald hinauf. 1940 wurde die Höhle von zwei Jungen entdeckt, die ihrem Hund hinterherliefen, um ihn anzuleinen. Der Hund war in einem Loch verschwunden, das ein umgestürzter Baum mit seiner Wurzel in den Schutt gerissen hatte (*S. 121*).

Diese ursprüngliche Höhle ist so berühmt, daß sie durch den starken Andrang in Gefahr geriet. Nach zwanzig Jahren hatten die Ausdünstungen der Besucher Fäulnis und Algen verbreitet. 1963 wurde die Höhle geschlossen. An ihrer Stelle entstand eine originalgetreue Nachbildung (1983 fertiggestellt), die Höhle **Lascaux II**, bei der es egal ist, wieviele Besucher sie betreten.

Oberhalb der Original-Höhle liegt eine wasserundurchlässige Tonschicht. Gäbe es die nicht, und wäre die Höhle nicht über die Jahrtausende verschlossen gewesen, wären die Malereien vielleicht gar nicht so gut erhalten. Mit anderen Worten: In den anderen bekannten Höhlen der Steinzeitmenschen gab es womöglich auch solche Malereien, sie sind nur nicht erhalten geblieben beziehungsweise von Pilzbildung oder Schichten von Kalkkristallen überkrustet und verschwunden.

Für die Höhle von Lascaux hat man den hübschen Begriff einer ›Sixtinischen Kapelle der vorgeschichtlichen Kunst‹ geprägt. Das ist keineswegs zuviel versprochen. Sie gilt als vollendete Stufe der Steinzeitkunst. Die Höhle ist insgesamt kaum 150 m lang. Die früheren Darstellungen des Aurignacien (vor 25 000 bis 30 000 Jahren) sind einfarbig und in den Stein geritzt, die späteren des Magdalénien (vor 8 000 bis 17 000 Jahren) sind farbenreiche Malereien von den Tierarten der Eiszeit: Hirsche und Rentiere, Pferde und Bisons, Steinböcke, Raubkatzen und Nashörner sowie das Einhorn. Vier Meter große Stiere und Auerochsen sind an der Decke ineinander gemalt. Der Bauch eines Stiers ist zugleich der Bauch einer Kuh, in den Schenkel eines Stiers ist ein Bär eingearbeitet, von dem man allerdings nur mehr die Tatzen erkennt. In einer Szene sehen wir einen Stier mit einem schräg am Boden liegenden Menschen.

Als Farben wurden brauner, roter und gelber Ocker verwendet, der im Gestein der Gegend (man vergleiche die Mauern der Häuser) vorhanden ist. Zermahlen und angefeuchtet, zieht er sofort in die Kalkschicht der unterirdischen Höhlen ein. Für schwarz wurde Manganoxid, für weiß Kalzid verwendet. Aufgetragen wurde mit einem harten Pinsel oder gesplissenen Zweigenden. Man sieht kaum Spuren von Farbentfernungen, so daß wohl Meister ihres Fachs am Werk waren. Kunstvoll sind Unebenheiten der Höhle in die Bilder integriert. Die Brocken, die hier immer mal von der Decke fallen können, sind mal in die Malerei einbezogen, mal sind sie erst später abgefallen und haben die Malerei beschädigt.

Man weiß nicht, welche Bedeutung diese Malereien und Ritzungen haben oder hatten. Man hat sie als Jagdszenen gedeutet, als Malerei um der Malerei willen und als kultische Darstellungen, mit der einzigen Gewißheit, daß keine dieser Deutungen beweisbar ist.

In Lascaux II sind die am reichsten bemalten Teile der echten Höhle in Beton nachgebildet worden. In der Vorhalle gibt es auf deutsch Erläuterungen zu den Ausstellungsstücken, anhand derer die Höhle erklärt wird. Wenn nicht zuviel Betrieb ist und der Führer in entsprechender Stimmung ist, löscht er das Licht und läßt erst die Dunkelheit wirken, dann macht er ein Feuerzeug oder eine Taschenlampe an, um zu zeigen, wie die Lichtverhältnisse zur Zeit unserer Urahnen gewesen sein mögen.

Geschichte vor der Geschichte

Während sich andernorts die Vorgeschichte meistens im Nebel verliert, stoßen wir in Aquitanien, wie überhaupt in Südfrankreich und Nordspanien, auf zahlreiche Spuren erster Menschen. Berühmt sind die großartigen Höhlenmalereien von Lascaux, die in einer Kopie wieder zu besichtigen sind. Bekannt wurde der Menschentyp des Cro-Magnon, dessen Skelett 1868 im Ortsbereich von Les Eyzies in den Resten der Grotte von Cro-Magnon gefunden wurde. Es handelt sich hierbei um einen jungsteinzeitlichen Homo sapiens sapiens, etwa 170 cm groß, mit untersetztem Körper und langförmigem Schädel, kräftigen Überaugenbögen, niedrigen breiten Augenhöhlen und einer breiten Nasenöffnung. Ringsum, besonders in den Tälern der Vézère und der

Beune, hat man in Höhlen, Nischen und Grotten die Hinterlassenschaften europäischer Urahnen gefunden. Das Örtchen Les-Eyzies-de-Tayac im Tal der Vézère betitelt sich selbst als ›capitale de la préhistoire – Hauptstadt der Vorgeschichte‹. Diese Gegend war zwar ungemütlich kühl (zwischen 10 Grad plus und 10 Grad minus), aber es ließ sich hier immerhin leben. Flechten und Moose gediehen auf den Steppen; als es wärmer wurde, auch Sträucher und Bäume. Wild wie Ren und Bison, Hirsch und Antilope, aber auch Kleingetier wie Hasen und Geflügel dürften den Inhalt der Speisekarte ausgemacht haben. Die Fundorte sind vor allem Höhlen und Felsüberhänge. Erstere waren offenbar eher Kultorte, den Malereien nach zu schließen. Die Felsüberhänge (›abri – Schutz, geschützte Stelle‹, bevorzugt an der Sonnenseite und erhöht, so daß kein Hochwasser eindringen konnte), dienten als Behausungen. Manche dieser Plätze, zum Beispiel die Laugerie Haute bei Les-Eyzies, sind über Tausende von Jahren bewohnt gewesen.

Abgesehen von den Skeletten und den Knochenresten der verspeisten Tiere haben uns die Vorzeitmenschen des Périgord eine Reihe überwältigend schöner Kunstwerke vermacht. Einiges davon ist in Museen (zum Beispiel in Les-Eyzies und in Bordeaux) zu besichtigen, zu regelrechten Erlebnissen werden die Besuche der verschiedenen Höhlen. Es gibt drei darstellerische Verfahren: Ritzbilder, Malerei und Plastik oder Relief, womit noch nichts über die künstlerische Entwicklungsstufe gesagt ist. In der Grotte La Mouthe, südöstlich von Les-Eyzies, wurde übrigens eine Steinzeitlampe gefunden: ein Stein, auf dem Fett gebrannt hat. Das erste Relief von Menschenhand findet sich unter einem Felsüberhang des Abri du Cap Blanc. Die Venus von Laussel ist ein weiteres Beispiel für die Reliefkunst des Cro-Magnon-Menschen. Es soll sich hier um die Darstellung einer Gottheit mit einem Horn (oder Mondsymbol) handeln. Das Original steht im Musée d'-Aquitaine in Bordeaux (*S. 73*). Ein Meisterwerk der Bildhauerkunst ist ein knapp 4 cm großer Mädchenkopf aus Elfenbein, der bei Brassempouy (Landes, nördlich von Orthez zwischen Hagetmau und Amou) gefunden wurde. Es ist eine unschematische Frauendarstellung. Wegen ihrer Kopfbedeckung heißt sie auch ›La Dame à la Capuche‹.

Am spektakulärsten sind die schwarz umrissenen, farbig ausgefüllten Wandmalereien, wie man sie am perfektesten in Lascaux bei Montignac und in Font-de-Gaume (östlich von Les-Eyzies) gefunden hat: naturalistisch und unter Einbeziehung der Wölbungen und Höhlungen an der Stelle des Auftrags. ›Primitiv‹ erscheint der Umstand, daß die einzelnen Tierabbildungen unabhängig voneinander, ohne gestalterischen Zusammenhang, aufgetragen wurden. Allenfalls fallen immer wieder Reihungen auf. Andererseits sind manche der Bilder auf bereits vorhandene Darstellungen in einer Art aufgetragen worden, die äußerste Kunstfertigkeit verrät. Menschen sind kaum abgebildet, und wenn, dann schematisiert. Tiere, vor allem Stiere, sind dagegen sorgfältig ausgestaltet. Erste, noch unbeholfen wirkende Ritzzeich-

nungen sind in der Höhle von Bara-Bahau westlich von Le Bugue an der Vézère zu sehen. Sie sind mit Fingern oder einem stumpfen Gegenstand in den Mergel gekratzt worden. Man datiert sie auf die Zeit von vor 30 000 Jahren – die ältesten Kunstwerke des Menschen. Als jüngstes Datum für die Höhlenmalereien wird ca. 15 000 v. Chr. angesetzt – die vollkommenen Bilder von Lascaux und Font-de-Gaume. Da andere Bilder in Lascaux auf die Zeit zwischen 30 000 und 15 000 vor unserer Zeitrechnung geschätzt werden können, ergibt sich ein kaum vorstellbares Zeitkontinuum von 15 000 Jahren.

Der Cro-Magnon-Mensch hat diese Bilder bis vor ca. 10 000 Jahren immer wieder angefertigt. Natürlich will man wissen, wozu. Die einfachste Deutung: Jagdtiere werden vor der Jagd beschworen. Da aber aufgrund von Knochenfunden das Rentier als wichtigstes Nahrungsmittel festgestellt werden konnte, in den Höhlenzeichnungen aber nur wenig Rentiere abgebildet sind, muß es mit den Bildern schon eine andere Bewandtnis haben. Besonders die zahlreichen Stierdarstellungen lassen auf eine kultische Bedeutung schließen, zumal der Stier auch in späteren Kulturen eine mythische Bedeutung innehatte.

Naturkunst in den Tropfsteinhöhlen des Périgord

Die wichtigsten Höhlen und Grotten

Name	Lage	Motive
Lascaux	Bei Montignac	Großartige Tiermalereien, in Lascaux II
La Roque-St.-Christophe	Südwestl. Montignac	900 m lange Felseinschnitte in fünf Etagen mit Hunderten von Höhlen

Name	Lage	Motive
Grotte von Bara-Bahau	Nördl.Le Bugue	Ritzzeichnungen
Les Combarelles	Östl. Les-Eyzies	Höhlensystem mit über 300 Ritzzeichnungen
Gorge d'Enfer mit Abri du Poisson	Nördl v. Les-Eyzies	Relief eines 1 m langen Lachses
Grotte de Rouffignac	Zwischen Rouffignac u. Les Eyzies (nördl.)	Höhlensystem mit Mammutdar- stellungen
Abri du Cap Blanc	An der Beune, östl. Les-Eyzies	15 m langes Fries mit Pferdereliefs
La Mouthe	Südöstl. Les-Eyzies	Ritzzeichnung eines Bisons
La Madeleine	Bei Tursac	Steinzeitsiedlung
Le Moustier Prehisto-Parc de Tursac	Südwestl. Montignac Zw. Montignac und Les-Eyzies	Steinzeitsiedlung Nachgestellte Szenen des Lebens in. der Steinzeit
Le Thot	bei Lascaux	Nachgestellte Szenen des Stein- zeitlebens
Grotte de Grand Roc Gouffre de Proumeyssac	Nördl. Les-Eyzies Südl. Le Bugue	Tropfsteinhöhle Tropfsteinhöhle

Außerhalb des Reisegebiets:

Name	Lage	Motive
Grotte de Villars	An der Dronne, nördl. Périgueux	Farbmalereien des Magdalénien Tierbilder und
Pech-Merle	Bei Cabrerets, am Célé östl. Cahors	Handabdrücke

Ein Stückchen westlich von Lascaux liegt **Regourdou** mit seinen vorgeschichtlichen Ablagerungen. (Besichtigungen: 9.30–12, 14–17 Uhr, Juli/Aug 10–18.30 Uhr. Tel. 53.51.81.23. Dauer der Führung: 20 Min).

Hinweis: Es folgen jetzt bis Les Eyzies in der Reihenfolge ihrer Lage am Flußlauf die Sehenswürdigkeiten der Vézère, mit Angabe, ob links (bis Le Moustier D706) oder rechts (D65, D66, D706) vom Fluß *s. Karte S. 127*.

Die Eintrittskarten, die man in Lascaux/Montignac kauft, gelten auch für **Le Thot** (Espace Cro-Magnon, Öffnungszeiten wie bei Lascaux. Dauer der Führung: 1 Std.) ein Stück die Vézère (rechts) abwärts. Hier sind Alltagsszenen der Steinzeitmenschen mit Figuren (ein bißchen kitschig) nachgestellt, Schaukästen informieren über die Entstehung von Lascaux II. Ein Tierpark und ein Museum mit Stücken vorgeschichtlicher Kunst sowie ein Vorführungssaal (Lehrfilme) komplettieren das Angebot.

Am selben Ufer der Vézère, ein Stückchen abwärts, kann man nicht nur sehr schön essen gehen. Das idyllische Restaurant ›**Château de Puy Robert**‹ (an der D65 südlich von Montignac Richtung Léon, Tel. 53.51.92.13, geöffnet Mai–Okt) bietet auch Übernachtungsmöglichkeiten.

Weiter südlich (D706; rechts vom Fluß) kann man das malerisch über der Vézère gelegene Schloß **Losse** besichtigen (Ostern bis Okt tgl. 10–12, 14–17 Uhr, Juli/Aug 10–18.30 Uhr. Sonst Tel. 53.50.70.38), eine Burg aus dem 16. Jh. Die Anlage und ihre Einrichtung erinnern an den Erbauer *Jean II. de Losse*, der unter den letzten Valois und den ersten Bourbonen Gouverneur von Guyenne war. Die mittelalterlichen Bauelemente, an drei Seiten Schutzgräben (an der vierten fließt die Vézère) und ein Wehrgang deuten auf seine Streitbarkeit, die großzügigen Renaissanceräume und das Mobliar weisen ihn als Mann mit Stil aus.

Von der Straße (D706) aus sieht man das Schloß **Belcaire** (15./16. Jh.) am Fluß stehen.

Weiter abwärts an der Vézère (Sergeac, D65, links vom Fluß) gelangt man an die vorgeschichtliche Stätte von **Castel-Merle** (Ostern-Sept Do-Di 14–17.30 Uhr, Juli/Aug 10–19 Uhr. Tel. 53.50.77.76 oder 53.50.74.79) mit den *abris* (Zufluchtsstätten) Reverdit, Labattut und vor allem La Souquette, in der ein stratigraphischer Schnitt die diversen geologischen Schichten vom Aurignacien bis heute zeigt.

In dem netten Ort **St-Léon-sur-Vézère** (an der Gabelung D706/D66. ▲) fährt man an den Wirtschaftsgebäuden der früheren Herrschaft vorbei zum Fluß. Dort steht auf gallo-römischen Fundamenten eine frühmittelalterliche, sehr einfühlsam restaurierte *Kirche*, ein Beispiel früher aquitanischer Romanik. Die Dreierbögen unter dem Turmdach sind weit genug, so daß man durch den Turm hindurchsehen kann und sich der Umriß des Berghangs durch den Turm fortsetzt. Von außen wirkt die Kirche einfach und kompakt, Schiff und Querschiff entstammen dem 10. bzw. 11. Jh. Neben dem Gotteshaus ist sicherlich die malerische Umgebung die Hauptattraktion: der Fluß, die Bäume,

v. a. wenn sie in Blüte stehen, der Vorplatz mit dem großen Haus gegenüber, dessen Biberschwanzdach fast so hoch wie das Kirchendach reicht. Am Fluß, der Kirche gegenüber, sieht man, wie das Wasser das Gestein in Längsrichtung geformt und ausgewaschen hat.

Bleibt man auf dem linken Ufer (D66), kommt man zu einem imposanten Komplex von Auswaschungen, zu denen das Ufer bei St-Léon nur ein Vorgeschmack gewesen sein kann. Bei *La **Roque Saint-Christophe** (März bis 11.11. tgl. 10–18.30 Uhr, in den Weihnachts- und Winterferien 14–17 Uhr. Tel. 53.50.70.45) wurden die Spuren einer ganzen Folge von Zivilisationen gefunden. Die Felswand mit ihren mal gelbrötlichen, mal schwarzen Streifen, mal rauh und narbig, mal glattgeschliffen wie bearbeiteter Marmor, bewachsen und überwuchert von Moos und Kletterpflanzen und überhängendem Gebüsch, ist so riesig, daß man sie nur von der gegenüberliegenden Straße oder von der Brücke aus richtig erfaßt. Die Hauptattraktion ist die in den Fels gewaschene *Galerie*. Auf 900 m Länge sind fünf ›Etagen‹ in den Fels gewaschen. Sie wurden als natürliche Wohnstätten genutzt. Bis zu 3 000 Menschen konnten hier Unterschlupf finden. Zur Zeit der Normanneneinfälle, um 976, wurden hier auch Befestigungen angelegt, in denen sich die Engländer 1401–16 und 1580–88 die Protestanten verschanzt haben. Kochstellen, Wachtposten, Steingefäße des Mittelalters, eine nachgestellte Szene mit dem Neandertal-Menschen: ein reiches Angebot. Auch die Natur hat hier einiges zu bieten. Drehen Sie sich um, und Sie sehen unter sich Wiesen und die in Bäume und Buschwerk eingefaßte Vézère und dahinter das Tal und die Brücke.

Weiter flußab kommen wir wieder an die D706. Ein kleines Stück nach rechts, und wir gelangen zum rechten Ufer der Vézère, zum *abri* **Peyzac Le Moustier** (Informationen bei der Grotte Font-de-Gaume bei Les-Eyzies, Besichtigungen nach Verabredung, Tel. 53.06.90.80). Hier wurden Skelette von Neandertalern gefunden, anhand derer man eine Epoche des Mittelpaläolithikums (Mittlere Altsteinzeit) hat bestimmen können, das Moustérien (vor 40 000 bis 100 000 Jahren).

Weiter auf der D706 kommen wir vor Tursac an den **Préhistoparc** (März–11. Nov 10–18 Uhr, Mai–Sept 9.30–19 Uhr. Tel. 53.50.73.19), eine Art Disneyland der Vorgeschichte, mit Nachbildungen von Neandertalern, die ein Mammut erlegen, nachdem es in eine Fallgrube getappt ist. Man sieht eine Neandertalerfamilie bei der Heimarbeit oder einen Freizeitkünstler, der mal eben so einen Stier à la Lascaux an die Wand pinselt, während

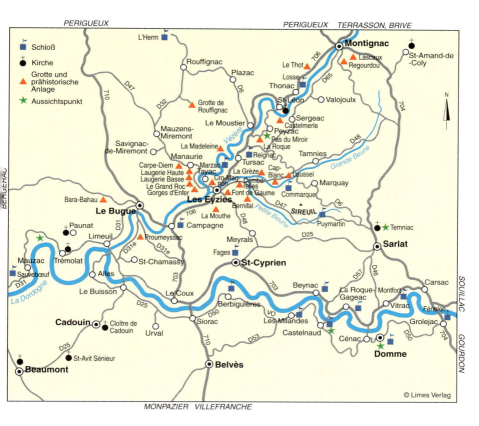

Schlösser und Grotten an Vézère und Dordogne

Mutti rasch die Farben mischt. Bei allem Kitsch: Die Figuren wurden nach dem Vorbild gefundener Knochenreste gestaltet. Wer mit Kindern unterwegs ist oder einfach spazierengehen möchte, für den ist der Park eine gute Adresse.

Noch immer vor Tursac (▲), geht es nach rechts ab über die Vézère zum **Site de La Madeleine** (Mi–Mo Feb, März, Mitte Okt–Dez 10–12, 14–17 Uhr, Apr–Juni 9.30–12, 14–18 Uhr, Juli/Aug tgl. 9–12, 14–19 Uhr. Dauer der Besichtigung: ca. 1 Std.), einem Höhlenmenschendorf (*village troglodytique*). Wiederum eine vorgeschichtliche Anlage, die einer ganzen Epoche der Vorgeschichte des Menschen den Namen geliehen hat, dem Magdalénien (vor 12 000 bis 8 000 Jahren). Seit 1863 hat man hier geforscht und gefunden, was Aufschluß gab über die ersten Tage der Menschheit. Außer den Felshöhlen gibt es noch eine Kirche und ein verfallenes Schloß aus dem 14. Jh.

**Les-Eyzies-de-Tayac

800 Einw., 41 km südöstl. von Périgueux, an D47, D706, **Syndicat d'-Initiative**: am Rathausplatz, Tel. 53.06.97.05. Über das Fremdenverkehrsamt könnnen Sie auch Fahrräder ausleihen **Parkplätze** am Ufer der Vézère. ▲

Les-Eyzies-de-Tayac – der im Sommer überfüllte Ort selber zieht sich auf einem schmalen Streifen Land an der Vézère hin – ist von seinen Bewohnern mit dem Beinamen ›Hauptstadt der Vorgeschichte‹ versehen worden, hat man doch hier Spuren des Cro-Magnon gefunden. Auch wurden in der Umgebung in noch größerer Dichte als an der Vézère Höhlen und Schutzstellen der Urmenschen entdeckt. Als Symbol steht in Les Eyzies, weithin sichtbar unter einer Felswand, die auch ein *abri*, (eine Zufluchtstätte unter einem Felsüberhang) gewesen ist, eine Skulptur des Cro-Magnon von *Paul Dardé* (1930).

Der Fels hinter der Skulptur ist später noch weiter ausgehöhlt und ausgebaut worden. Im 12. Jh. setzten sich die Sieurs von Tayac im Felsen fest. Vierhundert Jahre später wurde nach dem Vorbild der Renaissance umgebaut, während der Französischen Revolution wurde, wie vielerorts, zerstört. Nach umfassenden Restaurierungsarbeiten konnte das in den Fels gebaute Gemäuer 1918 einer neuen Nutzung als **Museum für Vorgeschichte** (Musée National de Préhistoire; Mi–Mo 9.30–12 Uhr, 14–17 Uhr, März–Nov bis 18 Uhr, Juli/Aug durchgehend. Tel. 53.06.97.03) zugeführt werden. Dies wurde auch höchste Zeit, denn viele Fundstücke aus dieser Gegend waren bereits verschwunden und über alle Welt verstreut. Trotzdem blieb noch genug Material übrig für die weltgrößte Sammlung prähistorischer Objekte. Ausgestellt sind auf vier verschiedenen Ebenen gravierte Kalkblöcke aus der Zeit von 35 000 Jahren, paläolithische Grabstellen und Grabbeigaben einschließlich der Knochen einer Frau, tausende behauener Feuersteine, hunderte Arbeiten auf Knochen und auch Skeletteile der Tierwelt jener Zeit. Auf Schautafeln wird der Besucher über die verschiedenen Epochen der Werkzeugherstellung informiert. Einige der geschnitzten Elfenbeine und steinernen Flachreliefs sind so lebendig, daß man sich die ungeheuere zeitliche Entfernung gar nicht vorstellen kann, zum Beispiel die berühmte ›Venus von Laussel‹ (als Kopie, das Original steht im Musée d'Aquitaine in Bordeaux, *S. 73*). Ein anderes Beispiel für die Lebensnähe der Darstellungen sind die Stierbilder auf einem Kalkblock aus dem Fourneau de Diable.

Im Ort Les Eyzies liegt unterhalb des großen Felsens ein weiterer, großer vorgeschichtlicher Fundort, **L'Abri Pataud** (Führungen alle 30 Min., Dauer 1 Std., Feb–Dez Di–So 10–12, 14–17.30 Uhr, Juli/Aug tgl. 9.30–19 Uhr; Tel. 53.53.85.50 und 53.06.92.46; für Rollstuhlfahrer geeignet). Das Museum führt dem Betrachter aus unterschiedlichen Blickwinkeln die Vorgeschichte und deren Erforschung plastisch vor Augen. An dieser Stelle haben 15 000 Jahre lang Menschen gelebt, von 35 000 bis 20 000 v. Chr. Die aufgestellten Schautafeln zeigen, wie man sich zum Beispiel das Klima und die Landschaft vorzustellen hat. Ein 9-Meter-Erdschnitt zeigt die Bodenbeschaffenheit, auch über die Arbeitsgeräte und Methoden der Archäologen erfährt der Besucher etwas (außerdem gibt es einen Film). Neben diesen pädagogischen Exponaten die Fundstücke: Werkzeuge, Skelettteile einer 16-jährigen, Schmuck, Knochenreste vom erjagten Wild. Das

Die ›Hauptstadt der Vorgeschichte‹: Les-Eyzies-de-Tayac

Museum dehnt sich noch in die Nachbarhöhle aus, wo ein hervorragend gearbeiteter Bock an der Felswand zu besichtigen ist. Ein Stückchen weiter nach Norden kommt man zum Fundort des Cro-Magnon, den Resten einer Höhle, an deren Eingang man zahlreiche Feuerstellen übereinander gefunden hat, die von der langanhaltenden Benutzung zeugen.

Im Ortsteil *Tayac* – über die Gleise und ein Stück die Vézère abwärts – befindet sich ein weiterer *abri*. Darüber stand eine Burg, von der aus man die Vézère überwachen konnte. Sie wurde im Wechsel von Engländern, Franzosen und Räubern bewohnt. Heute ist hier das **Musée de la Spéléologie** (speleologisches Museum [für Höhlenkunde]; Juli-Mitte Sept tgl. 11–18 Uhr, Tel. 53.22.30.28, 53.31.27.30) untergebracht.

Wenn Sie schon in Tayac sind, ein Hinweis auf die *Kirche* in der Rue de la Gare. Es handelt sich hierbei um eine Wehrkirche des 11. Jh.: am Hang gebaut, mit zwei kompakten Türmen. Von den acht Säulen am Portal stammen offenbar zwei von früheren römischen Bauwerken.

Sollte Sie ein Hungergefühl von der Vorzeit des Menschen in die Gegenwart zurückziehen, sollten Sie darüber hinaus noch einen schönen Blick auf den *site* genießen wollen, und sollte auch die Umgebung stimmen, so ist Ihnen v. a. das Hotel-Restaurant ›**Le Centenaire**‹ (Di mittags und Nov–März geschl., Tel. 53.06.97.18) zu empfehlen. Allerdings wirken die zwei Sterne bei der Preisgestaltung mit. Dafür gibt es Steinpilzgerichte und Besonderheiten wie Trüffelrisotto mit Langustinen. An Weinen werden bevorzugt Bergeracs und Montravels angeboten. Eine Alternative, wenn auch nicht billiger, ist das ›**Cro-Magnon**‹ (zugleich auch Hotel, Mi mittags und Okt–Apr geschl., Tel. 53.06.97.06, Nähe Bahnhof), wo Sie in einem Garten und zwischen Fundstücken der Vorgeschichte speisen können.

Fundorte der Urgeschichte und sonstige Sehenswürdigkeiten in der Nähe von Les-Eyzies: vier Ausflüge

Hinweis: Les Eyzies ist ein idealer Ausgangspunkt für Exkursionen zu nahen Fundorten der Urgeschichte des Menschen. Die Anordnung erfolgt nicht chronologisch, sondern nach reisepraktischen Gesichtspunkten. Beim Besuch der Höhlen Pullover nicht vergessen!

Der **erste Ausflug** führt entlang der D47 Richtung Périgueux. Nach kurzer Zeit erreicht man das enge Tal und heutigen Naturpark *Gorges d'Enfer*, wo sich vorgeschichtliche (altsteinzeitliche) Siedlungen befinden, darunter der **Abri du Poisson**, berühmt durch dessen meterlangen Lachs, der als Relief an

der Felswand prangt (Informationen zum Naturpark, Tel.
53.06.90.60, Abri du Poisson, Tel. 53.06.97.03, Besichtigungen
über die Grotte Font-de-Gaume, *S. 134*).
Ein Stückchen weiter (1,5 km von Les-Eyzies) *Le Grand Roc
(tgl. 9.30–18 Uhr, Juni–15.Sept 9–19 Uhr, Tel. 53.06.92.
70), eine
Tropfsteinhöhle, wie man sie häufiger in dieser Gegend findet.
Wasser hat in das Kalkgestein Ritzen getrieben und Höhlen gewaschen. Da, wo das durchsickernde Wasser tropft und wo es
auftrifft, haben sich Kristalle abgelagert und die verrücktesten
Gebilde geformt. Man hat ihnen Phantasienamen verliehen wie
›Mann und Kind‹ oder ›Der Sieg von Samothrace‹. Wem das zu
hochtrabend ist, der kann sich trotzdem am Anblick dieser ver-
steinerten Märchenwälder ergötzen und ihnen vielleicht seinen
eigenen Namen verleihen.
    Nur 10 m weiter treffen Sie auf die Unterschlüpfe der **Lauge-
rie Basse** (tgl. 9.30–18 Uhr, Juni–15.Sept 9–19 Uhr, Tel.
53.06.92.70) und der **Laugerie Haute** (Apr–Sept Mi–Mo 11–17
Uhr über Font-de-Gaume, Juli/Aug tgl. 9–12, 14–18 Uhr; Tel.
53.06.90.80), eines *abri* mit Südöffnung. Hier sind zahlreiche
Gegenstände und Werkzeuge aus der Zeit der Vorgeschichte gefunden worden. Das Dorf *Laugerie Basse* liegt unter einem
Felsüberhang; die in die Felsauswaschung geschmiegten Häu-
schen mit ihren kleinen Vorgärten sind noch heute bewohnt und
werden liebevoll gepflegt.
    Wiederum ein Stückchen weiter, 4 km hinter Manaurie, die
nach einem Zitat von Horaz benannte **Grotte Carpe Diem** (›Nut-
ze den Tag‹. Mai–Nov 9–12, 14–18 Uhr, Juli/Aug 9–18.30 Uhr,
Tel. 53.06.91.07. Dauer der Führung: 30 Min). Auf 180 m Länge
sieht man massenhaft Stalagtiten (die Gebilde, die von der Decke
herabhängen, als Eselsbrücke denken Sie an das franz. ›tomber‹
[fallen], im Gegensatz zu Stalagmiten, die von unten nach oben
verlaufen, franz. ›monter‹, steigen).
    Als Sehenswürdigkeit aus ganz anderer Zeit lockt in Fleurac
(gegenüber der Abfahrt zur Höhle Carpe Diem führt die D31
Richtung Norden) ein **neugotisches Schloß** (15. Juni–Sept tgl.
14–19 Uhr, 14. Juli–Aug 10–12, 14–19 Uhr, Tel. 53.05.95.01). Es
ersetzt ein älteres Schloß, in dem die Familie St-Exupéry lebte.
Zur Erhöhung der Attraktion hat man ein paar Oldtimer herge-
schafft und ein Automobilmuseum daraus gemacht.
    Ein **zweiter Ausflug** führt von Les Eyzies Richtung Le Bugue.
Bei St-Cirq liegt die **Grotte du Sorcier** (Besichtigung [20 Min.]
So–Fr 12–16 Uhr, 10. Juni–15. Sept 10–18 Uhr). Eine der drei
Menschendarstellungen, die so aussieht wie ein Zauberer oder

Hexer (= sorcier), hat ihr den Namen gegeben. Ein Stück weiter, und der Ort **Le Bugue** (2 700 Einw., 8 km westl. von Les Eyzies an D706, Syndicat d'Initiative, Tel. 53.07.21.44. ▲) ist erreicht. Besondere Atraktion ist das *Aquarium du Périgord Noir* (Mitte März–April tgl. 10–12, 14–18 Uhr, Mai–Sept tgl. 10–19 Uhr, Tel. 53.07.16.38). Es handelt sich hierbei um drei große in die Kalkfelsen eingelassene Becken mit Einblickmöglichkeiten von den Seiten und von unten. Mit Hilfe von Video und Projektionsflächen werden das Schlüpfen junger Forellen aus ihren Eiern, das Gewinnen von Lachskaviar und andere Dinge gezeigt, die dem Laien gewöhnlich verborgen bleiben. Außer Lachsen und Forellen und allen möglichen Kleinfischen ist man besonders stolz auf einen Riesenwels von 185 cm. Ein Eiscafé am Beckenrand versüßt den Aufenthalt für jung und alt.

Über dem Ort in einem Hügel 2 km westlich liegt die **Grotte de Bara-Bahau** (Dauer: 35 Min., April–15. Nov 10–11.30, 14–17 Uhr, Juli/Aug 9–19 Uhr, Tel. 53.07.27.47, auch für Gehbehinderte geeignet), die zuerst von Bären bevölkert wurde. Über Jahrhunderte war sie ein idealer Ort für Liebespaare, für Wanderer und Vagabunden. Erst 1951 entdeckte der Höhlenkundler *Norbert Casteret* mit seiner Tochter die zahlreichen Tier-Gravuren, darunter Pferde, Bisons, Auerochsen und auch Bären. Diese Zeichnungen wurden mit Feuersteinen eingeritzt. Sie gelten als die ältesten Kunstwerke der Menschheit. Bevor man allerdings zu den Zeichnungen gelangt, sieht man im ersten Saal geologische Formen: Meeresablagerngen mit Silex, dazwischen die Spuren eines unterirdischen Flusses.

Zu Le Bugue gehört auch das Dorf **Bournat**, wo das Alltagsleben von vor hundert Jahren nachgestellt wird: Häuser und Gehöfte, Handwerke und die Herstellung von Nahrungsmitteln – was nicht mit Puppen dargestellt ist, wird vorgeführt. (Feb–Dez 10–17 Uhr, Mai–Sept 10–19 Uhr, Tel. 53.08.41.99).

Westlich von LeBugue stehen zwei perigordinische Kuppelkirchen, für die sich ein Umweg allemal lohnt. Auf der D703 von Le Bugue biegen wir nach 9 km nach links (Süden) Richtung **Paunat** ab. Von der früheren Abtei steht nur noch die romanische Kirche, die allerdings ihrem Gemäuer nach eher einer Burg gleicht als einem Gotteshaus. Der Viereckturm mit dem fast spitz zulaufenden Dach könnte genausogut ein Donjon sein. Als mit dem Bau der Kirche im 12. Jh. angefangen wurde, sollten es vier Kuppeln werden, von denen auch die über der Vierung realisiert wurde. Mit den anderen wurde es nichts, der Bau blieb – bis auf den Wehrturm – für Jahrhunderte unvollendet. Der Mittelteil wurde erst im 17. Jh. fertig. Trotzdem zählt Paunat zu den Beispielen romanischer Kuppelkirchen des Périgueux.

Anders ist es mit der ★**Kirche von Trémolat**, die man Richtung Dordogne über die D31 nach einer Fahrt durch schöne Landschaft nach wenigen Kilometern erreicht. Sie gilt als Musterbeispiel romanischer Saalkirchen mit Kuppelüberwölbung anstelle des damals üblichen romanischen Tonnengewölbes. Hier sind vier Kuppeln vollendet worden, drei über dem Langhaus, eine über der Vierung. Und weil an der Kirche seitlich nichts angebaut worden ist, kann man ihren Grundriß, die Form des lateinischen Kreuzes, noch erkennen. Der Turm, durch den man eintritt, läßt eher an einen Wehrbau als an ein Gotteshaus denken, das Fehlen von Dekor verstärkt diesen Eindruck.

Dieser Abstecher lohnt sich auch, wenn man die Kirche nicht besichtigen will. Jenseits des Orts erreicht man schon wieder die Dordogne, die hier den ★**Cingle de Trémolat**, eine enge Schleife, beschreibt. Wer auf der D31 Richtung Mauzac fährt, überquert die Dordogne zweimal und kann dieses Schauspiel bewundern. Besondere Aussichtspunkte bieten auch die Ortschaften Millac und Rocamadou.

Wen all dies nicht reizt, und wer lieber weitere Tropfsteinhöhlen und Grotten besichtigen möchte, fährt von LeBugue auf der D31E südlich Richtung Audrix. Nach ca. 4 Kilometern kommt er zum versteckt im Wald gelegenen ★**Gouffre** (Schlund) **de Proumeyssac** (Apr–Sept tgl. 9–12, 14–18 Uhr. 14. Juli–15. Aug 9–19 Uhr. Auch Gehbehinderte können ein Stück weit in die Höhle. Dauer der Führungen mit allerlei inszeniertem Lichtspiel: 35 Min. Tel. 53.07.27.47), einer Tropfsteinhöhle, die sich vor ca. 15 Millionen Jahren gebildet hat.

Aus vier stetig versteinernden Quellen tritt kalk- und kalzithaltiges Wasser hervor. Früher war die Höhle nur als Schlund bekannt, so daß man sie im 19. Jh. kurzerhand vermauerte (dies blieb bis 1907 so). 1924–39 konnte man bereits mit Hilfe einer Gondel hinein, die von einem Pferd gezogen wurde. Seit 1956 führt ein 112 Meter langer Gang auf die mittlere Höhe der Höhle. Dem Betrachter bietet sich beim Betreten das wunderbare Schauspiel der Quellen, Stalagtiten und Stalagmiten in ihren rosigen (vom Eisenoxyd) und grauen (vom Mangan) Verfärbungen. In das Wasser sind kleine Tongefäße gestellt worden, damit sie nach und nach glitzernde Kristalle ansetzen. Diese kann man kaufen und in seine Wohnung stellen, damit sie nach und nach Staub ansetzen. Wegen ihrer Höhe von 50 m wird die Grotte auch als ›Kathedrale des Kristall‹ bezeichnet. Oben ist die ursprüngliche Öffnung zu sehen. Durch sie warfen die Menschen des Mittelalters ihren Müll in die Höhle. Im 18. Jh. kam die Gegend um Proumeyssac in Verruf, weil von der Route de Bergerac an dieser Stelle Reisende spurlos verschwanden. Die Lösung lag am Grund des Gouffre: Straßenräuber räumten hier ihre Opfer aus dem Weg.

Wenn Sie von Le Bugue in südöstlicher Richtung (D703) zur D706 fahren, um nach Les-Eyzies zurückzukehren, kommen Sie am ›Hôtel du Château‹ in Campagne vorbei. Es ist hübsch gelegen und bietet einen kleinen Garten mit Rasen. (Auch Restaurant, Mitte Apr–Mitte Okt, Tel. 53.07.23.50).

Ein **dritter Ausflug** führt von Les-Eyzies auf der D706/D48 südlich zur **Grotte de la Mouthe** (Mi–Mo 9–12, 14–18 Uhr), ebenfalls mit Gravuren von Pferden, Bisons und anderen Tieren, die allerdings 100 m vom Eingang entfernt liegen.

Ein **vierter Ausflug** auf den Spuren der Vorzeit führt von Les-Eyzies entlang der D47 Richtung Sarlat. Am Ortsausgang von Les-Eyzies (von der D47 bergauf/abzweigender Weg von der D47) liegt unter einem *abri* die ***Grotte de Font de Gaume** (Mi–Mo 10–12, 14–17 Uhr, März–Okt ab 9.30 Uhr und bis 17.30 Uhr; Apr–Sept 9–12, 14–18 Uhr, Tel. 53.06.90.80. Hier erhalten Sie auch Auskünfte zu anderen Grotten und Höhlen. Dauer der Besichtigung: 45 Min. Karten am besten im voraus, da tgl. nur eine begrenzte Zahl von Besuchern zugelassen wird.). Sie gilt als die schönste nach der von Lascaux und verfügt, mit 125 m Länge und zwei bis drei Metern Breite, auch über einige Nebenstollen. Erst 1901 – obwohl die Existenz der Grotte schon im 18. Jh. bekannt war – wurden die Malereien von Peyrony und Breuil entdeckt: 200 gravierte und gemalte, in der Mehrzahl farbige Darstellungen von Bisons, Pferden, Mammuts, Rentieren, Rindern und Nashörnern. Sie werden in das frühe Magdalénien datiert, dürften also gut 15 000 Jahre alt sein. Zuweilen haben die Maler die Felseigenschaften (Wölbungen, Höhlungen) in ihre Bilder einbezogen. Ein Stückchen weiter, 3 km von Les-Eyzies an der D706, die **Grotte des Combarelles** (März–Okt Do–Di 10–12, 14–17 Uhr, Tel. 53.06.97.72. Dauer der Besichtigung: 40 Min. Auch hier Besucherzahl begrenzt), in der auf 25 m Länge an die dreihundert Darstellungen von Tieren und Menschen eingeritzt sind. Die Entstehungszeit wird auf das mittlere Magdalénien geschätzt.

An der Gabelung folgt man der D48 Richtung Tamniès – dort lockt ein schöner Badesee – ein Stück und erreicht, ca 8 km von

Les-Eyzies, den **Abri du Cap Blanc** (Ostern–Okt tgl. 10–12, 14–18 Uhr, Juli/Aug 9.30–19 Uhr, Tel. 53.59.21.74, 53.29.66.63. dauer der Besichtigung: 45 Min.). Unter einem Felsüberhang grub der Archäologe *Lalanne* 1909 meterhohe Geröllmassen weg und stieß auf diese Höhle, in der es ein prähistorisches Fries zu betrachten gibt. Es ist vierzehn Meter lang und als Relief über zwanzig Zentimeter tief. Die abgebildeten Pferde sind in halber Naturgröße eingearbeitet. Man schätzt die Entstehungszeit auf das mittlere Magdalénien (vor ca. 14 000 Jahren). Damit wären dies die frühesten Monumentalreliefs der Menschheitsgeschichte. Außer dem Fries wurden natürlich noch Werkzeuge, bearbeitete Silex und Knochen sowie ein Grab gefunden.

Zu demselben Grabungskomplex (wenige hundert Meter entfernt) gehört die **Grotte de la Grèze**, die 1904 freigelegt wurde. Sie ist kleiner. Die Hauptfigur ist ein im Profil gemalter Bison mit Blick auf den Betrachter. Diese Höhle kann nur ausnahmsweise besichtigt werden (über das Museum in Les Eyzies). Gleich benachbart liegen die romantischen Ruinen des *Château de Commarqu*e (12. Jh.; Ostern–Okt 10–12, 14–17 Uhr. Juli/Aug 10–19 Uhr.)

Zurück auf der D47 Richtung Sarlat, kommt man an **Bernifal** (4 km von Les-Eyzies, tgl. Juni–Sept 9.30–12, 14–18 Uhr, Juli/Aug durchgehend, Tel. 53.29.66.39. Dauer der Besichtigung: 1 Std.) vorbei, wo ebenfalls Höhlenmalerien und Steinritzungen zu sehen sind.

Abstecher: Wer nicht in Eile ist, besuche die **Cabanes de Breuil** vor Puymartin, 2 km vor dem einsam auf einem Felsen gelegenen *Château du Roc*, einem rein barocken Gebäude, was im Périgord eine Seltenheit ist. Biegen Sie (in Richtung Sarlat fahrend) vor der Tankstelle mit Autowerk-

Eine uralte Trocken- bautechnik: archaisches Wohnen in den Caba- nes von Breuil

statt links ab; an der Gabelung (rechts Richtung Paradoux) sind es noch rechts 1,5 km. Bei den *cabanes* oder *bories* handelt es sich um drei kleine Steinhäuser in Trockenbauweise, d. h. es sind aufgestapelte Steinplatten. Sie sind versetzt gelegt, so daß sie eine Kuppel formen. Die Technik gab es schon vor unserer Zeitrechnung, und es ist ungeklärt, ob diese Hütten nicht sogar neusteinzeitliche Ursprünge haben. Ob es sich hier nun um eine Vorläuferform der périgordinischen Kuppelbauten handelt oder nicht, ist wiederum eine andere Frage...

Weiter auf dem Weg (D47) von Les Eyzies nach Sarlat kommt man am **Château de Puymartin** (Ostern–1.11. 10–12, 14–18.30 Uhr. Man kann hier auch nächtigen. Tel. 53.59.29.97) vorbei, das auf einer Anhöhe im Wald liegt (Waldweg). Es hat seine schönste Wirkung bei Sonnenauf- und untergang, weil dann der gelbliche Stein geradezu leuchtet. Die Anlage stammt aus dem 15. und 16. Jh. und wurde im 19. Jh restauriert. *Raymond de Saint-Clar*, bekannt als Capitaine Puymartin, war der berühmteste Bewohner. Er kämpfte gegen die Hugenotten und wurde 1560 Stadtkommandant von Sarlat. Im Schloß kann man Mobiliar der Renaissance und aus dem 17. und 18. Jh. besichtigen, Teppiche aus Flandern und einige interessante Malereien auf Holz.

6 Sarlat

Kurz nachdem die D47 in die D704 eingemündet ist und wir uns nach rechts, nach Sarlat, gewandt haben, führt links eine kleine Straße nach **Temniac**. Die Wallfahrtskirche *Notre-Dame de Temniac* steht auf einer Anhöhe weithin sichtbar. Die zwei Kuppeln des Gotteshauses (12. Jh.) ordnen dieses der ›périgordinischen Romanik‹ zu; die schmalen Fenster legen die Vermutung nah, daß die Kirche zugleich als Burg zu dienen hatte. Innen fallen vor allem die beiden kurzen Arme des Querschiffs auf – als seien dem Bau wie einem Federvieh die Flügel gestutzt worden.

**Sarlat

9900 Einw., 74 km östl von Bergerac, 66 km südl. von Périgueux, an D704, D47, D46, D57, **Office de Tourisme**: Place Liberté, Tel. 53.59.27.67, und Juli/Aug an der Avenue Général de Gaulle, Tel. 53.59.18.87. Parkmöglichkeiten am Rande der Altstadt (beschildert; s. auch Stadtplan). ▲

Sarlat zählt zu Europas schönsten noch erhaltenen und sehenswert restaurierten historischen Städten. Weniger die einzelnen Sehenswürdigkeiten, sondern v. a. das Gesamterscheinungsbild

ist es, was diesen Ort bei seinen Besuchern so beliebt macht. Trotz der Dominanz des Fremdenverkehrs sind seine Einwohner seit eh und je besonders der Landwirtschaft verpflichtet. Sarlat ist die Hauptstadt des schwarzen Périgord, und das bedeutet zugleich ein großes Angebot an Trüffeln (›le diamant noir‹) und Steinpilzen, Pasteten und *foie gras* (Stopfleber), *confits* (eingelegtes Enten- oder Gänsefleisch) und Landwurstwaren. Wenn nicht gerade Markttag ist und Sie auf dem Gänsemarkt (Place des

Gourmets sehen sie anders: die berühmten Gänse des Périgord

Oies, hinter der Kirche Ste-Marie) die Gänse auf Tischen aufge-
reiht mit Papierhalskrause und Qualitätswimpel liegen sehen,
können Sie diese besondere Spezialität in Dosen kaufen, wie es
allerwärts im Ort angeboten wird.

Der mittelalterliche Stadtkern von Sarlat ist nicht nur vollständig erhalten, er ist so vollkommen renoviert, daß er gar nicht
mehr dem Bild entspricht, daß man sich gemeinhin von einer
mittelalterlichen Stadt macht. Hier ist alles sehr gepflegt und sauber. Vor gut zwanzig Jahren erst haben die Restauratoren und
Bauarbeiter ihr Handwerkszeug eingepackt. Unter dem Kul-
turminister *André Malraux* ist Sarlat 1962 zu einem ›secteur
sauvegardé‹, einem denkmalgeschützten Bereich, erhoben worden. Damit begann Sarlats Karriere als Touristenort. Und deswegen ist Malraux ein schönes Denkmal errichtet worden.

Die *Rue de la République* ist wie eine Schneise (deswegen heißt
sie allgemein auch ›La Traverse‹) durch die alte Substanz geschlagen worden, deren Straßen und Gassen sonst geschwunge-
ne Kurven und abrupte Knicke bilden und sich unversehens auf
wunderschöne Plätze öffnen. Der eher wellige Umriß der Stadt
entspricht der früheren Anlage der ehemaligen Befestigungswäl-
le, die inzwischen zu Umleitungsboulevards geworden sind und
den Durchgangsverkehr vom Stadtkern fernhalten.

Geschichte: Sarlat hat sich durch den Handel, durch seinen Rang als Ge-
richtsort und unter dem Einfluß der Kirche entwickelt. Als römisch-galli-
sche Siedlung war Sarlat nicht sehr bedeutend. Erst als der Vater Karls des
Großen, *Pippin der Kurze*, ein Benediktinerkloster begründete und diesem
Kloster die Reliquien des hl. Sacerdos schenkte, änderte sich das. Pilger zogen nach Sarlat und suchten die Reliquien des ehemaligen Bischofs von Limoges (gestorben 720) auf. 937 wurde das Kloster dem Zuständigkeits-
bereich der Benediktiner von Cluny, und zweihundert Jahre später direkt
dem Papst unterstellt. Als der hl. *Bernhard von Clairvaux* 1147 auf dem
Rückweg vom Kreuzzug hier vorbeikam, soll er das ›Wunder der heilen-
den Brote‹ vollbracht haben. Man weiß nicht viel darüber, aber das wun-
derliche Bauwerk neben der Kathedrale, die ›Lanterne des Morts – Toten-
laterne‹ oder ›Tour St-Bernard‹, soll daran erinnern.

Um die Abtei bildete sich eine Ortschaft, deren Bürger zu Beginn des
13. Jh. anfingen, ihre Verwaltung selber zu organisieren. Dies aber nicht
ohne Erlaubnis des Königs *Ludwig VIII.*, dem ein Treueid zu leisten war.
1298 war Sarlat vom Abt des Klosters unabhängig; 1318 wurde es Bi-
schofsitz und blieb es bis zur Revolution. 1360 kam es durch ein Abkom-
men zu England, 1370 wieder zu Frankreich. Während der Religionskriege wurde Sarlat 1574 unter dem Hugenotten-Führer *Geoffroy de Vivans*
erobert und gebrandschatzt, 1587 konnte sich Sarlat verteidigen. Im 17.
Jh. verlor es an Bedeutung, im 19. Jh. war es nur mehr Pfarr-Ort. Die rela-

tive ›Bewegungslosigkeit‹ bewirkte zumindest, daß die alten Gemäuer erhalten blieben – und 1962 (am 4. August – in Sarlat ein fast heiliges Datum) unter Ensembleschutz gestellt wurden.

Cathédrale St-Sacerdos ①

Ausgangspunkt der Besichtigung ist die an der Place du Peyrou
gelegene Kathedrale. Nachdem *Johannes XXII.* (1316–34),
Papst in Avignon, gebürtig aus dem Nachbarort Cahors, Sarlat
1318 zum Bischofssitz erhoben hatte, wurde 1321 mit dem Ausbau der Abteikirche begonnen. Bevor alles fertig war, wurde
1504 die romanische Kirche abgerissen und im Jahr darauf mit
der Konstruktion einer neuen angefangen. Daran wurde bis ins 17. Jh. gebaut. Das erklärt die Vielfalt an
Stilelementen. Der Kirchturm erinnert an bayerische Zwiebel-
türme, wenn man von der Laterne darüber einmal absieht. Er ist
ein romanischer Rest der Vorgängerkirche und zugleich der Eingang. Das Eingangsportal dagegen ist klassizistisch und stammt
aus dem 18. Jh. Innen teilt sich die Basilika in drei Schiffe mit gotischen Spitzbogengewölben, seitlich öffnen sich Kapellen, von
denen einige mit Holzvertäfelungen des 15. Jh. ausgestattet sind.
Die *Orgel – ein Meisterwerk des Instrumentenbaus des 16. Jh.
– ist bekannt für ihren besonders schönen Klang. Das Orgel-
gehäuse wurde 1750 von *Jean-François Lépine* renoviert.

Wenn Sie rechts (südlich) aus der Kirche gehen, kommen Sie in
einen kleinen *Innenhof*. Drei Bögen – mehr ist vom Kreuzgang
nicht übriggeblieben. Geht man noch ein bißchen weiter, sieht
man links die **Kapelle des hl. Benedikt** ②. Als ›Kapelle der blau-
en Büßermönche‹ wurde sie erst nach der Revolution bezeichnet, wobei sich die Farbe wohl auf die Kleidung bezogen haben
dürfte. Sie ist rein romanisch (restauriert im 17. Jh.). Geradeaus
kommen Sie in die *Cour des Fontaines*, wo Sie links in eine Gasse gehen, um die Kapelle des hl. Benedikt zu umrunden. Der Hof
neben der Kapelle heißt *Cour des Chanoines* (›Hof der Domher-
ren‹). Ein Fachwerkhaus mit vorkragender Fassade, ein Haus des
15. Jh. mit schönem Fensterkreuz und weitere einander durch ihre Ebenmäßigkeit ergänzende Häuserfronten bestimmen das
Bild dieses kleinen Platzes.

Gehen Sie weiter, öffnet sich der Blick auf den *Jardin des Péni-
tents*, einen in Terrassen angelegten Friedhof, über dem die **Lanterne des Morts** ③ (›Laterne der Toten‹) oder *Tour St-Bernard*
steht. Es ist dies ein zylindrischer Turm mit kegelförmigem Dach
aus aufeinandergesetzten Kronen aus Vulkangestein (12. Jh.).

*Kleinstadt-
Idylle aus
der Renais-
sance:
in Sarlat*

Der Innenraum besteht aus einem Spitzbogengewölbe, dessen
Schlußstein das Osterlamm darstellt. Über den ursprünglichen
Zweck weiß man nichts. Später diente der Turm als Kapelle, im
17. Jh. als Wahlort für die Konsuln von Sarlat, nach der Revolution als Pulverkammer. Wenn Sie sich umdrehen, haben Sie aus
erhöhter Position die Außenseite des Chors vor sich und dahinter ein paar schöne Fassaden der Häuser von Sarlat.

Gehen Sie in nördlicher Richtung (rechts, wenn Sie zur Kirche
hinabschauen) durch ein kleines Tor. Überqueren Sie die ab-

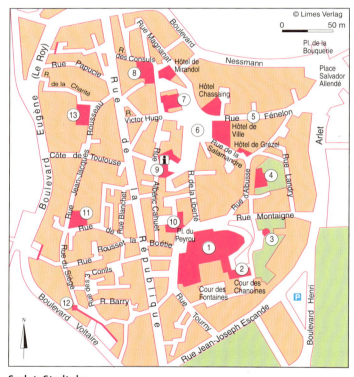

Sarlat: Stadtplan

① Cathédrale St-Sacerdos (★Orgel)
② Kapelle des hl. Benedikt
③ Lanterne des Morts (auch Tour St-Bernard)
④ Présidial (königlicher Gerichtshof)
⑤ Rue Fénelon
⑥ Place de la Liberté
⑦ Ste-Marie

⑧ Hôtel de Selves de Plamon
⑨ Hôtel de Vienne oder Hôtel de Maleville
⑩ Hôtel de la Boétie
⑪ Klosters der Schwestern der hl. Klara
⑫ Tour du Bourreau
⑬ Chapelle des Recollets

schüssige *Rue Montaigne* (sehen Sie sich um: hier haben Sie einen schönen Ausblick) und gehen Sie weiter zwischen hübschen Häusern mit Eisenbalkon und Blumenkästen zur *Rue d'Albusse.* Über dem Portal eines Hauses ist in einer Nische eine Marienstatue ausgestellt. Nach links abwärts kann man zum Rathaus an der Place de la Liberté (*s. unten*) gehen. Diese Straße heißt *Rue Salamandre*, nach dem Salamander, der über dem spätgotischen Eingang des **Hôtels de Grézel** (1, rue du Présidial) in den Stein gearbeitet ist. Der Rundgang nimmt aber einen anderen Verlauf. Im *Impasse de la Vielle Poste* befindet sich das **Gebäude der ehemaligen königlichen Post** mit Pferdeställen. Weiter geht es zur *Rue Landry*, wo im Hintergrund eines Gartens das **Présidial** ④ leicht ist an der Laterne über dem Dach zu erkennen. Unterhalb der Holzstützen der Laterne (die das Treppenhaus innen beleuchtete) eine halbkreisförmige Loggia, die ihrerseits auf einem flachen Bogen ruht. Das Présidial ist 1552 von Heinrich II. als königlicher Gerichtshof eingerichtet worden.

Geht man auf der Rue Landry nach links, kommt man zur *Rue du Présidial* und an einer Spitzkehre zur **Rue Fénelon** ⑤. Die Häuserfassaden machen den besonderen Reiz dieser beiden Straßen aus: bescheidene Giebelhäuser des 15. Jh., herrschaftliche *Hôtels particuliers* (z. B. 6bis, rue de Présidial: *Hôtel de Genis* oder *de Beaupuy* aus dem 15. Jh. und das erwähnte Hôtel de Grézel an der Ecke zur Rue Salamandre) sowie Bürgerhäuser des 17. und 19. Jh.

Die **Place de la Liberté** ⑥ ist der Gemeindemittelpunkt. Das **Rathaus** mit seiner schönen Fassade ist ein Gebäude des 18. Jh., auch die anderen Arkaden machen den Platz sehenswert. Am auffälligsten ist aber die Öffnung des Platzes nach Norden hin. Rechts geht eine Treppe ein Stück aufwärts zu einer abbiegenden Gasse; auf der anderen Seite der Gasse geht es auf einer Rampe wieder nach unten. Links erhebt sich abrupt in Glas das Joch eines Kirchenschiffs, nach hinten schließt sich der Platz vor dem Treppenturm des *Hôtel de Gisson* (auch *Hôtel Magnanat* oder *Chassaing*, 15. Jh.). In dieser Platzerweiterung finden im Sommer regelmäßig Schauspiele eines Theaterfestivals statt. Dieser Teil des Platzes verdankt seine Größe auch der Tatsache, daß an der benachbarten Kirche **Ste-Marie** ⑦ der Chor abgerissen wurde – und ersetzt wurde durch eben jene große Glasfassade. Dieser grobe Schnitt durch das Gebäude war ein Akt der Revolutionäre, die das Gotteshaus, seit 1367 Kirche, zur Salpeterfabrik umfunktionierten. 1815 wurde sie verkauft. Es war eine wehrhafte Gemeindekirche, wie man v. a. am Turm sehen kann. Ins

Auge springen hier die *Wasserspeier*, die ihre Wassermengen ein bißchen unkoordiniert aufs Trottoir ergießen.

Wenn Sie die Kirche umgangen haben, ist Ihnen vielleicht der dreieckige Platz aufgefallen. Es handelt sich um die *Place des Oies*, auf der samstags der Gänsemarkt stattfindet. Die gerupften Tiere, die man auf dem Weg durchs Périgord immer wieder in kleinen Gehegen oder auf regelrechten Farmen sehen kann, liegen nun da in Reih und Glied. Auf der rechten Seite steht das **Hôtel de Mirandol**, dessen Treppenhaus sich erst im ersten Stock aus der Fassade wölbt. Geradeaus blickt man auf das **Hôtel de Selves de Plamon** ⑧, Wohnsitz einer Tuchhändlerfamilie, die seit dem 12. Jh. hier lebt. In der Fassade verbinden sich harmonisch die Baustile unterschiedlicher Epochen. Über den beiden Portalen in der ersten Etage drei nebeneinanderliegende gotische Fenster: Das mittlere ist höher, jedes Fenster hat sein steinernes Maßwerk und ist überdacht von einem Spitzbogen. Die zweite Etage kam in der Renaissance-Zeit hinzu. Jetzt sind es nur zwei Fenster, die an die Außenseiten der Fassade verlegt sind, die Rechtwinklichkeit der steinernen Fensterkreuze wird noch betont von den vorgezogenen Stürzen. Daneben das **Hôtel Tapinois de Bétou** mit einer schönen Treppe aus Eichen- und Kastanienholz (17. Jh.) und gotischen Fenstern im Hof. Über die *Rue des Consuls* sieht man auf das **Hôtel de Vassal** (15. Jh.).

Sollte Sie beim Spaziergang der Hunger überkommen: In der Rue des Consuls lädt die ›**Auberge de Mirandol**‹ zum Essen (Tel. 53.29.53.89.). Oder Sie gehen auf der *Rue de la République* (Traverse) stadtauswärts zur Place *du 11 Novembre* oder *Place de la Petite Rigaudie*: Haus Nr. 1 ist das ›**Hôtel La Madeleine**‹, wo ebenfalls Mahlzeiten angeboten werden (Tel. 53.59.10.41).

Nach einer Stärkung oder direkt im Anschluß geht es an der anderen Seite der Kirche Ste-Marie vorbei und wieder auf die Place de la Liberté. Der Platz dehnt sich weit aus, bevor er zur Rue de la Liberté wird. Rechts hinten befindet sich das **Office du Tourisme,** das seinerseits in einem historischen Gebäude untergebracht ist, dem **Hôtel de Vienne** oder **Hôtel de Maleville** ⑨. Nach vorn zeigt die Fassade französische Renaissance, während man der rückwärtigen Fassade Einflüsse der italienischen Renaissance nachsagt. Durch das Portal mit den Medaillons, die *Henri IV* und seine *Geliebte Gabrielle d'Estrée* darstellen, kommt man ins Innere des Hauses. Wenn Sie jetzt nicht auf der Rue de la Liberté, sondern durch die *Passage Henri de Ségogne* und durch den *Impasse des Violettes* weitergehen zur *Place An-*

dré Malraux, sehen Sie aus der Nähe und im Zusammenhang, was der oben erwähnte Eingriff Malraux' bewirkt hat: Sie bewegen sich zwischen restaurierten Häusern des 13., 15. und 16. Jh., mit Fachwerk und Dächern aus Kalksteinplättchen. Am Ende stehen Sie an der Rückseite des meistfotografierten Hauses von Sarlat: dem Geburtshaus des Renaissance-Denkers und Freundes von Montaigne *Étienne de la Boétie*, dem **Hôtel de la Boétie** ⑩. Heute ist es Sitz der Industrie- und Handelskammer. Boétie wurde hier 1530 geboren, wenige Jahre, nachdem sein Vater das Haus hatte errichten lassen. Über einem weiten Rundbogen sehen Sie (wenn Sie vorne stehen) eine vollkommene Renaissance-Fassade nach italienischem Vorbild. Drei Etagen mit je einem Fenster, das mittlere höher als die beiden anderen, in schön bearbeitete steinerne Rahmen gefaßt, mit steinernen Fensterkreuzen und Rosettenmotiven. Und hinter Ihnen die Kathedrale.

Wenn Sie die Rue de la Boétie ganz durchgehen, kommen Sie zu den hohen Mauern des **Klosters der Schwestern der hl. Klara** ⑪ mit einem schönen Kreuzgang (17. Jh., Eingang Rue Rousseau, nur im Sommer zu besichtigen).

Anschließend biegen Sie von der Rue de la Boëtie in die *Rue Rousset* links ab. Sie stoßen auf einen **mittelalterlichen Wachtturm** mit Wehrgang und Pechnasen, der nachträglich in die Konstruktion eines Bürgerhauses miteinbezogen wurde. Weiter durch die *Rue des Trois Conils* kommen Sie an einen Rest der Stadtmauer mit einem weiteren Turm: die **Tour du Bourreau** ⑫, den Henkerturm. Jenseits der Mauer die Umgehungsstraße. Weil hier früher die Befestigungsgräben verliefen, heißt dieser Boulevard auch heute noch ›les fossés‹.

Weiter führt der Weg durch die *Rue du Siège* in die *Rue Rousseau*. Am Klarissinnenkloster vorbei, erreichen Sie die **Chapelle des Recollets** ⑬ (Rekollektenkapelle), die auch als Kapelle der weißen Büßermönchen bezeichnet wird. Es handelt sich hierbei um den Rest eines wichtigen Rekollektenklosters, das sich einst über das gesamte Viertel erstreckt hat. Die Räume werden jetzt vom *Musée des amis de Sarlat* genutzt, das sakrale und andere Kunst zeigt: Reliquiare, Kleider, Bücher, Kaminplatten, Tonzeug, Dokumente zur Stadtgeschichte.

Weitere Museen: **Aquarium Museum** (Rue du Commandant Maratuel, tgl. 10–12, 14–18 Uhr, Juli/Aug 10–19 Uhr. Tel. 53.59.44.58). Das **Musée de préhistoire et de Paléontologie** in 3, rue Montaigne, ist zwischen Ostern und Mitte Sept, sonst nur in Ferien und an Feiertagen, Di–So 10.15–12, 14.15–18 Uhr, geöffnet. Juli/Aug tgl. 10.15–19 Uhr.

7 Die Burgen an der Dordogne: Zwischen Montfort, Domme, Cadouin und Trémolat

(s. auch Karte S. 127)

Wenn Sie von Sarlat auf der D704 nach Süden in Richtung Gourdon fahren, haben Sie nach gut 20 Kilometern die Dordogne erreicht. Rechter Hand bildet der Fluß eine Meanderschleife, so eng, daß beinah eine kleine Insel entstanden wäre. Überqueren Sie die Dordogne und fahren Sie zwischen le Port und Groléjac nach links (D50). In Veyrignac geht es noch einmal links zum **Château de Fénelon** (Führungen [30 Min] Mi–Mo 10–12, 14–18 Uhr, Juli/Aug bis 19 Uhr; Tel. 53.29.81.45.), einer ehemaligen Festung aus dem 13. und 14. Jh. Auf einer spitzen Erhöhung gelegen, bietet sich vom Schloß aus ein schöner Ausblick. Aber nicht nur die sehenswerte Lage ist ein Grund, herzufahren. Das Schloß ist nämlich gut erhalten. Eine doppelte Befestigungsmauer mit Wachtürmen, die Konstruktion des Gebäudekomplexes mit seinen massigen und doch eleganten Rundtürmen oberhalb eines ummauerten Sockels: All dies verstärkt den Eindruck einer Trutzburg, in die man durch ein kleines Tor eindringt. Um das Schloß mit den Wohntrakten, Schloßkapelle mit Kreuzgang und kleinem Familienmuseum stehen große Wirtschaftsgebäude. Dazwischen eine Terrasse mit Ausblick bis nach Rouffillac. Das Schloß war der Familiensitz der Fénelon-Salignac. Hier wurde 1651 der spätere Erzbischof von Cambrai und als Verfasser des Erziehungsromans ›Die Abenteuer des Telemaque‹ bekannt gewordene *François de Salignac de La Mothe-Fénelon* geboren.

Die Reise führt weiter an der Dordogne flußabwärts. Sanfte Anhöhen und schroffe Felsen, Wald, Wiesen und Acker wechseln einander ab, in der Mitte dazwischen der sich windende Fluß, und darüber, im Wasser gespiegelt, Dörfer und Kirchen, Burgen und Brücken. Sie fahren zurück zur Dordogne, über den Fluß und nach der Bahnunterführung nach links, auf der D703, nach **Montfort**: Auf diese Weise umfahren Sie den *Cingle de Monfort*, die Flußschleife von Montfort. Nach einer Linkskurve bietet sich Ihnen ein großartiger *Blick auf das **Château de Montfort** (nicht zu besichtigen). Dieses erhebt sich auf einem Felsen von beinah hundert Metern Höhe über der Dordogne. Ein viereckiger Renaissance-Turm, dessen zwei Fenster breiter Risalit als Mansarde auch das Dach gestaltet. In anderer Umgebung hätte dies Gebäude vielleicht weniger Wirkung. Mit den kleineren und tiefer gelegenen Häusern, deren Mauerstein und Dächer aussehen, als habe man sie dem Schloß nachgeformt, und mit dem Fluß und dem schroffen, gleichgefärbten Felsen unter sich steht das Château da wie eine Herausforderung an die Natur: Baukunst dominiert die Auswaschungen und Steinschichten der Erde. Zu den ersten Bewohnern des Schlosses gehörte *Bernard de Casnac*, der als ein grausamer Herr in die Geschichte einging. Das war im 11. Jh. Hundert Jahre später eroberte der Namengeber die Burg: *Simon de Montfort*, der als Feldherr im Krieg gegen die Albigenser zu zweifelhaftem Ruhm kam. In den folgenden Jahrhunderten wurde das Schloß noch öfter zerstört und erobert – Gelegenheiten gab es ja genug während des Hundertjährigen Kriegs und der Religionskriege. Was wir heute sehen, stammt mehrheitlich aus dem 16. Jh. Von der anderen Seite präsentiert sich das Schloß über einer weiten, abweisenden Mauer, die sogar die Dächer des Dorfs überragt. Davor Plantagen und ein fast ockerfarbener, hellbrauner Boden.

Badepause an der Dordogne...

Dafür, daß wir das Schloß nicht besichtigen können, entschädigen wir uns in **Vitrac** (an der D55. ▲). Hier kann man essen: Sehr schön im ›**Domaine de Rochebois**‹ (auch Hotel, Mai-Okt, Tel. 53.31.52.52), preiswert im ›**Hôtel Plaisance**‹ (im Ortsteil Le Port/Hafen, Nov, Dez, Jan und immer Fr geschl., Tel. 53.28.33.04). Auch das schön gelegene, rustikale ›**Restaurant de la Ferme**‹ (Montfort-Caudon; zwischen Vitrac und Montfort rechts über ein Sträßchen Richtung Fluß), ein umgebauter Bauernhof, bietet gute regionale Küche.

In Vitrac nehmen Sie die Straße über die Dordogne-Brücke, fahren an der folgenden Kreuzung geradeaus und vor einer Linkskurve rechts ab in die D46E. Nach einer anderen Linkskurve weiter rechts halten: Sie fahren hinauf nach Domme.

**Domme

1030 Einw., 12 km südl. von Sarlat, an D46, **Syndicat d'Initiative**: Tel. 53.28.37.09. ▲

Wenn Sie von Vitrac über die hoch gelegene Straße nach Domme gefahren sind, kommen Sie bei der *Porte des Tours* an, einem der ansehnlichsten Stadttore des Périgord. Die beiden mächtigen runden, turmartigen Vorbauten und das hohe Spitzbogentor lassen den Giebel darüber winzig erscheinen. Zu Beginn des 14. Jh. diente das Tor mit seinen Rundbauten als Gefängnis für festgesetzte Tempelritter. Nehmen Sie den nächsten Parkplatz (späte-

Hôtel de l'Esplanade in Domme: zum Tafeln eine erste Adresse

stens Place de la Rode, nach zwei Querstraßen), so groß ist der Ort nicht, daß die steilen Wege wirklich lang wären. Über die *Grande Rue* kommt man auf den Platz mit der alten Markthalle, deren irgendwie zu neu wirkendes Holzwerk teilweise von Pflanzenranken verdeckt wird. Unter dieser Markthalle befindet sich eine Tropfsteinhöhle, **Grotte du Jubilé**. Ein langer Gang führt an den spitzen Gebilden, die die kalkhaltigen Wassertropfen über die Zeiten geformt haben, vorbei zu einem Aussichtspunkt unter dem *Belvédère de la Barre.* (Apr–Sept tgl. 9.30–12, 14–18 Uhr, Juli/Aug durchgehend und bis 19 Uhr, Okt–März So 14–18 Uhr. Auf Verabredung über das Syndicat d'Initiative).

Am Marktplatz stand einmal die Kirche, die aber unter dem hugenottischen Kriegführer *Geoffroy de Vivans* zerstört wurde. In der *Rue de l'Abbaye* hat sich ein Rest des *gotischen Kreuzgangs* gehalten. Gegenüber der Markthalle bildet das ehemalige Haus des Gouverneurs (16. Jh.) einen ansehnlichen Abschluß.

Domme steht auf einem Felsvorsprung, 150 Meter über der Dordogne, über einem Kreuzweg alter Straßen. Kommt man auf

steilem Weg durch eins der drei Stadttore, so ahnt man erst, was einen am anderen Ende des Dorfs erwartet: Ein gigantischer Ausblick, von dem aus die Sonnenauf- und untergänge schönste Panoramen bieten. Nur ein Schloß ist von hier aus nicht malerisch vor die Linse zu bekommen. Dafür, wenn Sie sich von der *Barre*, wie der Aussichtsplatz heißt, zur Stadt wenden, steht da eine schöne **Kirche** mit einem eigenwilligen *Glockenturm*. Er ist so schmal gebaut, daß er von der Seite gesehen wie eine Fassade aussieht, die im Vergleich zur Höhe des Kirchendachs übertrieben hoch gezogen ist. Neben dem barocken Portal mit Säulen und gesprengtem Segmentgiebel ist eine Informationstafel zu Domme angebracht.

Domme wurde 1283 unter *Philipp dem Kühnen* als Befestigung angelegt. Eine Anlage nach dem Prinzip einer Bastide mit ordentlichem Schachbrettmuster war aufgrund des unebenen Bodens nicht möglich. Wenn Sie durch die Gassen spazieren, werden Sie die Rechtwinkligkeit anderer Bastiden nicht vermissen. Im Sonnenlicht golden schimmernde Steine, braune Ziegeln, blumengeschmückte Fenster machen den besonderen Charme dieses Orts aus. Gehen Sie ein wenig abwärts, erreichen Sie bald eins der drei Stadttore. Besonders durch die *Porte de la Combe* haben Sie einen hinreißenden Blick durch die *Grande Rue* in den Ort bis ans andere Ende.

Domme ist übrigens ein Ort kostbarer Tafelfreuden: Das Restaurant des ›**Hôtel de l'Esplanade**‹ erfreut sich eines kulinarischen Michelin-Sterns (Tel. 53.28.31.41, Feb-Okt). Zu den Spezialitäten gehören Lammfilet mit Trüffeln und Erdbeernachtische. Die Gästezimmer des Hotels bieten einen Blick über das Tal.

Nach dem Essen spazieren gehen oder gleich von Domme aus wandern? Bei der *Porte Delbos* oder *Del Bos* (nach Cénac) kann man auf den Befestigungen promenieren. Wandern kann man besser von der *Porte des Tours* aus. Drei verschiedene Wege bieten sich an:

Wanderungen ab der Porte des Tours

1. Spaziergang (Dauer: ca. 60 Min): Halten Sie sich links, gehen Sie dann in Richtung Aérodrome, an ein paar Häusern links vorbei, danach den 3. Weg links, ein breiter Fahrweg aufwärts zu den Feldern. Am Wegende links und zurück zum Stadttor.

2. Spaziergang (Dauer: ca. 90 Min.): Am Stadttor den kleinen Weg rechts nehmen, durch eine Unterführung und danach geradeaus abwärts. Bei einer Brücke über einen ausgetrockneten Bach rechts halten, und weiterhin rechts halten, bis Sie zur Straße nach Vitrac kommen, auf der Sie nach Domme zurückgehen.

3. Spaziergang (Dauer etwa 80 Min.): Unterhalb der Stadtmauern: Aus der Porte des Tours der Straße folgen. An der ersten Weggabelung rechts gehen bis zur Kreuzung, wo Sie den schmalen Weg rechts einschlagen, der Sie zur nächsten Kreuzung führt. Links geht es zum Stadttor (Porte Del Bos).

4. Spaziergang (Dauer ca. 60 Min.): Aus dem Stadttor Del Bos den Weg gegenüber einschlagen, rechts wenden: In ca 25 Minuten sind Sie in Cénac. In Cénac geradeaus gehen: Vor der Brücke (rechts unterhalb) haben Sie den Badestrand erreicht.

Außerdem verläuft unterhalb von Domme der **Langwanderweg GR64**.

Durch die Porte del Bos kommt man auch mit dem Auto nach Cénac, dem Ort unterhalb von Domme. An dieser Stelle gründete 1090 Aquilanius, Abt von Moissac, eine Zweigstelle seines Klosters. Von der romanischen Kirche (12. Jh.) blieb nach einem Auftritt des Hugenottenführers *Geoffroy de Vivans* nur der Chor übrig. Das ist der sehenswerte Teil der heutigen Kirche von Cénac. Achten Sie auf die Kapitelle: Die Szenen des Alten Testaments und Allegorien sind schöne Bildhauerarbeiten. Der Rest der Kirche stammt aus dem 19. Jh.

Weiter an der Dordogne entlang, gegenüber, liegt der ehemalige Flußfischerort *La **Roque-Gageac** (▲) am Fuß einer Felswand. Im Sommer 1963, der kleine Ort war erst vor kurzem zum ›schönsten Dorf Frankreichs‹ gekürt worden, brach vom Felsen ein Brocken ab und begrub eine Reihe Häuser unter sich. Die helle Abbruchstelle sieht man heute noch, von den Verwüstungen dagegen nichts mehr. Alles ist wieder schön restauriert worden. Der vereinzelte Turm ist der einzige Rest des Palais der Bischöfe von Sarlat. Die umliegenden Häuser, darunter das Renaissancehaus, das die Familie de Tarde errichten ließ, machen den Ort sehenswert. Von der Kirche aus sieht man auch schon das nächste größere Ziel, das Château Castelnaud.

In La Roque-Gageac kann man sich **Kanus** mieten und **Kayak** fahren (bis Les Milandes) bei: *Canoë La Peyssière*, Tel. 53.28.17.07. Auch die Ausflugsboote (›Les Gabarrres‹) nach Beynac legen hier ab (Dauer ca. 1 Std.).

★★Château de Castelnaud

März–Mitte Nov tgl. 10–18 Uhr, Mai, Juni, Sept bis 19 Uhr, Juli/Aug 9–20 Uhr. Sonst So–Fr 14–17 Uhr und auf Verabredung Tel. 53.29.57.08

Auf dem Weg zum Schloß Castelnaud kommt man am *Schloß Malartrie* vorbei, dessen Fenster mal gotisches Maßwerk, mal nüchterne Renaissance zeigen. Der Blick zurück nach La Roque entschädigt dafür, daß das Schloß nicht zu besichtigen ist.

In diesem Abschnitt steht das ganze Tal unter Denkmalschutz. Überall stößt man auf einen malerischen Torbogen, einen verträumten Turm, einen unerwarteten Landschaftsblick. Was über den Fluß hinweg schon zu sehen gewesen ist, steht jetzt jenseits einer Brücke hoch oben auf einem Fels: Das Schloß von Castelnaud ist eins der meistbesuchten Schlösser Aquitaniens. Es wur-

Zur Abwechslung ein sportlicher Ausflug zwischen den Burgen der Dordogne

151

de im 12. Jh als neues Schloß (*castel nau*) auf einem Felsenvorsprung über dem Zufluß des Céou in die Dordogne errichtet und im 13. und 14. Jh. ausgebaut. Unterhalb das mittelalterliche Dorf, steil am Hang in einer Ausbuchtung gelegen und von außen kaum einsehbar. Nur wenige Jahrzehnte nach der Fertigstellung mußte es sich bewähren: Albigenser hatten sich hier verschanzt. Das neue Kastell galt als uneinnehmbar. *Simon de Montfort* nahm es 1214. Trotzdem wurde die Burg berühmt als das widerstandsfähigste Bollwerk des Périgord.

Geschichte: Die Familie Caumont (*Nompar de Caumont* hatte 1368 *Magne de Castelnaud* geheiratet und den Besitz damit übernommen) schloß sich 1405 den Engländern an. Schräg gegenüber, in Beynac, saßen die Franzosen. 1442 eroberten sie nach Belagerung Castelnaud. Die Caumonts aber durften bleiben und ihr Schloß noch verstärken. Der große Turm, noch aus der Zeit der Engländer, bekam seinen Balkon mit Pechnasen, Geschütztürme wurden angesetzt und wohlausgestattete Wohnräume eingerichtet. Während der Religionskriege nahm vorübergehend einer aus Castelnaud das Heft in die Hand: *Geoffroy de Vivans*, in Castelnaud geboren, von ihm war bereits die Rede. Die letzten Befestigungen wurden am Ende der Zeit Henris IV gebaut. Danach war Castelnaud teilweise dem Verfall preisgegeben. 1832 wurden sogar Abschnitte davon abgetragen.

Seit 1967 wird Castelnaud restauriert. Dabei hat es sich zu einem Paradebeispiel und Anschauungsstück der Militärarchitektur entwickelt. Nachdem man die Anbauten des 17. Jh. abgenommen hatte, kamen nämlich die Verteidigungsanlagen des 15. Jh. zum Vorschein, wie zum Beispiel das vorgelagerte Außenwerk. Eine derartige Restauration hat das Ziel, den Besuchern den unteren Hof (*basse cour*), Vorwerk, Donjon und Wehrgänge zugänglich zu machen. Zusätzlich soll die Holzkonstruktion, die den Wehrgang außen vor dem Donjon hielt, wieder angesetzt werden. Das war üblich im Mittelalter. Schließlich wird der untere Bereich des Donjon wieder in den Zustand des 15. Jh. versetzt.

Das Schloß ist als *Musée de la Guerre au moyen âge* – Museum für den mittelalterlichen Krieg eingerichtet. In den Sälen sind Waffen und anderes Kriegsgerät ausgestellt, unterschiedliche Steinschleudern stehen auf dem Hof, Konstruktionspläne, Geschosse, Werkzeuge u .a. vervollständigen die Sammlung.

Wer Kriegsgerät nicht sehen will, schaut über die Brüstung: Rechts in der Ferne hinter Feldern und Wiesen La Roque-Gageac und das Schloß La Malartrie (*s. oben*), weiter vorn die Gartenanlagen das **Château Marqueyssac**, ein barocker Landsitz mit zwei Rundtürmen. Links erkennt man zwischen den Baumwipfeln die Türme des Château Fayrac und schräg gegenüber Beynac (*S. 154*) – die Konkurrenzburg. Zum Schloß gehört außer dem Andenken- und Infoladen noch ein einfaches Restaurant. Beim Dorfausgang an der Pfarrkirche von Castelnaud kann man zu Fuß nach **Fayrac** gehen, dessen Schloß, ein dreiflügeliger Befestigungsbau des 15./16. Jh., allerdings nicht besichtigt werden kann. Von der Straße eröffnet sich ein weiterer Blick auf das Schloß Beynac gegenüber.

Auf diesem Ufer der Dordogne, an Fayrac vorbei auf einer Straße mit schönem Blick über die Dordogne (D53), kommt man weiter zum **Château des Milandes**, das 1489 errichtet wurde, aber erst im 20. Jh. berühmt geworden ist: *Josephine Baker* hatte 1948 mit *Jo Bouillon* das Schloß erstanden und ab 1950 ihr ›Dorf der Völker‹ mit zahlreichen adoptierten Kindern aller Rassen eingerichtet (Führungen [90 Min] Mitte März–Mitte Nov tgl. 9–12, 14–18 Uhr, Mai–Aug 9–19 Uhr; Juli/Aug Mi/Sa bis 24 Uhr, Tel. 53.29.50.73.). Sie fing sogar als alte Dame noch einmal das Singen an, um ihr einmaliges Projekt zu erhalten. Nach ihrem Tod 1975 wurde das Schloß verkauft.

François de Caumont, Herr von Castelnaud, hat das Schloß für seine junge Frau *Claude de Cardaillac* bauen lassen. Sicherlich sind hier noch Elemente mittelalterlicher Bauweise, wie die Pechnasen über dem Eingang, vorhanden, aber der Rest entspricht der Zeit: Die Renaissance brachte einen neuen Baustil, neue Inneneinrichtungen und neuen Geschmack für Gestaltung und Lebensführung. Wirken der viereckige Turm des Eingangsportals mit dem angesetzten Treppentürmchen und der nach außen fensterlose Rundturm diagonal gegenüber noch mittelalterlich, so ist die Hoffassade des Mittelbaus in ihrer ausgewogenen Gestaltung und der großzügigen Mansarde einer anderen Epoche zugehörig. Dabei ist es aber nicht geblieben. Im 19. Jh . war die Gotik wieder aktuell, und der damalige Schloßherr, der Industrielle Claverie, ließ sein Schloß regotisieren. So sind heute einige der mittelalterlichen Elemente bloß Kosmetik. Bei der Besichtigung sieht man nicht nur antikes Mobiliar, es gibt hier zusätzlich ein Falkner-Museum, ein Museum über Brieftauben, Weinlager und Josephine Bakers Wohnung.

Zum Schloß gehören sieben Hektar *Park* mit Terrassen und romantischen Treppchen und Ecken. Zum französischen Garten kommen botanische Bereiche, erlesene Baumarten wie Virginia-Tulpenbäume, Ginkgo, provenzalische Zürgelbäume, Zedern des Libanon und des Atlas – Pflanzungen des Industriellen Claverie, die jetzt ihre ganze Größe erreicht haben.

Auf dem Weg hat man es schon auf der gegenüberliegenden Seite der Dordogne gesehen: das *Château de Beynac (März– Mitte Nov tgl. 10–12, 14.30– 16.30 Uhr, Mai–Sept tgl. 10–12, 14–18 Uhr; Tel. 53.29.50.40. ▲), das das dazugehörige Dorf und die Dordogne von einem Felsen aus dominiert. Die verwendeten Steine der Häuser und der Burg haben die gleiche Farbe wie der Fels: Man muß genau hinschauen, um zu erkennen, wie ausgedehnt die Burganlage ist. Vom Dorf gelangt man auf einer weit gebogenen Straße zur Rückseite des Gebäudes, wo zwei Mauerringe zur Befestigung gebaut worden sind. Der Hauptteil der Burg besteht aus vergleichsweise eng aneinandergesetzten schlanken und hohen Gebäudeteilen: Türme und Türmchen mit dem Wohntrakt in der Mitte. In der Kapelle haben sich Fresken erhalten, sonst ist das Gebäude kahl. Trotzdem ist die Besichtigung eindrucksvoll.

Ein bißchen **Geschichte**: Von der Familie Beynac weiß man seit dem 12. Jh. *Richard I. Löwenherz* soll das Schloß 1189 erobert haben, und bis 1199 blieb es englisch. 1214 eroberte *Simon de Montfort* die Burg und machte sie dem Erdboden gleich. Was danach gebaut wurde, sehen wir zum Teil auch heute. Die Familie der Beynacs blieb dem französischen König treu, nur während der Religionskriege trat sie zum Protestantismus über.

Auf dem Weg die Dordogne abwärts (D703) fährt man durch **Saint Cyprien** (1600 Einw., an D703, D50, D49, 20 km westl. von Sarlat, 55 km südl. von Périgueux, Syndicat d'Initiative: Tel. 53.30.36.09.), wo eine Kirche aus dem 12. Jh. und eine ehemalige Augustiner-Abtei aus dem 14. und 16. Jh stehen.

Im Jahr 620 hatte sich ein Eremit namens Cyprien in einer der

Höhlen niedergelassen, die über der Dordogne wie über der Vézère entstanden sind. Andere Gläubige stießen hinzu. Spätestens mit den Normanneninvasionen im 9. Jh. wurde es erforderlich, wehrhafte Gebäude zu errichten. Davon zeugt der *Glockenturm*, der auch ein Bergfried sein könnte. Hundertjähriger Krieg und Religionskriege führten zu Zerstörungen, was noch längst nicht das Ende bedeutete. Vielmehr wurde das Kloster 1685 neu errichtet, nach der Revolution für 8125 Francs an die Gemeinde verkauft und 1871 von der staatlichen Tabakindustrie als Lager angemietet. Heute ist das, was vom Kloster blieb, Lagerraum für Gänseleber. Gar nicht weit entfernt können Sie davon kosten: im ›**Hotel L'Abbaye**‹ (Tel. 53.29.20.48.).

Einmal von oben gesehen: die Burg von Beynac

Gleich am Ortseingang von St-Cyprien, auf der D48 nach Norden, erreicht man die Abzweigung zum **Château de Fages**, das auf einer Anhöhe über der Tallandschaft thront. Mit seinen verschieden hohen Walmdächern und dem angesetzten Türmchen sieht es aus wie ein großzügiges Landhaus, dessen in Polsterquader gefaßte Fenster offensichtlich zu wenig Licht einlassen, um Helle zu schaffen, aber zu groß sind, um noch Schießscharten zu sein.

Vom 16. Jh. an blieb das Schloß unbeschädigt. Erst in den 1930er Jahren gingen die meisten historischen Inventarien verloren. Ein neuer Besitzer hat verkauft, was sich herausnehmen ließ. Durch die kahlen Fensteröffnungen drang jedes Wetter ein. Bevor der Bau gänzlich verfallen war, hat ihn ein Architekt gekauft und restauriert.

Nächste Station ist **Siorac-en-Périgord** (D50; Syndicat d'Initiative: Tel. 53.31.63.51. ▲). Das hätte ein wichtiger Ort werden sollen, jedenfalls wollten die Engländer hier über einem römischen Oppidum ein Castel-Réal bauen lassen. Aber *Philipp der Kühne* wirkte dem entgegen, indem er Domme bauen ließ – so sehen es die Leute von Siorac. Im Ort erhebt sich ein schönes, in sich harmonisches dreiflügeliges Schloß (18. Jh.), das eher aussieht wie ein riesiges Haus.

Weiter nach Süden erreicht man die mittelalterliche Stadt **Belvès** (D710. ▲), die sich auf einem Sattel zwischen zwei Felskuppen über der Nauze erstreckt. Belvès ist einer der kleinen, vom Tourismus kaum beachteten Orte. Man geht allein durch das historische Viertel, in dem die Häuser desto höher wirken, je schmaler die Gassen sind. Auf dem Platz eine Markthalle auf Holzpfosten aus dem 15. Jh. Von diesem Platz aus gelangt man in das kleine ›Castrum‹ mit seinen engen Gassen. Es handelt sich dabei um eine Befestigung des 11. Jh. Die *Tour des Auditeurs* und das *Hôtel Bontemps* mit seiner verwaschenen Fassade (12. Jh.) sind die Attraktionen dieses Ortsteils. Die andere Seite des Orts wird von der *Kirche Montcuq* (9. Jh.) beherrscht. Unterhalb von Belvès befindet sich eine Wohnstatt (*abri*) vorgeschichtlicher Höhlenmenschen.

★★Cadouin (an der D25/28, ca. 11 km nordwestl. Belvès. ▲)

Von Belvès fährt man auf der D54 durch eine reizvolle Waldlandschaft nach Westen zur Zisterzienserabtei Cadouin. Schon von fern ist dem Herankommenden der merkwürdige Turm aufgefallen, der aus zwei übereinandergesetzten Pyramiden besteht.

Des Rätsels Lösung: Die Zisterzienser durften keine großen
Glockentürme haben, aber ein bißchen höher sollte es doch sein.
Wie sie an der Durchgangsstraße von Cadouin liegt, wirkt die
Kirche gedrungen und massig. Das Mittelschiff ist kaum höher
als die beiden Seitenschiffe. Die Dreigliederung spiegelt sich
durch die beiden Strebepfeiler auf der Fassade wider.

Das Kloster von Cadouin wurde im beginnenden 12. Jh. von *Géraud de
Salles*, einem Mann aus dieser Gegend, gegründet. Belegt ist allerdings
erst die Kirchenweihe 1154. 1116 sollen sich die Mönche den Zisterzien-
sern angeschlossen haben. Wenig später erhielten sie von *Adhémar de
Monteil*, Abt von Le Puy, das Leichentuch Christi – eine Fälschung des 11.
Jh., wie man heute weiß. Damals galt es als echt, und der Aufschwung
setzte ein: Nicht mehr nur Jakobspilger kamen her, für die Cadouin an einer Nebenstrecke lag. Jetzt kamen auch Pilger nur wegen des Tuchs. Sogar die Könige *Louis IX* und *Charles V* und *Richard Löwenherz* kamen, um
der Reliquie nah zu sein. Die Prominenz der Besucher half aber nichts – in
den Gefechten des Hundertjährigen Kriegs wurde auch Cadouin zerstört.
Engländer brannten die Abtei bis auf die Kirche und den Kapitelsaal nieder. Das Tuch hatten die Mönche wohlweislich zur Verwahrung ausgelie-
hen. Nach dem Krieg wollten die ›Verwahrer‹ es nicht mehr herausrücken,
schließlich war dies eine lukrative Reliquie. Erst durch die Vermittlung des
Papstes gelangte das Tuch 1455, gleichzeitig mit dem Wiederaufbau des
Klosters, wieder nach Cadouin und brachte wirtschaftlichen Aufschwung.
Nach den Religionskriegen erlebte das Kloster seinen endgültigen Niedergang. Die Revolution besorgte den Rest. Das Kloster wurde geplündert
und gebrandschatzt.

Innen gibt es ein paar verzierte Kapitelle zu sehen. Am vorletz-
ten Pfeiler rechts steht eine sogenannte ›schöne Madonna‹, eine
Arbeit um 1400, die sich durch ihre weichen und fast natürlichen
Züge von den üblichen Madonnen der Gotik abhebt.
    Mit der Kargheit der Kirche kontrastiert der Reichtum des
*Kreuzgangs. Die gotischen Spitzbögen, die sich auf den kleinen
Garten öffnen, der helle Stein, der bei Sonnenbestrahlung gelb-
lich wirkt, der kleine Garten in der Mitte mit dem Blumenkübel
und die relative Kühle an heißen Sommertagen machen den
Kreuzgang zu einem idealen Ort des Verweilens. Und es gibt
auch einiges zu sehen. Schon die gotischen Flamboyant-Spitz-
bögen beeindrucken. Nur der Flügel, der an den kleinen Platz
grenzt, wurde zu Beginn des 20. Jh. rekonstruiert, der Rest ist
original. Der gegenüberliegende Flügel und der an der Kirche
sind reichlich mit Verzierungen versehen, die auf die Zeit der Renaissance datiert werden, als das Leben der Mönche offensichtlich schon etwas lustiger war. Denn außer Szenen des Neuen Te-

Zwei raufende Mönche im Kreuz-gang des Klosters von Cadouin (S. 157)

staments stellen die Reliefs, Kapitelle und Konsolen humorvoll und recht anschaulich Laster und Tugenden sowie Szenen des Alltagslebens dar.

Unser Weg führt uns anschließend auf der D25 nach Südwesten, zur ehemaligen Abtei **Saint Avit Sénieur**, die ebenfalls an schöner Stelle über dem Tal des Couze gelegen ist. Wie schon St-Amand-de-Coly (*S. 118*) und Cadouin handelt es sich hierbei um eine der zahlreichen Nebenstationen für Jakobspilger.

Mit der Abtei, deren Klostergebäude in Ruinen liegen, verbindet sich die Geschichte des *Avitus*, der als Soldat des wisigotischen Königs *Alarich II.* 507 in der Schlacht von Voué in Gefangenschaft des französischen Königs Clovis geriet. Er blieb ein Dutzend Jahre in Gefangenschaft, wurde aber in dieser Zeit von Clovis' Frau Clothilde bekehrt. Wieder frei, kehrte er an den Ort seiner Geburt, auf den Mont Dauriac, zurück und richtete sich als Einsiedler in einer Grotte ein. Eine Kapelle wurde errichtet. Als er starb, wurde das Kloster gegründet, mit dem Namen, der auf Avitus den Älteren (le sénieur, von lat. senior) hinweist. 1065 wurde hier *Géraud de Salles*, der Gründer von Cadouin, getauft. 1118 wurden die Gebeine des Avitus in die große Kirche verlegt, mit dem Ergebnis, daß eine große Schar von Pilgern herbeiströmte (wenn sie nicht sowieso schon nach Santiago oder bloß zum Nachbarort Cadouin unterwegs waren).

Weiter kommen wir zu der englischen Bastide **Beaumont** (▲), die 1272 von *Lucas de Thaney*, dem Senechal von Guyenne, auf Geheiß des englischen Königs *Edward I.* gegründet wurde. Nur das eindrucksvolle Stadttor *Porte Luzier* hat sich von der mittelalterlichen Stadtbefestigung gehalten.

Der arkadengesäumte Platz dient als Parkplatz, die Halle verschwand im 19. Jh. Aus der Zeit der Ortsgründung ist auch die

Kirche (13./14. Jh.), die einer Festung ähnelt. Man sieht, da Beaumont auf einem Hügel liegt, die beiden eckigen Türme und, noch höher, den ebenfalls eckigen Hauptturm mit Zinnen und Schießscharten schon aus einiger Entfernung. Von weitem sieht die Kirche aus wie eine Burg. Links neben dem Eingang sind ein paar Steinmetzarbeiten und ein abgelöster Schlußstein mit eigener Beleuchtung herausgehoben. Weiter nach Westen auf der D25 kommt man nach **Issigeac** (Syndicat d'Initiative: Tel. 53.58.79.62. ▲), das sich mit seinen gewundenen Gassen und Straßen von den umliegenden Bastiden unterscheidet. Die heutige Kirche wurde im 15. Jh. unter *Armand de Gontaut Biron* in gotischem Stil mit achteckigem Turm errichtet. Außer dem Palais der Bischöfe (17. Jh.) ist vor allem die *Maison des Têtes* (14. Jh.) sehenswert.

Die D25 führt in derselben Richtung noch 24 km weiter zur D933, an der nach 2 km **Eymet** (Syndicat d'Initiative, vor dem Schloßhof, Tel. 53.23.74.95. und außer Saison 53.23.81.60.) liegt. In der Umgebung des Orts hat man Reste aus der Alt- und Jungsteinzeit gefunden. An dieser Stelle kreuzten sich zwei Straßen der Antike, so daß auch die Gallier und Römer etwas für die Archäologen hinterlassen haben. Grabstellen weisen auf eine kontinuierliche Besiedlung ab dem 7. Jh. hin. Die Geschichte aber beginnt erst mit der Gründung eines Priorats im 11. Jh. und dem Gründungsdokument für die Stadt ›Hayminete‹, das am 28. Juni 1270 der Bruder von Louis IX, *Alphonse de Poitiers*, ausgestellt hat. Am Donnerstag morgen wird auf dem Hauptplatz Markt gehalten. Das ist nicht nur schön und pittoresk, es hat sich an diesem Brauch seit 1270 nichts geändert. Der Platz ist seit dem 15. Jh. in Arkaden gefaßt, nachdem die Engländer aus Eymet eine Bastide gemacht hatten. Die Einwohnerzahl hat sich im Lauf der Jahrhunderte durch abrupte Fluchtbewegungen vermindert: Nach dem Hundertjährigen Krieg sorgten die Religionskriege und dann noch die Revolution dafür, daß die Leute vor der Gewalt davonliefen. Heute leben hier 2500 Menschen. Die alten Häuser, die Brücke über den Drot und das Museum für Ortsgeschichte im Donjon (prähistorische Funde und Kunsthandwerk der Region) lohnen einen Stop. (*Musée d'Intérêt local, préhistoire, traditions populaires*, Ostern – Mitte Sept 15–18 Uhr, Mitte Juli–Mitte Aug auch vorm. 10–12 Uhr; Tel. 53.23.92.33.).

159

IM ENTRE-DEUX-MERS

8 Marmande · Duras · La Réole

Erste Station nach Bergerac bzw. nach Cadouin, dem letzten Ort von Tour 7, ist **Miramont-de-Guyenne** (an der D933, 34 km südl. Bergerac. ▲). Hier teilt sich der Weg: Wer direkt nach Duras (*s. unten*) weiter will, fährt durchs Tal des Drot Richtung Westen (D668). Auf diesem Weg liegt (nach ca. 8 km) ★**Allemans-du-Drot**, das neben einem Schloß, einer alten Markthalle, Fachwerkhäusern und Taubentürmen eine Kirche besitzt, deren Fresken (Renaissance) mit ihrer erzählfreudigen Bildsprache an einen heutigen Comic-Strip erinnern. Z. B. wie ein durch seine Rüstung zum Ritter mutierter Erzengel den Teufel vertreibt, der noch einen winzigen Mann in den Fängen hält, während eine ebenfalls winzige nackte Jungfer schon dankbar an des Engels Bein nach oben krabbelt.

Die vorgeschlagene Tour allerdings geht zunächst weiter Richtung Marmande. Miramont selbst lockt vor allem durch den nahen *Lac du Saut du Loup* (▲) mit seinen Freizeitangeboten, auf einer Anlage zwischen dem Wald und den Feldern.

Über *Seyches* erreicht man nach 23 km (D933) den erhöht über der Garonne-Ebene, inmitten eines Obstbaugebiets, liegenden Ort **Marmande** (17 500 Einw. Syndicat d'Initiative: Bd. Gambetta, Tel. 53.64.44.44). Hier werden hauptsächlich Pflaumen, Pfirsiche, Melonen und besonders Tomaten geerntet. Die Häuser sind niedrig und liegen weit verstreut, was den Ort größer macht, als er eigentlich ist. Gegründet wurde Marmande bereits im 10. Jh., allerdings wurde es wiederholt zerstört (Katherer- und Hundertjähriger Krieg). Hauptsehenswürdigkeit ist die *Kirche Notre-Dame* (im 13. Jh. gebaut, im 16./17. Jh. restauriert). In der ersten Kapelle rechts kann man auf einem Retabel (17. Jh.) die Abbildung des hl. Benedikt sehen, wie er während des Gebets von einem Teufel belästigt wird. An der Südseite der Kirche, von der Garonne aus sichtbar, die verwaschenen Säulen des Kreuzgangs und ein Garten.

Im *Musée Albert Marzelles* (Di–So 10–12, 15–18 Uhr) befinden sich Fundstücke mit Bedeutung für die lokale Geschichte.

Ein kleiner Abstecher führt in das 15 km weiter südlich, an der D6, gelegene **le Mas-d'Agenais** (1 200 Einw.), das bereits von den Römern gegründet wurde. In Revenac (Garonne abwärts) wurde 1876 die ›Vénus du Mas‹ gefunden. Sie ist heute in Agen (*S. 307*) zu sehen. Zu den Sehenswürdigkeiten des Orts gehören die beinahe unverändert erhaltene hölzerne **Markthalle** (16. Jh.) und, daneben, die Kirche **St-Vincent**, die ein Gemälde des jungen *Rembrandt*, eine Kreuzigungsszene von 1631, ihr eigen nennt. Das ursprünglich romanische Gebäude ist im 16. Jh. neu gestaltet worden. Aus dieser Zeit sind auch die Schnitzarbeiten des Chorgestühls. Aus dem frühchristlichen 5. Jh. stammt der weiße Marmorsarkophag mit dem Christus-Monogramm.

*Duras

1 200 Einw., 22 km nördl. Marmande; 17 km nordwestl Miramont, 23 km nordöstl. von La Réole, an D 668/D 708, **Syndicat d'Initiative**: Boulevard Jean Brisseau, Tel. 53.83.82.76. ▲

Der gute Tropfen von nebenan…

Von Marmande über die D708 kommend, erreicht der Besucher die auf einem 120 m hohen Plateau über dem Tal des Drot gelegene Bastide. Fruchtbare Hügel der ›Serres‹, des Anbaugebiets des ›körperreichen‹ Rotweins Côtes de Duras, umgeben den Ort, dessen Namen viele vielleicht zunächst an die Schriftstellerin *Marguerite Duras* denken läßt. Und tatsächlich ließ diese einige ihrer Romane in dieser Gegend spielen. Wir befinden uns im Herzen der Region Entre-Deux–Mers, zwischen den bekannten Tourismusgebieten Bordeaux und Dordogne, zwischen den Weinbaugebieten Sauternes, St-Émilion und Montbazillac. Nicht von ungefähr wirbt diese Region für sich als ›kleinstes großes Weinbaugebiet‹. Hier werden außer Wein auch Pflaumen produziert (teilweise selbst verarbeitet, teilweise

zur Lieferung nach Agen, dem berühmten Pflaumenort, S. 306) und Gänse gemästet (deren *confit* und *paté* das Périgord zum kulinarischen Anziehungpunkt gemacht haben). So verwundert es ein wenig, daß der Tourismus über diesen Ort hinweggegangen ist oder ihn schlicht vergessen hat, zumal der hiesige Campingplatz, der leider nur während der Ferienmonate Juli und August geöffnet ist, sehr einladend unterhalb des **Schlosses** (Juli/Aug 10–12.30, 14.30–20 Uhr, sonst nach Vereinbarung Tel. 53.83.77.32) liegt.

Dieses selbst wurde 1308 errichtet und hatte ursprünglich acht miteinander verbundene Türme. 1680 wurde die Burg zum Lustschloß der Herzöge von Duras umgestaltet und im 18. Jh. weiter ausgebaut. Während der Revolution wurde Duras beschädigt, die Türme wurden 1794 abgetragen. Die Besichtigung der Innenräume mit dem Ehrenhof und der Doppeltreppe führt in die Empfangsräume sowie in ein *Museum* (archäologische und volkskundliche Sammlung) einschließlich Waffensaal und schließlich auf den Hauptturm, unter dem sich ein schönes Panorama öffnet.

Bevor es auf der D668 über Montségur Richtung La Réole geht, zwei kurze Abstecher Richtung Nordosten: 7 km nordöstlich (am Abzweig St-Sernin nach rechts) lockt der *Lac de Castelgaillard* mit seinem Freizeitangebot. 15 km weiter nordöstlich erheben sich die Ruinen des *Château de Théobon* (16./17. Jh.).

Die Strecke nach La Réole (D668) führt über die Bastide **Monségur** (Syndicat d'Initiative: Tel. 56.61.60.12. ▲), von der aus man einen schönen Ausblick auf die Umgebung hat. Die *Markthalle* ist nicht mehr die der alten Bastide. Ein sehenswertes Gebäude aus Glas und Gußeisen, wie sie im 19. Jh. gebaut wurden, mit einem Tor à la romaine, steht da jetzt. Relativ preiswert essen kann man im ›Grand Hôtel‹. Zwei kleine Exkursionen bieten sich von Monségur an: Die eine führt nach *Castelmoron d'Albret* (ca. 10 km nordwestl., an der D230), mit 68 Einwohnern auf 4 ha Frankreichs kleinste Gemeinde. Die andere nach *St-Ferme* (ca. 6 km nördl., an der D16) mit seiner im 11. Jh. von den Benediktinern erbauten Wehrkirche. Im Inneren beeindrucken die Gewölbebögen, und achten Sie auch auf die Steinmetzarbeiten der Kapitelle. Sie zeigen Darstellungen aus dem Alten und Neuen Testament sowie Tierbilder. Im heutigen Rathaus, das früher Kloster war, sieht man noch Fresken, im Hof ist der Brunnen erhalten geblieben.

*La Réole

4 300 Einw., ca. 14 km südwestl. Monségur, 63 km südöstl. von Bordeaux, an N 113, **Syndicat d'Initiative**: 3, place de la Libération, Tel. 56.61.13.55. Sa großer Markt am Ufer der Garonne. ▲

Auf dem nördlichen Uferhang über der Garonne liegt die malerische, befestigte Stadt La Réole, ein landwirtschaftlicher Marktort, mit engen, gewundenen Gassen, alten Häusern mit vorspringenden Stockwerken, sog. ›Hôtels particuliers‹, privaten Villen und kleinen Palais, und einem Schloß. Wer aus Marmande (N113) kommt, fährt als erstes am *Automuseum* (*Musée de l'Automobile*; tgl. 14.30–19 Uhr, Nov–Mai nur an So und Feiertagen. Tel. 56.61.29.25) in der Rue des Moulins vorbei. An die hundert alte Autos werden zur Schau gestellt, darunter ein von Dick und Doof verwendeter Ford von 1928 und eine Dedion-Bouton von 1901 sowie amerikanische Limousinen der 50er und 60er Jahre. Dazu ein paar Landmaschinen.

La Réole hat seinen Namen nach den Mönchen, die sich hier unter *Karl dem Großen* ansiedelten. Aus dem Wort ›Regula‹ (›die Regel‹), womit die strenge Klosterregel der Benediktiner gemeint war, wurde La Réole. An diesem Ort hat einmal die berühmte Eleonore (*S. 70*) mit ihrem Onkel Raimund übernachtet, was ihre Gegner sogleich zu einem Seitensprung stilisieren wollten. Bewiesen worden ist nichts.

In welchem Jahr die frühere Benediktiner-Abtei gegründet wurde, ist, bei aller Herleitung von *Karl dem Großen,* nicht gesichert. Man weiß aber, daß der Bischof von Bazas 977 dem Priorat, dessen Gebäude auf den Grundmauern einer gallorömischen Villa stand, einige Rechte einräumte. Diese Rechte bildeten zugleich die Grundlage für den Reichtum von La Réole. Später war es die Schlauheit der Bürger, die aus der strategisch günstigen Lage ihres Orts im Konflikt des englischen mit dem französischen Königreich Kapital schlugen. Mit eigener Gerichtsbarkeit hatte sich La Réole im 12. Jh. zum zweitbedeutendsten Ort der Region nach Bordeaux aufgeschwungen – so zumindest sagen die Réolais.

Von der Durchgangsstraße kommt man zuerst zur Kirche **St-Pierre.** Sie besteht aus einem gotischen Schiff, dessen Bögen aus dem 17. Jh. stammen. Um ins *Klostergebäude* zu gelangen, muß man um die Kirche herumgehen. Die Benediktiner haben ihre Abtei (12./13. Jh.), die 1577 von Hugenotten beschädigt wurde, im 18. Jh. neu gebaut. Die lange Fassade der Schlafräume liegt an der Terrasse mit dem schönen Ausblick über die Garonne und die Landschaft. Innen sind der geräumige und schlichte Innenhof und zwei monumentale Treppen sehenswert. Heute sind in den Gebäuden das Bürgermeisteramt und, in den weiten Räumen des Erdgeschosses, ein *Museum* (tgl. 15–17.30 Uhr) zur Geschichte des Orts untergebracht. Zu sehen sind Ausgrabungen der gallischen Zeit, im Wasser der Garonne gefundene Waffen und neuere Dokumente zur lokalen Geschichte sowie die Nachbildung einer Faßbinderwerkstatt.

Das **alte Rathaus** befand sich in einem der seltenen Profanbauten der Romanik (11./12. Jh.) und war Bestandteil der Befestigungsanlagen. Die ehemaligen Pechnasen wurden später zu Stützen des Balkons umfunktioniert, von dem der Bürgermeister seine Entscheidungen proklamieren ließ. Von diesem oberen Punkt des Orts geht man auf einer schönen Straße abwärts zum kommerziellen Zentrum. In der *Rue Duprada* stehen alte Häuser mit Holzkonstruktionen, auch ein Laden in einem Gebäude aus dem 16. Jh. ist hier zu finden.

Warum Auriolles und Dieulivol?
Benachbarte Ortschaften und ihre Namen

Rund um La Réole gibt es eine Reihe von Ortschaften, die nicht unbedingt besucht werden müssen, mit deren Namen sich aber einiges von der Geschichte des Landes verbindet. So heißt das nördlich gelegene, über die D21 zu erreichende Dorf **Auriolles** (dessen winziges Rathaus aussieht wie ein Auswuchs aus dem Gemäuer des Kirchturms) nach dem Vogel Loriot, genauer nach dessen Farbe Gelb, der Farbe der Untreue. Zu oft nämlich schwankten die Bewohner einst zwischen den französischen und den englischen Machthabern. Im Ortsnamen von **Barie** (gegenüber der Einmündung des Drot oder Dropt in die Garonne, die hier in Meandern fließt) liegt das Dialektwort *bariat*, was auf *varier* (wechseln) zurückgeführt wird. Im 18. Jh. zählte das Örtchen immerhin 922 Einwohner, heute sind es 270. Die Kirche mußte wegen der Änderungen des Flußlaufs der Garonne dreimal umgesetzt werden. Das südwestlich gelegene **Bassanne** (befestigte Mühle aus dem 18. Jh.) heißt nach dem lateinischen *bassus* (tief). Der Name von **Caudrot** (westlich) bezieht sich auf *caudrosum*, die Kalkfelsen, auf denen der Ort gebaut ist. Caudrot gab es schon bei den Galliern, an der Kirche finden sich karolingische Mauerreste. **Essaintes** (nordwestl.; römischer Tumulus und römische Ruinen) hat seinen Namen von *essart*, was soviel wie gerodetes Land bedeutet. **Loubens** (nördl.; Mühle aus der Zeit des Hundertjährigen Kriegs) liegt am Ufer des Drot, auf dem bis ca. 1918 Wein und Getreide transportiert wurden. Am Weg liegen zahlreiche Mühlen. Der Ortsname von **Dieulivol** (nordöstlich von Monségur) ist abgeleitet vom Versammlungsruf der Kreuzritter ›Dex (für deus) li volt‹ (Gott will es). Gegründet wurde es 1100.

9 Zwischen St-Macaire, Cadillac und Blasimon

*Saint Macaire

1500 Einw., 18 km westl. La Réole, 46 km südöstl. von Bordeaux, an N113, D10, **Syndicat d'Initiative**: im Rathaus (Hôtel de Ville), Tel. 56.63.03.64. Do Markt. ▲

St-Macaire hat sich noch ein bißchen was vom Mittelalter erhalten. Auf einem Felsen gelegen, den früher die Garonne umspülte, mit schmalen, verwinkelten Gassen, in die die Sonne nur zu bestimmten Stunden eindringt, gibt der Ort dem Touristen Gelegenheit zu einem Rundgang zwischen schönen gotischen und barocken Bürgerhäusern. Aus der Zeit der Stadtgründung (12. Jh.) sind **drei Stadttore** in Form quadratischer Türme erhalten. Das südliche steht über einer vom Wasser ausgewaschenen Kalkwand. Im Zentrum liegt die **Place Mercadiou**, der okzitanische Begriff für Marché-Dieu, der mit seinen gotischen und Renaissance-Fassaden, deren steinerne Fensterkreuze, Säulen und Pfeiler zum Teil erhalten sind, ein sehenswertes Ensemble bildet. Am Südrand der alten Stadtbefestigung steht die **Kirche St-Sauveur** (Sommer: Führungen 14–19 Uhr, Tel. 56.63.34.52. Sonst So nachmittags oder nach Vereinbarung über das Rathaus, Tel. 56.63.03.64) eindrucksvoll über dem Tal. Ursprünglich stammt das Gotteshaus aus der Romanik. Aus dieser Zeit ist die Apsis mit den ornamentalen Steinmetzarbeiten. Das geräumige Kirchenschiff und der mehreckige Turm wurden bereits im Stil der Gotik errichtet, und auch die Wandmalereien mit der Apokalypse beim Chor stammen aus dem 13. Jh. Die Rosette am Eingang ist noch ein bißchen jünger, wie der Flamboyant-Stil vermuten läßt. Im Tympanon des Kirchenportals sieht man elf Apostel, Judas ist weggelassen. Rechts die Bauten des ehemaligen Klosters.

Die Brücke über die Garonne verdeutlicht zugleich die geschichtliche Bedeutung St-Macaires. Der Ort lag am Weg von Paris nach Pau, einer Verbindung, die spätestens mit der Ernennung *Heinrichs von Navarra*, der aus Pau kam, um in Paris Henri I. zu werden, wichtig wurde (*S. 29*). In St-Macaire war Poststation, hier wurden die Pferde gewechselt. Von all dem ›erzählt‹ heute das **Musée régional des PTT** (Apr–Mitte Okt Mi–Mo 10–12, 14–18.30 Uhr, Mitte Okt–Dez Sa, So 14–18.30 Uhr. Tel. 56.63.08.81), das Postmuseum auf dem Platz Mercadiou im Haus ›Relais de la Poste Henri IV‹, der alten Poststation. Auf drei

Stockwerken werden Karten und Kostüme, Dokumente zur Kommunikation von damals, Morseapparat und Stöpseltelefonvermittlung, Briefmarken, Druckstöcke und Siegel ausgestellt. Das **tropische Aquarium** (Place de l'Horloge, tgl. 9–19 Uhr, Tel. 56.63.05.62) von St-Macaire befindet sich in tausendjährigen Gewölben am Rand der alten Stadtmauer, unmittelbar neben der *Bar Aquarium*. Hier sind Fische aus der Karibik und dem Roten Meer zu sehen.

Gegenüber, 2 km südwestl von St-Macaire, am anderen Ufer der Garonne, liegt **Langon** (6 000 Einw., an der N113 bzw. D932, *Office de Tourisme*: Allées Jean-Jaurès, Tel. 56.62.34.00. ▲). Der Blick auf den Ort, in dem es nur wenig zu besichtigen gibt und der seit alters her ein Umschlagplatz und Markt für Bordeaux-Weine ist, ist am schönsten von der Garonne-Brücke aus.

Auf der N113 kommt man von Langon in Richtung Bordeaux nach gut zwei Kilometern an die Abzweigung (nach links) zum ***Château de Malle** (Führungen im Schloß Juli–Sept 10–19 Uhr, Ostern Mitte Okt 15–19 Uhr, Tel. 56.62.36.86), das direkt neben der Autobahn liegt. Schon das schmiedeiserne Eingangstor aus der Bauzeit gibt einen Vorgeschmack auf die Anlage (17. Jh.) mit hufeisenförmig angesetzten Seitenflügeln, in denen der Wein lagert. Der Mittelbau, dessen reicher Dekor Stilelemente der Renaissance und des Barock verbindet, besitzt ein Schieferdach und Mansarden. Im Innern befindet sich außer dem schönen alten Mobiliar eine in Frankreich einzigartige Sammlung von Trompel'œil-Arbeiten der Barockzeit. Um das Schloß herum wurde ein italienischer Park angelegt. Hier trifft der Besucher auf Figuren-Gruppen, darunter Kassandra oder auch Gestalten der Commedia dell'arte (Harlekin, Pantalone).

Wer vom Schloß direkt weiter nach **Barsac** (2 000 Einw., ca. 5 km nordwestl.) im Herzen des Anbaugebiets der Sauternes-Weine will, folgt der N113 ein kleines Stück. Mit der Güte des Weins werben einige Châteaux (eher Gütshöfe des 18./19. Jh. als Schlösser) in der Umgebung, von der Kunst- und Architekturgeschichte berichtet die von der Anlage her gotische, aber erst Ende des 16. Jh./Anfang 17. Jh. errichtete *Kirche* des Orts. Die Stuckarbeiten, Altäre, Retabel, Beichtstühle und Wandvertäfelung stammen aus dem 18. Jh.

Wer hingegen lieber gleich nach Sauternes fahren möchte, folgt vom Château de Malle der D8E4 (später D8). Auf diesem Weg kommt er am **Château d'Yquem** (Besichtigungen nur mit schriftlicher Anmeldung beim Sécretariat, Château d'Yquem, 33210

Sauternes) vorbei. Berühmt geworden ist das Schloß, ein ursprünglich spätmittelalterlicher, wiederholt umgestalteter Bau, natürlich durch den Wein, den edlen und süßen Sauternes-Wein. Sehr schön ist der weite Blick von hier zum Tal der Garonne. Von hier sind es wenige Kilometer bis **Sauternes**, den kleinen Weinbauernort, der dem Weinanbaugebiet den Namen gegeben hat (*Maison du Vin*, Place de la Mairie, Tel. 56.76.60.37; Caveau du Sauternais, Place de la Mairie, Tel. 56.63.62.17), wo die Trauben nach der Reife noch eine zeitlang am Stock hängen und dort zu gären beginnen. Südlich von Sauternes das **Château Filhaut**, und weiter westlich (D125), schon außerhalb des Weinbaugebiets, das romantische Dorf **Budos** mit seiner Burgruine (14. Jh.). Wiederum inmitten eines Weinanbaugebiets, nur jenseits der Garonne, ist die nächste Station der Ort Verdelais.

*Verdelais (900 Einw., 3 km nördl. von St-Macaire, an der D120)

Der kleine, in Weinbergen versteckt gelegene Ort ist besonders am 15. August und 8. September sowie an den Sommersonntagen ein Anlaufpunkt der Marien-Pilger. Diese seit langem bestehende Tradition hat auch ihre Wirkung auf das Ortsbild gehabt. Die einheitlichen Fassaden aus dem 19. Jh. gehören zu den Hotels und Herbergen, die zur Aufnahme der Pilger gebaut wurden. Die Pilgerei begann angeblich schon im 12. Jh., nachdem der Ritter *Geraud de Graves*, Rückkehrer vom Ersten Kreuzzug, eine Kapelle im Wald errichtet hatte, um für die heile Heimkehr zu danken. Zweihundert Jahre später stieß das Maultier der Gräfin von Foix – so will es die Legende – auf die heute verehrte Statue, die im Boden vor den Plünderern des Hundertjährigen Kriegs vergraben worden war. Die Mauern der **Basilika Notre Dame** (im 17. Jh. umgebaut) sind gepflastert mit Exvotos, von denen die schöneren aus dem 18. Jh. stammen. Weitere Exvotos und Verehrungsstücke werden in einem kleinen Museum in der Kirche gezeigt. Über dem Altar eine **Marienstatue** aus mehrfarbigem Kastanienholz (14. Jh.), die bei Schiffbruch und Lähmung angerufen wird. Auf dem kleinen **Friedhof** das Grab des Malers *Henri de Toulouse-Lautrec* (1864–1901), der seine Motive weniger in dieser Region als in den Bars und Variétés von Paris fand. Der Grabstein steht am Ende des Mittelgangs links. Neben dem Friedhof ist auf einem Buckel namens ›Cussol‹ ein **Kalvarienberg** mit allen Stationen der Passion aufgebaut worden. Von seiner Kuppe aus kann man sehr weit über die Garonne in die Landes blicken, nach Langon und über die Weinberge.

Ein kleines Stück von hier beginnt der Privatgrund ›Malagar‹ des Schriftstellers und Nobelpreisträgers *François Mauriac* (1883–1970).

Im Nordosten, drei Kilomter entfernt, steht das **Château Malromé** (Führungen Juni–Sept 10.30–19 Uhr. Tel. 56.63.74.92), das in der Zeit vom 12. bis 15. Jh. für die Grafen von Béarn errichtet wurde. Hier hat *Toulouse-Lautrec* einige Jahre verbracht. Sein Sterbezimmer mit Bild-Reproduktionen, Zeichnungen und Aquarellen erinnert an sein künstlerisches Werk. Wer will, kann sich auch im Schloß einmieten (teuer).

Die D117 führt nach wenigen Kilometern Richtung Westen nach **Ste-Croix-du-Mont** (800 Einw., 4 km nordwestl. von St-Macaire). Bemerkenswert ist die Lage dieses friedlichen Weinbauernorts auf einem Kalkfelsen über der Garonne. Der Weg führt in Kurven hinauf in den Ort, zwischen Weinfeldern hindurch, auf denen der bekannte weiße Likörwein dieser Gegend gedeiht. Am Rand des Kalkfelsens stehen Schloß und Kirche, von deren Terrasse man einen Blick auf das Tal und in Richtung Landes hat. An klaren Tagen kann man die weißen Kämme der Pyrenäen jenseits des Dunstes ahnen. Unterhalb der Kirche, im Felsen, gibt es **Grotten** im Muschelkalk, den der Ozean im Tertiär hinterließ. Hier hat man Versteinerungen (Austernbank) gefunden. Eine der Grotten ist als *Weinproben-Keller* umfunktioniert.

Der nächste Ort auf dem Weg ist **Loupiac** (1 000 Einw., 3 km nordl. von Ste-Croix-du-Mont, an D10, Informationen unter Tel. 56626718), bekannt durch seinen Weißwein, der als Likörwein und als Aperitif empfohlen wird. Dabei werden nur die Weine von den Hanglagen (Sémillon- und Sauvignontrauben) anerkannt – Weine aus dem Garonnetal gelten als weniger gut. Man führt den Unterschied auf einen bestimmten Pilz (*Botrytis Cinerea*) zurück, der unter dem stetigen Wechsel vom Morgennebel zur Sonneneinstrahlung die Zuckerstoffe in den Trauben anreichert. Schon die Römer haben diese Tatsache zu schätzen

gewußt und sich hier angesiedelt. Der Dichter *Ausonius* soll sogar am Ort ein Weingut besessen haben. Heute werden die 400 ha Rebland von siebzig Erzeugern bestellt, von denen ungefähr die Hälfte zu Weinproben einlädt (alle Straßen von Loupiac). Die schlichte *Kirche* des Orts stammt aus dem 12. Jh

Die harmonische Fassade des Schlosses von Cadillac

★Cadillac

2 600 Einw., ca. 3 km nordwestl. Loupiac, 13 km nordwestl. von Saint Macaire, an der D10, **Syndicat d'Initiative**: Hôtel de Ville, Tel. 56.62.12.92. Sa Markt. ▲

Auf dem rechten Ufer der Garonne, schräg gegenüber von Barsac, liegt Cadillac mit der Burg der Herzöge von Epernon. Gegründet wurde der vom Namen her an die amerikanischen Luxuslimousinen erinnernde Ort 1280 als eine Bastide. Einige Teile der Stadtbefestigungen und Tore aus dem 14. Jh. sind erhalten geblieben. In den Grundzügen kann man sich die ursprüngliche Anlage der Bastide rekonstruieren, von der der Teil an der Garonne noch am besten erhalten ist.

Aus dem Stadtbild ragt das *Schloß (Ostern–Juni, Sept/Okt tgl. 9.30–12, 14–18 Uhr, Nov–Ostern tgl. 10–12, 14–18 Uhr, Juli/Aug tgl. 9–12.30, 14–19 Uhr, Tel. 56.62.69.58) mit seiner dreiflügeligen Anlage und dem steinfarbenen Ehrenhof heraus. Es gilt als sehenswertes Beispiel für die Architektur um 1600, der Übergangszeit von Heinrich IV. zu Ludwig XIII. *Jean-Louis de Nogaret de Lavalette* (1554–1642), Vertrauter des Königs, ließ sich das Gebäude errichten, nachdem er von *Heinrich IV.* zum Herzog befördert worden war und das Amt des Gouverneur de Guyenne übernahm. Der Mittelpavillon des Hauptgebäudes enthält das Treppenhaus, außen sind zwei weitere Pavillons angesetzt. Die Innenaustattung wurde in der Revolution vernichtet. Unter der Restauration kaufte der Staat das Gebäude und machte eine Haftanstalt daraus. Inzwischen hat man erkannt, daß das Château de Cadillac Besseres verdient hat und hat so z.B. in einem der Flügel eine *Maison du Vin* eingerichtet, in der man natürlich auch Wein probieren kann (Château des Ducs d'Épernon, Tel. 56.62.66.95). Bei allem Hin und Her sind die acht gewaltigen Kamine mit ihrem reichen, in erlesenen Marmor gearbeiteten Skulpturenschmuck – Engel, Blumen und Früchte – des Bildhauers *Jean Langlois* erhalten geblieben. Einige der ausgestellten Wandteppiche wurden Mitte des 17. Jh. in den Kellergewölben des Schlosses hergestellt. Sie gehörten zu einem Zyklus von 26 Teppichen, auf denen die Geschichte *König Heinrichs III.* dargestellt wird.

Zur **Kirche St-Blaise** gehört die *Kapelle der Herzöge von Épernon*, in der das prachtvolle Grabmal des Herzogs von Épernon gestanden hat. Der Bildhauer *Pierre Biard* hatte es 1597 fertiggestellt, zweihundert Jahre später ist es von Revolutionären zerschlagen worden. Fragmente werden im Schloß und im Pariser Louvre aufbewahrt. Der Abschluß der Kapelle zur Kirche aus farbigem Marmor ist von 1606.

Nächste Station ist Castelvieil, das man entweder von St-Macaire über die D672 (nach St-Laurent links in die D131) oder, im direkten Anschluß an Cadillac, über die D11 Richtung Norden (hinter Escoussans rechts der D139 folgen) erreicht. Letztere

Strecke führt vorbei an den Ruinen des im 12. Jh. errichteten
Château de Bénauge. In **Castelvieil** dann ist das *romanische
Portal der Dorfkirche sehenswert. Die Kapitelle des Portals und
die Portalbögen sind reichlich mit Steinmetzarbeiten geschmückt: Monatsarbeiten (1. Bogen von oben), Kampf von Tu-
gend und Laster (2. Bogen), Gemeinschaft der Gläubigen (3. Bogen) und auf den Kapitellen links die Todsünden und der Luxus.

Von Castelvieil führt die D139/ D131 zur D672, auf der man
nach wenigen Kilometern **Sauveterre-de-Guyenne** (1 700 Einw.
Syndicat d'Initiative: 2, rue St-Romain, Tel. 56715345. Di Markt.
▲) erreicht. Der Ort ist eine vom englischen König Edward I. im
Jahr 1281 gegründete Bastide. Von den Befestigungsanlagen mit
Mauern und Gräben sind noch die vier Tore erhalten, vom alten
Ort noch Fachwerkhäuser und der geräumige, in Arkaden ge-
faßte Platz.

Die D672 bzw. D17 führt anschließend direkt Richtung Norden zum im Talgrund gelegenen ehemaligen ***Kloster Blasimon**
(▲) aus dem 12./13.Jh. Dieses lag zwar an einer Nebenstrecke auf
dem Pilgerweg nach Santiago, hatte jedoch als Stützpunkt einige
Bedeutung. In einer Senke verborgen, war es geschützt durch eine Mauer, von der es noch einen Turm gibt. Nach der Revolution blieb Blasimon eine Ruine, deren romanische und gotische
Gewölbe- und Arkadenreste in den Himmel ragen. An der Kirche mit ihrem Turm (16. Jh.) ist vor allem das Portal mit seinen
filigranen Steinmetzarbeiten sehenswert: Jagdszenen, Blattfriese
in den Archivolten, Allegorien der Tugenden und der Laster. Die
ausgegrabenen Funde werden in einem kleinen Musée ausgestellt. Wer noch etwas mehr über das Wirken der Benediktiner
von Blasimon wissen möchte, wird ein kurzes Stückchen weiter
nördlich fündig. Die Wassermühle **Moulin de Labarthe** (an D17)
ist im 14. Jh. von den Mönchen wie eine Festung angelegt worden. Heute ist es ein schöner Ort zum Verweilen.

Bei Blasimon gabelt sich der Weg, von hier kann man verschiedene kleine Ausflüge unternehmen. Ein erster Abstecher
führt von Blasimon Richtung Osten nach **Mauriac** (D127E4) mit
seiner befestigten Kirche (12./ 14. Jh.), auf deren Apsis ein kleiner Turm thront. Auf dem Friedhof steht ein Steinkreuz (15. Jh.)
mit dem Relief eines Bischofs.

Wer weiter Richtung Norden fährt (Anschluß Tour **2**),
kommt auf der D17 nach 9 km nach **Pujols sur Dodogne**, ein Name, der auf den keltischen Ausdruck für einen erhobenen Ort
zurückgeführt wird. Von der auf einer Terrasse stehenden Kirche (12. Jh.) des Orts bietet sich ein schöner Blick auf das Dor-

dognetal. Beim Chor ein Sarkophag in weißem Pyrenäenmarmor aus dem 5./6. Jh.

Eine kleine Straße (D670E6; von Sauveterre über die D670) bringt den Besucher von Blasimon nach 4 km nach **Rauzan** (1 000 Einw., *Syndicat d'Initiative*, Mairie: Tel. 57.84.13.04. ▲). Hier sind noch die Reste des *Schlosses der Seigneurs de Rauzan* zu sehen. Die Rauzans besaßen u. a. im 13. Jh. ein Wege-Zoll-Recht für Schiffe, die aus Bordeaux ausliefen. Im Hundertjährigen Krieg standen sie auf seiten der Engländer. 1377 wurde ihr Schloß erobert, anschließend im Flamboyant-Stil wieder aufgebaut. Nach den Rauzans hatte es die Familie der *Durfort de Duras* in Besitz, nach denen es heute heißt. Im 18. Jh. wurde es verlassen, 1798 versteigert.

Der dreißig Meter hohe *Turm* bietet eine hervorragende Aussicht, u. a. zur gegenüberliegenden Talseite, wo die *Kirche* (13. Jh.) und ein *Taubenturm*, wie man ihn sonst in den Pyrenäen sieht, stehen. *Weinproben* bietet die Union de Producteurs, Tel. 57.84.13.22).

Um Rauzan selbst gruppieren sich ein paar kleinere Sehenswürdigkeiten: Angefangen bei **Lugasson** (im Südwesten von Rauzan). Hier sind das Haus der Familie Roquefort aus dem 13. Jh., mittelalterliche Gebäude, eine Mühle, die Menhire ›Grandes Bornes‹ und die romanische Kirche erwähnenswert. Im Uhrzeigersinn folgen **Bellefond** (jungsteinzeitliches Steingrab und romanische Kirche), **Jugazan** (Schloß Mondinet und Mühle Moulin de Canevelle), **St-Jean-de-Blaignac** (an der Dordogne, Schloß Fantin), **St-Vincent-de-Pertignas** (Schloß du Courros) und **Mérignas** (zwei Schlösser und zwei Mühlen).

Hinweis: Wer im Anschluß an diese Tour lieber weiter Richtung Süden will (Parc Régional des Landes de Gascogne, möge mit Tour **16** fortfahren.

10 La Sauve, Créon und Umgebung

**La Sauve

(1 100 Einw.; an der D671, ca. 23 km nordwestl. Sauveterre-de-Guyenne)

Vom letzten größeren Ort von Tour **9**, Sauveterre-de-Guyenne, bringt Sie die D671 schnell nach La Sauve. Die Klosterkirche und die Kirche St-Pierre, jede auf einer Seite eines kleinen Tals, begrüßen den Besucher. Der Turm der früheren Klosterkirche

überragt die Ruinen und Dächer des Dorfs und der Abtei. Es wäre ein Motiv für die Maler der deutschen Romantik geworden,
wie die gotischen Bögen mit den Maßwerkfenstern noch allein
dastehen und sich auf Weinstöcke und Felder öffnen, je nachdem, von wo man hindurchschaut.

La Sauve, auch ›La Grande Sauve‹ oder ›La Sauve Majeure‹, genannt, wurde 1075 bzw. 1079 vom *Heiligen Gerhard* als Benediktinerabtei gegründet und war Etappe auf dem Pilgerweg nach Santiago de Compostela.
Der Name bezieht sich auf den großen Teil des Waldes im Entre-Deux-
Mers (*silva major*), in dem der Pilgerstützpunkt errichtet wurde und der
dem Kloster von *Guillaume IX. von Aquitanien*, dem Großvater der
berühmten *Eleonore*, zum Geschenk gemacht wurde. Die Abtei hatte eine zeitlang großen Einfluß; von hier gingen Klostergründungen in Spani-
en und England aus. Im 16. Jh. wurde La Sauve verlassen, das Klosterle-
ben wurde im 17. Jh. wieder erneuert, um unter der Revolution und der
folgenden Terreur-Zeit zu Ende zu gehen.

Stilistisch ist die **Abtei** (Mi–Mo, Apr–Juni 9–12, 14–18 Uhr, Juli–Aug 9–19 Uhr, Sept 9.30–12, 14–19 Uhr, Okt–März 10–12,
14–16 Uhr. Tel. 56.23.01.55) am Übergang von der Romanik zur
Gotik einzuordnen. Apsis und die nach Osten gewandten Nebenapsiden und vor allem die schönen Kapitelle des Chors sind
romanisch. Die Kapitelle auf den massigen runden Säulen an der
rechten Chorseite sind mit Reliefs geschmückt, auf denen Szenen des Alten und Neuen Testaments und Tiere dargestellt werden. Zum Beispiel ›Salomes Tanz‹, ›Der schlechte Reiche beim
Essen‹, ›Daniel‹, ›Samson‹ etc. Auch der ›cocatrix‹ aus den Sagen,
ein Hahn mit Drachenschwanz, ist zu sehen. Gotisch sind die
Stümpfe der Spitzbögen und der Turm, von dem aus man einen
schönen Blick hat. Vom Kreuzgang und von anderen Gebäuden
der Abtei gibt es nur noch Überreste.

Gegenstück der Abtei ist die **Kirche St-Pierre**. Sie wurde im 12.
Jh. im Stil der Gotik mit gleichmäßig angesetzten Seitenpfeilern
errichtet. Innen ist die Ostseite flach. Um die drei Fenster stehen vier Statuen (13. Jh.), von links: Michael, Jakob, Maria, Petrus. Eine weitere Petrus-(Pierre)-Figur steht über dem Südportal.

Wer ein wenig Zeit mitbringt und nicht gleich nach Créon
will, der mache auf der D239 einen kleinen (6,5 km) Abstecher
Richtung Norden. Durch Weinberge und Waldstücke führt der
Weg zu dem schön gelegenen Örtchen **Daignac**. Eine alte Brük-
ke überquert hier die vom Canedone geschaffene Schlucht. Unterhalb der Brücke stehen die Reste einer Mühle aus dem 13. Jh.
Jetzt aber nach **Créon** (2 500 Einw., 3 km westl. La Sauve, *Syndi-*

cat d'Initiative: 7bis, rue du Dr Fauché, Tel. 56.68.54.41. Mi Markt im Zentrum.). Der von sanften Hügeln umgebene Hauptort des Entre-Deux-Mers, der sogar bis ins 18. Jh. eine eigene Gerichtsbarkeit hatte, ist ein wichtiger Umschlagplatz für landwirtschaftliche Erzeugnisse. Der Name des Orts geht zurück auf den Seneschall *Amaury de Craon*, der Créon als Bastide anlegen ließ. Eine Längs- und zwei Querstraßen erinnern noch an das typische Schachbrettmuster, der Ort insgesamt aber ist kreisförmig angelegt. Im Zentrum ein Platz mit Arkaden, die aus der Gründungszeit (13. Jh.) datieren. Wo früher die Mauer der Bastide verlief, ist heute eine Ringstraße.

›**Hostellerie Chateau Camiac**‹ (in 3 km Entfernung an der Route de Branne, D121, Tel. 56.23.20.85).

Von Créon bietet sich ein Abstecher in südlicher Richtung auf der D20 an: Zunächst gelangt man nach **St-Genès-de-Lombaud** (200 Einw., 3 km südl. von Créon). Die Kirche, zu der man in einem weiten Bogen hinauffährt, erhebt sich an einem malerischen Platz über dem Tal. An derselben Stelle befand sich früher eine römische Villa. In der Kirche gibt es romanische Kapitelle und einen ausgedienten Hausaltar aus Stein. Reizvoller ist die romische Kirche wegen der teilweise lustig anzuschauenden Tiere und Männer, die das Portal als Steinmetzarbeiten zieren, allerdings von außen.

Etwa 7 km weiter südlich liegt, an der Garonne, der Ort **Langoiran** (2 000 Einw. *Office de Tourisme*: 4, place du Dr. Abaut, Tel. 56.72.56.18. Do Markt). Hauptattraktion ist die Burg (14.–16. Jh.), vielmehr, was davon übriggeblieben ist, denn außer dem Bergfried und Teilen der Mauer ist nicht mehr viel erhalten. Langoiran selbst besteht aus drei Ortsteilen: Der älteste davon ist ›Le Bourg‹ oder ›Haut Langoiran‹; um das Schloß liegt ›Le Pied du Château‹, an der Garonne ›Le Port‹, der Hafen. Während der ›Fronde‹, eines innerfranzösischen Machtkampfs, bei dem die Adligen die Vormacht des Königshofs abschütteln wollten, rückte der Ort für kurze Zeit in den Blickpunkt des politischen Geschehens. *Ludwig XIV.* war erst fünf Jahre alt, *Mazarin* führte die Regierungsgeschäfte. In Bordeaux formierte sich der Widerstand unter Anleitung des *Baron de Langoiran*. Sein Gegenspieler war der Gouverneur von Guyenne, *Seigneur de Cadillac* – nur wenige Kilometer weiter südlich. Die nationale Meuterei wurde zu einem Nachbarschaftsstreit. Am Ende flog das Schloß von Langoiran in die Luft – was regelmäßig, im Juni, als Son-et-Lumière-Veranstaltung nachgestellt wird. Im Ortsteil Bourg verdient die gotische Kirche *St-Pierre lès Liens* aufgrund ihrer Lage vor einem Weingarten Beachtung. Wenn Sie in den Ortsteil le Port gehen, haben Sie einen weiten Blick über die Garonne und zur Brücke, die für die Entwicklung des Orts Langoiran natürlich große Bedeutung gehabt hat: Wo eine Brücke stand, konnten die Bürger von den vorbeiziehenden Händlern Zölle verlangen. Am Ortsrand steht eine alte Eiche, die schon der Dichter *Lamartine* (1790–1869) besungen haben soll. Selbstverständlich können Sie auch hier Weine probieren: im Château Ste-Catherine (Tel. 56.72.11.64).

Sollten Sie Interesse für die Tierwelt haben oder vielleicht mit Kindern unterwegs sein: In ca. 2 km Entfernung (in Langoiran rechts) hat man einen *Parc zoologique* eingerichtet, in dem u. a. Affen und verschiedene Schlangenarten zu sehen sind.

Wer von Créon in nördlicher Richtung weiterfährt, kommt über die D20 (nach Überquerung der D936 links in die D241) nach 9 km zum **Château du Grand-Puch**, einer kleinen, malerische Festung (14. Jh.) mit zwei Türmchen auf der einen und zwei Warten auf der anderen Seite.

Das 2 900 Seelen zählende Dorf **Sadirac** erwartet den Besucher im Westen von Créon (über die D115E8). Im 18. Jh. war Sadirac ein Töpferdorf. Wie es damals zugegangen ist, wird im lokalen Töpfermuseum ›Maison de la Poterie/Musée de la Céramique Sadiracaise‹ (Museum mit Musterwerkstatt Mi–Mo 14–18 Uhr, Place de l'Église, Tel. 56.30.60.03) gezeigt. Dort wird in den Räumen einer alten Töpferei (1830) die Geschichte dieses Handwerks dargestellt. Der Brennofen ist so alt wie das Haus, die Erzeugnisse noch älter: aus der Zeit vom 14. bis 18. Jh. Daß die Töpferei als Handwerk nicht mehr viele Menschen ernähren kann, sieht man auch in Sadirac: Drei Töpfereien sind noch aktiv, und anstelle eigener Kreationen erzeugen sie Baukeramik, Gartentöpfe und Repliken alter Vorlagen.

Auf der D115 kommt man Richtung Westen nach **Lignan-de-Bordeaux**. Im *Museum* (Ostern–Okt So 14.15–18.15 Uhr. Tel. 56.21.23.52) sind vorgeschichtliche Funde und historische Stücke, darunter Fayencen der Region, ausgestellt.

AN DER GIRONDE

11 Blaye und Umgebung

Hinweis: Ausgangspunkt der folgenden Tour, die nach dem ›Kreis‹ der Touren **2** – **10** bei Bordeaux neu ansetzt, ist der Ort St-André-de-Cubzac, den wir schon auf Tour **2** besucht haben. Die weiteren Touren folgen der Gironde Richtung Atlantik, um dann ins Médoc und an die Côte d'Argent zu führen.

Von St-André-de-Cubzac führt die N137 direkt nach Blaye (18 km). Nur einen kleinen Umweg bedeutet der Besuch der *Kapelle Ste-Quitterie* bei Magrigne (an N137 in nordwestl. Richtung). Templer hatten hier im 12. Jh. ein Konvent gegründet. Viel ist davon nicht geblieben, außer dem mit Arkaden versehenen Turm und dem Portal aus dem 13. Jh. Trotzdem besitzt diese Kapelle eine eigene Ausstrahlung durch die architektonische Ausgewogenheit ihrer Fassade.

Wieder ein Stück zurück auf der N137, kommen Sie an die Abzweigung der D133 nach rechts in Richtung Bourg, die Sie in das kleine Tal des Moron bringt. Sechs Kilometer vor Bourg liegen die **Grottes Pair-non-Pair** (Führungen 45 Min., 9.30–12, 14–17.30 Uhr, Juli/Aug bis 18.30 Uhr. Tel. 57.68.33.40), gewissermaßen die westlichste vorgeschichtliche Grotte oder Höhle des Dordognetals. Der Name ›Pair-non-Pair‹ bezieht sich darauf, daß einer der Eigentümer vergangener Jahrhunderte das Land, auf dem die Grotten entdeckt wurden, im Spiel gewonnen hat. Entdeckt wurde die fast dreißig Meter lange Höhle mit den Zeichnungen von Mammuts, Wildpferden und Bisons aus dem Aurignacien am Ende des 19. Jh. Das Aufsehen der Vorgeschichtsforscher hat besonders die geritzte Darstellung eines Pferdes mit rückgewandtem Kopf erregt.

Nach wenigen Kilometern sind Sie in **Bourg sur Gironde** (2 100 Einw., 29 km nördl. von Bordeaux, an der D669, *Office de Tourisme*: Tel. 57.68.31.76. ▲). Wie kann ein Ort umziehen ohne seinen Platz zu verlassen? *Burgus supra Mare* war durch seine Lage an der Gironde von strategischer Bedeutung für Bordeaux. Heute aber sehen wir den Ort Bourg an der Dordogne. Zauberei? Die Erklärung ist, daß der *Bec d'Ambès*, die Landzunge zwischen Garonne und Dordogne, sich durch das abgelagerte Erdmaterial verlängert hat – bis Bourg von der Gironde an die Dordogne umgezogen war.

Ein Kapitelchen in der Geschichte wurde auch in Bourg geschrieben: Während der Fronde, als sich die Edelleute um den Fürsten Condé gegen *Louis XIV* erhoben, hielt sich dieser mit Mazarin und der Königin-Mutter *Anne d'Autriche* mehrere Wochen (27. 8. – 6. 10. 1650) hier auf, um einen günstigen Moment für den ›Gang‹ nach Bordeaux abzuwarten. Der Aufstand scheiterte bekanntlich. Das kleine *Schloß* (18. Jh.) diente den Bischöfen von Bordeaux als Sommersitz (Besichtigungen nach Verabredung, Tel. 57.68.31.76 und 57.68.40.04). Vom Park über dem Flußufer genießt man einen weiten Ausblick. Die Oberstadt von Bourg auf dem Kalkfelsen ist befestigt gewesen, die Unterstadt war Flußhafen. Verbunden werden beide Ortsteile durch Treppen und die Rue Cahoreau, die durch die Porte de la Mer führt. Eine Besonderheit von Bourg war der Salzmarkt (den es noch immer im September gibt; ansonsten So Markt in der offenen Markthalle), bei dem die sonst übliche Salzsteuer (*Gabelle*) wegfiel. Als Warenzeichen des Orts aber hat sich ein anderes Produkt durchsetzen können: der Wein Côtes de Bourg (Maison du Vin, 1, place de l'Éperon, Tel. 57.68.46.47).

Auf dem Wasser: Selbstverständlich gehört es zu den Reizen einer historisch und architektonisch so reichen Landschaft, alle Wege zu nehmen, die sich anbieten, also auch die Wasserwege. Zu den ersten Anforderungen außer dem Bootsführerschein gehört eine angemessene Ausrüstung. Man soll nicht ohne Kenntis der Wettervorhersage aufs Meer fahren (Seewetter: Tel. 36.68.08.33, Küstenwetter Tel. 56.34.36.05). Nicht mehr Mitreisende befördern, als Schwimmwesten an Bord sind. Die Funktionstüchtigkeit der Signalpistole prüfen. Nicht das Boot überladen. Segelboote haben den großen Schiffen auszuweichen. Beim Bassin d'Arcachon können die Fahrrinnen gefährlich sein. Die Höchstgeschwindigkeit beträgt 3 Knoten in den Häfen, 5 Knoten im Abstand bis zu 300 m zum Land. Im *Bassin d'Arcachon* maximal 20 Knoten. Einige Wasserabschnitte sind ihrer Kennzeichnung (allgemein übliche Piktogramme) entsprechend nicht für Bootsverkehr, Wasserski etc. zugelassen. Ankern in den Austernzuchtgebieten ist verboten. Um die Vogelinsel dürfen Sie im Zeitraum von 3 Stunden vor bis 3 Stunden nach der Flut kreuzen.Für die Gironde ist ein *Arrêté interpréfectoral du 16 mars 1979* erlassen worden, dessen Gültigkeit bis zu den Steinbrücken von Bordeaux und Libourne reicht.

Informationen: Radio France Bordeaux-Gironde: 101,6 Médoc, 100,1 Bordeaux, 102,2 Arcachon. France Inter 162 Khz. Unwetter-Info: Sud Gascogne bei Arcachon Radio 1820 KHz (164m), 2775 Khz. Centre de Sécurité in Bordeaux (1, rue Fondaudège, Tel. 11057.81.12.69); Le Verdon (station maritime Tel. 56.09.60.23); Bourg sur Gironde (station maritime Tel. 57.68.44.29). In Notfällen Tel. 56.09.82.00 (24 Stundenservice).

Im Frühjahr, wenn bestimmte Fische zum Laichen den Fluß aufwärts ziehen, sind Gironde, Dordogne und Garonne in diesem Bereich für Angler die große Attraktion. Stint, Stör, Neunauge und Aal gehören nicht zuletzt deshalb zu den kulinarischen Spezialitäten der Gegend.

In **Gauriac**, zwischen Bourg und Blaye, in ›**La Filadière**‹ haben Sie Gelegenheit, davon zu probieren (mit Terrasse über dem Meer, Tel. 57.64.94.05). Wenn Sie einen landschaftlich schönen Umweg machen wollen, fahren Sie bei Gauriac auf die D133E4: In **St-Ciers-de-Canesse** (Syndicat d'Initiative im Hôtel de Ville: Tel. 57.32.92.77) gibt es das Restaurant ›**La Closerie des Vignes**‹ (Tel. 57.64.81.90).

Im *Musée Cantonal* von St-Ciers werden Funde der Vorgeschichte und Kunsthandwerk unserer Zeit ausgestellt (Juli–Sept 10–12, 15–18.30 Uhr, Tel. 57.32.60.45).

Auf der D669E, die direkt am Ufer verläuft, geht es anschließend nach Blaye. Vor Blaye kommt man nach **Plassac**, einem Dörfchen, das für Archäologie-Interessierte etwas zu bieten hat. Im Bereich der Kirche hat man erst eine, dann zwei weitere gallo-römische Villen ausgegraben, die im Zeitraum vom 1. bis 5. Jh. gebaut worden sind. Die beiden älteren waren offensichtlich noch vom Geschmack der Römer bestimmt, bei der jüngeren hat man schon eigenständig aquitanische Stilelemente festgestellt. Zur Dokumentation ist ein Museum eingerichtet worden. (*Musée de la Villa Gallo-Romaine*, Rue du Chardonnet, Juni-Sept 10.30–12, 15–19 Uhr, Tel. 57.42.84.80).

Wenn Sie bei der Kirche vom Wasser weg aufwärts zur D669 gehen und dann den Weg gegenüber rechts einschlagen (aufwärts), kommen Sie zur *Statue der Jungfrau von Montuzet*, die für die Seefahrer zuständig ist. Es öffnet sich vor Ihnen ein weiter Ausblick auf die Gironde mit ihren langgezogenen Inseln und hinüber aufs Médoc.

Blaye

4300 Einw., 48 km nördl. von Bordeaux, an D669, D937, **Office de Tourisme**: Allées Marines, Tel. 57.68.31.76 oder 57.42.12.09. Sa Markt an Fuß der Zitadelle. ▲

Auf der D669 kommen Sie in an der Anlegestelle und am Bahnhof vorbei, danach sehen Sie die Parkplätze, von denen Sie zur Festung gelangen. Blaye ist heute ein Hafen für Segler und, aufgrund der Nähe zum Meer, ein Güterumschlagplatz. Zu den Haupterzeugnissen von Blaye gehört, außer dem bekannten

Wein Côtes de Blaye (Weinverkauf Mo–Sa in der *Maison de Vin des Côtes de Blaye*, 11, cours Vauban, Tel. 57.42.91.19), ein Produkt, das viele hier nicht erwarten: Pralinen, die Näschereien, die der Marschall du Plessis-Praslin den Ratsherren von Bordeaux bei einem Fest im Jahr 1649 offerierte (erfunden hatte sie der Koch des Marschalls). Seit eh und je ist Blaye, jenseits aller Produkte, durch seine Lage ausgezeichnet.

Blaye existierte schon vor dem 4. Jh., zumindest schreibt schon Ausonius von *Blavia Militaris*. Seinen Namen hat es entweder nach einem Blavius oder nach seiner Lage an der *belli viae*, dem Kriegsweg. Strategische Bedeutung erhielt der Ort durch das hohe Felsplateau, über einer eher engen Stelle der Gironde, zudem bei einem Durchbruch der mittleren Inselgruppe und gegenüber einem anderen Fels gelegen. Zugleich traf hier die Straße ein, die nach Nordfrankreich führte. Immer wieder wurde der Platz befestigt und ausgebaut. Was wir heute sehen, ist das Werk des berühmten Festungsbauers *Sébastien le Prestre de Vauban* (1633–1707), der mit seinen Arbeiten 1680 begann. Es wurde ein regelrechter Riegel über die Gironde gezogen: Auf der Insel in der Mitte eine kleine Burg, **Fort Paté**, gegenüber **Fort Médoc** bei Cussac, und in Blaye ein so gut wie uneinnehmbarer Festungsbau. Fort Paté war 1693 fertig, ein Rundbau, von dem aus man rundum Krieg führen konnte.

Blaye wurde in Sternform angelegt. Diese Form hatte Vauban mitentwickelt. Sie gewährleistete den Verteidigern absolute Übersicht auf alles, was sich vor den Mauern tat. Der I-Punkt dieser Sichtherrschaft ist übrigens der kleine angesetzte Beobachtungsrundturm ganz im Süden der Anlage (1685). Er war den Strategen späterer Generationen so wichtig, daß sie ihn bestehen ließen, während sie andere ähnliche Aussichtsplattförmchen zu Kanonenplätzen ausbauten. Sternförmig ist nicht nur die Befestigungsmauer: Zwischen den Spitzen sind kleine Inseln in den seinerseits sternförmig angelegten Graben gesetzt, sogenannte ›Démi-lunes‹, über deren mittlere der Weg zum Haupttor, der *Porte Royale*, führt. Und auch innerhalb sind noch Mauern, falls ein Feind doch einmal die Wallanlagen überwinden konnte.

Und was ist oben? Ein Dorf von einem Kilometer Länge und eine Burg. Teile des Dorfs mußten dem Festungsneubau weichen, und auch vom alten *Schloß der Rudel* sind nur noch zwei Türme und einige Stücke der Grundmauern zu sehen. Vom Turm des Rondes bietet sich ein Ausblick auf das Hinterland. Haltbarer als Dorf und Burg war die Legende des Troubadours *Jaufré Rudel*, Fürst von Blaye, dessen berühmtes Lied von der ›fernen Liebe‹ (*amor de lonh*) handelt. Diese galt *Melissende de Tripoli*, zu der er sich auch tatsächlich aufmachte. Aber das Glück war ihm nicht hold. Auf der Fahrt erkrankte er, und kam gerade noch rechtzeitig an, um in den Armen der Verehrten zu versterben.

Im November 1832 wurde in Blaye die 34-jährige *Marie-Caroline de Bourbon-Sicile*, Duchesse de Berry, eingesperrt. Der Grund: Verdacht der Aufwiegelei zu einem Aufstand gegen Louis-Philippe. Im Mai des folgenden Jahres brachte sie eine Tochter zur Welt, mit der Folge, daß sie nunmehr für politisch weniger einflußreich gehalten wurde und fünf Wochen später nach Italien ausreisen durfte. Den *Pavillon de la Place* oder *Maison de la Duchesse*, also das Haus, in dem sie inhaftiert war, kann man noch besichtigen. (Von der Porte Royale, dem Haupttor, gehen Sie direkt darauf zu). In dem Haus werden außerdem ein mittelalterlicher Wohnraum, Apothekergerät des 18. und 19. Jh. und Produkte lokaler Kunsthandwerker gezeigt. (An der Place Marie Caroline, Ostern–Okt tgl. 14–19 Uhr, Tel. 56.42.13.70).

Wenn Sie an dem Platz rechts gehen und am Ende links, kommen Sie zum Aussichtsplatz der *Tour de l'Aiguillette*. Ein weiter *Blick* über die Gironde und das Médoc eröffnet sich vor Ihnen. Segelboote und Surfer, kleine Kähne und ein paar seetüchtige Pötte beleben das Panorama.

Unten sehen Sie außerdem schon die Fähre kommen, mit der Sie vielleicht ins Médoc (Tour **12**) übersetzen wollen (Fähre: Blaye–Lamarque [›Bacs Gironde‹], Tel. 57.42.04.49).

Mit dem Auge der Strategen: Blick von Blaye über die Gironde

Vorher bietet sich noch ein Abstecher (D255/D254; ca. 11 km nördl. Blaye) nach **Anglade** an, wo in einem Sumpfgebiet die *Madame de Maintenon*, die frömmelnde Freundin des alt gewordenen Sonnenkönigs Louis XIV, im *Château de la Barrière* einen Sitz hatte. Die Ruine ist nicht die einzige Sehenswürdigkeit dieses Platzes. Vielmehr kann man sich anhand dieses Sumpflandes, wo sich Fuchs und Hase gute Nacht sagen, vorstellen, wie es früher um Bordeaux und in anderen Teilen Aquitaniens ausgesehen hat.

Die zahlreichen Buckel und Löcher waren den Bewohnern Anlaß genug, dieser Gegend Feenmärchen und unheimliche Begebenheiten (*terrier des Fees, corps de loups*) zuzuschreiben.

12 Zwischen Blanquefort, Pauillac, St-Estèphe und der Pointe de Grave: eine Weinstraßenfahrt durchs Médoc

Hinweis: Die folgende Weinstraßenfahrt durchs Médoc entlang der D2 bzw. D204 ist am besten im Anschluß an Tour **11** (Ausgangspunkt Lamarque) oder im Anschluß an Tour **1** (Ausgangspunkt Blanquefort) zu bewältigen. Organisierte Touren bietet u.a. das Office de Tourisme in Pauillac (*s. unten*) an. Wer ein bißchen Zeit hat, kann diese Strecke auch gut mit dem Fahrrad bewältigen. *Médoc Cycles* in Pauillac (6, rue de Maréchal Joffre, Tel. 56.59.02.29, ganzjährig).

Wir kommen von Blaye aus mit der Fähre (zwischen Port de Lamarque und Blaye, im Sommer tgl. neunmal, sonst sechsmal, Okt-März nur viermal) ins Médoc, nach Fort Médoc (*s. unten*). **Médoc**, der östliche Teil des Landzipfels zwischen Gironde und Atlantik (daher der Name, abgeleitet vom lateinischen *in medio oceanorum*, zwischen den Meeren), ist den Feinschmeckern und Weinkennern zuerst als *appellation*, als Herkunftsangabe von Weinen, bekannt. Der Weinbau prägt die Landschaft, Weinberge überziehen auf ca. 13 500 Hektar Produktionsfläche (= 15% der gesamten Bordelaiser Anbaufläche für Rotweine) sanfte Neigungen und Senken. Die jeweils unterschiedliche Ausrichtung der Weinstockreihen – am häufigsten vertreten sind Cabernetweine (Cabernet-Sauvignon, Cabernet Franc, *s. auch Weinkarte in der hinteren Innenklappe*) – zeichnet das Land mal als Fischgrät, mal wie mit dem Kamm bearbeitet. Dazwischen wie kleine Inseln hier und da ein Hain oder die Châteaux der Weingutbesitzer, die schon immer, seitdem der Wein angebaut wird, wohlhabend gewesen sind. Die Landsitze, meistens malerisch an reizvoller Stelle gelegen, teilweise als großzügige Herrenhäuser, teilweise ein bißchen kitschig als gotische Burgen und zuweilen recht protzig und abweisend gestaltet, haben die Weintrinker zumeist schon auf den Etiketten gesehen. Sie werden wiedererkennen, was bei Ihnen auf dem Tisch gestanden hat. Manche der Weinschlösser wirken bei aller Gepflegtheit recht ausgestorben. Dafür werden Sie beim nächsten Château zur *dégustation* und damit natürlich zum Weinkauf aufgefordert. Die Bezeichnungen der einzelnen Weine beziehen sich auf die jeweilige Gemeinde, der ein Anbaugebiet zugerechnet wird (*s. auch S. 43*).

Aber vom Wein wieder zur Architektur. Zunächst haben Sie Gelegenheit, einen weiteren Bau des Festungsarchitekten Vauban zu besichtigen: **Fort Médoc** (tgl. 10–20 Uhr, Tel. 56.58.91.30

oder 56.58.98.98) aus dem Jahr 1689 (*Anfahrt*: Durch das Dorf Lamarque auf die D2 von Bordeaux nach Pauillac. Dann nach rechts in Richtung Pauillac. Nach wenigen hundert Metern, in Cussac-le-Vieux [Office de Tourisme, Avenue du Haut-Médoc, Tel. 56.58.91.30], nach rechts zum Fort Médoc). Auch hier führt der Zugang über eine vorgelagerte ›Insel‹ im Befestigungsgraben. Das Haupttor zu dieser kleineren Ausgabe der Zitadelle von Blaye ziert das Zeichen des Sonnenkönigs Ludwig XIV. Dahinter steht breit und wuchtig die *Maison du Commandant*, ein dreietagiger Bau mit Mezzanin, der in der Mitte einer weiten Tordurchfahrt Platz läßt. Die schlichte Fassade mit schmalen hohen Fenstern und den drei Mansarden zur Innenseite wirkt ausgewogen. Was von den militärischen Anlagen gegenüber dem Kommandantenhaus noch steht, sieht gut erhalten aus. Das in hellgrauem Stein gebaute Gebäude des *Corps du garde* wirkt durch seine fünf breiten und dabei relativ niedrigen Bögen und durch die einander gegenüberliegenden Freitreppen ebenfalls harmonisch und beinah tempelhaft erhaben. Übrigens haben Sie von hier einen schönen Ausblick in die Gegenrichtung, nach Blaye. Und wenn Sie im Juli kommen, können Sie im Fort Konzerte des Internationalen Jazz-Festivals hören.

Über die D2E9 gelangen Sie zur D2. Wenn Sie direkt aus Bordeaux gekommen sind, sind Sie bereits durch die Weinbaugebiete Haut-Médoc (südlicher Teil) und Margaux gefahren (Anschluß weiter unten bei **Lamarque**), wenn nicht, folgen Sie der D2 Richtung Süden. Man muß sich, um zu den Weingütern zu gelangen, nur immer wieder ein wenig von der D2 entfernen. Bei **Blanquefort** geht es auf der D107 Richtung Westen nach **Le Taillan-Médoc** (7000 Einw., 10 km nordwestl. von Bordeaux, an der D107, Information Tel. 56.35.14.09). Im *Château du Taillan* (17. Jh.) sind vor allem die alten Weingewölbe sehenswert (Im Sommer Mo–Fr 8–12, 14–18 Uhr, Sa 8–12 oder nach Vereinbarung. Tel. 56.35.16.41). Auf der D2 folgt nach Blanquefort **Caychac**, wo das *Château Saint-Ahon* zu besichtigen ist und auch Weinproben möglich sind. Ihre Kontaktperson ist der Graf persönlich (Monsieur le Comte Bernard de Colbert, Tel. 56.35.06.45, Besichtigung nach Vereinbarung).

Wenn Ihnen mehr nach *Golf* als nach Wein zumute ist, fahren Sie von Blanquefort auf einer Nebenstraße Richtung Norden nach Peybois und Poujau, wo es links nach **Louens** geht (Golf du Médoc, 36 Löcher, Schlägerverleih, Chemin de Courmanteau ›Louens‹, Tel. 56.72.01.10). Hier steht außerdem das Hotel-Restaurant ›**Le Pont Bernet**‹ (Tel. 56.72.00.19).

Westlich der D2 verlief die *Levade*, eine römische Straße, durch den Ort **Le Pian-Médoc**. Der Name ›levade‹ heißt soviel wie ›gehoben‹: Die Straße war wegen des durch die Gezeiten unzuverlässigen Wasserstands aufgeschüttet worden. Eine Charta vom 19.9.1335 besagte, daß die Bürger des Orts zweimal jährlich die adlige Dame *Miramonde de Cailhau*, Tochter des Bürgermeisters von Bordeaux Pierre de Cailhau, für eine Nacht und einen Tag mit 12 Reitern und 12 Fußleuten beherbergen sollten, einschließlich eines Diners und eines Soupers mit Brot, Wein und dem ›üblichen‹ Fleisch: Ziege, geräuchertem Schwein, Hühnern etc. – wie die Dame zu der Vorzugsbehandlung gekommen ist, weiß man nicht mehr.

Ebenfalls westlich von der D2 steht bei **Macau** (befestigter romanischer Kirchturm) an der D211 das *Château de Gironville*, wo Sie sich anmelden sollten, wenn Sie die unterirdischen Weinlager mit Holzfässern besichtigen wollen (Tel. 56.30.36.08 oder 56.30.39.79). Ein Stückchen weiter liegt ein berühmtes Weingut, dessen Erzeugnisse bereits 1855 zum Grand Cru Classé erhoben wurden: *Château Cantemerle* (Aug und während der Weinlese geschl., Besichtigung nach Vereinbarung Tel. 56.30.41.52). Auf der D2 kommen Sie weiter in das berühmte *Weinbaugebiet Margaux* und nach **Labarde** (Kirche St-Martin aus dem 18. Jh.). Im *Château Giscours* werden im September Polo-Spiele ausgetragen (Sa, So). Man kann hier auch wohnen, eine Glaserei besuchen, unangemeldet Weinlager besichtigen und Weine probieren (9–12.30, 14–18 Uhr, Tel. 56.88.34.02, 56.30.06.66). Gleich nach Labarde stößt die D2 auf die D209 und zugleich auf das ***Château Siran** (Sommer und Herbst tgl. 10–18 Uhr, Tel. 56.88.34.04), wo mehr geboten wird als auf anderen Schlössern. Außen gibt es einen Park mit Alpenveilchen zu bewundern, außerdem ist die Lage über der Garonnemündung sehr malerisch. Innen verbinden sich Kunst und Weinkultur: Ein Sammlung von chinesischem Porzellan, Möbel des 19. Jh. und Bilder und Stiche zum Thema Wein: von Caravaggio über Rubens bis Velásquez, wobei der Maler Decaris die meisten der aufgehängten Bilder gemalt hat (Eßzimmer).

Auf der D209 nach Süden erreichen Sie das *Château Dauzac*, dessen Weine ebenfalls schon 1855 zum ›Grand Cru‹ klassifiziert wurden. Bei der Führung durch die Weinlager mit über 1 200 Eichenfässern kann auch Wein probiert werden.

Auf der D2 nach Norden fahren Sie anschließend durch Cantenac und weiter zu zwei Weinschlössern, deren Weine ebenfalls seit 1855 zu den Nobelkreszenzen zählen: Rechts vom Weg das

Château d'Issan, ein noch mit Wehranlagen umgebener Bau des 17. Jh (15. Juni–15. Sept Mo–Fr 10–12, 14–16 Uhr, sonst nach Vereinbarung Tel. 56.44.94.45). Der Hafen von Issan war im Mittelalter ein regelrechter Güterhafen. Links vom Weg das *Château Prieuré-Lichine* (tgl. 9–18 Uhr, Tel. 56.88.36.28), wo Lehrfilme über die Weinkultur gezeigt werden.

Nächste Station ist **Margaux** (1300 Einw., 27 km nördl. von Bordeaux, Information Tel. 56.88.70.82). Das berühmteste ist hier natürlich das gleichnamige Schloß. Als Ausgleich dafür, dafür daß Sie nur nach Vereinbarung zur Besichtigung der Weinlager hineingelassen werden (Werktags, Tel. 56.88.70.28), bietet das Schloß einen schönen Anblick: Ein klassizistischer Bau (1802) des Architekten Combes, der sein Handwerk bei *Victor Louis* gelernt hat. Man erreicht die Anlage über eine Allee durch einen englischen Garten.

Beim Ortseingang von Margaux, bei den Erzeugern des Weins ›Château Rauzan-Gassies‹, werden kommentierte Weinproben veranstaltet (Werktags 8.30–12, 14–17.30 Uhr, Tel. 56.88.71.88). In Margaux selbst steht natürlich auch der Wein im Mittelpunkt: Beim *Château Durfort-Vivens* werden Winzerwerkzeuge wie Rebmesser und Tragkiepen aller Epochen ausgestellt (Besichtigung nach Vereinbarung acht Tage im voraus, Tel. 56.88.72.18). Am Ortsrand, beim *Château d'Alesme Becker*, kann man als Ergänzung Küferwerkzeuge besichtigen. Wenn Sie sich schließlich zum Kauf entschlossen haben, finden Sie die gesamte Auswahl in der *Maison du Vin de Margaux* (Place La Trémoille, Mai–Sept Mo 14–18, Di–Sa 9–12, 14–18 Uhr, Tel. 56.88.70.82).

Château Beaucaillou: Eins der zahllosen Weingüter des Médoc

Nach getaner Weinproberei und -kauf bietet das luxuriöse Hotel-Restaurant ›**Relais de Margaux**‹ erholsame Ruhe (hinter Margaux zur Gironde, Tel. 56.88.38.30). Weniger luxuriös, als Alternative aber empfehlenswert, ist das Restaurant ›**Larigaudière**‹ in **Soussans**, dem nächsten Dorf (Tel. 56.88.74.02). Im Ort steht das *Château de la Tour de Mons* (15./ 16. Jh.), auf dessen Weinbergen ein ›Cru Bourgeois‹ erzeugt wird (Besichtigung nach Vereinbarung Tel. 56.88.33.03). Im benachbarten Ort **Arcins** sei als kulinarisches Adresse die gute Hausmannskost des ›**Lion d'Or**‹ (Tel. 56.58.96.79) empfohlen.

Es folgen weitere Weinschlösser, unter denen als nächstes das *Château de Lamarque* genannt sei, eine Burg des 12. bis 14. Jh. (Tel. 56.58.90.03). Die Dorfkirche stammt aus dem 16. Jh. (*Syndicat d'Initiative de Lamarque*, Hôtel de Ville: Tel. 56.58.90.12). **Lamarque** ist auch der Ort, den Sie, von Blaye (Tour **11**) kommend, mit der Fähre erreichen (*s. oben*).

Von dort geht es zunächst, erst auf der D5, dann auf der D5/ E2, auf einem kleinen Abstecher Richtung Westen. An der Weggabelung liegt das ★**Château Maucaillou**, wo zwar ›nur‹ ein Cru Bourgeois erzeugt wird, ein Weinbaumuseum aber, das *Musée des arts et métiers de la vigne et du vin* (tgl. 10–13, 14–18.30 Uhr, Tel. 56.58.01.23), alle Fragen des Weintrinkers beantwortet. Wer will, kann mit der Weinberg- und Museumsbesichtigung einen ganzen Tag verbringen. Auch erfahren Sie, worauf Sie bei einer Weinprobe alles achten müssen und was ein *Déjeuner médocain*, ein Mittagessen à la Médoc, ist. Falls Ihr Wissensdurst noch nicht gestillt ist: Halten Sie gleich anschließend beim *Château Peyredon-Lagravette* (Mo–Fr 9–13, 14–20 Uhr, Tel. 56.58.05.55), wo man Ihnen auch etwas über Faßbinderei erzählt. Der benachbarte Ort **Listrac** (über die D5E2, 5 km) übrigens besitzt eine Kirche aus dem 13. Jh., falls Ihnen zwischendurch einmal nicht nach Wein zumute sein sollte. Im **Château Cap-Léon-Veyrin** (zwischen Donissan und Lamarque) können Sie dann wieder die edlen Tropfen probieren. Außerdem können Sie hier wunderbar nächtigen (Donissan, Listrac-Médoc, Tel. 56.58.07.28).

Auf der N215 geht es nach **Castelnau-de-Médoc** (2800 Einw., *Syndicat d'Initiative*, Tel. 56.58.24.90).

Sie können entweder im Hotel-Restaurant ›**Des Landes**‹ (Place Romain Videau, Tel. 56.58.73.80) Schnecken à la bordelaise, Neunauge oder Steinpilze zu sich nehmen oder sich in der ›**Cave du Prince Noir**‹ der Qual der Wahl aussetzen: Über 200 Weine des Médoc sind hier zum Verkauf angeboten (Di–Fr 9–12.30, 15–19 Uhr).

Anschließend, die Fahrtüchtigkeit vorausgesetzt, bringt Sie die D105 wieder zur D2. Auf dem Weg kommen Sie beim *Château*

Meyre (18. Jh.) vorbei, wo der Wein in Fässern gelagert wird (Besichtigung nach Vereinbarung, Tel. 56.88.80.77). **Avensan** war mehrfach Schauplatz normannischer Einfälle. Man sagt, eine weiße Frau komme an den Brunnen zum Wäschewaschen. Und im *Schloß Romefort* soll ein Schatz vergraben sein – den Namen allerdings hat sich zur Weinbezeichnung die Kellerei des Château Meyre angeeignet.

Nach diesem Abstecher geht es von Lamarque auf der D2 nach Norden weiter. Am Fort Médoc (*s. oben*) fahren Sie diesmal vorbei weiter nach **Cussac**. Hinter dem Ort erhebt sich westlich der Straße auf einem Hügel über den dazugehörigen 260 Hektar Land das *Château de Lanessan* mit seinem *Musée du cheval* (Pferdemuseum; tgl. 9–12, 14–18 Uhr, Nov–März an So/Feiertagen geschl., Tel. 56.58.94.80). Wer käme auf den Gedanken, ein alter Pferdestall könnte schön sein? Hier wird man eines Besseren belehrt: gußeiserne Haferkrippen, schmucke Säulen mit Kugel an den Boxenwänden, liebevoll gestrichene Deckenbalken. Zu sehen sind außerdem einige schöne Kutschen und Kaleschen. Eine Sattlerei der Jahrhundertwende (1900) ist eingerichtet, und Ende Oktober wird im Park ein Pferdegespannrennen veranstaltet. Das Schloß selbst ist ein schönes Beispiel für die Bauweise solcher Châteaux. 1878 errichtet, findet man allerlei Stilformen: Renaissance, Spanisches und Schottisches, hohe Kamine und Giebel mit Hängevorrichtung.

Ein Schloß löst das andere ab, und dabei kommen die berühmtesten erst noch. Zunächst führt die D2 durch **Beychevelle**, wo das *Château de Beychevelle mit Weinkeller besichtigt werden kann (nach Vereinbarung, Tel. 56.59.23.00). Beychevelle hat wegen seiner prachtvollen Architektur den Beinamen eines ›Versailles des Médoc‹ bekommen: ein langgezogener Mittelbau mit zwei Eckpavillons und daran angeschlossenen Flügeln. Erbaut wurde die Anlage im 17. Jh. unter dem *Duc d'Épernon*, im 18. Jh. wurde sie klassizistisch umgestaltet. Besonders der großzügig dekorierte Mittelgiebel ist sehenswert. Von der erhöhten Terrasse aus sieht man über einen sehr schönen Park zur Gironde. Später errichteten Weinschlössern diente das Schloß als Vorbild.

Die *Ducs d'Épernon* hatten angeblich ein Recht auf Wegezoll, worauf der Name (aus baysevelle – gerefftes Segel) zurückgeführt wird. Tatsächlich aber bezieht er sich auf die Schiffahrtsstrecke zwischen Bordeaux und dem Meer, die wegen der Gezeiten in zwei Etappen zu schaffen war, und hier war die Mitte, wo man anlegte. In Anlehnung an die Kunstförderung durch die

Ducs d'Épernon – sie unterstützten zum Beispiel die Theatertruppe von Molière – werden hier Jazz-Konzerte und Lesungen veranstaltet, außerdem ist das Schloß Domizil für Künstler. Man sollte also auf alle Fälle nachfragen, was zur Zeit geboten wird, bevor man vorbeifährt. Wenn Sie Ende August kommen, erkundigen Sie sich nach dem Feuerwerk (*spectacle pyrotechnique*; im Schloß oder in St-Julien, Tel. 56.59.08.11).

Über **St-Julien-de-Beychevelle** (jüngst restaurierte Kirche mit gotischem Portal aus dem 15. Jh.) geht es ins ›Appelationsgebiet Pauillac‹.

Pauillac

5 800 Einw., 54 km nördl. von Bordeaux, an D2, D206, **Office de Tourisme**: Tel. 56.59.03.08. ▲

Zum Anbaugebiet von Pauillac gehören zehn Châteaux mit einem ›Grand Cru Classé‹, darunter die drei Rothschild-Schlösser Château Duhart-Milon-Rothschild, Château Mouton-Rothschild, Château Lafite. Das *Château Latour* liegt schon vor Pauillac rechts von der Straße (Anmeldung erforderlich: Tel. 56.59.00.51). Einfacher zu betreten und mit schönem Landschaftsblick über Weinberge und Gironde ist das *Château Pichon-Longueville-Comtesse-de-Lalande* (Nach Vereinbarung, Tel. 56.59.19.40) mit spitz hochgezogenem Walmdach und einem Mansardenfenster in der Mitte, das, obwohl es gar nicht klein ist, durch die gewaltige Dachfläche winzig erscheint. Weil das Dach so tief nach unten gezogen ist, wirken die beiden spitzen Rundtürme höher, obgleich sie das Dach kaum überragen. Innen ist eine ansehnliche Weingläsersammlung zu besichtigen. Kurz vor dem Ortseingang von Pauillac (nach rechts zur Gironde) erreicht man die *Maison du Touriste* (La Verrerie), wo man Médoc-Weine erwerben, sich informieren und auch Kutschfahrten buchen kann. Außerdem werden Château-Rundfahrten angeboten, ein Château-Marathon organisiert (Mitte September), Segelkurse, Wasserski und Privatunterkünfte genannt.

Bei all den Angeboten rundum soll man nicht vergessen, daß Pauillac ein Weinort mit eigenem kleinen Hafen ist. Am Kai entlangzuspazieren und sich die Boote und Schaluppen anzusehen ist sicherlich eine angenehme Abwechslung nach (und vor) all den Weinlagern und Châteaux.

Gilt als das ›Versailles des Médoc‹: Château Beychevelle (S. 187)

Kulinarische Adressen sind in Pauillac das Restaurant-Hotel ›**Château Cordeillan-Bages**‹, wo Lämmer und Ziegen à la Médoc (eigentlich ein verkapptes à la Bordelaise, denn auch hier wird mit Rotwein gekocht) zubereitet werden (Tel. 56.59.24.24). Im Restaurant ›**Yachting**‹ an der Gironde werden die Speisen denn auch ›à la bordelaise‹ und ›au vin de Bordeaux‹ angeboten (Tel. 56.59.06.43).

Auf der D2 fahren Sie weiter nach Norden bis Pouyalet. Nach links geht es zum *Château d'Armailhac* und wenig weiter zum *Château Mouton-Rothschild. Davon haben alle schon einmal gehört und nur ganz wenige gekostet, dies vor allem seit 1973, als der Wein zum ›Grand Cru Classé‹ geadelt wurde. Weinproben werden nicht angeboten – angesichts der Preislage überrascht das nicht. Immerhin kann man das Château besichtigen (im Aug geschl., nach Voranmeldung, Tel. 56.59.22.22). Aus den angesammelten Kunstwerken, die mit dem Wein und seinem Konsum zu tun haben, hat man ein *Museum* eingerichtet. Außerdem werden seit Jahren die Etiketten der Flaschen von zeitgenössischen Künstlern gestaltet: Kaufen Sie einen Picasso, Dalí, Chagall oder

Warhol, und trinken Sie ihn aus! Zurück auf der D2, erwartet Sie schon die *Cave la Pauillacaise* mit großer Weinauswahl (21, route de Bordeaux, März–Dez Mo–Sa 8–20 Uhr, So 9–13, 15–20 Uhr, Jan/Feb Di–Sa 8–20 Uhr, So 9–13 Uhr; Tel. 56.59.29.65).

Auf der D2 weiter nach Norden erreichen Sie das dritte Rothschild-Weingut: *Château Lafite* (Tel. 56.73.18.18). Waren es bei Mouton die Etiketten, so ist es hier die Architektur: Der Weinkeller ist ein Bauwerk des Katalanen *Ricard Bofill*. Die Gesamtanlage des Château auf einem Felsbuckel mit seiner lauschigen Zedernbepflanzung ist einen Besuch wert. Wenig weiter sehen Sie in einer Linkskurve rechts das bizarre *Château Cos d'Estournel*, dessen Architektur und Ornamentierung eher an 1001 Nacht als an ein Weingut denken lassen.

Die D2 macht eine Biegung nach rechts und führt zu einem weiteren berühmten Weinort: St-Estèphe. Auf dem Weg haben Sie eine Übernachtungsmöglichkeit in **Leyssac**, im *Château Saint-Estèphe-Pomys*. Die Straße macht noch einen Schlenker nach links, am *Château Tour de Pez* (Weinproben im Sommer Mo–Fr 9–12, 14–17.30 Uhr, Tel. 56.59.31.60) vorbei, nach **Vertheuil**, einem kleinen Ort unterhalb der Reste einer Burg (Donjon). Zum Ort gehört die romanische *Klosterkirche* (11. Jh.), an der einige Elemente im 15. Jh. hinzugefügt wurden. Auch hier bleibt es beim Thema Wein: Am Portal rechts sind Darstellungen der Arbeit im Weinberg in den Stein gehauen. In Vertheuil können Sie sich außerdem nach *Wander- und Radfahrmöglichkeiten* bei der *Association Farfadet* (Randonnées VTT, Route du Bourdin, Tel. 56.41.99.30) erkundigen.

Nächste Station ist **St-Estèphe**. Schon bei der Anfahrt sieht man von weitem den Turm des aus dem 18. Jh. stammenden Gotteshauses über den geschwungenen, mit Weinstöcken bedeckten Hügeln. Wenn bei wechselhaftem Wetter zwischen dunklen Wolken ein Sonnenstrahl darauf fällt, wirkt er wie ein Leuchtturm oder wie ein Schiff zwischen grünen Wogen. Am Platz davor befindet sich die *Maison du Vin de Saint-Estèphe* (Place de l'Eglise, Tel. 56.59.30.59) mit entsprechendem Angebot.

Wie Paulliac ist St-Estèphe ein Weinort mit Anlegeplatz an der Gironde, und auch hier kann man hinüberschauen zu den Sumpfgebieten von St-Ciers und dem Kernkraftwerk von Blaye. Vielleicht werfen Sie auch einen Blick auf die auf Stelzen stehenden Fischerhütten an der Uferstaße. Gegen den Hunger können Sie etwas im Restaurant ›**Le Peyrat**‹ (Le Port, Tel. 56.59.71.43) tun.

Wenn Sie am Hafen nach Norden fahren, kommen Sie in einer weiten Kurve zuerst am *Château Sociano Mallet* in **Baleyron** vorbei, von wo Sie einen Ausblick auf die Gironde genießen können (Besichtigung und Weinproben nach Vereinbarung, Tel. 56.59.36.57). Weiter geht es nach **Saint-Seurin-de-Cadourne**, ein Weinort schon bei den Römern. Ein kleines Stück nach Süden steht das *Château Verdus* (Tel. 56.59.31.59), mit seinem Taubenturm (*Colombier du Bardis*) gut erhalten und landschaftlich schön gelegen. Zum Essen lädt in St-Seurin das Hotel-Restaurant ›**Hôtel du Midi**‹ (Tel. 56.59.30.49). Im *Atelier d'Art Yan de Siber* (Le Bourg, Tel. 56.59.38.55) finden regelmäßig kleine Kunstausstellungen statt.

Auf der D203 in Richtung Lesparre kommen Sie zum *Château Senilhac* (Tel. 56.59.31.41), wo auch Weinproben angeboten werden. Attraktion ist der zwölf Hektar große Park mit einem ausgedehnten Areal für Wildkaninchen.

An der Küste geht es weiter zum *Port de la Maréchale*, wo im Restaurant ›**La Guinguette de la Maréchale**‹ Meeresfrüchte und anderes Seegetier aufgetischt werden (Tel. 56.59.39.49). Die D2 bringt Sie nach **Loudenne** mit dem gleichnamigen Château, ursprünglich ein Kartäuserkloster des 18. Jh. Durch einen barocken Torbogen, der aus jeweils fünffachen Ziegelsteinblöcken und ebenso mächtigen Kalksteinen besteht – sie bilden nebeneinander eine Art Streifenmuster – kommt man in einen schönen Innenhof mit Bäumen und einem kleinen Obelisken in der Mitte. Über dem massiven Haupthaus steht ein doppelter Dachreiter, den eine Uhr ziert: barocke Mahnung der Mönche an die ablaufende Zeit oder Erinnerung der Weinarbeiter an die kommende Pause? Nach der Besichtigung der Weinkeller können Sie zur Weinprobe schreiten: In einer ›Mini École de Vin‹ werden Ihnen ein paar Begriffe der Weinbeurteilung nähergebracht. Zu den Mini-Écoles muß man sich unbedingt früh genug anmelden. Ansonsten ist das Schloß das ganze Jahr über geöffnet (Führungen auch auf Deutsch [50 Min], Mo–Fr 9.30–17.30 Uhr, zusätzlich: Juli/Aug Sa/So 14–17.30 Uhr, Sept Sa 14–17.30 Uhr, Tel. 56.09.05.03).

Auf der D2 kommen Sie nach St-Yzans und weiter nach **St-Christoly** mit seinem kleinen Hafen und der romanischen Kirche. Im Restaurant ›**La Maison du Douanier**‹ (Tel. 56.41.35.25) hat man sich auf Lamm, Ente und Seezunge spezialisiert. Ein Stückchen südlich von St-Christoly können Sie sich nach dem Essen eine englische Befestigungsanlage beim *Château Moulin de Taffard* (Tel. 56.41.54.98) besichtigen. Von hier fahren Sie an der Küste auf einer landschaftlich reizvollen Straße nach Norden, halten bei dem alten Leuchtturm *Tour-de-By*, der mit seinem spitzen, aufgewölbten Turmdach wie ein asiatischer Fremd-körper in der Landschaft steht und von dem aus Sie einen weiten Blick über das Wasser haben, und fahren schließlich an den beiden kleinen Häfen *Goulée* und *Richard* (Leuchtturm) durch **St-Vivien** (romanische Kirche des 12. Jh., *Office de Tourisme*: Tel. 56.09.58.50) bis an die Spitze des Médoc an der *Pointe de Grave*. Sollten Sie die Küste verlassen und noch nach Lesparre fahren wollen, führt Sie die D103E5 von St-Christoly durch **Blaignan**, wo ausnahmsweise nicht Wein, sondern Pralinées und andere *confiseries* den Gaumen verwöhnen: *Noisettine (Pralinerie) du Médoc* heißt das Unternehmen (Besichtigungen Mitte Juni–Sept Mo–Sa 9–12, 14–19 Uhr, Tel. 56.09.03.09). Zum Essen sei das Restaurant ›**Auberge des Vignobles**‹ (Tel. 56.09.04.81) empfohlen. Von **Lesparre-Medoc** (4 700 Einw., 65 km nordwestl. von Bordeaux, an N215, D204, *Office de Tourisme*, Place Docteur Lapeyrade: Tel. 56.41.21.96) sieht man aus der Ferne den Turm der neogotischen Kirche, dessen Dach aus denselben Mauersteinen gemacht ist wie die Mauern selbst. Die zwei schmalen, hohen, oben mit doppelten Rundbogen abgeschlossenen Öffnungen unter dem Dach fallen deshalb sogleich auf, weil man darin die Glocke sieht und an ihr vorbei durch die Fenster das Himmelslicht von der anderen Seite hindurchscheint (bei anderen Kirchen ist der Turmraum mit den Glocken wettergeschützt hinter einem Holzverschlag). Darunter eine kleinere Etage, dann, über der Kirchentür, wieder eine hohe Etage, deren Höhe wiederum betont wird durch die zweifache, schmale Fensteröffnung.

Im sommerlichen Kostüm: die Mühle von Vensac

Ihre besondere Identität beziehen die Bewohner von Lesparre aus der **Geschichte**. Schon der Ortsname soll aus dem lateinischen *spara*, besser aber noch aus dem keltischen *spari*, herrühren, gleichbedeutend mit einer Lichtung im Wald. Im 12. Jh hieß es *Spara* oder *Sparra*. Die *Sires de Lesparre* sollen ab Karl dem Großen, für andere ab Titus, nachgewiesen sein. Mitte des 13. Jh. gab es hier zwei berühmte Troubadoure, *Aimeric de Belenoi*, geboren in Lesparre, und *Pey de Corbian*, aus dem Médoc gebürtig.

Der Ort Lesparre war den Engländern von 1154 bis 1453 treu ergeben. Auch nach der Schlacht von Castillon, als Aquitanien wieder französisch war, flatterte hier noch die englische Fahne. In der Revolution wurde die Stadtbesfestigung bis auf Donjon abgerissen, der nach der Königstreue der Lesparrais *Donjon de l'Honneur de Lesparre* heißt. Zur Illustration dieser Treue und der sonstigen Geschichte des Orts wurde in dem Turm ein kleines Museum eingerichtet. Sie vermissen die Weinprobe? Kommen Sie im August, da findet ein *Weinmarkt* statt (Tel. 56.41.21.96).

Auf der N215 fahren Sie nach Norden. In **Gaillan-en-Médoc** können Sie sehr erlesen (1 Stern) im *Château Layauga* speisen. Die Spezialität sind natürlich Médoc-Weine, aber wenn Sie im Périgord nicht zu Ihren Trüffeln gekommen sind, können Sie das hier nachholen. Und übernachten kann man im Château auch. (Jan/Feb geschl., Tel. 56.41.26.83).

Weiter nach Norden durchfahren Sie **Vensac** (▲), wo eine Windmühle aus dem 19. Jh. erhalten ist. Gelegentlich wird hier zu touristischen Zwecken noch Weizen zu Mehl gemahlen (in den Ferien tgl., sonst an Wochenenden 10– 12.30 Uhr, 14.30– 18.30 Uhr, Tel. 56.09.45.00).

Am Ende der Gironde liegt der Hafen **Le Verdon** (*Office de Tourisme*: Rue François-Le-Breton, Tel. 56.09.61.78), dessen Grund erst im Lauf der Jahrhunderte im Zug der Verlandung und Verengung der Flußmündung angeschwemmt wurde. Bis ins 18. Jh. gehörte Le Verdon zu Soulac und war ein Schutzhafen für die Schiffe, die wegen widriger Winde blockiert waren. Zu sehen und zu tun gab es hier nichts, und die Seeleute klagten über mangelnde Abwechslung während ihrer manchmal wochenlanger Aufenthalte. Man erhob also eine Steuer (*dime*), so daß zumindest eine Kapelle gebaut werden konnte. Höhepunkt der Geschichte von Le Verdon war 1917 die Landung der Amerikaner.

Wenn Sie der N215 weiter nach Norden folgen, finden Sie sich zwangsläufig an der **Pointe de Grave** (Pavillon de Tourisme: Tel. 56.09.65.56) ein. Hier können Sie den Weinbau fürs erste vergessen und sich für einen der zahlreichen Schiffsausflüge anmelden: zum Leuchtturm *Phare de Cordouan* (mit kleinem Museum, April–Okt, von der Plattform schöner Blick), zur Diner-Kreuzfahrt, zum Fischesammeln im Watt bei Ebbe und zu Küstenfahrten (Atlantik und Gironde, Juni–Sept, am Kai oder bei *Agence Atlantique Avenir*, 33, rue de la Plage à Soulac-sur-Mer, Tel. 56.09.94.71). Von der Düne hat man einen Ausblick auf die Gironde-Mündung, auf das Hinterland und hinüber zum Leuchtturm. Von der Pointe de Grave aus fährt die Fähre nach Royan.

AN DER CÔTE D'ARGENT

Die *Pointe de Grave* ist der nördlichste Punkt der Côte d'Argent, die sich auf einer Länge von fast 250 km ohne nennenswerte Unterbrechung bis Biarritz (Tour 20) nach Süden zieht. Côte d'Argent – Silberküste, und tatsächlich hat es den Eindruck, als ›bemühe‹ sich dieser Küstenstreifen geradezu, das gleißende Licht auf dem Sandstrand und dem Brandungsschaum zu einem einzigen Farbeindruck zu verdichten. Der teilweise hohe Wellengang des Atlantik ist denn auch den einen der größte Spaß, zum Beispiel den Wellenreitern und Windsurfern, den anderen kann er zum Verhängnis werden, v. a. solchen Schwimmern und Luftmatratzenkapitänen, die nicht auf Flut und Ebbe achten, sich zuviel zutrauen und Warnungen mißachten.

Ansonsten bietet die Küste Badeferien pur. Die Strände sind zum Teil naturbelassen, der Strandhafer, der zuweilen in die Zehen sticht, dient der Festigung des Sandes, der sich unter dem Wind leicht zu Flugsand entwickelt. Die Wanderdünen, die berühmte Dune du Pilat (*S. 205*), und die Landbefestigungskampagne des 19. Jh. (*S. 12*) bezeugen das. Bis auf wenige Ausnahmen hat man den Bau von klotzigen Hotels unterlassen. Die immerhin ca. 250 000 Gästebetten sind so größtenteils auf kleinere Hotels und Ferienwohnungen verteilt.

13 Zwischen Soulac und Cap Ferret

Die Ostseite des Médoc, also des Landzipfels zwischen Gironde und Atlantik, haben wir als reichen, für den Weinliebhaber geradezu paradiesischen Landstrich kennengelernt. Die Kiefernwälder und die Heide des Hinterlands (les Landes du Médoc) der Seeseite sind im Sommer beliebte Picknickorte. Ansonsten ist das Marschland, das sich sumpfig neben der Straße ausbreitet, weniger aufregend. Sogar die Kirchen, die alle aus der Ferne ihren Reiz besitzen, sind einander mehr oder minder gleich: hohes Mittelschiff zwischen halbhohen Seitenschiffen, seitliche Strebestützpfeiler und ein Eingang unter dem Glockenturm, der zugleich Vestibül und Windfang ist. Hohe Seitenfenster am Mittelschiff und am Glockenturm, der darüber Holzlamellenfenster zum Schutz der Glocke aufweist. Das ist in Hourtin wie in Carcans und Lacanau so. Nur die *Kirche* von **Vendaye Montalivet** (Office de Tourisme: 64, avenue de l'Océan, Tel. 56.09.30.12), obwohl vom selben Typ, ist etwas großzügiger ausgefallen. Der

Windfang ist mit doppelten ionischen Säulen bestückt, und die Kirchturmspitze hat seitliche kleine Reiterchen. Die Seitenschiffe sind zwar nur halb so breit wie bei den anderen Kirchen, dafür schließen sich an sie weitere Seitenschiffe an, die nun noch niedriger und breiter sind, so daß sie Kirche beinah flach und kompakt aussieht und ihr Turm wie ein Dorn in den Himmel piekt.

Etwas besonderes zwischen Küste und Wald ist die **Route des Étangs**, die an den Seen und Teichen von Hourtin beginnt und Richtung Süden führt. Diese Seen sind fast alle untereinander durch Kanäle verbunden, so daß sich attraktive Bade- und Wassersport-Möglichkeiten bieten.

Soulac

2 800 Einw., 86 km nordwestl. von Bordeaux, an N215, D101, **Office de Tourisme**: Rue de la Plage, Tel. 56.09.86.61. Im Sommer tgl. Markt. ▲

Der erste Ort ist Soulac, das durch seine Lage am Nordende des Médoc, an der Römerstraße *lévade* (3. und 4. Jh.), für die Pilger von Bedeutung war, die von Royan oder gar von weiter her mit dem Schiff kamen oder dorthin abreisen wollten. Der frühere Hafen, zugleich auch Fischereihafen, ist inzwischen versandet, wie schon der Hafen *novio magus*, der um 580 vom Meer überspült wurde. Soulac-sur-Mer, das zusammengewachsen ist mit L'Amélie-sur-Mer, ist heute nicht viel mehr als ein alter Badeort, die Bademöglichkeiten sind allerdings hervorragend; Sandbänke

Wo einst ein Hafen war...

mildern die Brandung. Für die *Plage de Soulac* wurde die Dünenkette 800 m breit unterbrochen. Hier befinden sich auch das Kasino und die schöne Strandpromenade. Der Feinsandstrand ist bei Flut noch 100 m breit. Ein Meerwasserschwimmbecken, Gelegenheiten für Segeln und Windsurfen und die Toiletten beim Parkplatz weisen den für den Massentourismus gerüsteten Ort aus. Schmale Gassen eines typischen Sommerbadeorts mit den dazugehörigen Läden für Badezeug und Sonnenschutz und den für das abendliche Ambiente unentbehrlichen Bars, Kneipen und Discos prägen das Ortsbild. Im Winter leben hier, anders als die amtliche Angabe, 350 Menschen, im Sommer schwillt die Bevölkerung des kleinen Orts auf das zwanzigfache an. Zur Zeit der Pilger war Soulac eine *sauveté*, ein Weiler im Umkreis eines Klosters. Was gebaut wurde, war stetiger Versandung ausgesetzt, was zu nah am Wasser war, mußte früher oder später verlassen werden, weil der Boden (also der Sand) landeinwärts wanderte.

Die romanische Kirche *Basilique de Notre Dame de la Fin des Terres* (Unsere Liebe Frau am Ende der Welt) hat ihren Ursprung in einer Betkapelle, die zur Verehrung der Jungfrau bei einer Quelle errichtet wurde. Um 950 schenkte *Wilhelm von Aquitanien* ›der Gute‹ das Gebiet den Benediktinern von Bordeaux. Die Kirche wurde im 12. Jh. in romanischem Stil gebaut, ab dem 14. Jh. mußte sie vom Sand der landeinwärts wandernden Dünen immer wieder freigeschaufelt werden. Der Boden wurde sogar um 5 m erhöht. In den Religionskriegen wandelte sie sich zur Festung der Hugenotten, wenn auch nur für begrenzte Zeit, denn der Sand, der sich auf das Gebäude legte, drohte das Gotteshaus zu zerstören. Im 18. Jh. war das Dach eingestürzt und die Türen verschüttet – wie übrigens auch bei den übrigen Gebäuden der Ortschaft. Die Bewohner siedelten sich ein wenig weiter östlich an – bis 1848 der Bischof von Bordeaux Anstoß an dem morbiden Zustand nahm und sich für den Wiederaufbau einsetzte. Gegen Ende des 19. Jh. war das Werk vollbracht. Statt des Sandes aber drang jetzt Wasser ein.

Der Einsatz für Soulac hatte seinen religiösen Grund: Im 1. Jh. soll die **hl. Veronika** hier an Land gegangen sein. Sie soll Christus auf seinem Leidensweg mit einem Tuch den Schweiß aus dem Gesicht gewischt haben und dies Tuch danach via Soulac nach Rom gebracht haben, bevor es nach Turin gelangte. Vorher soll sie bei Saintes den hl. Martial getroffen haben. Ihr Mann, St-Amadour, angeblich der Zachäus der Bibel, begleitete sie und ließ sich in Roc-Amadour im Quercy nieder. Andere Legenden sagen, Veronika sei von Rom nach Soulac gereist. Ihre Reliquien sind im 9. Jh. in die Kirche St-Seurin in Bordeaux (*S. 65*) gebracht worden.

Von außen wirkt die Kirche mit ihrem auf Höhe des Dachfirsts gleichsam abgeschnittenen Turm massig und gedrungen. Das Portal und die drei Frontfenster sind mager ausgestaltet. Innen hingegen ist sie für eine kleine Kirche ›am Ende der Welt‹ ziemlich geräumig. Das Gotteshaus war ein Stützpunkt der Jakobspilger, eine Anlaufstation, wenn sie mit dem Schiff ankamen oder sich einschiffen wollten für die Heimfahrt. Die Darstellungen auf den Kapitellen unter den halbkreisrunden Gewölbebögen wiesen die Pilger plastisch auf die Übel und Ungeheuer hin, die sie bei den Barbaren oder im Fegefeuer erwarteten.

Wer nach dem Besuch des Gotteshauses eine Kleinigkeit zu sich nehmen möchte, kann dies natürlich in einem der zahlreichen Schnellrestaurants tun, als Alternative bietet sich in Amélie das Hotel-Restaurant ›**Pins**‹ an (Tel. 56.09.80.01).

Was tut man hier außer baden und in der Sonne braten? In Soulac werden hin und wieder von der *Fondation Soulac-Médoc* (beim Casino in der Rue Ausone, Tel. 56.09.83.99) kleine Kunstausstellungen veranstaltet, es gibt sogenannte *courses de vaches landaises*, eine unblutige Variante des spanischen Stierkampfs (*S. 225*), und es werden Ausflüge angeboten (Office de Tourisme) zu den Étangs und ins Médoc (das Château Mouton Rothschild, *S. 189*, ist 48 km entfernt). In Amélie kann man sich durch einen botanischen Garten mit typischen und seltenen Pflanzen führen lassen (Dune de l'Amélie, über Touristenbüro in Soulac).

Die nächsten **Badeorte: Le Gurp**, wo der Strand bei Flut noch 15 bis 20 Meter breit ist. Duschen am Strand erhöhen den Komfort. In der Nähe liegen ›Euronat‹, FKK-Platz im Wald mit Camping und allem drum und dran, und **Montalivet les-Bains** mit dem *Centre hélio-marin*, der größten der drei FKK-Anlagen an der aquitanischen Küste. Im Waldgebiet gibt es Campinganlagen und über 1 000 Ferienhäuschen für die Nackten.

Mit dem Fahrrad, zu Pferde oder auf Schusters Rappen: Wer seinen Urlaub eher aktiv gestalten und z. B. aufs **Fahrrad** umsteigen möchte, nimmt ab Hourtin Plage den Fahrradweg parallel zum Meer nach Cap Ferret; eine *Piste cyclable*, also eine mit dem Fahrrad befahrbare Piste, verbindet Lacanau und den Norden von Bordeaux (Stadtteil Bruges; **Fahrradverleih**: *Maison de la Station* in Hourtin [Tel. 56.09.23.76, Apr–Sept]; *Mido SARL* in Soulac [Rue de la Plage, Tel. 56.09.87.26, Apr–Okt]; *Cycles Peugeot* in Lesparre [Route de Soulac, Tel. 56.41.22.18]).

Auch wer statt dessen lieber **reiten** möchte, hat hierzu zahlreiche Gelegenheiten: im *Centre équestre de Cardin* in Hourtin (Tel. 56.09.20.75, Ponys und Pferde auch für Anfänger, Apr–Sept), im *Club Hippique* von Soulac (Tel. 56.09.71.93), im Club *Hippique de Talaris* in Lacanau (Tel.

56.03.52.74; Reiterwochenenden, ›alternatives‹ Reiten) und auf der *Ferme équestre des Castres* in Carcans (Tel. 56.03.38.69, Feb–Nov).

Für **Wanderfreunde** führt von der Nordwestspitze des Lac d'Hourtin et Carcans der *Fernwanderweg GR8* über Lacanau Océan und den Lac de Lacanau zum Bassin d'Arcachon und Cap Ferret.

Hourtin Plage ist ein weiterer Badeort mit feinem Sandstrand und einem schönen *Campingplatz*, und wer ein Interesse an Yachten hat, besichtigt diese in Hourtin-Port (Parkplatz am See). Hourtin-Lac ist der Ortsteil von **Hourtin** (*Office de Tourisme/ Maison de la Station*: Tel. 56.09.19.00) und liegt zugleich am größten Binnen-See Frankreichs (60 km^2). Hier gilt die Regel: Je schmaler der Sandstrand, desto höher die Preise. Um den See, um den keine Straße herumführt, liegen Wälder, Dünen und Sümpfe, Kanäle stellen eine Verbindung her zu den südlich gelegenen Seen Cousseau, Lacanau und zum Bassin von Arcachon. Hier kann man angeln und segeln: Außerdem gibt es in Hourtin-Lac **Extraangebote für Kinder**: ›La Maison de la Petite Enfance‹ (3–6 Jahre) und ›L'Île aux Enfants et son Château Fort‹ (7–13 Jahre). Informationen erhalten Sie über die Maison de la Station.

Am Südende des Lac d'Hourtin liegt **Maubuisson** (ca. 20 km südwestl. Hourtin. *Office de Tourisme de Carcans Maubuisson*: 127, avenue de Maubuisson, Tel. 56.03.34.94) sehr hübsch am *Canal de Jonction*, der durch den Wald führt. Wassersportmöglichkeiten, ein schöner Blick über den See, Promenaden und das in einem Holzhaus eingerichtete Heimatmuseum runden das Angebot ab. Hinter hohen Dünen liegt der zweite Ortsteil, *Carcans-Plage* (bei Windsurfern beliebt).

Auf der schönen Waldstraße D6E1 fahren Sie Richtung Süden nach **Lacanau-Océan**, 1992 Austragungsort der Surfweltmeisterschaft. Der im Sommer überlaufene Ort, mit seinem feinen Sandstrand auch bei Seglern und Freunden des Wasserskisports beliebt, wurde leider mit zuviel Beton zu einem Ferienzentrum gemacht. Wenn Sie hier preiswert essen wollen, suchen Sie den ›**Étoile d'Argent**‹ an der Place de l'Europe auf (Tel. 56.03.21.07). Weitere Auskünfte erhalten Sie beim *Office de Tourisme* (Place de l'Europe, Tel. 56.03.21.01) in **Lacanau** selbst am *Lac de Lacanau*, einem schönen, 8 km langen See mit zahlreichen Wassersportmöglichkeiten. Im Ort findet jeden Mittwoch einer der größten Märkte entlang der Küste statt.

Nächste Station ist **Le Porge-Océan**, landschaftlich schön in einem Dünengelände gelegen. Die Restaurants und Bars sind im Holzhüttenstil gehalten, und einen Campingplatz gibt es hier

auch. Im Hinterland **Le Porge** (*Office de Tourisme*: 3, place Saint-Seurin, Tel. 56.26.54.34), wo man in der ›**Vieille Auberge**‹ sehr schön essen kann (gemütlicher Garten; Tel. 56.26.50.40).

Der nächste größere Ort ist **Lège-Cap Ferret** am Nordrand des Bassins von Arcachon.

Schließlich kommen wir an die spitze Landzunge von **Cap-Ferret** (3 500 Einw., 66 km westl. von Bordeaux, an D106, *Office de Tourisme*: 12, avenue Océan, Tel. 56.60.63.26), einem Zentrum der Austernzucht. Das Cap Ferret ist der Abschluß zum Meer, der das Bassin d'Arcachon bildet. Im Windschatten dieser Landzunge ist das Becken von Arcachon ein stilles Gewässer, das als Ferien- und Badeort eine längere Tradition hat als der Atlantikstrand, wo die Brandung tost. Auf jeden Fall gewährleistet das ruhige Wasser, im Gegensatz zur Atlantikküste, gefahrloses Baden. Vor dem Hintergrund der stillen Austernfelder des Beckens ist die *Plage du Bassin* ideal für Familien mit kleinen Kindern. Bootsausflüge zur Vogelinsel mit den auf Pfeilern aufgestellten Holzhütten werden in Arcachon (s. Tour **14**) und in Andernos Les Bains angeboten. Vom *Leuchtturm* (52 m hoch, Baujahr 1947) aus hat man einen schönen **★★Ausblick** auf die See, zur Dune du Pilat (*S. 205*) und auf das Becken von Arcachon.

Cap Ferret wurde im 19. Jh zu einem bevorzugten Ferienort

Die Côte d'Argent, eine eigene Landschaft (hier der Strand von Hourtin)

wohlhabender Familien. Die Villen der Gründerzeit mit ihren Gärten und Pinienhainen prägen das Bild des Dorfs. Zum Lebensstil jener Zeit gehört auch die *Villa algérienne*, ein Haus im orientalischen Stil, in dem eine kleine Kapelle untergebracht ist. Von hier aus hat man einen schönen Blick über das Becken von Arcachon. Weiter gibt es hier ein paar Hotels, Ferienwohnungen, eine Jugendherberge und einen Campingplatz. Und sogar eine kleine Trambahn in Gestalt einer historischen Miniatur-Eisenbahn, die Sie von der Anlegestelle Bélisaire zum Ozean transportiert. Und wer essen gehen möchte, findet hier im Hotel-Restaurant ›**Les Pins**‹ bestimmt das Richtige (Rue Fauvettes).

14 Arcachon und Umgebung

Arcachon

12 000 Einw., 70 km westl. von Bordeaux, an N250, **Office de Tourisme**: Esplanade Georges Pompidou, Tel. 56.83.01.69. Tgl. *Markt* auf dem Kirchenvorplatz im Stadtzentrum. **Fahrradverleih**: ›Locabeach‹, 326, bd. de la Plage, Tel. 56.83.39.64, oder ›Dingo Vélos‹, Point France, Rue Grenier, Tel. 56.83.44.09. ▲

Der beliebte Bade- und Kurort Arcachon, zugleich einer der größten französischen Yachthäfen und ein Zentrum der Austernzucht, hat der Bucht – oder dem einzigen zum Meer offenen See, der außerdem Salzwasser enthält? – den Namen gegeben. Übrigens: Es gab am Bassin d'Arcachon schon Badeorte, als noch niemand Lust am Toben in der Brandung zeigte.

Die ersten ›Touristen‹ sollen Kreter gewesen sein, die Schutz vor der Brandung suchten. Die berühmtesten Besucher waren *Napoléon III* und *Kaiserin Eugénie* samt ihrem Prinz (1859) und noch einmal 1863 *Napoléon III*, diesmal mit *Prosper Merimée*, um die Villa der Brüder Pereire aufzusuchen. Das hatte eine enorme Öffentlichkeitswirkung: Aracachon war von nun an Kur- und Badeort. Hatte es 1845 noch drei Seebäder gegeben, so waren es inzwischen sehr viel mehr geworden. *Emile* und *Isaac Pereire*, Bankiers und Eisenbahnmagnaten, hatten in den Hügel von Arcachon investiert, die damals vierhundert Bewohner blieben nicht mehr lange unter sich. Könige und Künstler, Potentaten und Protze fühlten sich seitdem angezogen von dem schönen Ort: 1890 *Elisabeth von Österreich*, 1901 die *Königin von Madagascar*, 1902 *Prinz Albert von Monaco*, 1907 Königin *Nathalie von Serbien* und (in demselben Jahr, aber nicht zusammen) *Alfonso XIII*, König von Spanien. 1859 dirigierte *Gounod* Messen in der Kirche Notre Dame, 1910 bis 1915 war *Gabriele d'Annunzio* Gast im Moulleau, in der Villa Saint Dominique.

Im Sommer, wenn die Ferien ausgebrochen sind, also Juli und August, steigert sich die Bevölkerungsdichte um ein Mehrfaches, und es geht fast großstädtisch zu. Trotz der Beliebtheit bei den Sommergästen ist das Stadtbild weitgehend frei geblieben von Betonklötzen. Der Tourismus blüht vor allem in der *Ville d'Été* beim Strand, in deren schmalen Straßen Snackbars, Discos, Supermärkte und Lokale dicht an dicht liegen. Aus der Anfangszeit als Touristenort stammt die Aufteilung von Arcachon in eine Winterstadt und eine Sommerstadt. Am Wasser des Bassins (Nordrand von Arcachon) wurden luxuriöse Residenzen errichtet, wo sich der mondäne Snob der Belle Époque der Sommerfrische hingab. Die *Ville d'hiver* (Winterstadt) liegt ein bißchen vom Wasser weg erhöht. Früher war das Wald, heute ist es eine Parkstadt mit Villen des 19. Jh. Außerdem stand hier, am oberen Ende der *Rue du Maréchal de Lattre de Tassigny*, in der ehemaligen Rue du Casino, das Casino Mauresque (*s. unten*), das aber abgebrannt ist. Der *Parc Mauresque* ist nach dem Casino benannt, und hier darf man sich vorstellen, daß die vornehmen Gäste durch den Parc flanierten und die Spieltische des Casino aufsuchten, wo russische Fürsten und spanische Granden, Pariser Aristokraten und internationale Schmocks den Rubel und die Roulettekugel rollen ließen und auch bei Verlusten noch Haltung wahrten. Das Casino ist inzwischen abgestiegen an den *Boulevard de la Plage* im Ostteil der ›Sommerstadt‹. Und was sollen dann noch *Ville de Printemps* und *Ville d'Automne*, Frühlings- und Herbststadt? Zur ersteren gehört der *Parc Pereire*, so daß man die ausschlagenden Bäume und die sprießenden Blüten der Grünanlagen zum Namengeber gewählt hat. Die *Ville d'Automne* (oder Aiguillon) hat noch etwas vom alten Fischerort: kleine Häuser mit roten Ziegeldächern, dort errichtet, wo die ersten Bewohner lebten und wo eine Landzunge den besten Schutz vor See und Sturm gewährt. Daß die Bewohner von Aiguillon sich irgendwie als etwas besonderes fühlen, wie gern behauptet wird, sieht man auch daran, daß hier nicht erst der 14., sondern schon der 13. Juli mit einem *bal populaire* und eigenem Feuerwerk als Feiertag begangen wird. Am Tag danach steigen dann die offiziellen Raketen und Knallkörper.

Arcachon und die Nachbarorte und -unterorte (Le Moulleau, Pyla-sur-Mer und Pilat-Plage im Süden, La Teste, La Hume, Gujan-Mestras und Le Teich im Osten) gehen fast unterschiedslos ineinander über. In der Mitte liegt der *Front de la Mer*, die klassische Strandpromenade von Arcachon. Auf den *Boulevards Gounouilhou* und *Veyrier-Montagnères* geht man unter Tamariskenbäumen mit Blick über den feinen Sandstrand auf das Bassin, was natürlich abends, im Widerschein der angestrahlten Fassaden und dem Mondlicht auf dem Wasser, das geeignete Ambiente ist, um sich nach dem erschöpfenden Aufenthalt im Wasser und unter der Sonne an einem Cafétisch zu erholen. Die *Avenue Gambetta* verlängert sich ins Bassin zur *Mole Jetée Thiers*, von der Sie einen seitlichen Blick auf Arcachons Seeseite und die blauweiß gestreiften Zeltsitze haben. Wenn Sie vom Meer in den Ort hineingehen, können Sie links auf dem *Boulevard de la Plage* zum **Casino** gehen, das in einem 1853 errichteten, großzügig mit Türmen und Seitenflügeln angelegtem Château untergebracht ist (163, bd. de la plage, ab 17 Uhr, werktags ab 19 Uhr, Tel. 56.83.41.44, 60 Fr Eintritt, Mindestalter 18 Jahre [Ausweis!], Roulette, Boule, Blackjack), oder nach gegenüber, ins *Museé Aquarium* (2, rue Jolyet, 20. März–Okt 10–12, 14–19 Uhr, Juli/Aug Nocturnes 20–23 Uhr, Tel. 56.83.10.22). Im Erdgeschoß des Museums können Sie die Fische bewundern, die das Bassin bevölkern, im ersten Stock werden Sie informiert, wie die Austernzucht vor sich geht, welche Funde die Archäologen hier gemacht haben und was für Tierarten es in der Region gibt.

In die andere Richtung kommen Sie auf dem *Boulevard de la Plage* zur *Avenue de la Chapelle*, auf der Sie rechts zur Mole Jetée des Marins, links zur Kirche **Notre-Dame** gehen können. Letztere stammt aus dem 19. Jh. In ihrer Matrosenkapelle *Chapelle des Marins* können Sie einige Ex-Voto-Bilder ansehen, die sich von den sonst üblichen insofern unterscheiden, als hier nicht Autos und Traktoren, sondern Schiffe und Schaluppen das Inventar dominieren. Wenn Sie jetzt auf dem *Cours Lamarque* wieder zurück in den Ort gehen wollen, kommen Sie zur Rue du *Maréchal de Lattre de Tassigny* (besuchen Sie das kleine Fischrestaurant ›La Marée‹, Nr. 21, Tel. 56.83.24.05), auf der Sie nach rechts zum *Parc Mauresque*, nach links durch diese schöne alte Ladenstraße zum Meer gelangen.

Schnell und unkompliziert – das gibt es am Strand. Etwas besser essen Sie gegenüber dem Casino im ›**Roc Hôtel et Moderne**‹ (200, bd. de la Plage, April–Okt, Tel. 56.83.05.01), ein kleines Stückchen weiter zum Bahnhof in ›**Le Cabestan**‹ (6, av. G.de Gaulle, Tel. 56.83.18.62), am Wasser und im Freien im Restaurant ›**France**‹ (20, bd. Veyrier-Montagnières, Tel. 56.83.49.43) oder im Westteil in ›**Les Vagues**‹ (Ville de Printemps, 9, Boulevard Océan, Tel. 56.83.03.75) oder in der ›**Réserve du Parc**‹, am Ende der Avenue du Parc Pereire, fast am Meer, aber noch im Park. Hier können Sie auch vom ortseigenen Mineralwasser *Source Sainte-Anne des Abatilles* (Abatilles heißen das Viertel und der Park südlich der Ville de Printemps) probieren. Ein Tip ist auch wegen seiner leckeren Meeresfrüchte das ›**Le Reste à Terre**‹ am Ufer des Port de la Teste, 4 km vor Arcachon (Tel. 56.66.30.10).

Und während Sie auf das Essen warten, hier das nötige Wissen über das, was Sie am Bassin d'Arcachon eigentlich bestellen sollten. Das Becken hat sie nämlich in sich: die Austern.

Die Austernbänke im Bassin d'Arcachon

Die Austernbänke im Bassin d'Arcachon haben den Ort noch mehr als der Ferienbetrieb berühmt gemacht. Das Binnenmeer bei Arcachon bedeckt bei einer Oberfläche von 250 km^2 bei Flut 15 500 ha, bei Ebbe liegen noch 4 900 ha unter Wasser. Für eine Fläche von 1 750 ha sind insgesamt 2 500 Konzessionen zur Austernzucht (ostréiculture) vergeben worden. Der Gezeitenwechsel bringt zweimal täglich eine vollkommene Umwälzung des Wassers und damit die Ernährungsstoffe der Austern. Als 1858 die natürlichen Austernbänke langsam anfingen, sich zu erschöpfen, begann die Entwicklung eines Zuchtprogramms. Heute gedeihen drei Arten: die ›flache‹ Auster von Arcachon (*Gravette, ostrea-edulus*), die ›hohle‹ oder portugiesische Auster (*crassostrea angulata*), die eigentlich eine indische Auster ist, deren europäische Vertreter an den Rümpfen portugiesischer Schiffe ihre Reise machten und die seit der Mitte des 19. Jh auch bei Arcachon gezüchtet werden, sowie die japanische Austernart *crassostrea gigas*, die seit 1968 angebaut wird. Die ursprünglich ansässige Austernart der Gravettes, die auch die Römer schon gegessen haben sollen, starb 1922 wegen einer Muschelseuche fast aus. Seither wurden vornehmlich portugiesische Austern gezüchtet, die ihrerseits 1972 erkrankten, so daß man jetzt weitestgehend auf japanische Austern umgestiegen ist. Ostrea und Crassostrea legen Eier, die bei den ersteren im Inneren der Auster, bei den anderen auf dem Meeresgrund befruchtet werden. Die Befruchtung ist im Juni/Juli, bald schlüpfen Larven, über die sich das andere Meeresgetier mit Heißhunger hermacht. Strömungen reißen sie mit, Temperaturstürze des Wassers vernichten sie. Haben sie ein gewisses Eigengewicht erlangt, lassen sie sich auf festem Grund (Stein, Holz, Eisen, Muscheln) nieder. Das Geschick des Züchters besteht darin, im richtigen Moment saubere Unterlagen bereitzulegen. Am besten geeignet sind gekalkte Hohlziegel, die in Holzkäfigen in zwölf Schichten, versetzt und die hohle Seite nach unten, ins Wasser gesenkt werden. Nach 20 Tagen erkennt man die Tierchen mit bloßem Auge, nach acht Monaten werden diese Austernbabies mit einem Spezialmesser vorsichtig abgenommen und in den Mastpark gesetzt, wo sie besonders geschützt sind: ruhiges Gewässer und hinter engmaschigem Draht, durch den die ersten Austernliebhaber, die Krebse, nicht eindringen können. Ein Jahr später beginnt die Zucht am Boden: Die größer gewordenen Austern werden in die Nähe der stärkeren Prielströmungen umgesetzt und dort regelmäßig gedreht (ja, genau wie man es mit dem Wein macht), damit sie eine tiefe und gleichmäßige Form entwickeln. Nun dauert es nur noch lächerliche drei Jahre, bis die Austern eßreif sind. Vor dem Versand werden sie in versenkbaren Becken gelagert und durch Bewegung aus dem und ins Wasser dazu ›überredet‹, verschlossen zu bleiben, so daß sie den Transport heil überstehen. Bei dieser Gelegenheit werden die Austern mit Pumpsystemen abgespült: Davon werden sie sauber und duften nach Meer. Der Transport wird überwacht, es muß schnell gehen, denn man will sie ja lebendig und gesund verschlingen. Im Kühlschrank muß man sie flach, eng beieinander und feucht und mit der konkaven Seite nach unten lagern. Kurzer Frost schadet nicht, langsames Auftauen weckt ihre Lebensgeister. Fette, Kohlenhydrate, Eiweißstoffe und eine Prise Jod machen die Auster zum urgesunden Nahrungsmittel. Ein paar Minuten vor dem Verzehr werden sie geöffnet, Schalensplitter sind zu entfernen, und wem die Dinger zu geschmacklos sind, der spritzt Zitrone oder etwas Essig darauf.

Beim Ostteil von Arcachon befindet sich der Sporthafen **Port de Plaisance** (fast 2 000 Liegeplätze), der bei jedem Wetter erreichbar ist und über Süßwasser, Klos, Telefon und Bootstankstelle verfügt. Im Fischereihafen ist ebenfalls aller Komfort für bis zu vierzig Fangboote geboten. So verwundert es nicht, daß hier, in der Ville d'Automne, auch im Frühsommer immer doch ein paar Seebären oder Jachtbesitzer am Tisch eines Straßencafés entdeckt werden können.

Vor allem aber ist Arcachon eine Badestadt. Der Nordstrand am Bassin d'Arcachon erlaubt ein Badevergnügen ohne Seegang, allerdings Vorsicht bei Ebbe! Ein Teil der 80 Kilometer Sandstrand sind nämlich auch den Gezeiten ausgesetzt. *Plage de Péreire* und *Plage des Abatilles* liegen schon an der Öffnung zum Meer hinter bewaldeten Dünen, über die nur ein Fußweg führt. Darum sind sie auch nicht so stark besucht.

Zur Information gibt es die **Fahnen** (die *blaue* besagt, daß das Wasser sauber ist), die *grüne* Fahne: gefahrloses Baden bei Aufsicht, *gelbe* Fahne: Baden ist nicht mehr ungefährlich, aber es gibt eine Aufsicht, *rote* Fahne: Baden verboten! *Keine* Fahne: Keine Aufsicht. Nie bei Ebbe baden gehen!

Weiteren Zeitvertreib bieten der *Golfplatz*, der von der Winterstadt aus bequem zu erreichen ist (Richtung Le Moulleau, Tel. 56.54.44.00). Pelota-Turniere, Jazzkonzerte in der Fußgängerzone von Le Moulleau, Segelregatten, Konzerte oder Philatelistentreffen – als sei in Arcachon die Langeweile verboten worden.

Südlich an die Ville de Printemps schließt sich **Le Moulleau** an, dessen Kirche nicht nur ansehnlich auf einem kleinen Buckel steht, sondern auch noch eine schwangere Jungfrau zeigt.

Knapp zehn Kilometer von Arcachon entfernt, mit großem Parkplatz, Andenkenbuden und Cafés für die durstenden Rückkehrer von diesem ungewöhnlichen Wüstenbiotop, ist bei **Pyla sur Mer** (Office de Tourisme: Rond Point du Figuer, Tel. 56.54.02.22) die berühmte ***Dune de Pyla**, ein 114 Meter hoher und 2, 7 km langer Sandrücken zwischen dem Wald von Arcachon und dem Meer, der angeblich mehr als eine Million Besucher im Jahr zählt, eine weitere Attraktion. Die Holztreppe, die das Besteigen der Düne erleichtert, muß Jahr für Jahr erneuert werden, nicht weil die vielen Menschen sie beschädigen, sondern weil der Sand pro Jahr bis zu zehn Meter tief ins Land wandert. Von oben hat man nicht nur einen großartigen Ausblick auf das Becken von Arcachon, auf den Ozean, auf die Wälder der Landes, auf die Seeschwalben und auf die Mountainbikefahrer und Deltasegler, die zu Auf- und Abstieg nicht die Treppe nehmen wollen. Sie atmen von der einen Seite Pinienduft, von der anderen jodhaltige Seeluft. Solche Wanderdünen beherrschten früher den Küstenstreifen Aquitaniens. Die Kirchen von Soulac und Arcachon waren irgendwann unter dem Sand verschwunden und mußten neu erbaut werden. Der Pinienwald war die Antwort des Menschen darauf, heute ist es Europas größter künstlicher Wald, wie es auch Europas größte Düne ist. Für solche, die den nächsten Sonnenaufgang hier erleben wollen, stehen ein paar Hotels daneben, vor allem aber schöne Campingplätze.

Zum Essen stehen in Pyla sur Mer die Restaurants ›**Moussours**‹ (35, bd. Océan, Tel. 56.54.07.94), auf dem Boulevard de l'Océan ›**La Guitoune**‹ (Tel. 56.22.70.10), in Pilat-Plage die Hôtel-Restaurants ›**Oyana**‹ (Tel. 56.22.72.59) und ›**Corniche**‹ (Tel. 56.22.72.11) zur Auswahl.

Vom Meer weg reihen sich weitere Attraktionen aneinander. Als erstes der *Zoo* von **La Teste** (Office de Tourisme: Place Jean Hameau, Tel. 56.54.63.14), wo Zebras und Löwen, Affen und vor allem Bären zu sehen sind und wo eine kleine Bahn die Besucher durchs Gelände kutschiert (mit Restaurant, ganzjährig, Tel. 56.54.71.44). Das nächste ist das Mittelalterdorf **La Hume**, wo in schönem Parkgelände nachgebaute alte Häuser stehen, in denen alte Handwerke und Arbeitsweisen vorgeführt werden, von Trägern falscher und echter Bärte und auf alt gemachter Brillen, deren Erzeugnisse käuflich zu erwerben sind. Fünfzig Handwerke werden dem Besucher gezeigt, nur für den Pranger hat sich niemand gefunden (Parkplatz, Restaurant, Mitte Juni–Aug tgl. 10–19.30 Uhr, Tel. 56.66.16.76). Gleich daneben gibt es den Vergnügungspark *La Coccinelle*, wo vor allem die Kleinen und die

Junggebliebenen ihren Spaß haben (Juni–Aug 10–19.30 Uhr, Tel. 56.66.30.41). Schließlich kommt **Le Teich** (Syndicat d'Initiative, Hôtel de Ville: Tel. 56.22.88.09), die Nordecke des Regionalparks *Parc Naturel Régional der Landes*, der sich über das gesamte Umfeld der beiden Flüsse Petite und Grande Leyre erstreckt. Was wir hier sehen können, ist einerseits ein Treibhausareal (*La Serre aux Papillons*) mit Orchideengarten, fleischfressenden Pflanzen, einem Bienenstock aus Glas und zahllosen exotischen Schmetterlingen (Rue du Port, Apr–Okt 14–18 Uhr, Juni–Aug 10–19 Uhr, Tel. 56.22.62.70). Am spannendsten ist sicherlich der *Parc ornithologique du Teich*, wo im Lauf des Jahres 260 Vogelsorten (über 100 000 Exemplare) vorübergehend auftauchen, von denen 80 Sorten hier nisten. Spazierwege von drei und sechs Kilometern Länge führen an den Nistplätzen vorbei. Infotafeln und ein eigenes Haus (*Maison de la Nature*) helfen Ihren Kenntnissen von Blaukehlchen und Eisvogel auf die Sprünge, außerdem kann man Ferngläser leihen (ganzjährig tgl. 10–18 Uhr, Tel. 56.22.80.93; weitere Informationen auch in Belin-Beliet, place de l'Eglise, Tel. 58.07.52.70).

Mit dem *Kanu* kann man zum Beobachten der Vögel im Schutzbezirk fahren. Um zur Vogelinsel mit den auf Pfeilern aufgestellten Holzhütten zu kommen, leiht man sich in Arcachon und in Andernos-les-Bains über die Touristenbüros Kanus aus.

In **Gujan-Mestras** (Syndicat d'Initiative: 41, avenue De-Lattre-de-Tassigny, Tel. 56.66.12.65), daran sind Sie vorbeigefahren, fand der Schriftsteller *Pierre Loti* im Viertel Meyran einen Fischer als Vorbild zu seinem Roman ›Mon Frère Yves‹ (1883).

Wenn Sie am Bassin d'Arcachon nach Norden fahren, kommt eine Reihe von Orten, die alle auf Badetourismus ausgerichtet sind und die bis auf Andernos-les-Bains mit all den Vorzügen Arcachons für sich werben. In **Audenge** (Syndicat d'Initiative: 25, allée Boissière, Tel. 56.26.95.97) befand sich das *Château de Certes*, das bei den Auseinandersetzungen der Fronde beschossen und von den Königstreuen eingenommen wurde. **Andernos-les-Bains** (Syndicat d'Initiative: 42, avenue de Broustic, Tel. 56.82.02.95) darf als ähnlich alt wie Arcachon gelten, da neben der kleinen Kirche *St-Eloi* (Apsis aus dem 12. Jh.) Reste einer frühchristlichen Kirche des 4. Jh. gefunden wurden. Daß dieser Platz der frühen Geschichte von Andernos nah beim Strand liegt, erhöht seine Attraktivität. Auf Andernos folgt schließlich **Arès** (Syndicat d'Initiative: Place du Port, Tel. 56.60.18.07), das zwar erst seit 1851 als Gemeinde geführt wird, dessen Kirche auf dem Platz aber immerhin romanisch ist.

DIE LANDES: DIE CÔTE D'ARGENT MIT HINTERLAND

15 Die Atlantikküste zwischen Biscarrosse und Capbreton

Es folgen von Arcachon nach Süden bis Biarritz kleinere Orte, die sich allesamt durch ihren Anteil an den 230 Kilometern feinen goldenen Atlantikstrands auszeichnen, dem längsten Strand Europas. Zwischen dem Hinterland, den waldreichen Landes (S. 215), und dem Meer liegen weitere natürliche Anziehungspunkte, die Étangs, von Pinienwald und Heide umgebene Seen, auf denen man Wassersport treiben und in denen man baden kann. Das Wasser ist wärmer als das des Atlantiks, zumeist ohne Wellengang und sicher ohne bemerkenswerte Strömung. An den Étangs d'Hourtin, de Cousseau und de Lacanau sind wir bereits vorbeigefahren, der nächste nach der Bucht von Arcachon (12 km) ist der *Lac de Cazaux et de Sanguinet* mit Segelhäfen, Restaurants, Wanderwegen, und wenig entfernt folgt schon der nächste, der *Lac de Biscarrosse*, verbunden durch einen Kanal.

Aktivurlaub an der Atlantikküste: Kanu, Wandern, Radfahren, Reiten

Hinweis: *Südlich von Biscarrosse bis nach Mimizan ist der Strand dem Militär vorbehalten*

Von Arcachon bis Mimizan (S. 212) sind diese Étangs und Lacs durch Kanäle verbunden: falls Sie sich für **Bootsfahrten** interessieren. Aber auch auf den Flüssen der Landes kann man sich bewegen. Hier ein paar Adressen: Auf der *Leyre* (die bei Le Teich ins Bassin d'Arcachon fließt): Die Association pour l'Initiation à l'Environnement (Atelier Gîte, Saugnac et Muret, Tel. 58.07.73.01) und die Base Nautique de Testamoun (Pissos, Tel. 58.08.90.30) veranstalten Eintages- und Mehrtagesfahrten (Aufsicht, Unterbringung, Ausgleichssport). Etwas unabhängiger darf man beim Halte Nautique de la Pouloye fahren (Trensacq, Tel. 58.07.04.41).
  Auf der *Palue*: Canoë Kayak Club von Castets (Route d'Uza, Tel. 58.89.44.97); Halte du Pont Neuf (Saint Michel Escalus, Tel. 58.48.75.07).
  Auf dem *Courlis* (nicht auf den Karten, von Lesperon nach Contis): Foyer pour tous (Mezos, Tel. 58.42.60.50).
  Auf dem *Courant de Soustons*, Lac de Soustons: Centre nautique (Soustons, Tel. 58.41.14.61).
  Auf der *Douze* und der *Midouze* (nach dem Zusammenfluß von Douze und Midou), eine Strecke voller Schleifen, die für lange Boote nicht geeignet ist. Stade Montois in Mont-de-Marsan (7, rue Georges-Tarditz, Tel. 58.75.75.74. und 58.46.26.59).

Auf den *Gaves*, die von Pau und von Oloron kommend vor Peyrehorade zusammenfließen: Canoë Club von Peyrehorade (Tel. 58.73.01.78 und 58.73.00.18). Auf dem *Luy*, der aus dem Béarn kommend in den Adour fließt: Canoë Kayak Club von Amou (Tel. 58.89.00.67). Auf dem *Adour*, ohne und mit Aufsicht: Canoë Kayak Club von Dax (39, cours Victor Hugo, Tel. 58.74.86.98 und 58.90.04.20); Canoë Kayak Club von Saint Sever (8, rue Guibert, Tel. 58.76.00.51); Canoë Kayak Club von Aire-sur-Adour (Bd. Lamothe, Tel. 58.71.67.88).

Auf dem Adour als gemütliche Sight-seeing-tour fahren Sie bei Vedette la Hire in Dax (März–Nov, Halb- und Ganztagstouren, Quai du 28ème bataillon de chasseurs, Tel. 58.74.87.07); mit flachen Fischerkähnen auf dem Adour: M. Elduayen in Peyrehorade (Tel. 58.73.01.78 und 58.73.00.18).

Wenn Sie lieber **wandern**: Der Langwanderweg GR8 verläuft parallel zur Küste 220 km lang von Arcachon (wo er von Soulac kommt) bis Urt in den Pyrenäen. Markierte Radwege gibt es von Mimizan bis Soustons. Auf zwei weitere ›Spezialitäten‹ der Landes zu stoßen, wird Sie sicher weniger erfreuen: Weil die Region abgelegen und aus geologischen Gründen wenig besiedelt ist, testet hier das Militär Raketenflugbahnen und hält ballistische Experimente und Schießübungen ab – keine Angst, es passiert nichts. Das andere sind die Ölvorkommen, die zum Beispiel zwischen der Dune du Pilat (*S. 205*) und Cazaux sowie am Südteil des Lac de Biscarrosse sehr hoch sind und dementsprechend ausgebeutet werden. Wenn Sie dennoch nach Cazaux (Syndicat d'Initiative, Place Gén de Gaulle, Tel. 56.22.91.75) fahren und zum Beispiel auf dem Boot über den Canal des Landes auf den Étang de Cazaux wollen, dann können Sie dort das ›Verkehrsmittel‹ auch wechseln und durch den Wald reiten (organisiert vom Centre Equitation, Base Aérienne 120, Tel. 56.22.99.15).

Reiten können Sie auch, wenn Sie von der N250 (von Arcachon nach Bordeaux) auf die D3 nach Süden abbiegen, in Mios: Reitertouren durch den Naturpark oder an der Küste mit Cavalandes (Le Basque Lillet, Tel. 56.26.63.07) und in Salles: Reitertouren La Caval'Eyre (Tel. 56.88.43.23).

In Mios geht die D216 schräg ab nach **Sanguinet** (1 800 Einw., 44 km südwestl. von Bordeaux, Office de Tourisme im Rathaus: Place de la Mairie, Tel. 58.78.67.72. ▲) am Ostende des Lac de Cazaux, wo in einem kleinen *Museum* (Place de la Mairie, Juli/Aug 15–19 Uhr, sonst nach Vereinbarung, Tel. 58.83.36.26 und 58.78.60.84) Fundstücke vom Boden des Sees ausgestellt sind. Der Étang ist nämlich nicht allzu alt, und mit seinem Entstehen gingen gleich drei Siedlungen in unterschiedlicher Tiefe verloren. Mit 13 Metern liegt die Siedlung *Put Blanc* am tiefsten. Hier hat man Spuren der Eisenzeit gefunden (7.–4. Jh. v. Chr.), und man sucht noch weiter. In 8 Metern Tiefe eine weitere Siedlung aus der Eisenzeit (4.–1. Jh. v. Chr.): *L'Estey du Large*; schließlich eine gallorömische Wegstation *Losa* in 5 Metern Tiefe, an der Stelle einer Brücke über die Gourgue, die sich zu diesem 5800 ha

weiten See ausgedehnt hat. Hier verlief die Römerstraße zwischen Bordeaux und Spanien. Wenn Sie also nicht an dem feinsandigen Strand um den See in der Sonne liegen wollen, nicht mit dem Surfbrett aus dichtem Pinienwald auf den See flitzen wollen und auch nicht um den See wandern wollen, um die schönen Ausblicke über kleine Landzungen, Hütten am Wasser oder Schilffelder zu genießen, dann sollten Sie hier tauchen, um unter Wasser ein bißchen von der Landesgeschichte zu erkunden.

Auf der Jagd nach der untergehenden Sonne ...

Außerdem gibt es eine Segelschule beim Club de Voile de Sanguinet (Tel. 58.78.64.30), einen Verleih für Surfbretter und Fahrräder (Vacances Plus; Route de Parentis, Tel. 58.78.68.16), markierte Wanderwege von 4 und 11 km Länge und ein Restaurant mit Hotel am See Beau Rivage (Tel. 58.78.60.32).

Zwischen den beiden größten Binnenseen der Landes liegt **Biscarrosse** (9 000 Einw., 78 km südwestl. von Bordeaux, an D216, D652, Office de Tourisme: Biscarrosse Plage, 439, av. de la Plage, Tel. 58.78.20.96. ▲), eigentlich Biscarrosse Bourg im Unterschied zum dazugehörigen Badeort Biscarrosse Plage. Hier ist alles perfekt auf Feriengäste eingestellt. Sie können in Biscarrosse tunesisch, vietnamesisch, texanisch, mexikanisch und italienisch essen gehen, darum vorweg zwei Restaurants mit *Spécia-lités Landaises*: ›**La Caravelle**‹ (5314, route des Lacs, Tel. 58.09.82.67) und ›Chez Camette‹ (532, ave Latécoére, Tel. 58.78.12.78) und zwei mit Meeresgetier: ›**Restaumer**‹ (210, ave de la Plage, Tel. 58.78.20.26) und ›**Le Poseidon**‹ (236, ave de la République, Tel. 58.78.10.16). Die Landschaft ist weitgehend mit Ferienwohnungen und Campingplätzen zersiedelt, aber es bleibt dennoch Platz für sechs markierte *Wanderwege* von 3 bis 6 km Länge, einen *Golfplatz* am Étang de Cazaux, der hier als Lac Nord bezeichnet wird, einen Flughafen und ein *Museum für Wasserflugzeuge* (Musée de l'Hydraviation, 332, rue L. Breguet im Viertel Latécoére am Étang de Biscarrosse, tgl. 14–18 Uhr, Juli/Aug 10–19 Uhr, Tel. 58.78.00.65). Das war eine verbreitete Art des Flugverkehrs zu Zeiten, als es zwar den Bedarf gab, sich fortzubewegen, aber nicht überall die erforderlichen Landepisten. Die großen Seen der Landes waren da natürlich ideal. Gleich nebenan noch ein *Naturmuseum* (Naturama, 244, rue Louis Bréguet, Tel. 58.78.72.01).

In **Maguide** legen die Sight-seeing-Schiffe für den Lac de Biscarrosse ab; in **Mont-de-Marsan** ist die Kontaktstelle für die Kindersegelschule (G.M.S.L., 5, av. Dufau, P.B.389, 40012 Mont-de-Marsan, Tel. 58.46.51.70 und 58.78.10.47. ▲). Ansonsten kann man am Meer und auf den Seen segeln, man kann Fahrräder mieten in Biscarrosse Bourg (Cycles Brogniez, 262, av. de 14 Juillet, Tel. 58.78.13.76) und in Biscarrosse Plage (Au Vélo pour Tous, 634, ave de la Plage, Tel. 58.78.26.59), man kann reiten beim Centre Equestre (1802, ave Laouadie, Tel. 58.78.13.64), man kann Squash (950, av. de la Plage, Tel. 58.78.22.20) und Tennis (Avenue du Pyla, Tel. 58.78.20.67) spielen, Bogenschießen (Route de la plage, Tel. 58.8224.48) und Ausflüge machen bzw. weiterfahren nach Südosten, nach **Parentis** (D652, D46), wo es eine Ausstellung über die Ölgewinnung (Exposition Pétrole) gibt (Ostern–Okt Mi–Mo 9–12, 14–18 Uhr, Tel. 58.78.41.03, sonst Tel. 58.78.40.02. ▲).

Wenn Sie sich ab Mios nicht für Biscarrosse entschieden haben, sind Sie sicherlich auf der D3 weitergefahren nach **Belin Béliet** (Syndicat d'Initiative, Hôtel de Ville: Tel. 56.88.00.06). Angeblich wurde dieser Ort im 8. Jh. v. Chr. durch ein gallisches Volk namens *Belendi* (der Name wird zurückgeführt auf den Sonnengott Belinus) gegründet. Sicher ist, daß im Jahr 56 v. Chr. die Römer unter *Publius Crassus* den Platz einnahmen, weil hier entlang eine Römerstraße führen sollte. Die hat auch noch *Karl der Große* benutzt, als er aus Spanien zurückkam, wo sein Heer geschlagen worden war. Einige Edle starben hier an ihren Wunden: *Oger Le Danois, Guerin de Lorraine, Araston*, Herzog von Bretagne. Nach Karl dem Großen hieß auch die Furt ›Pas de Charles‹, an der er mit seiner Armee die Eyre durchschritt. Ob es stimmt, daß 1123 Eleonore von Aquitanien (*S. 70*) hier geboren wurde, ist nicht so sicher, denn andere sagen, das sei in Neuil sur Autize gewesen.

Auf der N10 fahren Sie weiter bis Saugnacq-et-Muret, wo Sie auf die N134 nach **Moustey** abbiegen. Zwei Kirchen mit wenigen Metern Abstand stehen hier den 500 Bewohnern offen. Ansonsten sind die zwei Heiligen Martin und Yves, nach denen die beiden Gotteshäuser heißen, nicht als Konkurrenten bekannt. Außerdem ist das *Musée du Patrimoine religieux et des Croyances Populaires* zu besichtigen, das eine Übersicht über den Volks- und Aberglauben dieser Region bietet, seien es heilende Quellen oder heilige Steine, wohltätige Aschen oder vergessene Riten (Juni–Sept tgl. 10–12, 14–19 Uhr, Tel. 58.07.52.70).

Weiter geht es auf derselben Straße Richtung Süden nach **Pissos**, wo in der *Maison des Artisans* regionale Erzeugnisse der Landes verkauft werden (im Sommer, Tel. 58.07.70.66. ▲).

Von Pissos führt die D43 nach *Sore* und von dort auf der D651 nach *Luxey*. Jetzt sind Sie mitten im **Parc Naturel régional des Landes de Gascogne**. Hier entspringt die *Petite Leyre*, die zusammen mit der *Grande Leyre* (Sabres) ins Becken von Arcachon fließt. Jahrhundertelang (bis ins 19. Jh.) war dieses Gebiet ein von Mücken beherrschtes Sumpfgebiet, das aber dann intensiv, v. a. mit Pinien, aufgeforstet wurde. Auf diese Weise entstand mit 1 200 000 ha der größte zusammenhängende Wald Europas, genannt *Pignada*. Seine Pinien wurden als ›arbre d'or‹, als goldener Baum, bezeichnet. Das Harz der Pinien wird für vielerlei Produkte verwendet (z. B. Terpentin). Mit einer krummen Hacke (*hapchot*) ritzt man den Baum an und läßt das Harz in ein Tongefäß rinnen. Was sonst damit gemacht werden konnte, können Sie im *Atelier des Produits Résineux* anschauen (Besichtigungen Ostern bis Okt Sa, So nachmittags, Mitte Juni–Mitte Sept tgl. 10–12, 14–19 Uhr, Tel. 58.08.01.39). Es handelt sich hier um die *Werkstätte von Jacques und Louis Vidal*, die 1859 mit dem Handel der Harzerzeugnisse begannen. 1954 mußten sie ihr Atelier zumachen, weil die Konkurrenz zu stark war. Es war sogar so wenig los, daß das Atelier kaum verändert wurde – unser Glück, wenn wir zur Besichtigung kommen.

Von Luxey fahren Sie weiter nach *Labrit* und dort nach Westen nach **Sabres** (1 000 Einw., Information 58.07.52.70. ▲). Hier entspringt nicht nur die *Grande Leyre*, die zusammen mit der Petite Leyre ins Becken von Arcachon fließt, hier fährt auch die Bimmelbahn (Juni–Sept tgl., sonst Sa 14–17.20, So und Feiertage alle 40 Min von 10.10–12.10 Uhr, 14–17.20 Uhr) nach Marquèze ab, zum Ökomuseum.

Marquèze (Information: Tel. 58.07.52.70) ist der Mittelpunkt des Naturparks der Landes, wo nicht nur alte Bauernhäuser, weiß gestrichen mit schönem Balkenwerk, Pferdefuhrwerke, Harzsammler, Brotbacken im Dorfofen, Strohbüschel als Regendächer für Bienenkörbe und ein echter Müller zu sehen sind. In Marquèze werden auch die *alten Dorffeste* gefeiert: Ostermontag das traditionelle Hirtenomelette, 1. Mai Aufstellen eines Maibaums (*maillade*), 12. Mai Schafschur, 24. Juni Mittsommernacht mit den Johanneskreuzen, die die Frauen von Labouheyre angefertigt haben, 4.–13. Juli je nach Wetter Roggenernte und -verarbeitung zu Mehl, 19.–21. September Ernte und Dreschen der Hirse, 24.–28. Oktober, wieder abhängig vom Wetter, Roggensaat. Sie können außerdem zusehen, wie die Wäsche zum Trocknen und Bleichen auf eine Wiese gebreitet wird, wie der Bäcker den Teig knetet, wie die Bäume angeritzt werden und wie bei den Festtagen in Trachten getanzt wird.

Von Sabres fahren Sie auf der D44 nach Westen nach **Solférino**, wo zu Ehren des Kaisers *Napoléon III* und seiner Frau *Eugénie* ein kleines *Museum* eingerichtet wurde (Mitte Juni–Mitte Sept, Führungen [45 Min] 10–12, 15–18 Uhr).

Weiter westwärts auf der D44 erreichen Sie schließlich **Mimizan** (Office de Tourisme in Mimizan-Plage: 38, av. Maurice Martin, Tel. 58.09.11.20. ▲) am Südrand des *Étang d'Aureilhan* (Aureilhan ist ein kleines Walddorf mit Bauernhöfen und kleinem Sandstrand). Das ist ein riesiger Badeort mit einem bemerkenswerten Angebot an Privatunterkünften. Alles ist auf Zeitvertrieb ausgerichtet, vom Casino in Mimizan-Plage über Reitclubs (Le Marina in Mimizan-Plage Tel. 58.09.34.25, Eurolac in Aureilhan, Tel. 58.09.32.34), Fahrradverleih (Bertille, Shelltankstelle in der Rue de l'Abbaye in Mimizan-Ville, Tel. 58.09.11.58; Cyclo'Land, 8, rue du Casino in Mimizan-Plage, Tel. 58.09.16.65), Segelclubs (am Wasser) und u. a. zwei Tennisclubs in Mimizan-Plage.

Leisten Sie sich einen Besuch im Restaurant ›**Au Bon Coin du Lac**‹, am Étang d'Aureilhan. Für die Spezialitäten Kartoffeln mit saurer Sahne auf einem Kissen aus Entenleber, Seezungenauflauf mit Langoustinen und Nougatpralinés bekam der Koch von Michelin einen Stern, von Ihnen bekommt er zwischen 150 und 450 Francs. Sollten Sie nach dem guten Essen müde geworden sein: Sie können hier auch nächtigen (Tel. 58.09.01.56, Fax 58.09.40.84).

Es folgen die Küste südwärts die Touristenorte, an denen Sie wie anderswo am Meer baden, surfen, segeln, essen und übernachten können. In *Contis Plage* haben sich ein paar Gehöfte und Weiler gehalten, in *Lit et Mixe* (Office de Tourisme Tel. 58.42.72.47. ▲) gibt es 55 km markierte Wanderwege bis zum Meer. In *St. Girons* (Office de Tourisme Tel. 58.47.94.94) sind 70 km markierter Wanderwege verzeichnet und in Arnaotchot gibt es ein FKK-Areal im Wald.

Abwechslung bietet der Ort **Léon** (Office de Tourime: Tel. 58.48.76.03 und Mairie 58.48.73.01. ▲) am *Étang de Léon*, von dem man über den *Courant d'Huchet* unter einem grünen Gewölbe, zwischen kleinen Inseln, dichter Vegetation, urigen Bäumen und malerischem Schilfrohr nach Huchet und zum offenen Meer paddeln kann. In Léon macht es Spaß, ein bißchen spazieren zu gehen. Die Fachwerkhäuser, deren Ziegel unverputzt im Fischgrätmuster angeordnet sind, und der schöne Marktplatz mit den bescheiden klassizistischen Gebäuden, auf dem unter bunten Sonnenschirmen die Gemüse und das Obst der Landes angeboten werden, sind eine Abwechslung bei soviel Pinien, Strand und Brandung. In der Umgebung von Léon können Sie nicht nur radeln, Sie können sogar zum Thema ›regionales Handwerk‹ (mit kleinen Besichtigungen) Fahrrad-Exkursionen unternehmen. Außerdem gibt es 27 km Wanderwege.

Wie gemalt: eins der gepflegten Häuser der Landes

Auf dem Weg nach Moliets liegt verborgen das Dorf *Maa*, ein Weiler mit schönen Höfen im Korkeichenwald (▲).

Nach dem Badeort *Messanges Plage* (Golfplatz zwischen Moliet und Moliets Plage. ▲) kommt der Badeort *Vieux Boucau* (▲) mit einem kleinen See direkt am Meer, dem *Lac marin de Port d'Albret*. Der Fluß des Courant de Vieux Boucau, der aus dem Étang de Soustons herfließt, war früher das Bachbett des Adour. Dünen reichen bis ins Dorf, dessen hinterer Teil gepflegter und älter ist, was ihn schöner erscheinen läßt. Auf dem Lac de Port d'Albret und dem Lac de Soustons können Kinder bei der *Société Nautique* (Tel. 58.41.14.61, Fax 58.41.27.72) segeln lernen. **Soustons** (5300 Einw., Office de Tourisme ›La Grange de Labouyrie‹: Tel. 58.41.52.62. ▲) ist ein großes Dorf zwischen Wiesen und Wald, mit 4-Sterne Camping mit beheiztem Schwimmbad und einer Arena für die *Courses landaises*, den Stierkampf der Gascogner. Dies Amüsement führt nicht zum Tod des Stiers, und auch die beteiligten Menschen bleiben weitgehend ungefährdet. Es werden zwar bloß Kühe eingesetzt, aber deren Naturell ist durchaus auch reizbar. Der Reiz besteht in der Geschicklichkeit derer, die sich der Kuh in den Weg stellen und ihrem Stoß ausweichen, was noch ungefährlicher wird, wenn der Kopf der Kuh mit einem langen Seil gelenkt wird. Manche werden angesichts der Kühe zu wahren Akrobaten und springen über sie hinüber – zur Freude des Publikums (*S. 225*).

Als nächstes kommt im Süden *Seignosse-le-Penon*, ein Retortendorf nördlich von **Hossegor** (Office de Tourisme: Place des Halles, Tel. 58.41.70.15. ▲), an dessen Stränden auch Duschen stehen. Südlich von Hossegor, nur durch das Wasser des Bourret getrennt, liegt der nächste Badeort, **Capbreton** (Office de Tourisme, Avenue du Président Pompidou: Tel. 58.72.12.11. ▲). Auch hier, wie schon in Vieux Boucau, hat einmal der Adour seinen Weg ins Meer genommen. Zu dieser Zeit war Capbreton Hafenort. 1578 wurde der Fluß umgeleitet, und der Hafen versandete. Geblieben sind vom Adour nur der *Lac d'Hossegor* und die breite Mündung des Bourret. *Napoléon III* hat die Idee gehabt, man könne die Versandung des Hafens von Capbreton verhindern, wenn man die Flußmündung mit dem Lac kombiniert. Jetzt hat der Lac Gezeiten, aber der Hafen ist trotzdem weg. Wo einst der Adour ins Meer floß, ist der Meeresgrund besonders tief, ein Graben von 377 Metern Tiefe 5 km vor der Küste. In Mundart hieß der Graben ›Hausse Gort‹: Daher der Ortsname. Schon vor hundert Jahren war der Platz beliebt. *Gabriele d'Annunzio* und *Maurice Ravel*, *Léon Blum* und *Suzanne Labatut* kamen her, und damit der Trubel nicht Überhand nahm, wurde 1909 eine Gesellschaft zur Wahrung des Ortsbildes gegründet. Bäume werden auch heute geschützt, das Ortsbild ist immerhin insofern gewahrt, als die neuen Hotels den baskischen Baustil mit Fachwerk imitieren. Die *Dune von Hossegor*, die seit 1840 wächst, ist großenteils unter Naturschutz. Wanderwege (Wanderkarten verteilt das Office de Tourisme) und Radwege (Radverleih bei Lannemajou, Tel. 58.43.54.45, und bei Locavelo, Tel. 58.43.73.54) und ein Golfplatz (Golf Club, Avenue du Golf, Tel. 58.43.56.99) bringen uns der Natur ein bißchen näher, mit dem baskischen Pelotaspiel bleiben wir im Ort (drei Frontonplätze).

In der Avenue Tour du Lac gibt es gleich zwei gute Lokale, das ›**Beauséjour**‹ (Tel. 58.43.51.07) und ›**Les Hortensias du Lac**‹ (Tel. 58.43.99.00).

16 Von Bazas nach Roquefort: In den Landes de Gascogne

Hinweis: Wenn Sie nicht baden gehen wollen in Ihrem Urlaub, dann haben Sie die Möglichkeit, parallel zu Tour **15** etwas weiter im Landesinneren durch die Landes zu fahren. Sie können die folgende Fahrt auch sehr gut im Anschluß an Tour **9** unternehmen.

Die Landschaft, die südlich der Weinbaugebiete Sauternes und Graves liegt (s. *Karte in der hinteren Umschlagklappe*), zählt noch zur Süd-Gironde. Aber sie hat nichts mit dem nördlicheren Weinbaugebiet gemein. Nur die Reihe der Schlösser, die entlang der Garonne zu sehen waren, setzt sich am Ciron fort, einem kleinen Fluß, der im Bas-Armagnac entspringt, bei Barsac in die Garonne mündet und südlich und westlich von Bazas verläuft. Kiefernwald und Farndickichte prägen dieses Gebiet. Sobald man die großen Durchgangsstraßen verlassen hat, erschließt sich ein von vielen Wasserläufen, Brunnen und Quellen genährtes Land mit kleinen Dörfern. Entenbrust und Gänseleberpasteten, kräftige Suppen, Ochsenfleich aus Bazas und zum Nachtisch Tourtière, eine Art flambierter Strudel mit Dörrpflaumen, sind die kulinarischen Spezialitäten. Wer die Landschaft genau kennenlernen will, besucht am besten den Regionalpark Landes de Gascogne (*S. 206* und *S. 212*).

Von Langon (Tour **9**) führt die D932 Richtung Bazas. Nach ca. 6 km bringt Sie die D125 rechter Hand zunächst zum **Château de Roquetaillade**. Man glaubt sich vor einer Filmkulisse: Wuchtig und riesig steht das Schloß frei auf einer Wiese, an den Ecken – und an zwei Seiten auch noch in der Mitte – runde zinnenbewehrte Türme und mittendrin ein doppelt so hoher Donjon mit einem kleinen Treppenturm an einer seiner vier Ecken. Mit einem sichtbaren Sinn für Gleichmäßigkeit sind die schlanken gotischen Maßwerkfenster unter die Risalite der Brüstung gesetzt worden, darunter die Pechnasen. Das gotische Eingangsportal ist vorgesetzt, darüber eine Art Loggia, die vermutlich als Verhandlungsstand belagerter Burgherren diente. Immerhin ist das Château seit 700 Jahren im Besitz derselben Familie. Es gehören Weinberge dazu (Graves) und ein Park von 20 ha mit hundertjährigen Bäumen. Wenn Sie in das Schloß gehen, werden Sie entdecken, daß hier zwei Schlösser stehen: eins im anderen. Das innere ist aus dem 12., das äußere aus dem 14. Jh., gebaut unter dem

Cardinal Gaillard de la Mothe (ab 1306). Im 19. Jh. wurde noch einmal historistisch restauriert, wobei neben dem Mobiliar die überwölbten Säle und die großen Kamine beeindrucken. Und gegenüber dem Eingang ein kleines *Museum* (La Métairie), das über das Landleben um Bazas informiert (Ostern–Okt. nachmittags, Nov–Ostern So/Feiertags nachmittags, Juli/Aug 10.30–19 Uhr; Tel. 56.63.24.16).

Vom benachbarten Roaillan aus können Sie nach Westen auf einer Nebenstrecke bis Manhot und dort auf der D8 nach links, an den Ruinen des *Château de Noillan* (12.–14. Jh.) vorbei, nach Villandraut fahren. Oder Sie folgen von Roaillan der D222 nach Süden und nehmen dann die rechts abzweigende D3. **Villandraut** (780 Einw., an der D3, Office de Tourisme in der Mairie: Tel. 56.25.31.41. Führungen durchs Schloß [45 Min] Mitte Juni–Sept 9.30–19 Uhr, sonst nach Verabredung nachmittags, Tel. 56.25.87.57. ▲) ist ganz auf seinen berühmtesten Sohn, *Bertrand de Got,* eingestellt. Nach ihm ist nicht nur das Hotel-Restaurant ›Goth‹ (Tel. 56.25.31.25) benannt, sondern auch das Château, das der gute Bertrand, nachdem er 1305 zum Papst gewählt worden war, für sich bauen ließ: Da hieß er dann *Clemens V.* Man betritt die zum Schutz mit einem Graben umgebene, 50 x 40 m große Anlage über eine Steinbrücke, nachdem man vorher die dreieinhalb runden, massigen Türme (der rechte wurde um 1600 halb abgetragen) an der Frontseite bewundert hat. Innen sieht man halb erhaltene Gewölbe, einen von Arkaden umgebenen Hof und das Innere der Türme, deren Säle mit Kaminen und Latrinen ausgerüstet sind. Im Mittelalter verstand man halt unter Gemütlichkeit noch etwas anderes.

Im *Musée rural* (Di–So 10–12, 14–16 Uhr) werden archäologisch interessante Funde, landwirtschaftliche Geräte wie eine alte Häkselmaschine und ein Zimmererzirkel sowie allerlei Erzeugnisse lokalen Kunsthandwerks, wie zum Beispiel schmiedeiserne Ladenzeichen, ausgestellt.

Jedes Gebäude ein ›Individualist‹: Fassadenfront am Platz von Bazas

Nach einem kurzen Stück auf der D3 Richtung Bazas, bringt Sie die D110 (rechts) nach **Uzeste,** wo es ein gotisches Stift zu sehen gibt. Wiederum hatte der Papst, der aus dem Nachbardorf kam, seine Finger und letztendlich sogar seinen ganzen Körper im Spiel: Das kirchliche Oberhaupt nämlich hatte den Ort als seine letzte Ruhestätte auserkoren und sorgte ab 1312 dafür, daß die Kirche fast so großartig ausgebaut wurde wie die von Bazas. Sein Sarkophag in weißem Marmor steht hinter dem Altar. Leider haben es die Protestanten nicht lassen können und während der Religionskriege Teile von der Skulptur abgeschlagen.

Bazas

5000 Einw., 60 km südöstl. von Bordeaux, an der D665 bzw. D932, **Office de Tourisme**: Place de la Cathédrale, Tel. 56.25.25.84. Sa schöner Markt auf dem Vorplatz der Kathedrale. ▲

Wenn Sie ein paar Tage am Meer und in den Landes gewesen sind, werden Sie den Platz von Bazas als ästhetische Besonderheit erleben. Für einen kleinen Provinzort ist er überraschend weitläufig. Weil er überdies keine ebene Fläche bildet, sondern gegenüber der Kirche abfällt, steigen auch die Arkaden der Häuser, manche rund, andere eckig, zur Kirche hin an. Die Fassaden sind vollkommen unterschiedlich, und trotzdem herrscht eine architektonische Harmonie, die den Ankommenden gleich einnimmt. Ist die Fassade der *Hausnummer 3* mit astronomischen Symbolen (*Maison de l'Astronome*) geziert, oder sind gegenüber an einem Haus oberhalb der Fenster Zierreliefs angebracht, die aussehen wie auf die Fassade gezeichnete Vorhänge, so verfügen Nachbarhäuser gerade mal über ein Fenster pro Etage (mehr als zwei sind es nicht – die Niedrigkeit der Fassaden erhöht den Eindruck der Weite des Platzes), andere haben so große Fenster, daß man sich fragt, wo denn hinter den hellblauen Fensterläden das Mauerwerk verborgen sei. Gegenüber der Kirche, also recht weit davon entfernt, kann man im Café sitzen und den Platz genießen, wenn nicht gerade jemand mit Parkmanövern die Sicht nimmt,

die Ruhe stört und die Luft verpestet. Rechts, über der merkwürdigen Rampe, die den Platz in zwei Etagen teilt, befindet sich das *Tourismusbüro*.

Die Fassade der **Kathedrale St-Jean**(13.–14. Jh.), des bedeutendsten Bauwerks am Ort, können Sie von hier gut betrachten. Über dem reich ausgestatteten Portal (13. Jh.) sieht man als Abschluß einen klassizistischen Giebel (18. Jh.). An dem Gotteshaus, an dem überhaupt sehr lange gebaut wurde, mußte nach den Glaubenskriegen sehr viel restauriert werden. Die Skulpturen des Portals haben die Zeiten mehr oder weniger unbeschädigt überstanden: Für sie war ein Lösegeld bezahlt worden. Seine Größe verdankt das Gotteshaus u. a. dem Umstand, daß Bazas auf einer Nebenstrecke der Jakobspilger eine wichtige Station war und daß hier das Blut Johannes des Täufers aufgehoben wurde (daher das Thema der Skulpturen am Mittelportal). Außerdem hatte Clemens V. seine schützende Hand über den Ort gelegt. Der Bischof war sein leiblicher Neffe von *Gerard de la Mothe*, von dem wir schon in Roquetaillade gehört haben. Was er hat bauen lassen und was seine Nachfolger haben restaurieren lassen, präsentiert sich uns als ein weiträumiger, lichter und leichter Kirchenraum. Wenn Sie sich so vor die Orgel stellen, daß die darüber befindliche Fensterrosette gerade ganz zu sehen ist, wird Ihnen auffallen, daß die Orgelpfeifen so angeordnet sind, daß ihre oberen Ränder einen neuen Kreis formen, in dessen Mitte effektvoll die Fensterrosette erscheint. Am reichsten ausgestattet sind allerdings die drei Portale. Hier werden die Geschichten Marias (links), Johannes des Täufers (Mitte) und rechts die des Petrus dargestellt. Im Mittelportal handeln außerdem ein paar Szenen vom Jüngsten Gericht.

Neben der Kirche, im *Jardin du Chapitre*, weisen einige Ausgrabungen, darunter eine gallo-römische Mauer (3./4. Jh.) und Reste einer Befestigung (15. Jh.), auf die lange Geschichte von Bazas hin.

Bazas war der Geburtsort des Vaters von *Ausonius* (4. Jh.), und *Karl der Große* soll hier eine Universität gegründet haben. Der Name leitet sich angeblich ab von den *Vasates*, einem Stamm, der um 800 v. Chr. in dieser Gegend ansässig war. Im 5. Jh. wurde Bazas ein wichtiger Bischofssitz. *Sidoine Appolinaire* beschreibt um diese Zeit den Ort: »Bazas ist eingefaßt in bewegliche Sände, die die entfesselten Winde einander streitig machen. Der Boden ähnelt jenen Sandbergen, die in der Wüste ihren Platz wechseln, und diese alte Stadt scheint nicht nur auf unfesten Boden, sondern auf Staub gebaut zu sein.« Die Wegebeschreibung des mittelalterlichen Mönchs (*S.262*) ähnelt dem sehr stark.

Seither ist die Geschichte des Orts, von den erwähnten Kriegen und Zerstörungen abgesehen, ohne bedeutende Ereignisse geblieben. Wer meint, der schöne Platz allein sei nicht genug, kommt am besten an Karneval zur Rinderschau oder im Juni am Johannistag, wenn auf dem Platz Feuer entzündet werden.

Die D655 führt Sie auf einem Abstecher nach 15 km in südöstlicher Richtung nach **Grignols** (Château aus dem 15./16. Jh.). Anschließend geht es weiter nach **Casteljaloux**, einer Bastide, deren Befestigungen allerdings schon im 17. Jh. abgetragen wurden. Hier kann man seine Fahrt auf angenehme Weise unterbrechen, durch die Gassen schlendern, die alten Fachwerkhäuser betrachten, sich im Syndicat d'Initiative im alten Haus *Maison du Roy* (Tel. 53.93.00.00) informieren oder in der ›Vielle Auberge‹ (rue Posterne. Tel. 53.93.01.36) essen gehen.

Von Bazas geht es auf der kleinen D9 Richtung Westen über *Marimbault, Pompéjac* (Kirche des 15./16. Jh., Reste der Befestigungen, die Cäsar hier hat anlegen lassen [Ostseite der Kirche]), *Les Gilles* zum **Château de Cazeneuve** (Führungen [45 Min] Ostern–Okt Sa, So, Feiertags 14–19 Uhr, Juli/Aug 10–12, 14–19 Uhr; Tel. 56.25.48.16 und 56.01.14.59). Die vormals wehrhafte Burg (über gallorömischen Fundamenten; 14. Jh.) ist in der Barockzeit zu einem Lustschloß umgestaltet worden. Ab dem 13. Jh. gelangte sie in den Besitz der Familie Albret und ihrer Nachfahren, wozu auch König *Henri III von Navarra*, der als *Henri IV* König von Frankreich wurde, zählte. Zur weiteren Familie gehörten fünf Königinnen, ein Papst und zwei Heilige. Vom früheren Dorf, das vor den Burgmauern entstanden war, ist nur noch ein Tor übrig, so daß man gleich zum Schloß weiterfährt. Einiges daran erinnert noch an eine Burg, darunter die risalitartigen viereckigen Türme und ein Graben mit einer Brücke, die zu einer fensterlosen Mauer führt. Was früher wohl ein Wehrgang war, wurde über dem Tor zu einer Art langgezogener Terrasse gemacht; gegenüber, auf der anderen Seite des geräumigen Innenhofs, wurde aus dem Wehrgang eine elegante Loggia. Die schmalen, hohen Fenster der ersten Etage und die Mansardenfenster, die schon unterhalb des Dachs anfangen und deren Dreiecksgiebel den Dachfirst fast überragen, entsprechen mehr dem Geschmack des Barock. Die schön eingerichteten Salons enthalten Mobliar des 18. Jh. und Spiegel, deren Rahmen das Familienwappen ziert. Wenn Sie ein Fest zu feiern haben, können Sie die Räume mieten.

Zwischen Cazeneuve und *Pont de la Trave* bietet der Ciron ein besonderes Schauspiel. Das Wasser hat den Sand der Landes bis auf die darunterliegende Mergelschicht abgetragen und sich so eine Schlucht mit jähen Felsabstürzen und überbordender Vegetation geformt. Das Land ist recht unwegsam, und so ist es schwierig, direkt an das malerische Ufer zu gelangen. Besser versucht man es auf dem Wasser, auf Fußwegen oder mit dem Fahrrad (Informationen bei: *Maison Labat,* Association Adichats, Tel. 56.25.87.57). Die Unwegsamkeit des Geländes erklärt auch, daß oberhalb der Brücken Burgen stehen oder standen, wie die von Cazeneuve oder beim Pont de la Trave (Château de la Fue): Die Herren des Landes hatten so alles unter Kontrolle.

Die Straße führt weiter nach Préchac. Angeblich soll sich zwischen Préchac und dem Chateau de Cazenauve ein Wasserloch ohne Boden befinden. Die Legende erzählt, daß ein gottloser Ochsenhirt in einer Weihnachtsnacht vom Teufel dahin gelockt worden ist, samt Ochsen und Karre, in der Weihnachtsnacht taucht er aus dem Wasser wieder auf, pfeift dreimal, die Ochsen muhen dreimal und ihre Glocken bimmeln dreimal, und weg sind sie alle. Warten Sie nicht bis Weihnachten, sondern werfen Sie in **Préchac** vielleicht einen Blick auf die romanische Kirche, deren Apsis außen mit hohen, schlanken Säulen verziert ist und deren seitliche Schiffe so angelegt sind, daß sich vom First eine lange, tiefgezogene Dachfläche herabzieht.

Sie können auf der D114 von Préchac über **Lucmau** (Kirche St-André, 14. Jh.) nach **Captieux** an der D932 fahren, der Sie nach rechts, nach Roquefort, folgen. Die Landstraße durch die Mitte der Landes entwickelt sich nach und nach, vor allem bei Retjons, zu einer wunderschönen Allee, deren Bäume über die Straße wachsen. Ein Abstecher vom Weg führt nach Retjons und Lugaut, wo in einer Kapelle im Wald Fresken des 12. Jh. zu bewundern sind. Im Dorf **Retjons** ein paar schöne alte Häuser mit Fachwerk und die *Reste der Commanderie de Bessaut*: eine massive Wand, durchbrochen von einem Portal mit kaum verzierten Gewändesäulen, bei dessen Bogen nicht ganz sicher ist, ob er nun romanisch rund oder gotisch spitz ist.

Die D934 macht einen halbkreisförmigen Bogen um **Roquefort** (1800 Einw.). Im Ort gibt es immerhin ein Beispiel des gotischen Flamboyantstils zu sehen: Das Kirchenportal und daneben die Türen und Fenster des Priorats. Der Rest der Kirche ist wehrhafte Gotik, kleine Fensteröffnungen und ein robuster viereckiger Turm mit flachem Zeltdach aus Ziegeln. Reizvoll ist der Anblick der mit Spitzbögen konstruierten gotischen Brücke über die Dauze. Roquefort wurde im 11. Jh. als Bastide angelegt, ein paar Abschnitte der Stadtbefestigungen kann man heute noch sehen.

17 Vom Bas Armagnac an den Adour: Labastide und Aire-sur-l'Adour

Von Roquefort führt die D626 nach 11 km Richtung Südosten nach **St-Justin** (Syndicat d'Initiative: Tel. 58.44.86.06 und 58.44.80.72), wo in der Ortsmitte ein harmonischer, kleiner, mit Arkaden umgebener Platz mit Bäumen geradezu dazu einlädt, zum Picknick anzuhalten oder von hier aus zu einer Radtour (vier markierte Wege) oder einer Wanderung (10 km markierte Wege) anzutreten.

Ländliches Idyll in Labastide d'Armagnac

Labastide d'Armagnac

730 Einw., 123 km südöstl. von Bordeaux, 15 km südöstl. Roquefort, an der D626, **Syndicat d'Initiative**: Place Royale, Tel. 58.44.67.56 und 58.44.81.24

730 Einwohner, ein kleiner Ort, an dem man eigentlich schnell vorbeifährt. Wer dennoch anhält, ist überrascht vom wunderschönen zentralen Dorfplatz. Es kommen so wenige Touristen, daß Sie gleich hier parken können – es sei denn, Sie stört das Auto beim Fotografieren der malerischen Arkaden, in denen auch noch schöne Möbel stehen oder ein überraschend farbiger Türklopfer zu sehen ist. Der Platz ist so alt wie die Kirche, beide so alt wie der Ort: 1291 wurde er von *Bernard IV*, Comte d'Armagnac, gegründet, also in der Zeit der englischen Herrschaft. An der 50 x 40 m großen *Place Royale* von 1291 kann man die Vielfalt möglicher Bogenformen und Fassaden-Bauweisen beobachten: gekreuztes Fachwerk, senkrechte Balken, Steinbögen,

Holzbalken auf Steinsäulen, auf Holzstempeln, Holzbalkenbögen und Ziegelstürze, verputzt und unverputzt, die Fächer sichtbar oder verputzt, mit Pergola und verschlossen. Wenn Sie ein bißchen herumgehen wollen, werden Sie noch mehr kleine Schönheiten wie einen besonders reich bepflanzten Balkon oder ein bemerkenswertes Fachwerkmuster entdecken. Mit dem Rücken zum Portal der Kirche und ihrem geräumigen Schiff sehen Sie links die *Halle aux Grains*, den Platz, an dem das Getreide gehandelt wurde. Davon zeugt in der Ecke rechts das steinerne Getreidemaß. Darüber residierte der Bürgermeister. Gegenüber der Kirche, in dem Haus mit gekreuzten Balken und drei relativ großen Fenstern, hat einmal Henri IV übernachtet. An der Platzecke links gegenüber ist ein Laden, wo Armagnac verkauft wird. Wenn Sie der Straße dahinter nach links folgen, kommen Sie an die D626. Schräg links gegenüber eine Kirche von 1607. Auf der großen Straße weiter nach links, nach einer Linkskurve, sehen Sie das *Château du Prada*, ein weiteres klassizistisches Werk des Architekten *Victor Louis* von 1764.

Wenn Sie neben dem Haus, wo Henri nächtigte, die Straße gerade weiter gehen, kommen Sie an der *Maison capitulaire* vorbei, dem Haus des Consuls, das mit der Kirche das erste Steingebäude am Ort gewesen ist (mehrfach umgestaltet). Gehen Sie weiter aus dem Bereich der alten Bastide hinaus und dann rechts zum Waschplatz aus dem 14. Jh.

Wer Interesse an alten Moden bzw. Bekleidungsweisen hat, kann im *Syndicat d'Initiative* (10–12, 14–18 Uhr) eine entsprechende Ausstellung besichtigen. Hier kann man sich auch den Weg zu Wein- und Armagnac-Kellern erklären lassen. Für Freunde des Zweirads gibt es eine spezielle Radfahrerkapelle, die *Chapelle Notre-Dame-des-Cyclistes*. Diese liegt an der D626, 4 km in Richtung Cazaubon, im *Quartier de Géou*, dessen Gotteshaus im 11. Jh. über einer gallo-römischen Villa des 4. Jh. gebaut worden ist und 1959 zur Radfahrerkapelle umgewandelt wurde. Hier können Sie die Trikots berühmter Champions und alte Räder sehen. (Juli–Aug 10–12 und 14.30–18 Uhr, sonstige Monate 14.30–18 Uhr, Mo geschl. Voranmeldung für Gruppen unter Tel. 58.44.80.52).

Nach Cazaubon (15 km südöstl. Hotel-Restaurant ›Château Bellevue‹, Tel. 62.09.51.95, falls Sie der Hunger überkommt) geht der Weg links ab. Zuerst haben Sie Gelegenheit für Ausgleichssport am *Lac d'Uby*, einem Stausee von 80 ha, an dem man segeln, surfen und baden kann. Anschließend geht es nach **Barbo-**

tan-les-Thermes (Office de Tourisme, Place Armagnac: Tel. 62.69.52.13) am Ostrand der Landes. Ein kleiner Thermalbadeort, wo alles auf das Wohl des Körpers zielt. Nur die Kirche macht eine Ausnahme. Sie stammt aus dem 12. Jh. und war einst Bestandteil der Wehranlage, wie am breiten Durchgang unter dem Glockenturm noch zu erahnen ist.

Etwa 7 km weiter nordöstlich liegt **Gabarret**, wo Sie im *Syndicat d'Initiativ*e (Tel. 58.44.35.77 und 58.44.34.95) Auskunft über die vorhandenen Wanderwege erhalten (50 km durch Feld und Wald an alten Gehöften vorbei).

Wer lieber das Auto benutzen will, fährt von Barbotan wieder zurück zur D626, die links nach **Eauze** (das E spricht man mit; Office de Tourisme, Place Armagnac: Tel. 62.09.85.62) führt. Auch in Eauze hat *Henri IV* einmal genächtigt, und wieder am Platz in der Mitte, der Place Armagnac: in der *Maison de Jeanne d'Albret*, die man an den Holzpfeilern erkennt, die anstelle von Arkadenbögen die erste Etage stützen. Unter den Römern hieß der Ort *Elusa*, und aus dieser Zeit stammen einige Kostbarkeiten, die man nahe dem Bahnhof ausgegraben hat. In einer Zeit der Unruhe muß ein reicher Mann seine Schätze hier versteckt haben: Geld, Gold und Edelsteine. Die Kirche *St-Luperc* wurde um 1600 errichtet, immerhin sind vier Fenster aus dem 17. Jh. erhalten.

Nach 18 km gelangen Sie auf der D931 bzw. N124 über Manciet nach **Nogaro** (Office du Tourisme: 81, rue nationale, Tel. 62.09.13.30). Hier dreht sich fast alles um den Motorsport. Nördlich ist eine Rennstrecke für Auto- und Motorradrennen angelegt worden, auf der im April, Mai, August, September und Oktober regional und national wichtige Rennen gefahren werden. Für den Touristen ist es interessanter zu wissen, daß im Juli die *Courses landaises* stattfinden, bei denen der französische Meister dieser Sportart ermittelt wird, und daß Mitte August das Ortsfest ist mit einem großen Markt auf dem Kirchplatz. Früher kamen die Menschen aus eher geistlichen Motiven: Die einfachen Gläubigen machten hier auf ihren Pilgerwegen Station, die gehobenen Gläubigen fanden sich zu verschiedenen Konzilen ein, die seit 1060 hier stattfanden. Aus dieser Zeit ist auch die Stiftskirche *St-Nicolas*, an deren dicken Mauern mit kleinen Fenstern noch erkennbar ist, daß sie auch als Schutz und zur Verteidigung dienen mußte.

Essen gehen können Sie im Hotel-Restaurant ›Commerce‹ (Place des Cordeliers, Tel. 62.09.00.95), den anschließenden Armagnac nehmen Sie in Form einer Probe in der ›**Cave des Producteurs réunis**‹ (Tel. 62.09.01.79) zu sich.

Wenn Sie einen landschaftlich reizvollen Umweg machen wollen, nehmen Sie von Nogaro die D25 nach Süden und nach wenigen hundert Metern die D111 nach links, um nach **Sarbazan** (romanische Kirche. ▲) und nach **Aignan** zu kommen, einem früheren Castelnau, in dessen Mitte sich der zentrale Platz mit Arkaden (wiederum sind es schlichte Holzstempel) und einige Häuser im typischen Fachwerkbau gehalten haben. Von Aignan geht es auf der D48 nach Westen, nach **Termes-d'Armagnac** – nein, kein Thermalbad, sondern ein Familienname stand für die Ortsbezeichnung Pate: *Thibaud de Termes* war ein Kampfgenosse der Jungfrau von Orleans, der eine Zeit lang in der hiesigen Burg residierte. Geblieben ist der *Donjon* (9–12.30, 14–18 Uhr), den man besteigen kann. An der Treppe sieht man Darstellungen des Rittertums und der Landarbeit, oben hat man dann einen weiten Ausblick über das Tal des Adour.

Aire-sur-l'Adour

6200 Einw., 50 km nördl. von Pau, an N124, N134, D935, **Office de Tourisme**: Place de Gaulle, Tel. 58.71.64.70. ▲

Die Hauptattraktionen des Orts sind ein Sarkophag und die Märkte, die zwischen November und Februar stattfinden und auf denen Gänse und Enten und deren zu Pasteten verarbeitete Lebern feilgeboten werden. Der Ort teilt sich in zwei Hälften. Am Wasser (linkes Ufer des Adour) befinden sich die Kathedrale, die Arena und das Schwimmbad. Hier können Sie vor allem am Ufer des Adour promenieren, wobei Sie einen Blick auf technische und industrielle Anlagen am gegenüberliegenden Ufer haben. Etwas weiter im Land liegt der Ortsteil *le Mas*. Ein Parkplatz befindet sich in der Mitte zwischen beiden. Von diesem Parkplatz gehen Sie auf die *Rue Despagnet*. Nach wenigen Metern sind Sie an der Kirche *St-Pierre du Mas*, die von den Anliegern aber nach der hl. Quitterie genannt wird, deren *Sarkophag* hier steht. Es ist ein außergewöhnliches Kunstwerk antiker Steinmetzarbeit in weißem Pyrenäenmarmor. In der Manier antiker Reliefs, die Figuren frontal oder im Profil, sieht man die bedeutenden Ereignisse der Menschheit nach christlicher Version: Gott schafft die Welt, die Erbsünde, der gute Hirte, Daniel in der Löwengrube und ein Wunder Jesu. An den Seiten zweimal Jonas: schlafend und im Meer. Der Sarkophag soll im 4. Jh. angefertigt worden sein, den Tod der hl. Märtyrerin datiert man dagegen ins

Jahrhundert danach. Die Kirche stammt ebenfalls aus der Zeit der ersten Christianisierung Südwestfrankreichs, wurde aber erweitert und umgebaut, so daß heute die Gotik und einige romanische Reste wie die Arkadenreihen das Bild prägen.

Ohne Netz und doppelten Boden: artistische Einlage bei der Course landaise

Unweit vom Parkplatz, in der *Rue Mendès-France*, können Sie ›**Chez l'Ahumat**‹ essen (Haus Nr. 2, Tel. 58.71.82.61). Aufwendiger und gemütlicher kann man dies 9 km südlich in Ségos, im ›**Domaine du Bassibé**‹, einem Gutshof mit Park und zwölf Gästezimmern (N134, Tel. 62.09.46.71). Noch aufwendiger können Sie im alten Kur- und Badeort der Belle Époque **Eugénie-les-Bains** dinieren. Kaiserin Eugénie besaß hier eine Villa mit Park, die inzwischen zum Kurhotel gewandelt wurde. Das Hotel-Restaurant ›**Les Prés d'Eugénie**‹ (Tel. 58.05.06.07) bietet in einem Speisesaal der Belle Époque unter der gastronomischen Regie des Meisterkochs *Michel Guérard* Seegetier wie Langustinen und regionale Küche an und dazu Weine der Umgebung (Tursan und Côtes de Gascogne). Dafür wurden dem Lokal drei Gourmet-Sterne verliehen. Bescheidener geht es in der früheren Dorfherberge zu, in ›**La Ferme aux Grives**‹ (Tel. 58.51.19.08).
Wanderwege in der Umgebung: Aire-sur-l'Adour liegt am östlichen Eingang zur Region Sud-Adour, die sich wiederum unterteilt in *le Tursan* unmittelbar westlich von Aire, *le Marsan* um Mont-de-Marsan und *la Chalosse*, die sich bis Dax hinzieht. Das Tursan ist durchzogen von *Regional-*

wanderwegen und lokalen Rundwegen, zum Beispiel um Mauries (mit 218 m Höhe ein Aussichtspunkt in den Landes) und Miramont-Sensacq (romanische Kirche) im Süden von Aire-sur-l'Adour, um Urgons (romanische Kirche und Barockschlößchen) und Samadet (Reste einer gallorömischen Villa und Keramikmuseum) im Südwesten und südlich von Grenade-sur-l'Adour, wohin unser Weg sowieso führt. Genauere Wanderauskünfte erhalten Sie über die *Fédération départementale du Tourisme et de la Randonnée pédestres* in Mont-de-Marsan (Cité Galliane, Tel. 58.75.15.62). Wer mit dem **Fahrrad** durch die Landes kommen will, wendet sich an die *Bureaux du Sud Adour* in Mugron (Tel. 58.97.94.22), wo auch die Ausgangspunkte, Organisatoren und Anlaufstellen für längere Radtouren angegeben werden.

Auf dem Weg nach Mont-de-Marsan bietet sich ein Umweg zum *Musée de la Course landaise* an, also einem Museum des spezifischen Stierkampfs der Landes (siehe auch Soustons, *S. 213*). Auf der N124 fahren Sie bis **Grenade-sur-l'Adour**, wo allerdings das Feinschmeckerrestaurant ›**Pain Adour et Fantaisie**‹ (7, place des Tilleuls, Tel. 58.45.18.80) für eine Unterbrechung sorgen könnte. Hier ist man auf baskische Küche spezialisiert. Wenn Sie essen wollen, aber nicht so teuer: drei Häuser weiter an demselben Platz: ›**Restaurant France**‹ (Tel. 58.45.19.02).

In Grenade-sur-l'Adour geht es über die D406 nach **Bascons**. Das *Museum* (15. Mai–15. Okt 14.30–18.30 Uhr) liegt ein Stücken weiter, ebenfalls an der D406. Hier gibt es Trophäen, Videos und eine Einführung in die Regeln des Stierkampfs zu sehen, benachbart ist die *Chapelle de Notre Dame de la Course landaise*, ein Kirchlein, in dem eine Madonna einen *écarteur* beschützt, also denjenigen, der die Kuh reizt und ihrem Stoß im letzten Moment ausweicht. Am Himmelfahrtstag ist die Kirche das Ziel von Pilgern, deren nächstes Ziel vermutlich die Arena von Bascons ist.

18 Von Mont-de-Marsan nach Orthez

Mont-de-Marsan

28 300 Einw., 128 km südl. von Bordeaux, 81 km nördl. von Pau, an N124, N134, D933, **Office de Tourisme**: 6, place du Général Leclerc, Tel. 58.75.22.23. ▲

Wenn Sie aus dem Touristenbüro auf die Place Leclerc treten, haben Sie die Wahl: Schräg links hinter Ihnen liegt die Arena, zu der Sie auf der *Rue Gambetta* gehen, die mit ein paar modernen

Skulpturen verziert worden ist. Auf der gegenüberliegenden Seite ist die *Rue des Arceaux* mit überdachter Passage.

Von der Place Leclerc schräg rechts gegenüber kommen Sie an die *Passerelle des Musées*, die den Midou überquert und zu den *Musées municipaux* (5, rue Gaston Phoebus bzw. Place Marguerite de Navarre, Mi–Mo 10–12, 14–18 Uhr, Parkplätze, Tel. 58.75.00.45) führt. Unter dem Dach des *Donjon Lacataye* (14. Jh.) befinden sich die umfangreichsten Sammlungen der beiden Bildhauer *Charles Despiau* (1874–1946) und *Robert Wlerick* (1882–1944), nach denen dieser Teil des Museums heißt. Außer den Werken dieser in Mont-de-Marsan geborenen sind auch andere Künstler ausgestellt, u. a. *Ossip Zadkine*, der sich in Südfrankreich niedergelassen hatte. In einem benachbarten, durch einen Gang verbundenen romanischen Gemäuer ist das *Musée Dubalen* untergebracht, wo Dokumente zu den Fortschritten der Naturwissenschaften und archäologische Funde aus der Steinzeit zu sehen sind.

Wenn Sie dann noch Zeit haben, ein wenig spazieren zu gehen, können Sie – ein Stück flußabwärts – vom *Pont du Commerce* auf den Zusammenfluß von Midou und Douze zur Midouse blicken, wo Sie über dem Wasser noch einige alte Häuser des Ortskerns sehen. Außerdem bietet sich der *Parc Jean Rameau* im Nordteil des Orts an (Nordufer der Douze), wo die Magnolien und Palmen von dem milden Klima zeugen.

Weiteren Zeitvertreib bietet die *Place des Arènes*, wo Sie am Fronton Pelota (*S. 238*) spielen können. Vor allem aber locken die *Arènes de Plumaçon* mit den sehr beliebten Kuh- und Stierkämpfen und Mitte Juli mit den *Ferias de la Madeleine*, bei denen zum Stierkampf noch Flamenco hinzukommt. Andere Vergnügen bieten die Pferderennbahn *Hippodrome des Grands Pins* (Tel. 58.06.12.12) außerhalb oder die Hunderennbahn *Cynodrome Loustalet* (Tel. 58.75.32.76) im Nordwesten an der D38 (Campet-Lamolère).

Auf dem Weg nach Süden Richtung Saint-Sever (D933) kommen Sie am *Relais du Pavillon* (an der Kreuzung D933/D924, Tel. 58.76.20.22) vorbei und überqueren danach den Adour. Die Straße, eine Allee, die aufwärts nach **Saint-Sever** (4 500 Einw., 16 km südl. von Mont-de-Marsan, Office de Tourisme: place du Tour-du-Sol, Tel. 58.76.34.64. ▲) führt, läßt nicht erwarten, daß es im Ort so eng wird. Von den beiden Kirchen ist die eine von den Hugenotten zerstört, im 16. Jh. wieder restauriert und unter der Revolution aufgelöst worden: das ehemalige Jakobinerkonvent von 1280, heute Kulturzentrum, dessen Kreuzgang für musikalische Veranstaltungen und für Blumenschauen im Frühling genutzt wird. Den Besuch wert ist die andere Kirche, die **Abbaye Bénédictine de Saint-Sever*, deren 150 bemalte und skulptierte Kapitelle bekannt sind, auch wenn sie teilweise ziemlich im Dunklen stehen. Manche glitzern mit Gold, andere haben ein sattes Grün oder Rot, in dem auch die eingearbeiteten Figuren, Menschen, Tiere oder Pflanzen gehalten sind. Gegründet wurde das Gotteshaus kurz nach dem Märtyrertod des Severus, der zur Bekehrung der Vandalen hergekommen war. Mit der Konstruktion begann man im 10. Jh., aber der ehrgeizige Bauplan der Kirche stammt aus dem 11. Jh. *Grégoire de Montaner* entwarf einen Grundriß mit sieben gestaffelten Apsiden, er bestellte Mosaiken für den Boden und hinterließ den Steinmetzen auch noch für das Jahrhundert nach seinem Tod genügend Arbeit, bis sie mit den Kapitellen fertig waren. Im 19. Jh. begannen die Restaurierungsarbeiten, deren Früchte wir heute genießen können.

Weiter geht es auf der D933 nach **Hagetmau** (▲). Wenn Sie hin und wieder das Radio angestellt haben und nach einem Sender suchen, wird Ihnen manchmal eine Sprache auffallen, die Ihnen vielleicht koreanisch vorkommt, die aber eingestreut spanische Elemente und Begriffe enthält: Es ist Baskisch, das im Baskenland (*S. 237*) diesseits und jenseits der nationalen Grenze durchaus noch gesprochen, vor allem aber verbreitet verstanden wird und über dessen Ursprung es bis heute die unterschiedlichsten Theorien gibt.

Hagetmau besitzt öffentliche Gebäude im Stil der 1950er Jahre und eine *Kirche mit einer Krypta des St. Girons*, der wie St-Sever in der Frühzeit der Christianisierung tätig war. Die Jakobspilger fanden sich hier ein, um die Botschaft zur Kenntnis zu nehmen, die ihnen die Kapitelle der Säulen dieser Krypta verkündeten: der Kampf der Apostel gegen das Böse, das Gleichnis des schlechten Reichen etc. Wenn Ihnen die Darstellungen Appetit gemacht haben, besuchen Sie ›**Le Jambon**‹ in der Rue Carnot (Tel. 58.79.32.02).

Der nächste Ort liegt abseits der Landstraße: Nach Brassempuy kommen Sie entweder auf der D2 in Richtung St-Cricq (dann links in die D453) oder über Momuy (dann rechts über die D349). **Brassempuy** ist der Fundort der bemerkenswerten *Dame de Brassempuy*o, der *Dame à la Capuche*: Die Dame mit dem Kopftuch ist eine winzige (kaum größer als eine Briefmarke) Elfenbeinbüste einer Frau aus dem Zahn eines Mammut. Nicht nur weil sie so gut gemacht und schön ist, sondern weil sie 22 000 Jahre alt ist, wird ihr soviel Aufmerksamkeit zuteil. Aber, leider, hier kann man sie nicht bewundern, sondern in St-Germain-en-Laye bei Paris im Museum. Und auch dort sieht man sie nicht, denn ihr Finder, der Historiker *Edouard Piette*, gab seine Sammlung dem Museum unter der Auflage, sie komplett und verschlossen zu lassen. Als magere Entschädigung können Sie das *Musée de la Préhistoire* (Juli/Aug tgl., Sept Sa, So, sonst auf Anfrage im Rathaus, jeweils 15–18 Uhr, Tel. 58.89.02.47) besuchen oder die *Grotte du Pape* (Mo, Mi, Fr 17–18 Uhr), einen der achäologischen Fundorte.

Auf der D58, einer Straße mit wunderschöner Aussicht über den Luy, geht es weiter Richtung Westen. Mehr oder weniger am Weg liegt das *Château von Gaujacq* (Führungen [45 Min] Juli–15. Sept Fr–Mi 14.30–18.30 Uhr, Tel. 58.89.24.22), ein hübsches Barockschloß, dessen Einrichtung aus dem 18. Jh. stammt, dessen Ausblick auf die baskischen Pyrenäen dagegen zeitlos ist.

Wenige hundert Meter weiter überqueren wir den *Luy de France* und folgen dem *Luy de Béarn* über Amou (▲) zur D933, auf der wir aber nicht nach rechts Richtung Orthez abbiegen, sondern noch 10 km geradeausfahren, wo die D946 nach links nach Morlanne führt. Das **Château de Morlanne** (März–Okt 14.30–18.30 Uhr, Tel. 59.81.60.27, mit Restauration in der Rue du Château, Tel. 59.81.61.28) gehört zu den Festungen des Béarn, die *Gaston Fébus* ab 1373 hat anlegen lassen. Durch die Dorfstraße geht man auf den hohen viereckigen Ziegelturm zu, der nach außen hin für unfreundliche Besucher Pechnasen unter den Zinnen bereithält. Unten im Turm ist das Eingangstor zum Burghof. Nüchterne Ziegelwände mit einfachen Fenstern verleihen dem Ensemble ein harmonisches Erscheinungsbild, der wilde Wein, der eine ganze Wand des Vorwerksbaus grün färbt, verstärkt diesen Eindruck. Innen haben die Eigentümer Kunstschätze aller Art

Wohin die Kugel rollt...

und Epochen zur Besichtigung zusammengetragen, darunter eine Vedute von Venig (Canaletto) und Tapisserien des 16. Jh.

Orthez

10 000 Einw., 41 km nordwestl. von Pau, an A64, N117, D933, D947, **Office de Tourisme**: *Maison Jeanne-d'Albret*, Rue Bourg-Vieux, Tel. 59.69.02.75

Der Ort, der auch Ortès geschrieben wird – auch die Straßenschilder sind zweisprachig, eine Art Provenzalisch, das dem Katalanischen ähnelt – war früher die Hauptstadt des Béarn. Im 13. Jh. gegründet, war Orthez Residenz des berühmten *Gaston Fébus*, wurde aber 1450 von Pau als Hauptstadt abgelöst. Am besten geht man gleich ins *Touristenbüro*, denn es ist zugleich eines der schönsten Häuser am Ort, errichtet im 16. Jh., mit einem kleinen Garten, wo man sich mit Blick auf einen alten Taubenturm zum Ausruhen niederlassen kann. Genießen Sie die alten Gassen, in denen normale Läden für Obst und Gemüse oder Küchengerät vom normalen Leben einer Kleinstadt zeugen und die Sie durchqueren, um zum *Pont Vieux* (13. Jh.) zu gelangen, in dessen Mitte ein mächtiges Turmtor steht. Noch 1814 mußte es zur Verteidigung gegen Wellington herhalten. In die andere Richtung vom Touristenbüro kommen Sie an der bis zur stilistischen Unkenntlichkeit mehrfach umgebauten Kirche *St-Pierre* vorbei zum letzten Rest der früheren *Burg Montcade*, einem fünfeckigen Turm aus dem 13. Jh., der in die Landschaft ragt, wie der abgeschnittene Bug eines Schiffs.

Diesseits der alten Brücke können Sie im ›**Temps de la Reine Jeanne**‹ (44, rue du Bourg Vieux, Tel. 59.67.00.76) oder jenseits in der ›**Auberge St-Loup**‹ (20, rue Pont Vieux, Tel. 59.69.15.40) speisen gehen. Und danach wollen Sie baden? Am Weg zur Autobahnauffahrt (Richtung Biron) liegt ein Erholungsgelände am *Lac d'Orthez*. Baden und Wasserski, Tennis und Volleyball, Kinderspielplatz und ein Restaurant mit Terrasse am Wasser bieten Erholung, ein Moorgebiet mit seltenen Vögeln bietet weitere Abwechslung (La Salique aux oiseaux, Mi–So 10–18 Uhr, im Sommer tgl. und bis 20 Uhr, Tel. 59.67.14.22). Außer fünfzig Vogelarten sind hier auch Pferde aus der Camargue anzutreffen.

19 Zwei Thermalbäder: Salies-de-Béarn und Dax

Anfahrt: Von Orthez bieten sich drei Wege nach Westen an: Die Autobahn A64 oder parallel dazu die N117 am Nordufer des Adour. Nach **Baigts-de-Béarn** kann man von der N117 nach links auf die D933 über den Fluß in Richtung Salies-de-Béarn abbiegen.

Nach Adour und Autobahn kommen Sie an **Bérenx** (sieben Wassermühlen) vorbei.

Von der N117 kann man auch erst bei **Puyôo** auf die D430 abbiegen, um über den Adour nach **Bellocq** zu kommen, der ältesten Bastide des Béarn mit einer Burg des 12. Jh. Beide Straßen führen nach Salies-de-Béarn.

Salies-de-Béarn

5 000 Einw., 15 km westl. von Orthez, an D933, D430. **Office de Tourisme**: Rue des Bains, Tel. 59.38.00.33. ▲

Salies-de-Béarn ist ein hübscher freundlicher Ort, in dessen Gassen ein paar schöne Häuser mit hölzernen Balkonen (17./18. Jh.) stehen, andere ruhen über dem Wasser auf massigen Steintrommeln oder Holzstempeln. Eigentliches Zentrum des stillen Kurorts ist der *Saleys*, ein Fluß, um den die Straßen angelegt sind. In diesem Zusammenhang sei gleich hingewiesen auf das Restaurant ›**La Terrasse**‹, das über dem Bach (gegenüber der Kirche St-Vincent) zu finden ist. Hauptattraktion ist die salzhaltige Quelle in der Ortsmitte, wo das **Kurhaus** von 1857 in einem kleinen Garten steht. Die Frontfassade mit ihren Säulen und Fenstern, deren Bogensegmente im Wechsel rot und weiß gehalten sind, und mit den horizontalen roten Streifen wirkt wie ein Provinzbahnhof mit der Säulenhalle von Córdoba als Vorbild. Am linken Seitenflügel erinnern die roten Halbkreise, die die Doppelfenster von oben einfassen, ebenfalls an maurische Bauten, wogegen die flachen Dreiecksgiebel der Querdächer über den Doppelfenstern an aneinandergereihte Strandkörbe denken lassen. Thermal-, Dampf-, Schwefel- und Moorbäder etc. werden hier einzeln angeboten.

Außer Heilung bringt das Wasser noch etwas: In Salies wird auch Salz gewonnen (Saline beim Bahnhof). Daß das Salz schon vor unserer Zeitrechnung ein begehrtes Gut war, belegen ein paar Fundstücke im **Musée des Art et Traditions locales** (Place du Bayàa, Mai–Sept Mo–Sa 15–18 Uhr, Juli/Aug 10–12, 14–18 Uhr, sonst Do, Sa 15–18 Uhr). Seit dem 11. Jh. wurde hier kontinuierlich Salz gewonnen. Angeblich war es ein Wildschwein, das als erstes die Salzquelle ›aufgestöbert‹ hatte – Jäger fanden das in die salzhaltige Senke der Quelle gestürzte Tier gepökelt vor. Ein Brunnen erinnert daran. In der **Maison Darrémoundine**, einem Haus vom Anfang des 17. Jh. in der *Rue des Puits Salants*, nur wenige Schritte entfernt, ist unter dem Namen ›Musée du Sel‹ alles versammelt, was mit dem Salz und seiner Gewinnung zu tun hat, einschließlich einer Hausmachersaline aus der Zeit vor der industriellen Salzgewinnung.

Daß das Baden in Salies bekömmlich sei, hatte sich schon bei den Damen vom Hof zu Bellocq herumgesprochen. Sodium, Minerale und Spurenelemente helfen in der Gynäkologie und bei Rheuma. Unter der *Place du Bayâa* befindet sich ein riesiges *Wasserbecken* unter romanischen Gewölben des Jahres 1867. Falls Sie sich zum Malen berufen fühlen, bietet Salies-de-Béarn Mitte Juli das Richtige für Sie: Drei Tage ›Salies à Peindre‹. Die größte Veranstaltung ist allerdings ›La Fête du Sel‹ am 2. Septemberwochenende: Dann ziehen die Salisiens in historischen Kostümen mit einer Salzkarrenparade durch den Ort.

Für die Weiterfahrt Richtung Peyrehorade bieten sich verschiedene Möglichkeiten an. Der *erste Vorschlag* führt über **Lahontan** (D430 zurück nach Bellocq und dann die D29) auf einer landschaftlich schönen Nebenstraße, den ›Chemin des Crêtes‹.

Der *zweite Vorschlag* führt Sie auf der D17 nach **Carresse**, wo Sie nach Castagnède links abbiegen: Von hier aus steigt man hinauf zum Gipfel der *Pène de Mû*, von wo man die Landschaft und besonders das Tal des *Gave d'Oloron* überblickt und wo einen vor Ort die Statue der Schwarzen Jungfrau anblickt. Unten im Ort können Sie gut speisen in ›**La Belle Auberge**‹.

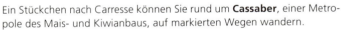

Ein Stückchen nach Carresse können Sie rund um **Cassaber**, einer Metropole des Mais- und Kiwianbaus, auf markierten Wegen wandern.

Kanu und Kayak fahren können Sie in **Auterrive**, baden und angeln ein Stück weiter flußaufwärts in Escos.

Nächste Stationen an der D28 sind **Labastide-Villefranche** (Burg aus dem 14. Jh.), **St-Dos** (Reste eines Renaissanceschlosses, sehenswerte Kamine) und **St-Pé-de-Léren** mit seinen sieben Seen (v. a. für Angler von Interesse). Der anschließende Ort **Léren** mit seiner Kirche und dem Renaissanceschloß Bergeras war einst Station der Jakobspilger. Nach der Autobahn biegt man auf die D123 rechts ab, um nach *Sorde l'Abbaye (600 Einw., Information in der Mairie, Tel. 58.73.04.83) zu gelangen. Schon als Ensemble ist diese ehemalige Bastide, von deren Anlage ein paar

Spuren erhalten sind, mit der Kirche und dem Gebäude der Benediktinerabtei über dem breiten Fluß einen Umweg wert. In einigen Höhlen hat man in der Umgebung Spuren der Steinzeit gefunden. Am Platz des *Klosters* (Führungen Apr–Sept 10–12, 14–19 Uhr, Okt–März 14.30–18 Uhr, Tel. 58.73.65.14) befand sich einst eine gallorömische Villa. Die erhaltenen Mauern des früheren Klosterbaus sind mit Wein und Efeu bewachsen. Durch grün gerahmte Fenster sieht man auf Fenster der gegenüberliegenden Wand, deren Rahmen als einziges über der Mauer stehen. Wenn man den Klosterbau betritt, sieht man die Reste eines römischen Bades, das relativ gut erhalten ist. An den Wänden sind *Mosaiken* angebracht, auf weiteren Bodenmosaiken wurden drei Gräber gefunden, deren Fassung – aufeinandergelegte Steine – und Inhalt so belassen wurden, wie man es freigelegt hatte. Diese Gräber stammen offenbar aus der Zeit nach den Römern, die die Mosaiken anlegen ließen, und vor den Benediktinern, die von den Mosaiken, die dann schon von Erdreich bedeckt waren, nicht viel wußten und die ihre Toten geordnet auf einem Friedhof bestatteten. Teilweise sind die Mosaiksteine aus Kalkstein, dann sind sie stumpf und unansehnlich, andere dagegen sind aus Pyrenäenmarmor, der über die Zeit blank geblieben ist. Das schönste bietet allerdings die Klosterkirche. Schon das Portal

Die Jagdflieger der Eleonore (s. auch S. 234)

(10. Jh.) mit seinen pittoresken Verzierungen (ein Dinosaurier ist auch dabei) ist bemerkenswert. Innen befindet sich eine große, mit romanischen Mosaiken belegte Fläche. Außer symmetrischen Darstellungen jeweils zweier Löwen und Vögel ist die Szene sehenswert, auf der ein Hund einem Hasen nachjagt.

Der nächste Ort ist **Peyrehorade** (Office de Tourisme: Promenade Sablot, Tel. 58.73.00.52), eine Kleinstadt am Flußlauf der vereinigten Gaves. Der Anblick des Schlosses vom gegenüberliegenden Ufer wird mit ein, zwei Booten auf dem Wasser geradezu malerisch. Wenn auf dem langgezogenen Platz unterhalb des Château Markt ist, herrscht ein ungewohnt geschäftiges Treiben am Ufer. Der Koch des Restaurants im ›**Hotel Central**‹ an der *Place A. Briand* (Tel. 58.73.03.22) glänzt mit Carpaccio von mariniertem Lachs und bietet dazu Madiran-Weine an.

Über die Brücke kommt man an eine Kreuzung. Geradeaus und nach einem kurzen Stück nach rechts hat man die **Abbaye d'Arthous** (Kirche und Museum Mi–Mo Feb–Dez 10–12, 14–17 Uhr, Apr–Sept 9–12, 14–18 Uhr, Tel. 58.73.03.89) erreicht. Die Abtei bot ab dem 12. Jh. den Jakobspilgern Dach und Mahlzeit. Im 16. und 17. Jh. wurde sie im Fachwerkstil des Béarn renoviert. Heute kann man in der Kirche einige schöne Dekorationen und Kapitelle besichtigen. Im Museum in den ehemaligen Abteiräumen werden prähistorische Funde von Duruthy, einem Platz nahe Sorde-l'Abbaye, ausgestellt: Werkzeuge aus Knochen und ein paar mit schlichten Ornamenten versehene Steine.

Bergauf, Richtung Süden, liegt Bordes-du-Haut, wo man rechts abbiegt und unterhalb der Autobahn nach **Hastingues** fährt, dessen Name an die englische Zeit erinnert: *John Hastings*, Statthalter Edwards I., gründete die Bastide 1289 in Abstimmung mit dem Abt von Arthous über dem Flußlauf.

Ein Stück weiter südlich (D19) liegt **Bidache** mit dem *Château de Gramont* (14. Jh, im 17. Jh. umgebaut). Zum Burgkomplex gehört auch die *Volerie des Aigles*, eine Voliere mit Raubvögeln, also Falken, Sperbern und Bussarden, aber auch Kauzen und Eulen (tgl. 14.30–18 Uhr, Apr–Sept Vogelflüge 15–16.30 Uhr, wenn es das Wetter zuläßt, Tel. 59.56.08.79).

Auf der D33 und dann der D6 können Sie von Peyrehorade auf einer Allee mit riesigen Bäumen und schönem Ausblick über das Land direkt nach Dax (*s. unten*) fahren.

Wenn Sie hingegen schon von St-Sever (Tour **18**, s. Hinweis *S. 227*) auf der landschaftlich schöneren D32 nach Dax gefahren sind, haben Sie auch **Montfort-en-Chalosse** passiert, wo das *Musée de la Chalosse* (März–Nov tgl. 14–19 Uhr, Juli/Aug 11–20

Uhr, Tel. 58.98.69.27) vom traditionellen Leben im südlichen Aquitanien berichtet: ein turmartiger Mittelbau mit einer Mediathèque, einem Raum für wechselnde Kunstausstellungen und v. a. dem Herrenhaus, unter dessen langgezogenem Dach Werkzeuge und Einrichtungsgegenstände des 19. Jh. gezeigt werden. Es ist sogar der Mittagstisch gedeckt, einschließlich einer Glocke, um das Personal in Trab zu halten. Auf einem Weinfeld kann man außerdem alle Weinsorten der Region sehen. Vielleicht haben Sie auf dieser Strecke auch **Préchacq-les-Bains** besucht (nordwestl. über die D107), ein Heilbad gegen Rheuma mitten in einem Eichenwald. *Michel de Montaigne* kam auch einmal hierher und tauchte in die Sulfatsoße (63 Grad). Ein empfehlenswerter Halt auf dieser Strecke ist **Buglose** (über Gousse und Pontonx, D10 bzw. D150), ein kleiner Wallfahrtsort mit der romanischen Kirche *Notre Dame de Buglose*, deren Madonna in mehrfarbigem Stein angebetet wird (1620). Hörenswert ist das Spiel der sechzig Glocken.

Auf dem Weg nach Dax (D27) fährt man durch **Berceau de Saint-Vincent-de-Paul**, den Geburtsort des hl. Vinzenz von Paul (1581–1660), zu dessen Ehren aber erst im 19. Jh. eine neobyzantinische Kapelle und eine Art Museum errichtet wurden, in dem diverse echte und vermutete Hinterlassenschaften des Heiligen ausgestellt sind. Zu Lebzeiten hieß der übrigens bloß ›Monsieur Vincent‹, und verdient machte er sich durch seine Fürsorge für die Armen und Bedürftigen.

Dax

21 000 Einw., 145 km südl. von Bordeaux, 57 km nordöstl. von Biarritz, an N124, D947. **Office de Tourisme**: Place Thiers, Tel. 58.90.20.00. Die Bootsfahrten auf dem Adour starten am Quai de la Potinière.

Dax ist ein großer Kur- und Badeort, dessen Tradition bis in die Zeit der römischen Legionäre zurückgeht. Im 4. Jh. standen hier Thermen und Tempel, eine Stadtmauer mit Türmen wurde hinzugefügt, was heute in Resten und zusammen mit der Arena und dem Ufer des Adour zum Park- und Promenadenambiente von Dax gehört. Die Arena ist der Ort, an dem Mitte August die traditionelle *Feria de Dax* – die Stier- und Kuhkämpfe (spanisch und französisch) – stattfindet. Vor dem Stierkampf allerdings der Kampf um die Karten... (Vorbestellung Tel. 58.74.13.98.). Wer zu einer anderen Zeit kommt, sollte dennoch zum Schauen in die Arena (1913; 8200 Plätze) gehen.

235

Das Wahrzeichen, vom Tourismusbüro über den Platz zu erreichen, ist die *Fontaine Chaude* oder *Source de la Néhe*, die 64 Grad warme Quelle, die täglich mehr als 2 400 000 Liter Heilwasser aus dem Erdinneren heraussprudelt. Man kann eine Kur mit Salzwasser, mit schwefelsaurem oder leicht radioaktivem Wasser oder mit Adourfango machen, also Flußschlamm, der mit schwefelsaurem Wasser versetzt wurde. Rheuma, Nerven-, Knochen- und Gelenkbeschwerden werden damit behandelt.

Nach dem Bad geht es zum Abkühlen ins *Musée de Borda* (27, rue Cazade, Apr–Okt Mo–Fr 14–18 Uhr, sonst Di, Mi, Do 14–18 Uhr, Tel. 58.74.12.91), das im *Hôtel de Saint Martin-d'Agès* (17. Jh.) eingerichtet wurde. Benannt ist es nach dem Seefahrer und Mathematiker *Charles de Borda*, der 1733 (bis 1799 hat er gelebt) in Dax zur Welt kam (seine Statue befindet sich an der Place Thiers beim Informationsbüro). Hier werden archäologische und völkerkundliche Sammlungen aus der Region gezeigt. Gegenüber hat man gallorömische Reste unter den neueren Häusern entdeckt (Informationen zu Führungen beim Museum). Noch ein Stückchen Richtung Süden auf der *Rue Cazade* und wir kommen zur Kathedrale *Notre-Dame*, die im 17. Jh an der Stelle einer romanisch-gotischen Kirche errichtet wurde, von der man in einem Seitenschiff noch die gotische Apostelpforte sehen kann. Das Chorgestühl ist mit Schnitzarbeit reich verziert.

Gehen Sie zur leiblichen Stärkung zurück Richtung Norden (von der Kathedrale links über die Rue Saint-Vincent, dann rechts über die Rue des Carmes) zum *Cours Verdun* (um die Ecke vom Touristenbüro), wo im 1929 im Art-deco-Stil errichteten ›**Thermalhotel Splendid**‹ nicht nur ein Restaurant, sondern auch ein kleiner Garten auf Sie wartet (Tel. 58.56.70.70).

Auf der anderen Seite des Adour liegt der Vorort **St-Paul-lès-Dax** mit der Église *St-Paul-lès-Dax*, der ältesten Kirche in Dax (11. Jh.). Am romanischen Chor sind Blendarkaden zu sehen, darüber ein breiter Fries mit Reliefs aus der Bauzeit, der Abendmahl, Judaskuß und Kreuzigung zeigt. In der Nähe liegt der *Lac de Christus*.

Adressen sind gleich am See das ›**Hôtel du Lac**‹ (Tel. 58.90.60.00) oder das ›**Climat de France**‹ (Tel. 58.91.70.70), 500 Meter entfernt das ›**Moulin de Poustagnacq**‹ (Tel. 58.91.31.03), eine alte Mühle, oder, in die andere Richtung an der Straße nach Bayonne, das ›**Campanile**‹ (N124, Tel. 58.91.35.34). Noch ein Stückchen weiter auf derselben Straße liegt das ›**Relais des Plages**‹, wo man im Garten essen kann (Tel. 58.91.78.86).

Das französische Baskenland
und die Pyrenäen

Bayonne, der erste Ort der folgenden Tour, gilt als Zentrum des französischen Baskenlands, das wiederum, zusammen mit dem flächenmäßig größeren Béarn um Pau (Tour 23), in einem Département zusammengefaßt ist. Zwischen der dicht besiedelten baskischen Küste, an der mehr oder weniger ein Ort

In den besten Händen…

nahtlos in den anderen übergeht, und den Pyrenäen (ab Tour **21**) erstrecken sich die drei Provinzen *Labourd* (wozu u. a. die besuchten Ortschaften von Tour **20** und **21** zählen), *Basse Navarre* (teilweise Tour **22**) und *Soule* (teilweise Tour **22**).

Am Atlantik fängt es mit den grünen, vom ozeanischen Klima bestimmten *Pyrénées Basques* an, durch die einst die Pilger zogen, und die heute die Mitte der Küstenregion des **Baskenlands** bilden. Dieses liegt sowohl auf französischem wie auf spanischem Boden, auch wenn die spanischen Basken wegen ihres Strebens nach wirtschaftlicher und politischer Autonomie bekannter geworden sind. Im französischen Baskenland sprechen immerhin noch knapp 80 000 Menschen das Baskische *Euskera*, alltäglich praktiziert wird es von weniger, verstanden von weit mehr Menschen.

Was dem Fremden natürlich eher auffällt, sind die sichtbaren Charakteristika, dabei vor allem die Fachwerkhäuser mit ihrem blendend weißen Putz, der so malerisch das Grün, Blau oder Dunkelrot des Holzanstrichs kontrastiert. Die Basken malen ihre Häuser alljährlich um das *Johannisfest* herum (24./25. Juni) neu weiß an. Wie in den Alpen ist das Johannisfest das Fest, an dem man am Abend auf den Bergen Feuer entzündet – bei klarem Wetter ein Erlebnis in den Pyrenäen, wo so viele Orte nach dem Heiligen Johannes heißen.

Ein anderer Teil baskischer Lebensform ist die *Folklore* mit ihren Männertänzen (*sauts basques*), begleitet von einer schrillen Flöte und einer kleinen Trommel, wobei ein Tänzer ein Bein in Kopfhöhe an das des Partners schlägt. In den Alltagsgebrauch übergegangen ist allerdings das Spiel mit einem Ball (*pelota* oder *pélote*), der etwas größer ist als ein Tennisball. Um einen harten Kern (Kautschuk oder Holz) sind Wolle und Leder gewunden, so daß er federt, wenn man ihn gegen eine Wand (*fronton*) schmettert. Um dem Ball das richtige Tempo zu verleihen, bedient man sich eines langen gebogenen Handschuhs (*chistera*). Und weil das Spiel so alt ist, gibt es natürlich einige Varianten: mit Holzschlägern, mit bloßen Händen, mit strengeren Regeln oder mehr Geschicklichkeit. Für den mitteleuropäischen Sportkonsumenten drängt sich der Vergleich mit dem Squash auf. Die Bezeichnung *Jaï Alaï*, die Sie gelegentlich als Ort für folkloristische Veranstaltungen finden, meint ursprünglich einen geschlossenen Raum mit Fronton. Einen Fronton im Freien sehen Sie in fast jedem Dorf.

Eine weitere Spezialität, wen kann das überraschen, ist das Bergsteigen, der *Pyrénéisme*. Für den Könner ist ein Berg wie *La*

Rhune mit seinen 900 Metern, auf den zudem noch eine Bahn führt, natürlich unter Niveau. Aber vielleicht ist der Weitwanderweg GR10, der nach Sare und weiter nach Osten (Ainhoa etc) verläuft, eine Alternative.

20 ***Bayonne und Biarritz

***Bayonne (baskisch Baiona)

40 000 Einw., 184 km südl. Bordeaux, an A63, A64, N10, N117, D932.
Office de Tourisme: Place des Basques, Tel. 59.46.01.46. ▲

Anfahrt: Wer von Bayonne alles sehen will, nähert sich der Stadt am besten auf der N10. Sie fahren durch den nördlichen Vorort **Saint-Esprit** mit der gleichnamigen Kirche (15. Jh.), in der eine schöne und kostbare Holzschnitzarbeit die Flucht nach Ägypten darstellt. Außerdem befindet sich im Viertel Saint Esprit die *Zitadelle* aus dem 17. Jh., ein Werk des Militärbaumeisters Vauban. Wenn Sie um die Zitadelle herum zur D308 fahren, erreichen Sie *Le Domaine de la Clau*, einen botanischen Garten mit Bambuswald und Picknickplatz unter Pinien.

In die Stadt hinein fahren Sie über den **Pont St-Esprit** ①. Von der Brücke hat man auch den schönsten Blick auf Bayonne, ein Ansichtskartenpanorama mit Wasser, Kais und über die Fassaden der Häuser hinausragenden Kirchtürmen. Der Adour ist hier, wenige Kilometer vor seiner Einmündung in die See, von beträchtlicher Breite, der Zufluß der Nive an dieser Stelle trägt noch zum malerischen Bild bei.

Der Adour gibt sich in Bayonne erst seit 1578 die Ehre. Er wurde wegen seiner Wechselhaftigkeit nach Bayonne und Boucau geleitet. Das war für Bayonne der Moment des Aufschwungs als Hafenstadt. Zuvor hatte es einen Niedergang erleben müssen, als der rege Handel mit den Engländern abrupt gestoppt und Bayonne wieder zur französischen Provinzstadt wurde. Der versandete Hafen erhielt neues Leben, von hier fuhren die Walfänger aus, die ihre Mannschaften in Bayonne anheuerten. Seinen Höhepunkt als Hafenstadt hatte Bayonne im 18. Jh., als es sogar zum Freihafen aufgewertet wurde und sein Handelsaufkommen sich noch einmal erheblich vergrößerte. Industriebetriebe, besonders Metallverarbeitung, siedelten sich an: Das Bayonnett ist eine hiesige Erfindung von 1660. Der Französischen Revolution verdankt Bayonne das Ende seines Freihafens, wirtschaftlich brachen nun weniger erfreuliche Zeiten an.

Strategisch bedeutsam war Bayonne bereits im 1. Jh. für die Römer (*Lapurdum*). Zu Zeiten Karls des Großen war es eine Bastion gegen Basken und Sarazenen, von der die Pässe der westlichen Pyrenäen überwacht werden konnten. Es ist die älteste Stadt der baskischen Küste, im 12. Jh. erstmals als *Baiona* genannt und 300 Jahre unter englischer Herrschaft (erst ab 1451 endgültig französisch). Während der Diktatur des spanischen Generals Franco bot Bayonne vielen Gegnern des Caudillos Unterschlupf. Und heute? Geschichte und auch Wirtschaft stehen unter anderen Vorzeichen. Die Wale der Biskaya sind ausgestorben, und Eisenverar-

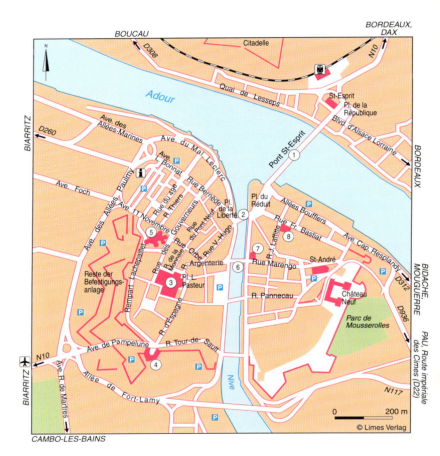

Bayonne: Stadtplan

1. Pont St-Esprit
2. Pont Mayou
3. Ste-Marie
4. Porte d'Espagne
5. Château Vieux
6. Pont Marengo
7. Musée Basque
8. Musée Bonnat

Anzeige: Yves Saint-Laurent

beitung lohnt auch nicht mehr. Jetzt werden hier Bauteile für die Luftfahrt und Zement hergestellt. Am Hafen legen die 20 000-Tonnen-Schiffe an und laden Schwefel oder Mais.

Der Pont St-Esprit endet an der *Place Réduit* (in der Karwoche großer Schinkenmarkt) mit dem Denkmal des hier geborenen Kardinals Lavigerie. Schräg rechts geht es gleich über die nächste Brücke, den **Pont Mayou** ②. Das Bett der Nive ist schnurgerade, so daß man die vier kleineren Brücken und Stege darüber in einer Reihe sehen kann.

Hinweis: Ab hier kann man mit der Suche nach einem **Parkplatz** beginnen, wer Glück hat, stellt das Auto am Nive-Ufer ab, ansonsten gibt es Parkplätze jenseits der Altstadt, bei den alten Stadtbefestigungen und beim Touristenbüro (*s. Stadtplan*).

Sehen Sie hinüber auf das Nive-Ufer, von dem Sie gerade kommen: Unter den Fassaden mit den hellblauen, roten und dunkelgrünen Fensterläden sind kleine Straßencafés, in denen Sie sich vor der Weiterfahrt ausruhen können.

Vom Adour zur Kathedrale geht man hinter der geschäftigen *Place de la Liberté* (Rathaus und Theater) links durch eine Fußgängerzone, in deren Mitte die Arkadenstraße *Rue du Pont-Neuf* verläuft. Eine Einkaufsstraße, auf der Sie schon Ausschau halten können nach den Bayonner Spezialitäten. Das sind roher oder gekochter Schinken, Kräuterschnaps, Schokolade und Pralinen, und alles hat seine Herkunft: Der Jambon de Bayonne stammt aus Orthez (*S. 229*), und der Schnaps ist baskisch. Bayonne selbst war die erste Stadt in Frankreich, in der aus westindischem Kakao Schokolade hergestellt wurde, übrigens, so sagt man, von den *Ladinos*, von den aus Spanien von *Karl V.* vertriebenen Juden, die im Stadtviertel St. Esprit um ein Hospital der Jakobspilger ihr Ghetto hatten. Auch baskische Wanderstöcke (*makilas*) sind ein beliebtes Mitbringsel.

Wenn Sie allerdings lieber gleich essen und nicht kaufen wollen, dann nehmen Sie die Parallelstraße Rue Thiers: Unter der Hausnummer 21 finden Sie das ›**Grand Hotel**‹ mit Restaurant (Tel. 59.59.14.61).

Ste-Marie ③

Mittelpunkt des touristischen Interesses ist die Cathédrale Ste-Marie, ein Dom, wie er auch in Nordfrankreich stehen könnte. Dort hatte der Bayonner Dombaumeister *Jean Deschamps* zuvor gewirkt und sich im Sinne der Gotik beeinflussen lassen. Gebaut wurde vom 13. bis ins 16. Jh., allerdings mit nur einem Turm im

Südteil. Die Spitzdächer und der Nordturm sind im 19. Jh. hinzugekommen. Beim Eingangsportal sind kleine Steinmetzarbeiten in die Steine gearbeitet. Gehen Sie ins Innere des Gotteshauses, und sehen Sie sich nach und nach die bunten Fenster an, teilweise Werke der Renaissance-Zeit. Sie verleihen dem Kirchenraum seine Farbe. Rechts von der Kathedrale befand sich ein Klosterbau des 14. Jh., von dem der *Kreuzgang* (Zugang über die Place Louis-Pasteur) erhalten ist. Von hier eröffnet sich wiederum ein neuer Blick auf den Dom.

Nach dem Fang: Fischer in Bayonne

Hinter der Apsis der Kathedrale kommt man auf der *Rue d'-Espagne* zur **Porte d'Espagne** ④, einem Tor aus dem 17. Jh. Zur Nive geht man auf der *Rue Tour de Sault*, in die andere Richtung nimmt man den *Rempart Lachepaillet*, der, den Resten der Befestigungsanlage von Vauban (17. Jh.) folgend, nach rechts biegt und zum **Château Vieux** ⑤ führt (nicht zu besichtigen). Es handelt sich hierbei um eine mittelalterliche Festung auf den Grundmauern einer römischen Wallanlage (12. Jh., 1680 von Vauban erneuert). Rechts kommen wir durch die *Rue Orbe* quer durch die Altstadt zur *Rue de l'Argenterie*, der wir links zur Nive folgen.

Über den **Pont Marengo** ⑥ verlassen wir *Grand Bayonne* und betreten *Petit Bayonne*, den älteren Teil Bayonnes und ein Zentrum der baskischen Nationalisten. Gleich links befindet sich in einem Haus aus dem 16. Jh. das **Musée Basque** ⑦, das leider für mehrere Jahre wegen Renovierungsarbeiten geschlossen bleibt.

Es genießt den Ruf, eins der schönsten volkskundlichen Museen Frankreichs zu sein: Lebensweise und Bräuche der Basken, Hexenglauben, Pelota (ein Zentrum dieses baskischen Spiels, *Le Trinquet*, befindet sich übrigens in der Rue Trinquet, Nr. 8), Nationaltänze, Theater und Walfang werden veranschaulicht.

Ein Museum, das Sie besichtigen können, erreichen Sie wenn Sie von der *Rue Marengo* links in die *Rue Jacques Laffitte* abbiegen. An deren Ende (Nr. 5) liegt das **Musée Bonnat** ⑧ (Mitte Juni–Mitte Sept tgl 10–12, 15–19 Uhr, sonst Mo, Mi, Fr 15–19 Uhr, Sa, So 10–12, 15–19 Uhr, Tel. 59.59.08.52), ursprünglich die Gemäldesammlung des Malers *Léon Bonnat* (1833–1922), die dieser seiner Geburtsstadt vermacht hat. Zu seinen gesammelten und seinen eigenen Bildern hat die Stadt inzwischen noch einiges hinzugekauft. So können wir heute Gemälde aus der Umgebung Botticellis und Bilder von Rubens, van Dyck und Rembrandt, Poussin, Murillo und Ribera, Goya, Delacroix und Degas betrachten.

In der Rue Marengo lockt das ›**Lokal von François Miura**‹ (Haus Nr. 24, Tel. 59.59.49.89) mit preiswertem, gutem Essen. Noch erlesener, dafür nicht so preiswert, speist man in der linken Parallelstraße, in der ›**Auberge Cheval Blanc**‹ (68, rue Bourgneuf, Tel. 559.59.01.33. Beide Straßen führen zur Kirche **St-André** und weiter zum **Château Neuf** (15. Jh.) und der *Porte de Mousserolles*. Das sind mächtige, teils erhaltene Festungsanlagen von Vauban, hinter denen sich der *Parc de Mousserolles* erstreckt.

Ein **Ausflug** führt Sie nach Osten auf der D312 und D712 nach *Mouguerre* und zur *Croix de Mouguerre*, von wo sich eine schöne Aussicht aus 120 Metern Höhe auf die Mündung des Adour, die Landes und die Pyrenäen öffnet. Das Denkmal soll an eine Schlacht von 1814 erinnern.

Ebenfalls nach Osten führt die D936, von der die D22 rechts abzweigt: Dies ist die *Route impériale des Cimes*, die nach Cambo-les-Bains geht und vor allem landschaftlich sehr schön ist.

Zwischen Bayonne und Biarritz liegt, nicht zu unterscheiden, die Stadt **Anglet** (33 000 Einw., Office de Tourisme: 1, av. Chambre d'Amour, Tel. 59.03.77.01. ▲). Die drei Orte sind längst zu einem zusammengewachsen. Außer dem Strand gibt es hier den Golfplatz Chiberta, einen Galopprennplatz und eine Kunsteisbahn. Der Strand hat seinen vielsagenden Namen *Chambre d'Amour* nach einer Grotte, die sich an diesem letzten Stück der *Plage des Landes* befunden hat.

Ein Magnet für jung und alt: der Strand von Biarritz

★★Biarritz (baskisch Miarritze)

29 000 Einw., 190 km südl. von Bordeaux, an A63, N10. **Office de Tourisme**: Square d'Ixelles, Tel. 59.24.20.24. ▲

Biarritz ist das größte und berühmteste Seebad an der französischen Atlantikküste, der bekannte Ferienort, den Sie per Bahn, Auto oder Flugzeug (Flughafen Biarritz-Bayonne-Anglet) errei-

Herbst-sturm unter der Strand-prome-nade von Biarritz

chen können, um am schönen Leben der Reichen, der noch Reicheren und der Möchtegern-Reichen jedenfalls optisch teilzuhaben. Im September, während des Filmfests von Biarritz, kommt sogar ein bißchen Atmosphäre von Cannes auf. Volksfeststimmung entsteht allerdings schon vorher bei der *Fête de la Mer* am 15. August. Biarritz war wegen des milden Klimas und der reichen Vegetation, der schönen Bucht und des Blicks auf die Pyrenäen ›schon immer‹ ein beliebter Badeort. Als die spanische *Contessa de Montijo* in den 1830er Jahren das kleine Seebad mit dem Fischerdorf besuchte, hatte eine findige Biarrote, wie die Einwohner korrekt heißen, schon eine gebührenpflichtige Umkleidekabine am Strand aufgestellt. *Eugénie*, die Tochter der Contessa, heiratete 1853 den französischen Kaiser *Napoléon III*. Als sie den Wunsch äußerte, noch einmal an den schönen Ort von einst zu reisen, wollte sie ihr Kaiser auf keinen Fall noch einmal in die Umkleidekabine lassen. Er errichtete ihr 1854 einen prächtigen Sommerpalast. Für das Seelenheil ließ sich Eugénie eine Kirche bauen, in der sie täglich die Jungfrau von Gouadeloupe anbetete. Biarritz wurde zur Sommerfrische von Hoch- und Geldadel. Von der feudalen Erinnerung ist nicht mehr viel geblieben. Zwar ist die *Grande Plage* noch immer ein Treffpunkt der Schönen und Reichen, aber zwischen den alten Häusern stehen scheußliche Neubauten, deren Bauherren in einem Minimum umbauten Raums ein Maximum an zahlenden Gästen einquartieren wollen. Die Strände sind wegen der Brandung eher zum Plantschen und Surfen als zum Baden geeignet, bei Hochwasser und starkem Westwind kommt man sich näher, denn der Strand wird dabei schmaler. Vom alten Glanz hat sich im **Casino Bellevue** (Place Bellevue, Tel. 59.24.11.22.) noch ein wenig gehalten, noch mehr von der alten Zeit sehen Sie im **Musée du Vieux Biarritz** (Rue Broquedis, Mo–Mi, Fr, Sa 15–18.30 Uhr, Tel. 59.24.86.28), wo vor allem Einrichtungsgegenstände der Jahrhundertwende und ein Modell von Napoleons Luxuszug zu sehen sind.

In jedem Fall ist es herrlich, am Strand oder etwas oberhalb der *Plage de la Côte des Basques* auf *La Perspective*, der Promenade südlich der Stadt, bis an die Felsspitze **Rocher de la Vierge* (Jungfrauenfelsen) zu lustwandeln, wo das **Musée de la Mer** steht (Plateau de l'Atalaye, tgl. 9.30–12.30, 14–18 Uhr, Juli-Sept durchgehend bis 19 Uhr, Mitte Juli–Mitte Aug sogar bis 22 Uhr, Tel. 59.24.02.59). Zugleich ist hier ein Forschungszentrum untergebracht, dessen Forschungsobjekte und -ergebnisse zur Geschichte des Golfe de Gascogne bezüglich Fischfang, Schiffstechnik und Kartographie genauso gezeigt werden wie allerlei Meeresgetier im Aquarium, darunter immerhin Haifische und Sägefische und in einem anderen Becken Seehunde (Fütterungen 10.30 und 17 Uhr).

Am anderen nördlichen Ende der Grande Plage erhebt sich die Felsspitze **Pointe St-Martin** mit dem 73 m hohen Leuchtturm *Phare de la Pointe St-Martin* (Mai–Sept tgl. 10–12, 14–18 Uhr, Mai/Sept bis 17 Uhr, bei Unwetter gar nicht).

Und auf der Mitte der Grande Plage: unter grauem Schiefer, hinter bordeauxroten Wänden, mit weiß abgesetzten Fenstern, das **Hôtel du Palais** (1, av. Impératrice, Tel. 59.41.64.00), Eugénies ehemaliger Palast, 1903 abgebrannt und bis 1905 wieder aufgebaut, das Nobelhotel, wo Sie für läppische 1400 Francs oder mehr nächtigen können, oder aber ab 250 Francs aufwärts essen können. Die Küche ist mit einem Stern ausgezeichnet worden, man lasse sich also nicht ablenken durch vermeintliche Berühmtheiten, die hier auftreten.

Preiswerter essen können Sie auf der *Avenue Edouard VII* im ›**L'Operne**‹ (Nr. 17, Tel. 59.24.30.30) und – sogar ganz preiswert – im Hotel-Restaurant ›**Tonic**‹ (Nr. 58, Tel. 59.24.58.58) sowie am parallel dazu Richtung Meer verlaufenden *Boulevard Général de Gaulle* im ›**Galion**‹ (Nr. 17, Tel. 59.24.20.32). Mit einem Michelin-Stern versehen wurden die nahrhaften Kreationen des Restaurants im ›**Hôtel Miramar**‹ (nicht weit von Eugenies Palast, 13, rue L.Bobet, Tel. 59.41.30.00), des ›**Café de Paris**‹ (beim Casino, 5, place Bellevue, Tel. 59.24.19.53) und ›**Les Platanes**‹, das ein bißchen vom Zentrum entfernt, in einer Seitenstraße der Avenue du Président Kennedy (D910), gelegen ist (32, av. Beausoleil, Tel. 59.23.13.68).

Wollen Sie in Biarritz erst einmal einen Strandurlaub einlegen, dennoch aber von hier einen kleinen **Ausflug** in die schöne Landschaft unternehmen, so fahren Sie auf der D910 (im Viertel *La Negresse*, an dem Sie vorbeikommen, können Sie in der ›**Auberge de la Négresse**‹, 10, bd M. Dassault, Tel. 59.23.15.83, preiswert essen), über die Bahnlinie auf die D255 und nach der Autobahn links nach **Arcangues**. Hier wohnen Sie im Hotel Marie-Eder, Tel. 59.43.05.61. Etwas weiter, in **Alotz** (D755), lädt Sie das ›**Moulin d'Alotz**‹ zu einem Essen im Grünen (vorher reservieren, Tel. 59.43.04.54).

Südlich schließen sich an Biarritz die beiden Badeorte Bidart und Guéthary an, in deren Nähe die ersten Ausläufer der Pyrenäen sichtbar sind. Das baskische Dorf **Bidart** bietet mit der *Plage de l'Ouhabia* eine große Sandfläche, die den Höhenrücken hinter Biarritz unterbricht. An der *Plage du Centre* stehen sogar Duschen bereit, damit sich sich zurechtmachen können für den Besuch an der ›**Table des Frères Ibarboure**‹, vier Kilometer nach Süden auf der D655, Richtung Ahetze (Tel. 59.54.81.64): Hier wird baskisch gekocht, und das ausgezeichnet.

Auch **Guéthary** ist ein baskisches Dorf an der buckligen Pyrenäenküste, ein alter Seebade-Ort, dessen *Plage de la Parlamentia* an einer Promenade liegt.

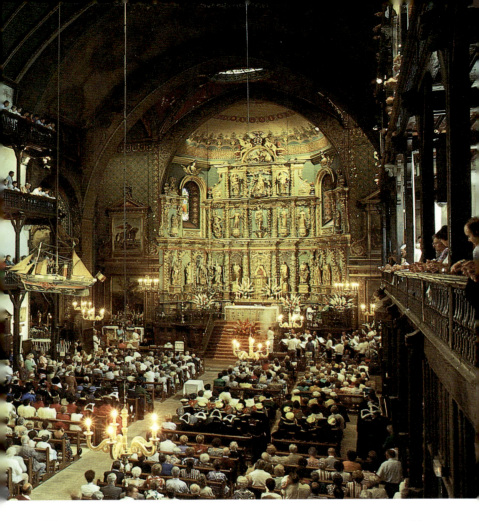

21 Von St-Jean-de-Luz und Hendaye nach Hasparren

Hinweis: Auf der folgenden Rundreise werden zwei Verwaltungsbezirke der Pyrenäen durchquert, die *Pyrenées Atlantiques*, deren Nordgrenze der Adour ist, und deren östliches Ende ungefähr auf der Linie Pau – Col du Somport vorzustellen ist, und die *Hautes Pyrénées*, die sich östlich anschließen. Pyrénées Atlantiques teilen sich in das Baskenland (Pays Basque; baskisch: Euskadi) und den Béarn – daran hat sich nichts geändert, obwohl Präsident Mitterrand seinerzeit den Basken versprach, ihnen ein eigenes Département einzurichten. Die Pyrenäen werden von Tälern durchzogen, die fast alle in Nord-Süd-Richtung verlaufen. Querbewegun-

Goldene Pracht über drei Etagen: die Kirche von St-Jean-de-Luz (S. 250)

249

gen sind kaum möglich. Darum werden die nächsten Abschnitte immer dieselbe Bewegung, von Nord nach Süd und wieder zurück, beschreiben.

Wir befinden uns in der Provinz Labourd (*S. 238*), dem hügeligen Land, das zwar schon zu den Pyrenäen gehört, aber mit seinem höchsten Gipfel, *La Rhune*, bei vergleichsweise bescheidenen 900 Metern Höhe bleibt. Die Grenzen ringsum werden vom Wasser bezeichnet: Atlantik im Westen, Bidassoa im Süden, Adour im Norden und der Aran oder die Joyeuse (ein Fluß mit Doppelnamen) im Osten.

**St-Jean-de -Luz und Ciboure

13 000 Einw., 16 km südl. von Biarritz, 128 km westl. von Pau, an A63, N10, D918. **Office de Tourisme**: Place du Maréchal Foch, Tel. 59.26.03.16. ▲

Erstes Ziel beim Besuch des attraktiven Badeorts mit seiner schönen Altstadt ist der Fischereihafen: Die baskischen Walfänger starteten hier ihre Jagdfahrten bis an die arktischen Küsten Nordamerikas. Später fingen sie Sardinen oder machten ihr Geld mit Seeräuberei. Heute liegt hier die größte Thunfischfangflotte Frankreichs. So bietet der Hafen alles, was man sich dazu wünschen kann: große Kähne, schmierige Schaluppen, schicke Flitzer und am Kai bärige Fischer, die ihre Netze ordnen.

Auch wer statt dessen zuerst in die Kirche **Saint-Jean-Baptiste** (7–12, 14–19 Uhr), 150 m vom Hafenbecken an der *Rue Gambetta*, geht, sieht sofort, was den ganzen Ort prägt und bestimmt: Im Kirchenraum hängt ein ansehnliches Schiffsmodell von der Decke herab. Ursprünglich erbaut im 13. Jh., wurde die Kirche im 15. Jh. umgebaut und schließlich im 17. Jh. innen barock ausgestattet, so daß alles recht war für die am 9 Juni 1660 stattfindende Hochzeit *Ludwigs XIV.*, des Sonnenkönigs, mit *Maria Teresa*, der spanischen Infantin. Der Kirchenraum ist umgeben von dreistöckigen Holzbalustraden, die ein U bilden und in ihrer Mitte über dem Eingang eine Orgel einfassen. Hier saßen, nach baskischer Sitte, die Männer. Das dunkle Holz verstärkt die Wirkung des vergoldeten Hochaltars, der die Fläche einer ganzen Wand einnimmt. Heiligenfiguren, Putti, Säulen und architektonische Stilelemente entfalten, vergoldet wie sie sind, vor dem roten Hintergrund der Wand eine unglaubliche Pracht. Und auch die Holzlüster zeugen noch vom Geschmack des Barock.

Die Zeremonie der Hochzeit (und die des Friedensschlusses vom *Traité des Pyrénées*, 1660) können Sie im Wachsmuseum **Musée Grévin** mit seinen über 50 Figuren in Lebensgröße betrachten (am Hafen, Pavillon de l'Infante, tgl. 10–23 Uhr, Tel. 59.51.24.88).

Restaurants am Weg: Auf dem Weg von der Kirche zur Bucht können Sie rechts die *Rue Garat* nehmen: Dort finden Sie bei *Haus Nr. 24* das Restaurant ›**Ramuntcho**‹ (Tel. 59.26.03.89) und vorher schon in der Seitenstraße *Rue St-Jacques* den ›**Petit Grill Basque**‹ (rechts, Nr. 4, Tel. 59.26.80.76). Von der Kirche zum Meer geht man auf der linker Hand verlaufenden *Rue Tourasse*, wo Nr. 25 das ›**Tourasse**‹ beherbergt (Tel. 59.26.14.25). Links, parallel zur Rue Tourasse, verläuft die *Rue de la République*, wo beim Haus Nr. 5 als weitere kulinarische Adresse die ›**Taverne Basque**‹ auf Sie wartet (Tel. 59.26.01.26). Nur 12 Nummern weiter können Sie in einem Haus des 16. Jh. speisen (›**Auberge Kaïku**‹, Tel. 59.26.13.20). Wollen Sie es vornehmer, so müssen Sie zum ›**Grand Hôte**l‹ (43, bd Thiers, Tel. 59.26.35.36) gehen, über dessen Küche ein kulinarischer Stern glänzt.

Der Weg zum Strand führt übrigens durch das *Quartier de la Barre*, das erst elf Jahre vor der großen Hochzeit von einer Sturmflut heimgesucht wurde, so daß es heute nur mehr ein Drittel seiner Größe hat. Schmale Gassen mit weißen Fassaden, deren Farbigkeit von den sonnenbestrahlten roten Fensterläden kommt, und Cafés unter bordeauxroten Markisen schaffen eine ganz besondere Stimmung. Hier hatten sich die Schiffsausrüster und andere Handwerker niedergelassen, deren großzügige baskischen Fachwerkhäuser noch etwas erahnen lassen von ihrem Reichtum. Betreten können Sie die **Maison Louis XIV** (1643), die eigentlich, nach ihrem Erbauer, *Maison Lohobiague* heißen müßte und in der *Louis XIV* einst residierte (Place Louis XIV, Juni–Mitte Sept Mo–Sa 10.30–12, 15–18.30 Uhr, Tel. 59.26.01.56).

Bevor Sie sich auf den Strand begeben, gehen Sie ein Stückchen am Hafen herum: Von jeder Position bietet sich ein neuer Blick, im Vordergrund die Fischerschiffe, die oft blauweiß oder grünweiß angestrichen sind, dahinter gestutzte Platanen und die Fassaden mal baskischer, mal moderner Häuser, mal mit Balkon, mal mit Loggia, über die womöglich ein Kirchturm oder im Hintergrund ein erster Pyrenäengipfel lugt. Zum Strand ist ein hoher Damm aus Pflastersteinen zu übersteigen. Dann sehen Sie schräg links gegenüber das **Fort de Socoa**. Die Bucht ist geschützt, so daß man gut baden kann. Zwischen zwei Molen sind Netze gespannt, die nicht nur den Müll abhalten sollen, der über die Meere treibt, sondern die auch die Boote rücksichtsloser Ferienkapitäne von den Badenden fernhalten. Der Hafen ist zugleich die Mündung der *Nivelle*, und die Nivelle trennt St-Jean-de-Luz und von **Ciboure** (5 800 Einw., Office de Tourisme:Place du Fronton, Tel. 59.47.49.40), einem Fischerort, dessen Attraktionen die Kirche *St-Vincent* (15.–17.Jh.), das Fort de Socoa an der äußeren Spitze der Bucht (ein weiterer Bau Vaubans) und das Geburtshaus des großen Komponisten *Maurice Ravel* sind (Nr. 12 des Quai Maurice Ravel).

Tips zur körperlichen Ertüchtigung: In St-Jean-de-Luz und Ciboure können Sie sich der *Thalassotherapie* hingeben (Hélianthal, Place Maurice Ravel in St-Jean-de-Luz, Tel. 59.51.51.51, auch essen), Golf spielen (St-Jean: 59.26.14.22, Ciboure: Tel. 59.47.18.99), sich im Squash üben (St-Jean: 42, rue du Midi, Tel. 59.26.05.13, und im Golfclub von Ciboure, Tel. 59.47.18.99), segeln, windsurfen und tauchen (in Ciboure, unterhalb des Fort Socoa), surfen lernen bei Donibane Ziburuku Urkirolak (Tel. 59.26.83.58) und Wasserski lernen, ebenfalls in der Internationalen Segelschule von Socoa (Tel. 59.47.06.32). Zum Wandern erhalten Sie beim *Centre Sagardian* (32, rue de Habas, St-Jean-de-Luz, Tel. 59.51.07.64) die nötigen Auskünfte.

Die *Corniche Basque*, eine Straße (D912) direkt am Meer, bringt Sie nach Hendaye. Weiter im Landesinneren, auf der N10, fährt man am *Château d'Urtubie* (14. Jh.) vorbei nach **Urrugne** (▲), wo man den größten Gartenpark Europas, *Santa Flor*, besuchen kann, auf dessen 18 ha nicht nur die Blüten der Blumen in der Sonne leuchten, sondern nach Einbruch der Dunkelheit (Sa, Juni–Aug) auch noch allerlei nette Lichtspiele vorgeführt werden (Apr–Okt tgl. 10.30 Uhr bis Sonnenuntergang, mit Restaurant, Tel. 59.48.00.66). Wenn Sie an der Kreuzung in Urrugne rechts abbiegen, kommen Sie zur Kapelle *Notre-Dame-de-Socorri*, einer Pilgerkirche, die vor allem als schöner Aussichtspunkt bekannt ist. Man sieht nämlich inzwischen in der Ferne die hohen Berge, wie sie sich mildgrün im bläulich weißen Dunst abheben.

Hendaye

11 500 Einw., 13 km südl. von St-Jean-de-Luz, 23 km östl. von San Sebastián, an A63, N10. **Office de Tourisme**: 12, rue des Aubépines, Tel. 59.20.00.34. ▲

Hendaye, der landschaftlich schön gelegene Grenz- und Badeort mit allerdings wenig ansprechendem Stadtbild besteht aus den Vierteln Hendaye Gare, Hendaye-Ville und Hendaye-Plage und

liegt an der *Bidassoa*, dem Grenzfluß zu Spanien. Die Grenzlage hat dazu beigetragen, daß die Flußinsel *Île des Faisans* historische Bedeutung erlangt hat: Auf neutralem Boden wurden Gefangene ausgetauscht (*François* I, 1526) und Hochzeiten beschlossen (*Louis XIII* und seine Schwester mit *Philipp IV. von Spanien* und *Anna von Österreich*, 1615), Verträge ausgehandelt (*Pyrenäenfrieden*, 1659) und die weltliche Trauung *Ludwigs XIV.* (1660) vollzogen. An die beiden letzteren Ereignisse erinnern eine Säule und ein Pavillon.

Sonst gibt es in Hendaye, außer dem Strand neben der Steinküste mit den malerischen Gesteinsformationen und der beinah

Besuchen Sie den Orient, im Haus des Schriftstellers Pierre Loti (S. 254)

tropischen Flora, das Sterbehaus des Schriftstellers *Pierre Loti* (1923, in der Rue des Pêcheurs) zu bewundern, der in den 1890er Jahren häufig herkam. Vor dem Grenzübergang stärken Sie sich bei ›Serge Blanco‹ (Bd. Mer, Tel. 59.51.35.35) oder in Hendaye-Ville ›Chez Antoinette‹ (Place Pellot, Tel. 59.20.08.47).

Wenn Sie nicht über die Grenze wollen, sondern weiterhin durch Aquitanien reisen, dann geht es bei Urrugne auf der D4 weiter in Richtung Ascain, auf malerischer Strecke in respektvollem Bogen um den Berg *La Rhune* mit den vorgelagerten Gipfeln Ciboure (411 m) und Ihicelaya (546 m) herum. **Ascain** (▲) ist ein kleiner, gern besuchter Bergort mit 2 600 Einwohnern und einer römischen Brücke, in dessen Kirche wiederum drei Galerien den Kirchenraum umschließen.

Ascain ist Ausgangspunkt einer **Route du Fromage**, an der Sie alle möglichen Sorten baskischen Käses probieren und kaufen können. Ziegenkäse steht natürlich im Vordergrund, aber es gibt ja auch Kühe, es gibt besondere Rezepte, es gibt eine lange Tradition und daraus resultierend, wie beim Wein, die Käsegüteklasse *Appellation d'Origine Contrôlée*. Die Route folgt – ausgeschildert – in etwa der D918 und führt bis Pau (*S. 266*). Hier ein paar Adressen: in **Itxassou** (▲): Isabelle Olhagaray (Tel. 59.29.82.62); in **Ossès**: Jean-Michel Aycaguer (Tel. 59.37.73.40); in **Uhart-Cize** (St-Jean-Pied-de-Port): Pierre Bereterbide (Tel. 59.37.07.43) und die Coopérative de Fromages an der Route de Bayonne (Mo 9–12.30 Uhr, Sa 14–17.30 Uhr, Tel. 59.37.29.83); in **Larceveau**: Pyrénéfrom (Tel. 59.37.81.13); in **Mauléon**: Fromagerie des Chaumes (Tel. 59.28.13.29); in **Tardets**: Jean-Arnaud Etchebarne (Tel. 59.28.51.26); in **Arette**: Gaec Esprabens (zuerst anrufen, Tel. 59.88.91.85); in **Bilhères**: Joseph Paroix (Tel. 59.82.64.24).

Sie essen in Ascain im ›Parc Trinquet-Larralde‹ (Tel. 59.54.00.10), oder Sie warten mit dem Essen bis zum *Col de St-Ignace*, wo Sie vor oder nach der Auffahrt per Zahnradbahn zum Gipfel von *La Rhune* bei den ›Trois Fontaines‹ einkehren (Tel. 59.54.20.80). Eine halbe Stunde dauert die Fahrt durch steile Abhänge, bis man diesen Aussichtspunkt erreicht hat. Über Ihnen ist jetzt nur noch die Sendeanlage des Fernsehens (Ostern tgl. 10 und 15 Uhr, Mai–Mitte Nov Sa, So, Feiertags 10, 15 Uhr und bei Bedarf, Juli–Sept alle 35 Min. je nach Andrang; für Gruppen ab 40 Pers. starten eigene Bahnen; Tel. 59.54.20.26).

Der nächste Ort ist **Sare** (2000 Einw., Information bei Herriko Etxea, Tel. 59.54.20.14. ▲), wo schon morgens um zehn die Busse herandonnern und die Touristen herauslassen, weil es hier so schön ist. Ländliche Luft, Kühle der Berge: Es ist fast wie in den Alpen. Auch die Kirche ist innen bemalt, nur hat die von

Sare wiederum eine dreietagige Balustrade in U-Form, in deren Mitte, über dem Eingang, die Orgel thront. Wenn Sie am 2. Sonntag im September kommen, erleben Sie die *Sarako Bestak*, vier Tage Volksfest auf baskisch. In Sare können Sie in zwei Lokalen gemütlich essen, im ›Arraya‹ (Tel. 59.54.20.46) und, 2 km auf der D406 nach Bera de Bidassoa, im ›Pikasseria‹ (Tel. 59.54.21.51). Zur **Grotte de Sare** (März–Dez 14–17 Uhr, Ostern–Sept 10–13, 14–18 Uhr, Mitte Juli/Aug 9.30–20.30 Uhr; Tel. 59.54.21.88) sind es noch ein paar Kilometer auf der D306 (Ostausgang von Sare) ins Gebirge, dessen Kalkgestein ausgewaschen ist wie an der Dordogne. Wie dort gab es auch hier Höhlenbewohner der menschlichen Vorzeit (vor ca 20 000 Jahren). Man sieht schon von außen die Höhle, deren breiter Eingang (50 x 15 m) sich rötlich abhebt vom Grau des umliegenden Felsens und durch das Grün der Bäume leuchtet. In der Höhle hat man Steinzeitwerkzeuge gefunden, aber natürlich auch Spuren jüngerer Zeiten, da sich hier auch Flüchtlinge und Kämpfer verkrochen haben. Das Ganze ist ausgestattet mit reizvollen Lichteffekten, so daß man, wenn schon nicht urmenschliche Gemütlichkeit, wenigstens ein bißchen Geisterbahnatmosphäre erleben kann.

Von Sare nach Osten auf der D4 erreichen Sie die Abzweigung nach **St-Pée-sur-Nivelle** (▲), an dessen Ostausgang im 14./15. Jh. eine Burg errichtet worden ist, von der noch ein fünfeckiger Turm steht. Weiter östlich liegt der See von St-Pée.

Weiter geht es auf der D4 und dann auf der D305, die Sie über malerische Kuppen mit schönen Ausblicken führt. Unterwegs sehen Sie immer wieder die baskischen Häuser, mal mit blauem, mal mit grünem oder rotem Fachwerk, im Licht der Sonne leuchten. Sie gelangen nach ***Aïnhoa** (▲), einem denkmalgeschützten Dorf mit einer Straße von baskischen Häusern, wie sie nur selten zu sehen ist. Im Gasthaus ›Ithurria‹ (Tel. 59.29.92.11) bekommen Sie nicht nur *Foie gras des Landes*, sondern auch gebratene Tauben serviert – nicht Schlaraffenland, aber immerhin ein Gourmetsternchen. Was die Tauben angeht: Die werden hier mit großen Netzen gefangen, besonders die Gegend um Sare gilt als ›Hölle der Tauben‹.

Auf der D20 fahren Sie abwärts nach **Espelette** (Syndicat d'-Initiative: Tel. 59.93.91.44), einem Dorf, dessen Spezialität die Aufzucht von sogenannten Pottok-Pferden ist, einer kleinen braunweiß gescheckten Ponyrasse, die in halbwilden Herden auf den Hängen lebt. Diese Pferde wurden früher in Bergwerken eingesetzt, jetzt kommen sie vermehrt auf der Speisekarte zum

An der Route du Fromage (S. 254)

Einsatz, aber man kann ihnen auch einen Sattel aufsetzen, um durch die Wälder und Hügel der Umgebung zu traben. Beim Durchschreiten der gewundenen Gassen machen Sie einen kleinen Abstecher von Schloß und Kirche auf den Friedhof, wo einer dieser baskischen Rundsteine (Stèle discoïdale) steht, der dem Andenken der Toten dient. Vergleichsweise preiswert essen Sie hier im ›Euzkadi‹ (Tel. 59.93.91.88).

Von Espelette sind es nur noch wenige hundert Meter bis **Cambo-les-Bains** (4 000 Einw., Office de Tourisme im Parc St-Joseph, Tel. 59.29.70.25. ▲), einem Luftkur- und Badeort, zugleich ein zweiteiliger baskischer Ort, dessen einer Teil auf einem Plateau gelegen ist, während sich *Bas Cambo* unten am Ufer der Nive erstreckt. Ein bißchen könnte man sich in diesem malerischen Ort der Vorpyrenäen mit seinen Baskenhäusern an den Schwarzwald erinnert fühlen, wäre da nicht die *Villa Arnaga* des Dichters *Edmond Rostand*, der sich an diesem Platz eine Villa bauen und dazu einen französischen Garten anlegen ließ.

Edmond Rostand (1. 4. 1868 – 2. 12. 1918) kam zwar in Marseille zur Welt und verbrachte die meiste Zeit seines Lebens in Paris, wo er auch starb. Aber in Cambo-les-Bains lebte er von 1900 bis 1910. Sein Versdrama ›Cyrano de Bergerac‹ von 1897 hat ihn weltberühmt gemacht, 1901 wurde er in die Académie Française aufgenommen. In der Villa Arnaga kann man alles sehen, was er an Materiellem der Nachwelt hinterließ (tgl. Apr–Okt. 14.30–18 Uhr, Mai–Sept 10–12, 14.30–18.30 Uhr, Tel. 59.29.70.57).

Auf dem Kirchhof von Harambels sieht man typische baskische Grabsteine (S. 260)

Zum Essen kehren Sie entweder oberhalb der Kirche mit Ausblick im ›Bellevue‹ ein (Rue Terrasses, Tel. 59.29.73.22) oder bei ›**Tante Ursule**‹ (in Bas-Cambo, jenseits der Nive am Bahnhof vorbei, Tel. 59.29.28.57).

Von Cambo bringt Sie die D22 nach Hasparren. Unterwegs stoßen Sie auf die *Route impériale*, die Sie schon von Bayonne aus befahren haben. In **Hasparren** (5 300 Einw., Office de Tourisme: Place St-Jean, Tel. 59.29.62.02. ▲) können Sie das Haus des Schriftstellers *Francis Jammes* besichtigen oder im ›Tilleuls‹ essen (Place Verdun, Tel. 59.29.62.20). Sie können auch gleich auf der D10 nach **La Bastide-Clairance** weiterfahren, einem kleinen baskisch-gasconischen Ort, der 1312 als Bastide angelegt wurde. Im ›Château de Pessarou‹ bietet Ihnen Gaec Artzainak regionale Käsesorten an. Oder aber Sie fahren auf der D22 weiter zu den sehenswerten, vorgeschichtlichen *Grottes Izturitz et Oxocelhaya* (Mitte März–Mitte Nov Mi–So 10–12, 14–18 Uhr, Juli/ Aug tgl. 10–18 Uhr, Besichtigung [40 Min], Tel. 59.29.64.72).

22 Von **St-Jean-Pied-de-Port nach Sauveterre de Béarn – auf der ersten Pyrenäenetappe der Pilger

**St-Jean-Pied-de-Port

1 400 Einw., 53 km südöstl. Bayonne, an D918, D933. **Office de Tourisme**: 14, place Charles de Gaulle, Tel. 59.37.03.57. Mo schöner Markt. ▲

Das in einem Bergtal mit Fluß, der Nive, knapp an der Grenze malerisch gelegene Örtchen ist im Sommer Ziel vieler Besucher. St-Jean, vorübergehend Hauptstadt von Navarra, Bischofssitz auf Willen des Papstes von Avignon sowie letzte Station der Jakobspilger vor der Überquerung des Passes von Roncesvalles (*s. Plan S. 23*), war aufgrund seiner Lage v. a. von strategischer Bedeutung. Die Zitadelle über dem Ort (der Aufstieg lohnt sich wegen der Aussicht ins Tal) wurde 1628 von *Chevalier Antoine Deville* errichtet und 1680 nach Plänen des berühmten Festungsbauers *Vauban* umgebaut und weiteren Teilen der Ortsbefestigung angegliedert. Die alte Stadtmauer um die ›Ville haute‹, wo die befestigte gotische *Kirche* und die *Porte de Navarra* stehen, stammen allerdings aus dem 15. Jh. Hier, in der *Rue de l'Église* zwischen den beiden Gebäuden, gibt es auch am meisten zu sehen: alte schöne Häuser, davor die Auslagen der Souvenirhändler, deren Angebot nur wenig hinter dem ihrer Kollegen von Lourdes zurücksteht. Hier kann man vom Jakobspilgerkugelschreiber bis zum christlichen Aschenbecher alles bekommen, was man sich vorstellt oder nie vorgestellt hat, und auch die grünen und schwarzen Barette weisen nicht – wie in Lourdes – die Angehörigkeit zu einer Pilgergruppe auf dem Weg nach Santiago de Compostela aus, sondern sind zum Andenken gekaufte Berets basques. Immerhin gibt es einen schönen Spielzeugladen ›Artisanat Bois‹ in der *Rue de la Citadelle*, wo Sie Harlekine, am Seil aufsteigende Bergsteiger oder simple Geschicklichkeitsspiele erstehen können.

Wenn sich gerade ein Bus in den Ort entladen hat, müssen Sie sich richtig an die Balustrade des Vieux Pont drängeln, um auch etwas von der schönen Aussicht zu haben. Ein bißchen abseits vom Hauptweg ist es dann wieder ganz still. Wenn Sie verweilen wollen, bieten sich das *Museum für Pelota* (neben der Mairie in der Rue de l'Église, Juni-Sept 10–12, 15–18 Uhr) und das *Gefängnis der Bischöfe* (Prison des Évêques; Ostern–Okt, 10–12, 14–18.30 Uhr) mit Kerker, Keller, Wachstube und großem Saal an. Die rohen Mauern und das Holzgebälk wirken an warmen Tagen ganz gemütlich – die früheren Insassen (während des 19. Jh., als längst kein Bischof mehr im Ort weilte) werden es in anderem Zustand kennengelernt haben.

Folgen Sie der *Rue de la Citadelle*, nicht bis nach oben, sondern nur, soweit die Häuser stehen: Die Fassaden sind sehenswert und großenteils gepflegt. Am Ende, in einem Haus mit roten Fensterläden, können Sie, ganz in der Tradition der Pilger, Unterkunft im *Refuge pour les pélerins* begehren (ab 18.15 Uhr). Das Rot der Fensterläden ist übrigens nicht ganz farbecht – es haben sich rötliche Rinnsale auf dem Putz darunter gebildet.

Restaurants und Tips für den Aktivurlaub: Die erste kulinarische Adresse am Platz ist ›**Les Pyrénées**‹ (Place Charles de Gaulle, Tel. 59.37.01.01) mit baskischen Spezialitäten, bei ›**Etienne Brana**‹ (3, av. du Jai-Alai, Tel. 59.37.00.44) werden Ihnen als Spezialität die Schnäpse des Hauses, vor allem Obstbrände, angeboten. Preiswert können Sie im weniger besuchten neuen Teil, jenseits des Pont Neuf, essen gehen: ›**Etche Ona**‹ (Pl. Floquet, Tel. 59.37.01.14).

In St-Jean-Pied-de-Port kann man im Sommer *Wanderungen* und Fahrradtouren unternehmen (Information beim Touristenbüro oder bei ›Escapades en Pays Basques‹, Tel. 59.37.22.27; *Fahrräder* werden verliehen bei: Iraty, 1, place St-Laurent, Tel. 59.37.21.79, und im Souvenirladen Steunou, 12, place Charles de Gaulle, Tel. 59.37.25.45) oder angeln (Information Tel. 59.37.07.79 oder 59.37.15.98), im Winter gibt es im Wald von Iraty auf 100 km Pisten und Loipen.

Ihr Weg führt Sie auf der D933 abwärts nach Norden. Ein Stück vom Weg liegt das Bergbauerndorf **Harambels** (auch Harambelz geschrieben), mit den alten Wegmarken der Jakobspilger: einem Orientierungsstein (*Stèle de Gibraltar*) und einer Stationskapelle *St-Nicolas* (12. Jh.). Diese steht wunderschön über den Wiesen und Weiden, ist innen barock und reich mit Gold ausgestattet, aber leider für den Besucher geschlossen. Auf dem kleinen Friedhof neben der Kapelle finden Sie ein paar der scheibenförmigen, fürs Baskenland typischen Grabsteine (stèles discoïdales).

In **St-Palais** (Touristeninformation: Place de l'Hôtel de Ville, Tel. 59.65.71.78), einem traditionellen Durchgangsort, erst für Pilger, heute für Touristen, werden Sie merken, daß die Straßenschilder zweisprachig, die Gasthäuser eindeutig preiswert sind.

Ein Spektakel in Grün bieten die Gorges de Kakouetta (S. 263)

Pilger ziehen durch das Land (*s. auch Plan S. 23*)

Es bedurfte wohl der tiefen Gläubigkeit der Menschen des Mittelalters, daß ein so ausgedehntes Pilgerwesen, wie das zwischen dem 10. und dem 13. Jh., entstehen konnte. Bekehrte Sünder, geheilte Kranke oder Kranke auf der Suche nach einem Wunder sowie einfache Gläubige legten hunderte Meilen zurück, trotzten der Wegelagerer und Wölfe, dem Hunger und der Einsamkeit, um sich vor die Reliquien eines Heiligen oder die Füße eines berühmten Predigers zu werfen.

Die Nachricht von der wunderbaren Entdeckung des Grabs des **hl. Jakob** verbreitete sich schon um 830 in Aquitanien. Ein Stern (*stela*) über einem Feld (*campo*) zwölf Meilen vom Hafen *Iria Flavia* hatte den Weg zu den sterblichen Überresten des Apostels gewiesen. Auf diesem Sternenfeld (*campus stellae*) wurde ein Kloster errichtet. Um welchen Jakob es sich hierbei allerdings genau handelte, blieb im Nebel der Legenden. Angeblich soll es der Presbyter Jakob sein, der im Galaterbrief erwähnt wird. Die Pilger wollten den ›wahren Jakob‹ geboten bekommen und waren des festen Glaubens, hier liege der Apostel. Nach den Eroberungen der Mauren in Spanien kam dem heiligen Jakob eine zusätzliche Rolle zu. Er soll 844 bei der Schlacht bei Clavijo in den Reihen der Christen auf einem Schimmel erschienen sein und diese dadurch angefeuert haben. So wurde er zum Vorkämpfer der christlichen Rückeroberung Spaniens und erhielt den Beinamen eines Maurentöters (*Matamoros*).

Das Wallfahrerabzeichen war schon vor der Jakobspilgerei die *Sankt-Jakobs-Muschel*. In der Antike war die Muschel nach der Göttin Venus benannt, sie soll aus ihr dem Meer entstiegen sein. Die etwa eine Handfläche große Muschel war damals in Galizien noch sehr ver-

breitet. Je länger das Pilgerwesen anhielt, desto mehr Kirchen und Kapellen, Abteien und Hospize oder Zufluchtstätten entstanden am
Wegrand. Viele der Jakobskirchen, Jakobsbrücken, Jakobstore und -
straßen haben sich bis heute gehalten.

Die Pilger für die Strecke durch Südfrankreich und Spanien versam-
melten sich an vier Zentren: in Paris, Vézeley, Le Puy und in Arles. Auch
vier Hauptwege sind uns bekannt: Von Paris (wo es noch die Tour Saint
Jacques beim Châtelet gibt) ging es auf der ›**via tourensis**‹ über Orléans
an der Loire nach Tours und von dort über Poitiers und Saintes nach
Bordeaux. In Blaye setzten die Pilger über die Gironde und zogen weiter über Arcins. In Bordeaux kamen die hinzu, die per Schiff, sei es aus
Nordfrankreich oder England, aus Deutschland oder Skandinavien, in
Soulac oder im Hafen von Bordeaux angekommen waren. Von hier
ging es weiter durch die damals unwirtlichen Landes, wo es keinen
Aufenthaltsort für die Pilger gab. Erst in Mimizan an der Küste oder
südlich von Mont-de-Marsan, in Saint Sever oder Mugron, beide am
Adour gelegen, gab es wieder eine Station. Als nächstes folgte Dax.

Die ›**via lemovicensis**‹ startete bei der Abtei von Vézeley und verlief
über Limoges und Périgueux und überquerte bei La Réole die Garonne.

Die ›**via podiensis**‹ begann am Zentralmassiv in Le Puy und verlief
auf der alten römischen Straße bis Conques. Im Süden führte die ›**via
tolosa**‹ über Toulouse und Auch nach Oloron.

Alle Routen vereinten sich nach und nach im Béarn und im Baskenland, um schließlich gemeinsam über zwei Pyrenäenpässe zu führen:
Die meisten gingen über St-Pied-de-Port durch die Pyrenäen nach
Roncevaux oder Roncesvalles, ein anderer Weg führte von Pau über
den Somport-Paß nach Spanien.

Wie orientierten sich die Pilger? Bis ins 15. Jahrhundert gab es keine Karten, man konnte sich also verirren. Als einziges war 1140 ein
›touristisches‹ Handbuch verfaßt worden, der ›Guide du Pélerin de
Saint Jacques de Compostelle‹ (übersetzt und herausgegeben von
Mlle Vieillard, vier Auflagen 1938–69), von *Aimery Picaud*, einem
Mönch des Poitou. Hier erhielt der Pilger neben der Reisebeschrei-
bung auch Tips, wie man es vermeidet, sich berauben, vergewaltigen
oder erschlagen zu lassen. Über die Landes heißt es: »Wer bereits er-
müdet ist, benötigt drei Tage. Will es der Zufall, daß du die Landes im
Sommer durchwanderst, trage Sorge, dein Gesicht vor den riesigen
Mücken zu bewahren, die dort überall umherfliegen und die man
Wespen oder Bremsen nennt; und wenn du nicht sorgsam vor deine
Füße schaust, wirst du schnell einsinken in den Seesand, der dort alles
überflutet«. Und über die Gascogner: »Sie sind leicht fertig mit dem
Wort, geschwätzig, spottlüstern, verkommen, versoffen, verfressen,
in elende Lumpen gepackt und ohne Geld«, aber dann sind sie doch
»kampferprobt und bemerkenswert in ihrer Gastfreundlichkeit gegenüber den Armen«. Über die Leute aus Navarra ist zu lesen, daß sie

kurze Kleider tragen, die »nach schottischer Art über den Knien enden«, und über die Basken, daß ihre Sprache barbarisch ist und daß sie und die Navarrener »für einen einzigen Sou einen Franzosen töten würden.«

Auf der D933 fahren Sie weiter bis zum *Gave d'Oloron*, wo Sie in **Sauveterre de Béarn** (1 300 Einw., 50 km östl. von Bayonne, 50 km westl. von Pau, an D933, D936, Syndicat d'Initiative: Place de la Mairie, Tel. 59.38.50.17) eine Pause machen sollten, um den aufregenden Blick von der Terrasse bei der Kirche hinunter zur alten Brücke auf sich wirken zu lassen. Die romanische Kirche *St-André* und die schroffe *Tour de Montréal* erheben sich über dem Abgrund. Die Brücke hat den Beinamen ›de la Légende‹: Das bezieht sich auf ein Gottesurteil von Menschenhand, bei dem 1170 eine der Kindstötung beschuldigte Witwe gefesselt ins Wasser geworfen wurde. Sie wurde vom Fluß lebend an Land gespült und galt deshalb als unschuldig. Wie viele Menschen auf diese Art ertranken und deshalb für schuldig und keines weiteren Wortes für würdig erachtet wurden, ist nicht überliefert.

Wieviel Kraft das Wasser hat, können Sie selber testen, am besten bei einer Kanufahrt (Information Tel. 59.66.04.04).

Sie kommen nun in die Gegend *La Soule*, zunächst nach *La Haute Soule* mit einer Reihe beeindruckender Gipfel, Schluchten und Pässe, von denen der *Forêt des Arbailles* (südwestlich von Mauléon) und die Gorges de Kakouetta (*s. unten*) sicherlich den Umweg lohnen, sofern man festes Schuhwerk mit sich führt. *La Basse Soule* liegt zwischen Mauléon und Oloron.

Malerische Straßen mit Ausblicken auf die Berge der Pyrenäen verbinden St-Palais oder Larceveau (beide an der D933) mit Mauléon-Licharre.

Von Sauveterre fahren wir wieder über den Gave und dann auf der D23 und D11 nach **Mauléon-Licharre** (▲), Hauptort der baskischen Provinz Soule, bekannt für die Herstellung von Schuhwerk (Espadrilles). Auffällig ist im Ortsteil Licharre, auf dem linken Ufer des Flusses, das *Renaissance-Schloß d'Andurain* (um 1600). Außerdem können Sie hier, in der *Fromagerie des Chaumes*, (29, av. Gambetta, Tel. 59.28.07.98) oder bei *Pyrénéfrom* (Haute Ville, Tel. 59.28.13.29) wieder Käse kaufen.

Zu den ★**Gorges de Kakouetta** fahren Sie auf der D918 bzw. D26 über Tardets weiter nach Süden. Hier wagten sich auch einige der Pilger hindurch, nachdem Sie sich in der kleinen romanischen Kirche (11. Jh.) von **Ste-Engrâce** (▲) noch einmal geistliche Ermunterung geholt hatten. Dabei waren die Darstellungen eines Lastelefanten und der Bootsbauer auf den Kapitellen reine Augenwischerei: Ab hier ging es zu Fuß weiter. Die Schluchten sind von einer eindrucksvollen Wildheit. Wasserfälle, gurgelnde Gewässer hinter grünem Dickicht, von Moos überzogene grüne Wände im Wasserstaub niedergehender Bergbäche. (Empfehlenswerte, 2stündige Führung, Ostern–Okt. tgl. ab 8 Uhr, Tel. 59.28.73.44). Sollten Sie Mitte Juli hier sein, dann fahren Sie weiter nach **Arette-Pierre-St-Martin**. Um den 13. Juli treffen sich am Grenzpaß *Col de la Pierre-St-Martin* die Bürgermeister von Lanne, Aramits, Arette und aus dem spanischen Isaba, um einander in vollem Ornat Frieden zu geloben. Das tun sie seit siebenhundert Jahren.

Wenn Sie nicht zu den Schluchten von Kakouetta fahren wollen, nehmen Sie ab Mauléon die D24 nach Osten. Sie gelangen nach **Hôpital-St-Blaise**, einem Weiler, dessen *Kirche* an arabische Einflüsse denken läßt. Nicht nur der Grundriß des griechischen Kreuzes, sondern auch die achteckige Kuppel wirkt wie ein ferner Nachhall mozarabischen Bauens in Spanien.

Auf der D936 fahren Sie links nach **Navarrenx**, einer ehemaligen Bastion Navarras, von deren Befestigungen des 16. Jh. die *Porte St-Antoine* an der Brücke am besten erhalten ist. Wenn Sie die Kirche *St-Germain* verlassen und sich nach links wenden, kommen Sie an die Mauer. Von dort haben Sie Ausblick auf den Fluß, und zu Ihren Füßen auf das Schwimmbad und die Tennisplätze (Rasen).

Auf dem direkten Weg von Sauveterre nach Navarrenx (D27) liegt das *Château de Laàs*, ein großzügiges Herrenhaus (18. Jh.) mit efeubewachsener Fassade, in dem nicht nur eine schöne Sammlung alter Möbel zu besichtigen ist. Zudem ist ein *Musée du Maïs* eingerichtet worden (Führungen [1 Std.] März–Okt Sa, So, Juli/Aug tgl. 10–12, 15–18 Uhr). Apropos: Der Mais hat in Europa immerhin eine überschaubare Geschichte, kam er doch erst nach der Entdeckung Amerikas über den Atlantik.

Natürlich sind die Pyrenäen auch für *Wintersportler* ein beliebtes Ziel. La-Pierre-St-Martin (Vallée de Barétous, Office de Tourisme: Tel. 59.88.95.33), La Gourette (unterhalb des Col d'Aubisque, Office de Tourisme: Place Sarrière, Tel. 59.05.12.17), Artouste (unter dem Pic du Midi d'Ossau, Office de Tourisme von Eaux-Bonnes, Tel. 59.05.33.08) und La Mongie (unter dem Col de Tourmalet, Office de Tourisme: Tel. 62.91.94.15) sind alles Skiorte mit Pisten, Liften und Skischulen.

23 Pau und die Vallées d'Aspe und d'Ossau

Die Ortsnamen haben es schon verraten, wir sind mitten im **Béarn**, der geschichtsträchtigen Landschaft, die ihre Hauptstadt so oft gewechselt hat, sei es wegen der Kämpfe mit den einfallenden Sarazenen, sei es, weil es dem jeweiligen Herrscher aus ästhetischen oder strategischen Gründen besser gefiel. Pau wurde nach Lescar, Morlaàs und Orthez die vierte Hauptstadt des Béarn im Jahr 1450. Davon mehr oder minder unberührt blieben die Bewohner der höhergelegenen Täler, besonders der Vallée d'Aspe und Vallée d'Ossau. Zum Landschaftsbild gehören die Maisfelder der Täler, die Weiden der Anhöhen und die Weinberge des Jurançon, kleine, terrassenförmig ansteigende Parzellen, die oft wie Amphitheater aussehen. Das Klima ist hier so mild, daß sogar Bananen und Palmen gedeihen. Dennoch kann es zu Frösten kommen, so daß man ›hochbeinige‹ Rebsorten mit resi-

Noch kann er lächeln: die Tour de France führt über den Col du Tourmalet (S. 266)

stenten Beeren anpflanzt: zu 70% Gros Manseng, zu 25% Petit Manseng und zur Würze 5% Courbu, Camaralet, Lauzet. Berühmt wurde der **Wein** im Jahr 1553, mit der Geburt des künftigen Königs Henri IV: Die Lippen des Säuglings wurden mit Knoblauch eingerieben und mit Jurançon genetzt.

Empfehlenswerte Weingüter: Fahren Sie von Mourenx auf der D9 nach Südosten nach Monein, wo Sie nach links in die D34 Richtung Cuqueron abbiegen. Am Weg in schöner Landschaft liegen das Weingut *Guiradel* (Tel. 59.21.31.48) und ein wenig links vom Weg die *Domaine Nomboly Traydou* (Tel. 59.21.35.98), wo Sie kosten und kaufen können. Nach Cuqueron (ein Stück muß man nach rechts vom Weg fort) können Sie die Weingüter *Clos Lacabe* (Tel. 59.21.30.92), *Clos Bellevue* (Tel. 59.21.34.82) und *Domaine Peyrette* (Tel. 59.21.31.10) besuchen. Auf dem Weg nach Lacommande folgen die *Domaine Gaillot* (Tel. (Tel. 59.21.31.69) und *Domaine Ricarde* (Tel. 59.21.30.47). In Lacommande verlassen Sie die D34 nach links in Richtung Artiguelouve (D145), um bei der *Domaine Reyau* (Tel. 59.82.70.18) und wenig später bei der *Domaine de Cinquau* (Tel. 59.83.10.41) vorbeizufahren. Nehmen Sie die D2 nach rechts, und fahren Sie kurz nach Loroin die D217 nach rechts: eine Nebenstrecke, kurvig, bergig, aber sehr schön. In Chapelle-de-Rousse sind Sie mitten im Weinbaugebiet von Jurançon. Sie haben die Wahl, welche Kellerei Sie aufsuchen wollen. Wenn Sie nicht das rechte gefunden haben: Wenige Kilometer östlich gibt es in Gan die *Cave des Producteurs de Jurançon* (53, Av. Henri IV, 9–12, 14–17.30 Uhr, Tel. 59.21.57.03).

Berühmt ist diese Region auch durch die **Tour de France**, die zwar jedes Jahr eine andere Strecke entlangführt, deren Organisatoren aber ein paar Lieblingspässe haben: Zum Beispiel von Pau über den *Col du Somport* und zurück über den *Col du Pourtalet*, über Aubisque, Tourmalet, Aspin nach St-Gaudens. Was die Radler leisten, können Sie ohne besondere Eigenleistung daran ermessen, wie die Temperatur Ihres Motors stetig steigt, während das Ende der Pässe noch längst nicht in Sicht ist. Und umgekehrt, was die für Bremsen haben müssen, wenn Ihr Auto bergab auf die nächste Haarnadelkurve zuflitzt.

⋆⋆Pau

82 000 Einw., 107 km östl. von Bayonne, 194 km südl. von Bordeaux, an A64, N117, N21, D935, D632. **Office de Tourisme**: Place Royale, Tel. 59.27.27.08, und Place de la Monnaie, Tel. 59.27.41.24. ▲

Pau, die zweitgrößte Stadt Aquitaniens, ist untrennbar mit dem Namen des hier geborenen Heinrich IV., des ›guten Königs‹, verbunden und ansonsten wegen seines milden Klimas berühmt.

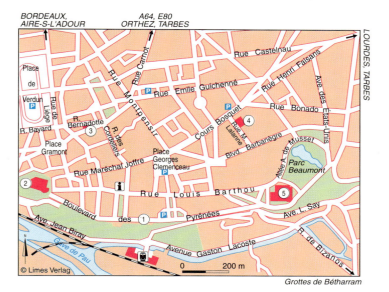

Grottes de Bétharram

Pau: Stadtplan

① *** Boulevard des Pyrenées
② ** Schloß
③ Musée Bernadotte

④ Musée des Beaux-Arts
⑤ Casino im Parc Beaumont

Schon die ehemaligen Kombattaten der Schlachten von 1814 wollten aus diesem Grund hierher zurück, und schließlich kamen sie in Scharen, weil ein schottischer Doktor den Winteraufenthalt in Pau empfahl. Mit den Engländern kamen deren Sitten, vor allem Reitsport und Golf. So bietet sich Pau dem Reisenden heute als Kurort ersten Ranges, mit Casino, Park und 1-Stern-Restaurant, Schloß und Museum, Promenade und Ausflugszielen in der Umgebung. Den Liebhabern von Autorennen ist die Stadt wegen des alle zwei Jahre stattfindenden Grand Prix der Formel 2 ein Begriff. Für weitere Sportveranstaltungen wurde im Norden der Stadt, zwischen der A64 und dem Boulevard du Cami Salié, der Palais des Sports geschaffen, der 7 500 Besuchern Platz bietet.

Geschichte: Der Name verweist schon auf die Herkunft: Das okzitanische Wort *pau* heißt Palisade – auch Städte haben klein angefangen. Pau war schon bald eine Stadt der Fürsten und der Obrigkeit. Die Grafen Béarn ließen sich auf der Hochfläche über dem *Gave de Pau* eine Burg erbauen, das *Château de Pal*. Im 15. Jh. wurde Pau Regionalhauptstadt, im 18. Jh.

zog die Universität von Orthez hierher um, wurde aber unter der Revolution abgeschafft. Erst 1970 gab es wieder eine neue Uni. Heute ist Pau der Schrecken der Jura-Absolventen, die immer wieder gerne von Paris an den Rand der Pyrenäen versetzt werden.

Zwei berühmte Söhne hat Pau: 1533 kam hier *Heinrich IV. von Navarra*, Sohn einer Prinzessin von Navarra, Johanna von Albret, und des Herzogs Antoine de Bourbon, zur Welt, und während der Vater ihn mit Wein und Knoblauch behandelte, soll ihm seine Mutter deftige Volksweisen des Béarn vorgesungen haben. Henri war Protestant, also Hugenotte, ließ sich aber zum katholischen Glauben bekehren, nachdem das die Bedingung war, sich zum König Frankreichs küren zu lassen. Sein Spruch darauf ist bekannt: »Paris ist eine Messe wert«. Er entschärfte die Religionskonflikte in Frankreich durch das Edikt von Nantes, das religiöse Toleranz gewährte, und bekam zudem den Beinamen eines *bon roi*, eines guten Königs, was mit einem anderen Spruch zu tun hat, der zum Sprichwort wurde: ›Einem jeden sein Huhn im Topf‹. Ein anderer Mann aus Pau machte in Schweden Geschichte: *Graf Bernadotte* sagte sich, General geworden, von Napoleon los und ging nach Schweden.

Der Rundgang beginnt, besonders für diejenigen, die mit dem Zug ankommen (vom Bahnhof führt kostenlos eine Seilbahn auf die Promenade), am 1,5 km langen ***Boulevard des Pyrénées ①, dessen Name nicht zuviel verspricht – auch bei nicht so gutem Wetter kann man die weißen Dreiecke der verschneiten Pyrenäengipfel *Pic du Midi de Bigorre*, *Pic du Midi d'Ossau* und *Pic d'Ohry* durch den Nieselregen oder aber durch den Dunst der Sommerhitze sehen. Aber auch der Vordergrund verdient Beachtung: unten der stürmische Gebirgsfluß *Gave de Pau*, dahinter die Vorgebirgslandschaft und die gestaffelten Bergreihen.

Vom Bahnhof fahren Sie mit einer Bahn (*Funiculaire*), die am anderen Ufer des Gave, gegenüber dem Bahnhof, zum Boulevard des Pyrénées hinaufführt. Nach links (Westen) geht man zum Schloß.

**Schloß ②

16. Apr–15. Okt tgl. 9.30–11.45, 14–17.45 Uhr, sonst 9.30–11.45, 14–16.45 Uhr

Dieses hatte zunächst nur militärischen Ansprüchen zu genügen, wurde dann aber zu einem repräsentativen Renaissanceschloß mit Erkern, Giebeln und reich ausgestalteten Fassaden umgestaltet und danach noch einmal im 19. Jh. unter Louis-Philippe und Napoleon III. hergerichtet (in der ehemaligen Küche steht ein Modell, das die Bauphasen erläutert). Gehen Sie einmal um

das Schloß herum an die Südfassade. Da muß man schon ein bißchen nach unten gehen, steil abfallende Rasen- und Steinflächen machen das Gebäude schwer zugänglich. Vor Ihnen erheben sich die beiden eckigen Türme mit Helmdach und Pechnasen, rechts hinten sehen Sie den viereckigen Ziegelturm mit weißen Zinnen, der der einzige Rest der mittelalterlichen Burganlage von *Gaston Fébus* ist. Bis 1927 war es Eigentum des Staats, danach wurde es zum *Musée National* gemacht. Ausgestellt werden Mobiliarsammlungen des 19. Jh. sowie Tapisserien des 17. und 18. Jh aus Flandern und aus der *Manufacture des Gobelins*, eine der wertvollsten Sammlungen in ganz Frankreich mit z. T. mythologischem Inhalt. Wenn manche Säle auch ausschauen wie Aufenthaltsräume wohlhabender britischer Herrenclubs mit den hölzernen Kassettendecken und den weinroten Bezügen schnörkeliger Stühle, spätestens in der *Salle aux cent couverts*, dem Saal der einhundert Gedecke, ist der Besucher beeindruckt von der Großartigkeit dieser Einrichtung: deckenhohe Gobe-

Unter Potentaten: wohlverdientes Päuschen im Schloß von Pau

lins, mächtige Lüster und eine endlose Tafel, auf deren polierter Oberfläche sich eine mannshohe Skulptur und ein reich dekoriertes Steinportal spiegeln (Tgl. 9.30–11.45, 14–17.45 Uhr, im Winter schließt es eine Stunde eher, Tel. 59.82.38.00). In der dritten Etage des Schlosses ist das *Musée béarnais* eingerichtet worden, mit Möbeln und Bildern, Teilen eines Bauernhauses mit Käserei, Werkzeugen zur Baskenmützenmanufaktur, kurz allem, was Leben und Kultur des Landes ausmacht. Dazu noch ein paar ausgestopfte Tiere, die wir in der Natur wohl kaum sehen werden (14–18 Uhr, Tel. 59.27.07.35).

Bummeln Sie anschließend durch die hübschen Altstadtgassen direkt beim Schloß oder besuchen Sie zwei weitere Museen: das Musée Bernadotte und das Musée des Beaux-Arts. Dem zweiten berühmten Sohn des Ortes ist das **Musée Bernadotte** ③ (8, rue Tran, Di–So, 10–12, 14–18 Uhr, Tel. 59.27.48.42) gewidmet, das nördlich des Schlosses, von der *Place Gramont* über die *Rue Tran,* zu erreichen ist. Hier erfahren Sie alles zur Geschichte des napoleonischen Feldherren, der in diesem Haus 1763 zur Welt kam und dem 1818 Schwedens Krone angetragen wurde. Danach hieß er Karl XIV.

Wenn Sie der Rue des Cordeliers in Richtung Pyrenäen folgen, kommen Sie zur Rue Maréchal Joffre, auf der Sie links zur Place Clémenceau gehen. Die Rue Maréchal Foch (wird zum Cours Bosquet) führt Sie zum ∗**Musée des Beaux-Arts** ⊙ (Rue Mathieu Lalanne, Mi–Mo, 10–12, 14–18 Uhr, Tel. 59.27.33.02). Zu den Schmuckstücken gehört ein Gemälde von *Edgar Degas.* Neben Meistern aller europäischen Schulen ist als regionale Größe *Eugène Devéria* (gestorben 1865 in Pau) mit Landschaftsmotiven aus den Pyrenäen vertreten.

Schließlich können Sie sich noch im außerhalb gelegenen **Musée des Parachutistes** (ETAP am Champ d'Astra, Di–Fr 9–12, 14–18 Uhr, Tel. 59.32.05.97) informieren, wie Ihr Sprung mit einem Deltasegler von einer Pyrenäenzinne aussehen könnte, und wie Sie sich dafür vorzubereiten hätten.

Wenn Sie lieber einkaufen gehen wollen: Zwischen Musée Bernadotte und Musée des Beaux-Arts, zwischen der Place Clémenceau und dem Schloß, in den Straßen *Rue des Cordeliers, Rue Serviez, Rue Louis Barthou* und *Rue Henri IV* finden Sie die besten Läden. Wenn Sie Ihr Geld ohne Einkauf loswerden wollen, gehen Sie vom Musée des Beaux-Arts in den **Parc Beaumont**. Dort steht Ihnen ab 12 Uhr das **Casino** ⑤ offen, die seriösen Spiele wie Roulette und Back-Jack beginnen aber erst um 20 Uhr.

Sport- und Restauranttips: Sie wollen per Bus in die Berge fahren? *Citram Pyrénées* veranstaltet Kaffeefahrten und Kulturexkursionen: Palais des Pyrénées in der Rue Gachet (8.30–12.15, 14–18.15 Uhr, Tel. 59.27.22.22). Auf die Spuren des Gaston Fébus bringt Sie ein Veranstalter für ›Les Routes historiques – Sur les Pas de Gaston Fébus‹ (im Château de Pau, Tel. 59.82.38.00).

Nobel essen können Sie im Restaurant ›**Chez Pierre**‹ (16, rue L. Barthou, Tel. 59.27.76.86) oder in ›**Le Viking**‹ (33, bd. Tourasse, Tel. 59.84.02.91). Einfacher ist es an der ›**Table d'Hôte**‹ (1, rue Hedan, Tel. 59.27.56.06) und in der Brasserie ›**Le Berry**‹ (4, rue Gachet, Te. 59.27.42.95).

Im Westen von Pau, an der D945, zwischen Autobahn und Nationalstraße, liegt **Lescar** ▲, dessen Vorgängerort, das römische *Beneharnum*, Namengeber der Region Béarn ist. 841 haben es die Normannen dem Erdboden gleichgemacht. Der heutige Ort entstand auf dem Hügel darüber– aber schon nicht mehr als Hauptstadt. Die Straße, die in den Ort führt, geht ordentlich bergauf. Wer hier hineinwollte, mußte einiges an Höhe überwinden. Besuchen Sie die Kathedrale Notre Dame, im 12. Jh. gebaut, von Protestanen zerstört und im 17. und 19. Jh. wieder hergestellt. Im hinteren Teil des Gotteshauses sind die Kapitelle mit ihren biblischen Darstellungen sehenswert, am Boden sind es die Mosaiken aus der Bauzeit. Bischof *Gui de Loos* soll sie in Auftrag gegeben haben, aber man weiß nichts Genaues, zumal der Bildinhalt nicht eindeutig auf christliche Motive festzulegen ist: Löwen reißen eine Antilope, Raubvögel stoßen nieder, ein Mann, dem ein Bein fehlt, erlegt ein Wildschwein. Kann man das Wildschwein mit dem Béarn noch problemlos in Zusammenhang bringen, so wird es mit dem afrikanischen Getier schon komplizierter. Auch der Esel, der einen Hund zieht, bleibt unerklärt. Es wird vermutet, daß hier Bildmotive Westarabiens und des Altertums mit romanischer Kirchenkunst verschmolzen sind.

Im Nordosten von Pau, an der D943, liegt mit **Morlaàs** ▲ die Nachfolgerin von Lescar als Hauptstadt des Béarn (9.–12. Jh., danach wurde es Orthez). Auch hier ist die Kirche der letzte Zeuge dieser Vergangenheit. An der Église Sainte-Foy wurde seit dem 11. Jh. gebaut. Schon das Portal erzählt uns die christliche Geschichte: der Kindermord des Herodes, die Flucht nach Ägypten, die Richter des Alten Testaments, die vierundzwanzig Könige der Apokalypse, die getragen werden von einem barfüßigen Mönch, Engel an den Portalkapitellen, seitlich die Apostel. Und dazwischen Bänder mit Schachbrett- und Blumenmustern und eine Serie von Enten, Metaphern für die Jakobspilger.

Gegenüber, beim Bäcker, können Sie kleine Gebäckteile namens *Basque* kaufen, einen trockenen Kuchen mit Crème- oder Pflaumenfüllung.

Nach Oloron fahren Sie von Pau am schnellsten auf der N134, schöner aber auf der kurvenreichen D9 von Monein.

Oloron-Ste-Marie

11 000 Einw., 35 km südwestl. von Pau, an N134, D936, D919. **Office de Tourisme**: Place de la Résistance, Tel. 59.39.98.00

Oloron, wiederum eine Etappe der Jakobspilger, liegt am Zusammenfluß der Gaves d'Aspe und d'Ossau und noch dreier kleiner Flüsse aus der Umgebung; zugleich treffen hier die beiden Täler zusammen, die in die Pyrenäen führen.

Als erstes gab es auf einem Hügel, wo heute das *Quartier Ste-Croix* liegt, eine iberische Siedlung, deren Namen sich auf einen Pyrenäengott *Iluro* bezog. Dann wurde es eine römische Siedlung von strategischer Bedeutung. Nach den Einfällen der Normannen mußte neu aufgebaut werden. Es entstand außer dem alten Ort noch ein neuer auf der anderen Seite des Gave d'Aspe, Ste-Marie.

Um sich über die Ortsgeschichte zu informieren, fährt oder geht man zuerst hinauf zur Kirche *Ste-Croix*, einem robusten Bauwerk, an dem sogar noch (an der Ostseite) ein Rest von der Befestigungsanlage übriggeblieben ist. Neben der Kirche ein Friedhof, von dem aus Sie einen Ausblick auf den Ort am Wasser, auf die sich dahinter erhebenden Berge und ins Tal des Gave d'Aspe haben. Bei dem dreiflügeligen Gebäude mit der hellgelben Fassade, dem Mittelgiebel, der Laterne über dem Dach und den schlanken Palmen davor, das Sie gleich unter sich erblicken, handelt es sich um die Polizeiverwaltung.

Gehen Sie von der Kirche ein Stückchen in die *Rue Dalmais* mit den alten Häusern: Im Haus Nr. 52 ist die *Maison du Patrimoine* (Juli/Aug tgl. 10–12.30, 15–19 Uhr, Tel. 59.39.98.00) eingerichtet worden, in der archäologische und mineralogische Funde und ethnographische Dokumente gezeigt werden. Dies Haus stammt aus dem 17. Jh., wenige Häuser weiter steht die *Tour de la Grède* aus dem 14. Jh.

Die einstige Kathedrale **Ste-Marie** steht im Mittelpunkt des anderen Stadtteils. Innen sind ein Weihwasserbecken für die Leprakranken (erste Säule links) und die barocke Orgel sehenswert. Die Kuppel über der Vierung wird mit arabischen Bauformen in Verbindung gebracht. Hauptsehenswürdigkeit aber ist das romanische **Portal*. Erstaunlich ist, daß die Skulpturen (12. Jh.) nicht rauh und ausgewaschen sind, wie wir das von Kirchenportalen kennen, sondern aufgrund des harten Pyrenäenmarmors glatt und an der Oberfläche unbeschädigt. In der Mitte wird die Säule von zwei aneinander gefesselten Männern getragen, die immer wieder gern als bezwungene Araber gedeutet werden, nachdem der Bauherr der Kirche, *Gaston IV.*, sich zuvor bei der Rückeroberung Spaniens von den Arabern verdient gemacht hatte. Auf dem Tympanon darüber, die beiden Türbögen überspannend, die Darstellung der Kreuzabnahme, was an dieser Stelle nur selten dargestellt wird. Auf den beiden Tympanons der Türen links Christus als Triumphator, rechts die verfolgte Kirche – die Löwen geben die Stimmung wieder. In den Portalbögen sieht man die 24 Könige der Offenbarung beim Zupfen kleiner Saiteninstrumente und darunter Leute beim Verrichten ländlicher Tätigkeiten, wie Gänserupfen oder Fische abschuppen. Besonders eindrucksvoll sind die mannshohen Lachse. Unter dem Lamm als Symbol Christi öffnet sich der Höllenschlund, links hat ein Ungeheuer einen Mann schon halbwegs verspiesen.

Auf der N134 nach Süden geht es ins Tal *Vallée d'Aspe* zum Col du Somport. Die von dunkelgrüner Vegetation satt und samtig überzogenen Felsen und Kegel werden immer höher, die Wirkungen des Sonnenlichts machen sie mal dunkel und lassen sie feucht erscheinen, mal sieht es dünn bewachsen und vertrocknet aus. Es folgen einige Orte, bei denen es sich lohnt, kurz auszusteigen, z. B. **Sarrance**, dessen aus grauem Naturstein gebaute Häuser der Umgebung angepaßt sind und dessen Kirche am Anfang des 17. Jh. gebaut wurde, als sich hier die Pilger trafen. Oder **Bedous** mit seiner Kirche an einem halbrunden Platz, hinter dessen Häusern graue Felskämme in das Blau des Himmels schneiden. Oder, schon entfernt vom Weg, die mittelalterlichen, schiefergedeckten Häuser von **Osse en Aspe**.

Schließlich **Lescun**, ein Bergdorf vor einem ungeheuren Felsenpanorama, auf das sich der Blick öffnet, ein Halbrund, das zuerst überraschend hoch erscheint und sich dann mit dem Näherkommen unerwartet weitet. Die kleine schiefergedeckte Kirche hat dieselbe Farbe wie die Felsen, für den Kontrast sorgt der Schnee auf den Gipfeln.

Schließlich erreichen wir den **Col du Somport**, den einzigen Paß der mittleren Pyrenäen, der in allen Jahreszeiten passierbar ist. Das hat ihn in die Geschichte eingehen lassen. Die Römer, die Araber, die Pilger, die Heere und die Touristenscharen – alle wußten und wissen ihn zu schätzen. Und hier sind wir denn auch schon mitten im **Parc National des Pyrénées**, 48 000 ha unbewohntes Hochgebirge, das allenfalls Hirten im Sommer betreten. Der Parc National erstreckt sich noch ein Stück nach Osten, einschließlich der Gipfel Pic du Midi d'Ossau und Balaïtous (*S. 275*).

Um ins parallel verlaufende Tal *Vallée d'Ossau* zu gelangen, müssen wir wieder zurück bis Escot, wo wir nach rechts zum *Col de Marie Blanche* abbiegen. Ein Seitental des Aspe, aus dem es steil bergauf durch dichtes Grün geht, das auch noch schroffe Felsen wie ein Pelz überzieht. Am Wegrand verlassene Häuser, die schon vom Efeu überwachsen sind, und Senken, in denen Pferde, Kühe und Schafe scheinbar frei herumlaufen dürfen – als seien wir im Paradies gelandet. Dies war auch schon einmal eine Etappe der Tour de France, und es ist noch immer ein Stück der Route du Fromage (*S.* 254): In Bilhères können Sie bei *Joseph Paroix* (Tel. 59.82.64.24) Käse kaufen. Nach Bilhères gelangen Sie ins Tal Vallée d'Ossau, nach links geht es nach Oloron und nach Pau, nach rechts aufwärts zum Pic du Midi d'Ossau und zum *Col du Pourtalet*, ebenfalls ein Paß jenseits der Baumgrenze, dem nur noch wenig Reiz abzugewinnen ist, wenn man einmal von der Aussicht absieht. Auf dem Weg nach oben verläuft die Straße auf der Mitte zwischen Felsen und Talgrund, und tief dort unten glitzert der Fluß. Daneben ein Feldweg, an dem die Leute picknicken, angeln oder wandern – winzig klein, weil es so tief unten ist.

Auf halbem Weg kommt man durch *Eaux chaudes*, eine Thermalstation für alle möglichen Krankheiten.

Bei **Gabas** (Restaurant und Winterstation ›Le Chalet des Pyrénées‹, Tel. 59.05.30.51) führt ein Weg links ab zum *Lac Bious Artigues*, einem Stausee, der stark an Alpenseen erinnert, wie auch das Restaurant, dessen Tische im Freien einen schönen Blick auf die Landschaft bieten .

In der Vallée d'Ossau gibt es eine *Falaise des Vautours*, einen Geierfelsen, darauf ein Geiernest mit eingebauter Kamera. Das heißt, man kann, wenn man Glück hat, auch einen Geier in der Luft zu Gesicht bekommen.

24 Vom Cirque de Gavarnie nach Lourdes und Tarbes

Bevor wir uns dem Zentrum aktiven Glaubens in Lourdes zuwenden, haben wir Gelegenheit, eine Landschaft als Naturschauspiel zu erleben, angesichts dessen so mancher womöglich erst recht zur Andacht, auch später in Lourdes, animiert wird.

Vor uns erhebt sich der *Col d'Aubisque*. Von **Laruns** (an der D934, 35 km südl. Pau. ▲) sind 1200 Höhenmeter zu bewältigen und eine Serie geschwungener Haarnadelkurven mit schönen Ausblicken zu durchfahren. Nach diesem Paß folgt der nächste, der *Col du Soulor*, 300 m niedriger gelegen, aber mit vergleichbaren Ausblicken, insbesondere nach ›schräg hinten rechts‹, ins *Vallée d'Arrens*, hinter dem der Dreitausender *Le Balaïtous* steht, dessen Gletscher ›de las Néous‹ heißt, was nichts anderes als Schnee bedeutet. Im nächsten Ort, **Arrens-Marsous**, werfen Sie vielleicht einen Blick in die *Chapelle de Pouey-Laün*, die wegen des schönen Sternenhimmels im Kirchengewölbe auch als ›goldene Kapelle‹ bezeichnet wird.

Bei dem Luft– und Thermalkurort **Argelès-Gazost** erreichen wir den Gave de Pau. Im Ort kann man in verschiedenen Lokalen recht günstig speisen und außerdem im Garten sitzen, zum Beispiel in der ›Hostellerie Le Relais‹ (25, rue Maréchal Foch, Tel. 62.97.01.27), im ›Gabizos‹ (av. Pyrénées, Tel. 62.97.02.70) und im ›Temps de Vivre‹ an der Route de Lourdes (Tel. 62.97.05.12).

Wenn man auf der D100 nach Osten und nach dem Fluß rechts ab auf die D13 fährt, erreicht man den *Donjon des Aigles*, einen Raubvogelzoo in der Ruine des *Château Baucens*. Da wird das Spektakel geboten, das dem Pyrenäenbesucher bis jetzt noch gefehlt hat: Fliegende Adler, Geier, Falken, Bussarde oder Milane (Frühjahr–Sept tgl. 10–12, 14.30–18.30 Uhr, Fütterung um 17 Uhr, Tel. 62.97.19.59).

Von Argelès-Gazost fahren wir auf der D921 nach Süden noch tiefer in die Berge hinein. Bei **Pierrefitte-Nestalas** (*Musée Aquarium;* tgl. 9.30–12, 14–18.30 Uhr, Tel. 62.92.79.56) teilt sich der Weg. Ein auch landschaftlich reizvoller Umweg führt auf der D13 nach **St-Savin**, in dessen Kirche (11. Jh.) noch ein Wehrgang erhalten ist und in dessen Nähe, in Arcizans-Avant, das *Château du Prince Noir* besichtigt werden kann (Apr–Sept 14.30–19.30 Uhr, Juni–Sept auch 10–12 Uhr, Tel. 62.97.02.79).

Nach Süden fahren wir von Pierrefitte nach **Cauterets** (1200

Einw, Office de Tourisme: Place du Maréchal Foch, Tel. 62.92.50.27), einem tief im Gestein gelegenen Schwefel- und Thermalbadeort, dessen Quellen mit 36° bis über 50° Celsius aus dem Felsen sprudeln. Wer nicht zur Badekur kommen will, kommt zum Wandern. Von Cauterets gelangt man in eine ganze Reihe Gebirgstäler, eines schöner als das andere, mit spektakulären Wasserfällen und beschaulichen Bergseen.

Die Kulisse der Natur im Cirque de Gavarnie

Natürlich gibt es am Ort eine ganze Auswahl an Restaurants, weswegen diesmal die exotischen genannt seien: ›**Aladin**‹ (av. Général Leclerc, Tel. 62.92.60.00), ›**Welcome**‹ (3, rue Victor Hugo, Tel. 62.92.50.22) und ›**Les Edelweiss**‹ (Bd. Latapie-Flurin, Tel. 62.92.52.75). Ganz abgelegen in der Vallée de Lutour liegt auf 1371 m Höhe die ›**Hostellerie La Fruitière**‹ (Tel. 62.92.52.04)

Die andere Straße bei Pierrefitte–Nestalas führt nach **Luz-St-Saveur** (Office de Tourisme: Place 8 Mai, Tel. 62.92.81.60), einem Doppelort, den bereits die Duchesse de Berry und die Kaiserin Eugénie im 19. Jh. besucht haben. Unser Ziel ist die Kirche, die, wie eine richtige Burg, von einer Rundmauer umgeben ist. Zugleich ist der Ort das Zentrum des sogenannten *Pays Toy*, das sich bis zum *Col de Tourmalet* im Osten und nach Gavarnie erstreckt, unserem nächsten Ziel im Süden, in den Bergen.

Der ★★★**Cirque de Gavarnie** (zu erreichen über die D921) ist ein riesiger, offener Talkessel mit 3000 m hohen Bergen, ein Halb-

rund aus schroffen Felswänden, überzogen von Schneefeldern, mit Bächen und Kaskaden, deren höchste 420 m tief fällt. *Victor Hugo* nannte es ein »Kolosseum der Natur«. Und weil er nicht der einzige war, dem zu diesem und vergleichbaren Naturschauspielen etwas einfiel, findet alljährlich Ende Juli das *Festival Gavarnie* statt, ein Theaterfestival, bei dem solche Dramen zur Aufführung kommen, in denen der Mensch von den Naturgewalten ›erfaßt‹ wird: Dieu, Divina Commedia, Macbeth, Don Juan und Faust.

Man parkt in **Gavarnie** (180 Einw., Office de Tourisme: Tel.

62.92.49.10) und kann dann zu Fuß oder zu Pferd, mit dem Rad oder mit einer Ponykutsche dem Naturspektakel näherkommen. Auf dem Weg passieren Sie einige Restaurants, von denen Sie sich das passende für den Rückweg aussuchen können. Von Gavarnie aus bieten sich Bergwanderungen an, und selbst asphaltiere Straßen, wie die durch die *Vallée d'Ossou*, sind ein Tip für den, der Berge, Almen, mediterrane Berghäuser mit Schiefer- oder Wellblechdach sehen und Höhenluft atmen will.

Ähnlich, auch wenn nicht so imposant, ist der *Cirque de Troumouse*, den wir erreichen, wenn wir in Gèdre, statt rechts nach Gavarnie, links fahren. Diese Straße ist allerdings nichts für Sonntagsfahrer. Wenn Sie im Cirque de Gavarnie die *Brèche de Roland* nicht gesehen haben, in Gèdre gibt es sie noch einmal, als Hotel und Restaurant (Tel. 62.92.48.54).

Ein Abstecher führt Sie auf dem Rückweg in Richtung Lourdes bei Luz–St–Sauveur über den *Col de Tourmalet* nach Osten. Beim Paß des Tourmalet, der übrigens bei fast jeder Tour de France zu überwinden ist, erhebt sich der *Pic du Midi de Bigorre* (2877 m). Bei klarem Wetter lohnt sich der Fußweg von ungefähr 30 Minuten: Man übersieht von hier nicht nur die tieferen Gegenden, man hat vor allem die Kette der Pyrenäen vor Augen. Um Sie herum heißt die Landschaft *La Bigorre*, historisch eine eigene Grafschaft, zu deren Eigentümlichkeiten einerseits die Möglichkeit weiblicher Erbfolge gehörte, andererseits der bergbäuerliche Eigensinn der Bigourdans, die sagen »zuhause sind wir selbst König«.

★★★Lourdes

16 300 Einw., 43 km südöstl. von Pau, an N21, D937, D940, **Office de Tourisme**: Place Peyramale, Tel. 62.42.77.22, und zusätzlich Place du Champ-Commun, Tel. 62.94.15.64. ▲

Pilgerwallfahrt in Frankreich hat einen Namen: Lourdes. Will man den offiziellen Angaben glauben, so besuchen jährlich 5 Millionen Menschen, Kranke und Gesunde, aus aller Herren Länder den Ort an den Ufern des Gave de Pau, mit seiner heiligen Grotte, in der die 14jährigen Bernadette Maria erschien, eine Stätte der Hoffnung und des Glaubens. Entsprechend aufwendig ist natürlich die touristische ›Infrastruktur‹: Über 17 000 Hotelbetten stehen bereit, überall gibt es Souvenirhändler, und auch die Gastronomie macht natürlich ihr Geschäft mit den Gläubigen.

Die heilige Bernadette Soubirous (1844–79)

Der Auslöser und die Ursache der Pilgerwallfahrt nach Lourdes war ein armes Mädchen, Tochter eines Müllers namens Soubirous, der seine Arbeit verlor, als infolge einer Hungersnot Mehl gratis an die Bevölkerung ausgegeben wurde. Schließlich gaben die Eltern ihre Tochter, die sie nicht mehr ernähren konnten, zu einer fremden Familie. Als Bernadette, so hieß sie, an einem Februartag des Jahres 1858 an der *Grotte Massabielle* vorbeikam, an der gewöhnlich Abfall deponiert wurde, sah sie eine in weiß und blau gekleidete Dame mit Rosen zu ihren Füßen. Die Frau stellte sich bei einer der späteren Erscheinungen in Mundart als ›l'immaculada councepciou‹ (die unbefleckte Empfängnis) vor, wies Bernadette an, Buße zu tun und nach dem Wasser zu graben, das seither an dieser Stelle reichlich entspringt. Bernadette, die angeblich 17 weitere Erscheinungen hatte, wurde bald in ein Kloster abgeschoben, in dem sie, 35jährig, verstarb. Heiliggesprochen wurde Bernadette im Dezember 1933. Der Ansturm auf das heilige Wässerchen begann bereits sehr früh, nachdem der Bischof von Tarbes im Jahr 1862 Lourdes als neues Pilgerziel ausgerufen hatte.

Wenn wir nach der Ankunft durch die Gassen schlendern, wundern wir uns vielleicht über die roten Bänder, die einen Rand der Straße säumen, wie in Münster oder Rosenheim die Fahrradwege. Spätestens gegen Abend entdecken wir den Zweck: Hier werden die Kranken, die Alten und die nicht mehr Gehfähigen vom Krankenhaus Notre-Dame-des-Douleurs von jungen Helfern auf eigenartigen, blau überdachten Rikschas zur Grotte geschoben, und wenn sie alle zur gleichen Zeit zurück wollen, gibt es auf dem markierten Weg einen langen Stau. Der Gang durch die *Rue de la Grotte* hinunter zum Gave de Pau ist wie der Besuch einer gigantischen Kitschladen-Galerie. Auf dem Weg zur Grotte kaufen manche der Pilger und Touristen kleine Plastikflaschen für das heilige Wasser in Gestalt der Jungfrau oder ein Feuerzeug mit Aufdruck, oder sie verlangen vergebens nach einem Barometer, auf dem die Jungfrau, je nach Luftdruck, die Farbe wechselt (Von Pau aus gibt es übrigens einen Zugang zur Grotte ohne Kitschläden).

Die Gläubigen erschüttert dieser Rummel überhaupt nicht. Viele kommen, weil sie mit dem geweihten Wasser ihre Krankheit zu heilen hoffen. Genauso viele kommen ohne diesen Glauben, aber in der Zuversicht, hier geistliche Erbauung zu erfahren. Morgens werden die Wannen aufgefüllt. Das Bad dauert nur wenige Augenblicke, kräftige Helfer in blauen Schürzen tunken die Heilsuchenden ein. Die Helfer dürfen zum Lohn als letzte in das nun mit so vielen Hoffnungen durchtränkte Wasser steigen.

Die Dimensionen der Andachtsorte sind auf den Andrang abgestimmt. Die der unbefleckten Empfängnis gewidmete und im Inneren mit Votivtafeln reichlich bestückte **Basilique supérieure** ① wurde 1871 (Architekt war *Viollet-le-Duc*) über der **Grotte miraculeuse** ② errichtet, in der Bernadette ihre Erscheinungen hatte und neben der rechts auch der Kreuzweg mit seinen gußeisernen Figurengruppen beginnt. Die **Basilique du Rosaire** ③ entstand nur 18 Jahre später und bietet Raum für 2 000 Gläubige. Eine der weltgrößten Kirchen ist die **Basilique souterraine St–Pie X** ④ unter dem Platz am Rand der südlichen Allee, die 1958 in Beton angelegt wurde und die 20 000 Menschen Platz bietet. Auf dem gegenüberliegenden Ufer des Gave de Pau wurde 1988 der Espace Ste-Bernadette gebaut, der weitere 7 000 Menschen aufnimmt. Alljährlich dient er Frankreichs Bischöfen als Konferenzort. Egal, was Sie besichtigen wollen, und sei es die **Krypta** zwischen oberer Basilika und der Basilique du Rosaire, an deren Einweihung Bernadette noch hat teilnehmen können: Überall herrscht großer Andrang. Die Pilgergruppen tragen hellblaue Halstücher oder gelbe Mützen, damit sie am Ende wieder zueinander finden.

Sie überqueren den Fluß am *Pont St-Michel* und gelangen rechter Hand zum **Musée de la Nativité** ⑤ (21, quai St-Jean, tgl. 9–12, 13.30–19 Uhr, Juli/Aug auch noch 20–23 Uhr, Tel. 62.94.71.00). Hier wird mit Puppen Jesu Leben, aber in einem Pyrenäendorf, nachgestellt. Ähnlich ist das Thema in **La Vraie Crèche animée** – ›die wahre lebendige Krippe‹ – (tgl. 9–19 Uhr, Tel. 62.42.32.74), die allerdings ein wenig weiter entfernt an der *Esplanade du Paradis* (Nr. 6) aufgestellt ist.

Das ›Wunder des schwebenden Wasserhahns‹. Im Andenkenshop von Lourdes

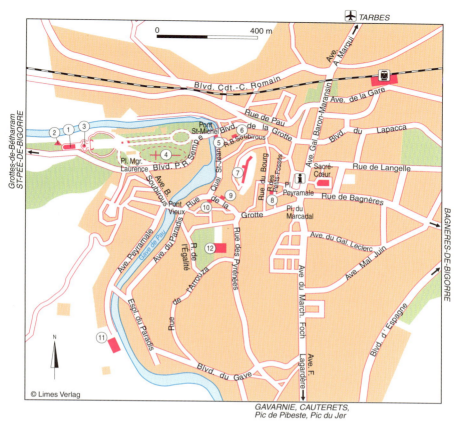

Lourdes: Stadtplan

① Basilique supérieure
② Grotte miraculeuse
③ Basilique du Rosaire
④ Basilique souterraine
   St-Pie X

⑤ Musée de la Nativité
⑥ Le Moulin de Boly
⑦ ★Château Fort
⑧ Le Chatot
⑨ Musée du Gemmail

⑩ Musée Grévin de
   Lourdes
⑪ Le petit Lourdes
⑫ Musée de Lourdes

Das Geburtshaus der hl. Bernadette, **Le Moulin de Boly** ⑥, finden Sie ein Stück weiter aufwärts in der *Rue Bernadette Soubirous* (tgl. 9–12, 13.30–18 Uhr). Es handelt sich hierbei um die Mühle, die ihre Mutter geerbt hatte und in der Photographien der Familie gezeigt werden, die natürlich erst gemacht worden sind, als Bernadette Bedeutung hatte. Die älteren Fotos (von 1850) zeigen die Honoratioren des Orts, die für Bernadette noch nichts übrig hatten. Das alte Mühlwerk, das vom Bach getrieben wurde, ist erhalten geblieben.

Die Rue Bernadette Soubirous führt zur Rue du Bourg, in die Sie rechts einbiegen, um wieder nach rechts auf die Rampe du Fort zum Schloß zu kommen. Ein anderer Zuweg sind die Escaliers des Sarrasins (131 Stufen). Es gibt aber auch einen Aufzug zum *Château Fort ⑦ (Mi–Mo 9–11, 14–17 Uhr, Juli/Aug tgl. und bis 18 Uhr, Tel. 62.94.02.02), das auf einem Felssporn errichtet worden ist und auf dessen Balkon Sie einen schönen Aussichtsplatz vorfinden. Im 11. Jh. Burg der Grafen von Bigorre, ab dem 15. Jh. Ausgangsort für die Beherrschung der Talbewohner durch die königliche Zentralgewalt, wurde die Burg im 18. Jh. zum Gefängnis. Seit 1920 werden hier Gegenstände aus dem Bereich der Volkskunde ausgestellt: Kleidung und Trachten, Werkzeuge und handwerkliche Erzeugnisse, Küchengerät und Rezepte, Fundstücke aus vorgeschichtlichen Grotten. Außerdem gibt es eine Dokumentation zu den Pyrenäen und den Menschen, die sie erforscht haben.

Vom Château Fort ist es nicht weit zur *Place Peyramale* mit der *Touristeninformation* und, jenseits der Avenue Général Baron-Maransin, zur Kirche *Sacré-Cœur* (1867 errichtet, 1908 zerstört; erhalten ist das Taufbecken, wo Bernadette 1844 getauft wurde).

Von der Place Peyramale wieder abwärts in Richtung Grotte liegt die Rue des Petits Fossés mit **Le Cachot** ⑧ (15, rue des Petits-Fossés, tgl. 9.30–12, 14–19 Uhr, Tel. 62.94.51.30), einer weiteren Station in ihrem Leben. Es ist ein ehemaliger Kerker, in dem die mittellose Familie Soubirous Unterschlupf gefunden hatte.

Die Rue des Petits Fossés mündet in die Rue de la Grotte. Hier bietet das **Panorama de la Vie de Bernadette** (38, rue de la Grotte, tgl. 9–12, 14–19 Uhr, Tel. 62.94.43.84) Szenen aus Bernadettes Leben. Sollten Sie an sakraler und weltlicher Glasmalerei interessiert sein, so besuchen Sie das **Musée du Gemmail** ⑨ (72, rue de la Grotte, tgl. 9–12, 14–19 Uhr, Tel. 62.94.13.15). Schräg gegenüber liegt das **Musée Grévin de Lourdes** ⑩ (87, rue de la Grotte, tgl. 9–11.30, 13.30–18.30 Uhr, Tel. 62.94.33.74). Im Wachsmuseum werden die wirklich wichtigen Szenen aus Bernadettes Leben nachgestellt, aber auch Leonardo da Vincis ›Abendmahl‹ ist hier in drei Dimensionen zu erleben.

Über den Pont Vieux überqueren Sie den Fluß und gelangen auf die Avenue Peyramale, wo Sie im Museum **Le petit Lourdes** ⑪ (68, av. Peyramale, flußaufwärts beim Busparkplatz, tgl. 10–11.45, 13.30–18.45 Uhr, Tel. 62.94.24.36) eine Nachbildung des alten Lourdes in Modellbaugröße einschließlich einer

Dampflok besichtigen können. Außerdem sind ergreifenden Szenen aus dem Leben Bernadettes nachgestellt.

Weiter auf den Spuren des alten Lourdes sind Sie im **Musée de Lourdes** ⑫ (Parkplatz am Friedhof Égalité, tgl. 9–11.45, 13.30–18.45 Uhr, Tel. 62.94.28.00). Mittels eines Walkmans erfahren Sie hier wiederum alles über das Leben damals.

Vielleicht haben Sie nach dem Rundgang noch Lust, ein wenig Höhenluft zu schnuppern und den *Pic du Jer, den Hausberg der Stadt, zu besuchen. Die am Stadtrand gelegene Seilbahn (59, av. Francis Lagardère, Ostern–Okt 9–12, 13.30–18.20 Uhr, letzte Auffahrten 11 und 17.30 Uhr, Tel. 62.94.00.41) bringt Sie aus den Niederungen des Pilgeralltags auf eine Höhe von 948 m, von wo Sie das Umland aus überlegener Distanz in Augenschein nehmen können.

Eine empfehlenswerte, wenn auch im Sommer überlaufene Adresse ist der **Lac de Lourdes** (4 km an der Route de Pau), wo aber Baden verboten ist.

Von den zahlreichen Lokalen in Lourdes seinen folgende herausgehoben: ›**Grand Hôtel de la Grotte**‹ (66, rue de la Grotte, Tel. 62.94.58.87), ›**Paradis**‹ (15, av. du Paradis, Tel. 62.42.14.14) und schließlich das ›**Christ-Roi**‹ (9, rue Mgr. Rhodain, Tel. 62.94.24.98), das noch relativ günstige Preise hat.

Wer, statt weiter nach Tarbes, von Lourdes zurück nach Pau will, kommt auf der D937/D938 zunächst an **Lestelle-Bétharram** (▲) vorbei. Weniger Kilometer vorher liegen links die *Grottes de Bétharram* (Ostern–Mitte Okt. 8.30–12, 13.30–17.30 Uhr, Tel. 62.41.80.04), eines der beliebtesten Ausflugsziele der Pyrenäen. Es handelt sich um eine gigantische Tropfsteinhöhle, in mehreren Etagen aus dem Stein gewaschen, mit unterirdischen Seen, über die Sie mit kleinen Booten gefahren werden. Nächste Station ist **Coarraze**, in dessen Schloß Henri IV (*S. 29*) seine Kindheit verbracht hat.

Die Hauptroute führt aber von Lourdes weiter nach **Tarbes** (47 000 Einw., 42 km östl. von Pau, 16 km nordöstl. Lourdes, an A64, N117, N21, D935, Office de Tourisme: 3, cours Gambetta, Tel. 62.51.30.31). Die Sehenswürdigkeiten dieses Wirtschafts- und Handelszentrums der mittleren Pyrenäen haben mit Militär zu tun. Mitten im Ort liegt der *Jardin Jean Massey*, ein großer Englischer Garten mit ein paar seltenen Pflanzenarten wie sibirischen Ulmen und zweilappigen Gingkobäumen. Im Park steht das *Musée Massey* (10–12, 14–18 Uhr, Tel. 62.36.31.49), dessen Hauptattraktion aus dem Husarenmuseum besteht: Uniformen, Stiche etc. In einer oberen Etage sind europäische Gemälde des

15. bis 19. Jh. zu besichtigen.
Außerdem steht in Tarbes das *Geburtshaus des Marschalls Foch* (geboren am 2.10.1851, das Haus an der Rue Raymond ist im Juli/Aug Do–Mo 8–12, 14.30–17.45 Uhr geöffnet, Tel. 62.93.19.02). Zum Essen gehen Sie am besten ins ›Ambroisie‹ (38, rue Larrey, Tel. 62.93.09.34), am günstigsten ins ›Panier Fleuri‹ (74, av. Maréchal Joffre, Tel. 62.93.10.80).

Nördlich von Tarbes ist die **Burg von Montaner** ein interessantes Ziel (auf der N117 fahren Sie bis Ger in Richtung Pau und biegen dann rechts auf die D63 und D27 nach Norden ab). Die Burg steht auf einem Berg, ihr riesiger, viereckiger Turm beherrscht weithin sichtbar die Gegend. Erbaut wurde die Verteidigungsanlage unter *Gaston III. Fébus* (1343–91), Herrscher des Béarn und Graf von Moix. Dieser ließ sie zwischen 1374 und 1379 zur Überwachung der Grenzen des Béarn, der Bigorre und des Armagnac errichten, nachdem er die Ebene zwischen Foix und Orthez unter seine Kontrolle gebracht hatte. Im ausgehenden Mittelalter hatte die Burg keinerlei

strategischen Wert mehr und verwahrloste. Der Bergfried, ein perfektes Viereck mit einer Seitenlänge von 13,70 und einer Höhe von 40 m, wird zur Zeit innen restauriert. In der Kirche im Dorf kann man ein paar schöne Fresken besichtigen: Die Guten stehen rechts vom Herrn und sind ganz ins Gebet versunken, während auf der anderen Seite ein hurtiger Teufel seine Beute schon unter den Arm geklemmt hat.

25 Zwischen Bagnères-de-Bigorre, Bagnères-de-Luchon und St-Gaudens

Fackel-prozession in der Grotte von Lourdes (S. 280)

Von Tarbes führt die D935, von Lourdes die D937 nach **Bag-nères-de-Bigorre** (8 400 Einw., 50 km südöstl. von Pau, 21 km südöstl. von Tarbes, an D935, D20, Office de Tourisme: 3 allée Tournefort, Tel. 62.95.50.71), einem gemütlichen Kurort mit et-was Kleinindustrie. Sie kommen auf der Rue de la République an und sollten bei der Place Lafayette nach einem Parkplatz suchen.

An der *Kirche St-Vincent* (16. Jh.) vorbei, gehen Sie auf der Rue
Maréchal Foch zum Adour, wo schräg rechts gegenüber schon
das *Musée du Vieux Moulin* (volkskundliche Exponate) steht,
das mit dem Musée de Salies (*s. unten*) nicht nur das Eintrittsbillet, sondern auch die komplizierten Öffnungszeiten gemein hat.
Zu den anderen Sehenswürdigkeiten gehen Sie von der Rue de la
République in die andere Richtung, von der Kirche weg. Gehen
Sie von der Place Lafayette in die Rue Victor Hugo. Die erste
Straße rechts führt zur *Tour des Jacobins*, wenn Sie weiter geradeaus gehen, stehen Sie nach wenigen Metern vor einem schönen
Fachwerkhaus des 15. Jh. Folgen Sie der Straße weiter bis zur
Rue des Thermes, in die Sie rechts einbiegen. Auf diese Weise gelangen Sie zu den Resten des *Klosters St-Jean* und zu den *Thermes*, deren Fassade die eines kleinen Château oder eines Provinzbahnhofs sein könnte. Nach rechts gehen Sie zum *Musée Salies* (Mai–Juni Mi, So, Juli–Sept Mi–So 10–12, 15–18 Uhr,
ganzjährig am Sa 15–18 Uhr, Tel. 62.91.07.26), in dem immerhin
ein Picabia gezeigt wird. An den Thermen vorbei durch den Park
kommen Sie zum *Parc thermal de Salut*, wo Sie in ›La Résidence‹ (Tel. 62.91.19.19) im Grünen essen können. Nach dem Mahl
bietet sich ein Spaziergang hinauf zum *Bédat* an, dem schönen
Aussichtspunkt des Orts.

Vor der Weiterfahrt in Richtung Bagnères-de-Luchon lockt ein **Abstecher**
zum Wintersportort **La Mongie** und weiter zum *Col du Tourmalet* (2114
m) neben dem *Pic du Midi de Bigorre* (2865 m). Zwei Straßen führen von
Bagnères in Richtung Süden, die D935 und die D8. Bis Ste-Marie-de-Campan folgen Sie einer der beiden, dann können Sie sich entscheiden, ob Sie
den kleinen Abstecher nehmen oder direkt weiterfahren nach Bagnères-
de-Luchon.

Wenn Sie Bagnères-de-Bigorre nach Süden verlassen (D935),
kommen Sie an den *Grottes de Médous* (Route des Cols,
Apr–Mitte Okt 8.30–11.30, 14–17.30 Uhr, Juli/Aug 9–12, 14–18
Uhr, sonst nach Vereinbarung, Tel. 62.91.78.46) vorbei, einer
Tropfsteinhöhle von einem Kilometer Länge.

   Wenn Sie statt dessen lieber die kunstgeschichtlich interessanten Plätze aufsuchen wollen, nehmen Sie die landschaftlich ebenso reizvolle D8 auf der anderen Seite des Flusses. **Gerde** besitzt
in der Kirche *St-Julien-de-Brioude* (16./17. Jh.) einen Hochaltar
aus dem 18. Jh., und auch **Asté** hat ein altes Gotteshaus vorzuweisen (Kirche St-Sernin aus dem 16./17. Jh. mit Altar,
Beichstuhl und Taufbecken des 18. Jh.). Die weiße Marmormadonna ist eine Arbeit aus dem 17. Jh.

In **Beaudéan** können Sie preiswert im ›Catala‹ (Tel. 62.91.75.20) und in der ›Petite Auberge‹ (Tel. 62.91.72.16) essen und sich dabei das sportliche Angebotim Tal Vallée de Campan vergegenwärtigen.

Tips für Bergsteiger und Bergwanderer: Bergführer treffen Sie in **Campan** im *Bureau des Guides* (Juli/Aug, Tel. 62.91.70.36). Ausrüstungsteile erstehen Sie in **Payolle** bei *Madame Ancla* (Tel. 62.91.85.18), die im Sommer Räder, im Winter Ski verleiht.

Bergwandern können Sie sehr gut im Tal *Vallée de Lesponne*, zum Beispiel von Asté zum *Casque du Lhéris* (3,5 Std.); von Lesponne auf den *Pic du Montaigu* (4 Std.); von Chiroulet zum *Lac Bleu* (2,5 Std.) oder zum *Lac d'Isaby* (4 Std.); von Ste-Marie auf den *Soum de Hailla* (3 Std.). Von Artigues (bei La Mongie) können Sie Ihre Wanderung zum Pic du Midi de Bigorre (4 Std.) beginnen. Eine Wanderkarte erhalten Sie bei den Tourismusbüros von Beaudéan und Campan.

Mountainbikes, auf französisich ›Vélo tout terrain‹ (VTT), leihen Sie in Gerde bei *Pyrénées Loisirs* (60, av. Philadelphe de Gerde, Tel. 62.91.04.99). *Skier* erhalten Sie im Vieux Village von **Ste-Marie-de-Campan** bei *L'Escapade* (Tel. 62.91.82.02), auf dem Weg nach La Mongie bei *Skival* (Tel. 62.91.80.21) oder gleich in **La Mongie** beim *Ski Shop Le Lama* (Tel. 62.91.90.09), bei *Inter Sport la Hutte* (Tel. 62.91.90.95) und *Locaski* (Tel. 62.91.90.75).

Weitere Auskünfte erhalten Sie bei der *Régie Municipale Touristique et Sportive* (Tel. 62.91.84.50) und den Offices de Tourisme von Beaudéan (Tel. 62.91.79.92) und von Campan (Tel. 62.91.70.36).

In Ste-Marie-de-Campan entscheiden Sie sich entweder für den Abstecher oder folgen der Haupttour Richtung Col d'Aspin. In **Seoube** können Sie in der *Fromagerie Pujo-Pourret* Käse probieren und erstehen (Tel. 62.91.85.85). Die D918 führt weiter zum **Col d'Aspin**, von dem aus Sie ein weites Panorama über das tiefere Land und auf die Bergketten und Schneegipfel der Pyrenäen haben.

Nächste Station ist **Arreau** (Syndicat d'Initiative: Place du quai de la Neste, Tel. 62.98.63.15), wo Sie das *Valée d'Aure* erreichen. Nachdem Sie die kleine Kirche *St-Exupère* (13. Jh.) mit Portalsäulen aus Pyrenäenmarmor gesehen haben, stehen Sie wieder am Scheideweg. Talab Richtung Lannemezan (D929/D38) kommen Sie nach 31 km zum Thermalbadeort **Capvern-les-Bains** und zum *Château* oder *Castèth de Mauvezin* (Mai–Mitte Okt tgl. 10–19 Uhr, sonst 13.30–17 Uhr, Tel. 62.39.10.27), einer weiteren Burg des *Gaston Fébus*, der auch hier den viereckigen Turm (36 m) aus Ziegeln errichten ließ. Nicht nur in der Bauweise, auch strategisch korrespondiert Mauvezin mit Montaner (*S. 284*): Das

Rauhes Idyll in den Pyrenäen: beim Col d'Aspin (S. 287)

waren die Stützpunkte bei der Beherrschung der Pyrenäentäler des Béarn. Unterhalb des Château zeigen fünfzig Kunsthandwerker ihre Erzeugnisse im ›Histoires d'Art‹ (Apr–Okt 10.30–12.30, 14.30–19.30 Uhr, Tel. 62.39.13.18).

Eine alternative Tour führt von Arreau nach Süden ins Tal von **St-Lary-Soulan**, einem Ort für Bergsteiger, die das *Massif de Néouvielle* bezwingen wollen.

Die Hauptroute führt von Arreau auf der kurvigen Höhenstraße D618 nach Bagnères-de-Luchon. Damit haben wir eine weitere Region mit besonderem Namen erreicht, *Le Comminges*, das einst eine eigene Herrschaft hatte, seit 1454 aber zu

Frankreich gehört. Darin enthalten ist *Le Luchon*, dessen Hauptort **Bagnères-de-Luchon** (3 000 Einw., 89 km südöstl. von Tarbes, an D125, D618, Office de Tourisme: Allée d'Etigny, Tel. 61.79.11.23) am Ende der D618 liegt. Bei Bagnères-de-Luchon öffnet sich der Blick auf eine breite Kette von schneebedeckten Gipfeln. Ein Kurort, in dem sich alles um Erholung und Ertüchtigung dreht. Die *Allée d'Etigny* mit ihren Bäumen und den zu Bildern arrangierten Blumenbeeten, den Läden und Cafés ist so angelegt, daß sie sich optisch zu den Schneegipfeln hin verlängert. Schon zur Bronzezeit hinterließen Menschen in Bagnères erste Spuren. An dieser Stelle entstand das keltische, dann römische *Ilixon*, bereits unter Tiberius Claudius ein Badeort. Nach den Römern – nichts mehr. Bis 1759 der Intendant *Mégret d' Etigny* Gefallen an dem Platz fand und den Badeort des Luchon neu erstehen ließ. Im *Musée du Pays de Luchon* (18, allées d' Etigny, tgl. 9–12, 14–18 Uhr, mit Bibliothek, Tel. 61.79.29.87) werden nicht nur die Funde der Vorgeschichte (das Zweimeterskelett eines Bären), Handwerkszeuge und Ausrüstungen der Bergsteiger gezeigt, sondern auch Fotos der romanischen Kirchen der Umgebung. Zum Museum gehört noch ein kleines Luftfahrtmuseum (Musée de l'Aeronautique; Di, Do, Sa 15–18 Uhr), wo neben allerlei Gleitschirmen und Fotos auch Teile der Flugzeuge gezeigt werden, die hier im Umland gegen Berge prallten oder aus sonst einem Grund abstürzten.

Die Römer kommen: Straßen, Bäder, Wein und das Christentum

Die Eroberung Aquitaniens durch die Römer unter *Publius Crassus*, Sohn des Triumvirs und mächtigen Mannes Marcellus Crassus, bedurfte einiges militärischen Aufwands. Hatten die Bewohner des Landes zwischen Garonne und Atlantik, die als mutig und verschlagen galten, doch ihre Kriegskunst bei dem ehemals römischen Soldaten *Sertorius* gelernt. Von Caesar erfahren wir in ›Der gallische Krieg‹, daß sie, da sie der Übermacht, mit der der 27-jährige römische General anrückte, nicht gewachsen waren, mit Finten und Listen versuchten, die Niederlage abzuwenden. Crassus behielt dennoch letztendlich die Oberhand.

Die 400 Jahre dauernde römische Besetzung hat bis heute ihre Spuren hinterlassen. Die RN 137 z. B., die von Saintes, der römischen Hauptstadt Aquitaniens, über Blaye nach Bordeaux führt, ist eine ehemals römische Straße, von Agrippa entworfen. Mit den Straßen kamen die Aquaedukte und Bäder, darunter Bagnères-de-Bigorre, Luchon, Cambo, Amélie-les-Bains und Dax. Letzteres hieß damals *Aquae tabelli* und wurde sogar von *Augustus* und seiner Tochter Julia aufgesucht und so anschließend in *Aquae Augustae* umbenannt. Auch den Wein verdankt Aquitanien den Römern. Für die kargen Böden am Atlantik waren die italienischen Rebsorten wenig geeignet, und so stieß man nach einigem Suchen auf die *Basilica*, eine Rebsorte aus der Gegend von Epirus, für die die Gegend um Bordeaux die idealen Voraussetzungen bot. Schon *Plinius der Ältere* konnte vom Wein der Rebsorte *biturica* oder *biturigaca*, wie sie hier genannt wurde, berichten, daß er gut sei und mit dem Lagern besser werde.

Auch das Christentum schließlich gelangte über die Römer nach Aquitanien. Als erste Missionarin gilt die *hl. Veronika*, die im Jahr 47 in Soulac Station machte. Um die Christianisierung Aquitaniens, die erst im 4. Jh. abgeschlossen war, ranken sich natürlich allerlei Legenden. So soll sich z. B. die Bekehrung der Bürger von Blaye wie folgt zugetragen haben: Der hl. Front wurde während seines Gebets von den Bürgern der Stadt mit Steinen beworfen. Als dieser, anstatt sich zu wehren, die Angreifer segnete, wurden diese sich ihres Handelns gewahr, schworen ihrem alten heidnischen Glauben ab und traten geschlossen zum Christentum über.

Für weiteren Zeitvertreib sorgen ein Casino, Golfclub, Segelflug- und Hängegleiterclub, Kanuclub, Reitclub, drei Nachtclubs und zahlreiche markierte Wanderwege, die man auch von *Superbagnères*, dem höhergelegenen Ortsteil, aus unternehmen kann, indem an mit der Seilbahn aufwärts fährt (Rue Superbagnères).

Im übrigen wird mit den Schönheiten der Natur geworben, z. B. für den nahegelegenen *Jardin des Cascades* (an der Route Forestière de Herran), dessen Wasserfälle sich aber in den letzten Jahrtausenden in einer Spalte ›versteckt‹ haben, die mit Bäumen und Gesträuch verdeckt ist, so daß nicht nur die Sonne nicht hineinscheint, sondern auch der Blick nicht durchdringt. Dafür liegt auf der Hälfte des Aufstiegs ein besonders schönes *Gartenrestaurant* mit Blick auf Luchon, aber nicht auf die Berge.

Wenn Sie gleich im Ort essen wollen: Auf der großen Allée im ›**Le Concorde**‹ (Nr.12, Tel. 61.79.00.69), bei schönem Ambiente im ›**Corneille**‹ (5, av. Dumas, Tel. 61.79.36.22) oder ein Stückchen weiter nach Süden in der Vallée de la Pique beim Turm des Castelviel in der ›**Auberge de Castel Vielh**‹ (Tel. 61.79.36.79).

St-Bertrand-de-Comminges

220 Einw., 57 km östl. von Tarbes, an D33, Information: Maison des Olivetains, Tel. 61.95.44.44

Durch ein anfangs enges, grünes Tal gelangt man nach St-Bertrand-de-Comminges, dessen Kathedrale weithin sichtbar auf einem isolierten Felssporn steht. Man fährt auf einer gewundenen Strecke hinauf, um dann die letzten hundert Meter zu Fuß durch die steingrauen Gassen mit ihren erhaltenen, irgendwie nüchternen alten Häusern zur Kathedrale zu gehen. Gegenüber der Kirche ist ein Café, hinter diesem Café ein Restaurant mit Terrasse und Ausblick.

Das heutige St-Bertrand war schon zu Römerzeiten ein wichtiger Ort, wie die langsam voranschreitenden Ausgrabungsarbeiten nach und nach ergeben. Im 1. Jh. soll *Lugdunum Convenarum*, das sich auf der Ebene unterhalb des Felsens ausgebreitet hatte, bereits 60 000 Einwohner gezählt haben. Mit 60 ha Ausdehnung darf man es als eine der bedeutendsten

Die vier Evangelisten im Kreuzgang von St-Bertrand-de-Comminges

Städte des römischen Aquitaniens einschätzen. Im 6. Jh. wurde es zerstört. Die Reste der Römer wurden wiederverwendet, Schutzmauern wurden in die Stadtbefestigung integriert, neue Häuser wurden mit alten Steinen errichtet.

**Cathédrale Ste–Marie

Bertrand de l'Isle, der später heiliggesprochene Bischof von Comminges, ließ gegen Ende des 11. Jh. neben einem romanischen Kreuzgang die Kathedrale neu errichten. Im 14. Jh. ließ *Bertrand le Got*, der spätere Papst *Clemens V.* in Avignon (Bazas, *S. 217*), ein gotisches Querschiff ansetzen, um dem Zulauf der Gläubigen gerecht zu werden. Diese Erweiterung setzte nach ihm *Hugues de Châtillon* fort, der sich in der Kirche hat beisetzen lassen.

Durch das **Westportal** (**A**), dessen Tympanon den hl. Bertrand und die Hll. Drei Könige darstellt, gelangt man in den Teil der Kathedrale, der noch aus dem 11. bzw. 12. Jh. stammt. Am linken Ende der Vorhalle befinden sich die **Orgel** (**a**) und die **Kanzel** (**b**), beide aus dem 16. Jh. Schräg gegenüber ein **Altar** (**c**) aus dem frühen 17. Jh. mit einem aus Spanien (Córdoba) stammenden Antependium. Schließlich kommen Sie zum **Lettner** (**d**) und zu dem mit Reliefs und Einlegearbeiten gefertigten **Chorgestühl** (**e**), die wie auch der **Bischofsstuhl** (**f**) und der **Altaraufsatz** (**g**) von Holzbildhauern aus Toulouse ebenfalls im 16. Jh. geschaffen wurden (1535 geweiht). Links neben dem Chorgestuhl, in der *Chapelle de la Vierge*, das **Marmorgrab von Hugues de Châtillon** (**h**). Hinter dem Altar im Rundgang der Apsis befindet sich das **Mausoleum für den hl. Bertrand** (**i**), in der Ecke rechts davon die **Sakristei** (**j**). Wenn Sie auf dieser Seite der Kirche in Richtung Westportal gehen, sehen Sie links, gegenüber dem Chorgestühl, die Treppe, die zum Kirchenschatz hinaufführt. Zum Wertvollsten gehören die Gewänder, die sich bereits Bertrand de Got übergestreift haben dürfte.

Der z. T. noch romanische **Kreuzgang** (**B**) befindet sich rechts neben der Kirche. Unter den wuchtig erscheinenden Gewölben schaut man in den Innenhof und hinüber zu den Doppelsäulen, deren schöne *Kapitelle* reich mit Schnörkeln, Blattwerk und Bibelszenen verziert sind, bis auf einen Pfeiler beim Eingang: Hier sind die vier Evangelisten dargestellt.

Ein bißchen abseits gelegen steht die **Basilika St-Just**, deren Bauzeit auf das 12. Jh. geschätzt wird, also die Zeit, als auch die Kathedrale errichtet wurde. Wiederum müssen sich hier große Menschenmengen angesammelt haben, was bei den heutigen

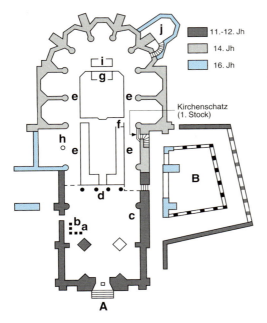

11.-12. Jh
14. Jh
16. Jh

Kirchenschatz
(1. Stock)

**Ste-Marie-de-Comminges:
Grundriß**

A Westportal
a Orgel
b Kanzel
c Altar
d Lettner
e Chorgestühl
f Bischofsstuhl
g Altaraufsatz
h Marmorgrab von
Hugues de
Châtillon
i Mausoleum für
den hl. Bertrand
j Sakristei

B Kreuzgang

Einwohnerzahlen von 220 bzw. 130 (Valcabrère) Personen einigermaßen überraschen mag. Die Kirche steht allein zwischen Feldern, malerisch umgeben von einem Friedhof und Zypressen. Im Mauerwerk stecken hier und dort wiederverwendete Steine römischer Gebäude und, wie man herausgefunden hat, einer frühchristlichen Nekropole. Das Eingangsportal ist mit vier bemerkenswerten Statuen als Säulen verziert: St-Just, St-Pastor, St-Étienne und vermutlich der heiligen Helena.

Wenn Sie es ländlich wünschen lädt ›**Chez Simone**‹ (Tel. 61.88.30.70) zum Essen, sonst stehen Ihnen zwei Crêperien und die Hotel-Restaurants ›**des Comminges**‹ (61.88.31.43) und ›**des Oppidum**‹ (Tel. 61.88.33.50) zur Verfügung.

Auf der D26 (nach Nordwesten) erreichen wir die vorgeschichtlichen **Grottes de Gargas** (bei Aventignan, Führungen [45 Min.] Ostern–Okt tgl. 14.30–16.30 Uhr, Juli/Aug 10.30–11.30, 14.30–17.30 Uhr, Tel. 62.39.72.39), deren Besonderheit, neben beachtlichen Tropfsteinbildungen und Zeichnungen von Rentieren und Büffeln, eine Serie von ungefähr zweihundert Handabrücken darstellt, bei denen die Finger so verkürzt sind, daß allgemein Verstümmelungen vermutet werden.

293

Der nächste Ort ist **St-Gaudens** (1 000 Einw., 63 km östl. von Tarbes, an N117, D8, Office de Tourisme: 2, rue Thiers, Tel. 61.94.77.61) mit seiner romanischen *Stiftskirche*, die dem Märtyrer Gaudens gewidmet ist. Besonders die Kapitelle, deren Urheber im spanischen Jaca vermutet werden, sind sehenswert. Die Baumeister des Mittelschiffs (12. Jh.) dagegen vermutet man aus der Gegend von Toulouse. Durch den Kreuzgang mit seinen romanischen Kapitellen (12. Jh.) kommen Sie zur *Place Jean Jaurès* mit ihren Cafés, von denen aus Sie einen Blick über die Garonne zu den Pyrenäen haben. Ein Stückchen nach links auf dem Boulevard, dessen Panoramablick durch die geparkten Autos beeinträchtigt wird, befindet sich das *Musée de St-Gaudens et du Comminges* (8.30–12, 14–18 Uhr, Tel. 61.89.15.99) mit historischer Kleidung und alten Werkzeugen der Region.

Von St-Gaudens bietet sich ein **Ausflug in das Couserans** an. Sie fahren nach Süden auf der D5, durch Aspet zum *Col de Portet d'Aspet* mit seinem hinreißenden Panorama und weiter nach Audressein mit seiner Pilgerkapelle des 14. Jh. Von hier können Sie in das landschaftlich reizvolle *Vallée de Bethmale* abbiegen. Sonst fahren Sie weiter nach **St-Girons** mit seiner um die beiden Flüsse Salat und Lez gebauten Innenstadt, wo Sie im ›Eychenne‹ (8, av. P. Laffont, Tel. 61.66.20.55) Entenlebern mit Trauben und Soufflé mit Grand-Marnier serviert bekommen.

Kulinarisch arm, aber architektonisch reich ist das benachbarte (D117) **St-Lizier**, das auf einem Berg gelegen ist und an dem die Neuerungen der Zeit weitgehend vorbeigingen. Der Ort besitzt zwei Kathedralen: Die Kathedrale *St-Lizier* mit ihrem sehenswerten Kreuzgang (12. Jh.) befindet sich an einem schönen Platz mit einem Brunnen. Wenn Sie am Brunnen vorbei links gehen, kommen Sie zum *Palais des Evêques* (Bischofspalast; 17. Jh.), zu dem die Kathedrale *Notre Dame de la Sède* (14. Jh.) gehört. Die beiden Kirchen sind mittags 12–14 Uhr geschlossen, aber ein Rundgang durch den alten Ort lohnt sich allemal.

Von St-Lizier fahren wir auf der D117 nach Norden nach **St-Martory**, wo der Salat in die Garonne mündet. Man fährt über die alte Brücke von 1727 mit dem Blick auf zwei Stadttore, die den Ort größer erscheinen lassen, als er ist (1166 Einwohner). Die D52 führt weiter nach **Aurignac** (Syndicat d'Initiative: Tel. 61.98.70.06), dem Ort, nach dem die prähistorische Epoche des *Aurignacie*n benannt wird. Hier nämlich wurden 1860 die ersten Funde aus dieser Epoche gemacht, die sich in der Höhle von Cro-Magnon fortsetzten (Abri Préhistorique, D635 Rich-

tung Cassagnabère, Information über das Syndicat d'Initiative). Im *Musée de Préhistoire* (Juli/Aug Di–So 10–12, 15–18 Uhr, Tel. 61.98.70.06, sonst über die Mairie, Tel. 61.98.90.08) werden einige Stücke aus den Höhlen der Umgebung ausgestellt. Erwähnenswert ist in diesem kleinen Ort, dessen Befestigungen teilweise noch stehen, die Kirche *St-Pierre* mit einem romanischen Portal (12. Jh.). Die Säulen stammen aus der gotischen Kirche Saint Michel, die 1794 zerstört worden ist. Eine Seltenheit sind die vier gedrehten Säulen. Solche gibt es nur fünfmal: an der Börse von Valencia in Spanien, an der Hieronimuskirche in Lissabon, in Saint Severin in Paris, in der Collegiale d'Oyron (Deux–Sèvres) und eine an einem Haus in Montauban. Diese hier sind älter als die all die anderen. Die Kapitelle sind zur Kirche hin als Würfel, nach außen als Hexagone gestaltet.

Der nächste Ort von Interesse liegt im Westen. Wir fahren auf der D635 bis Mouran, wo wir links in die D98 abbiegen. Diese führt uns nach **Montmaurin** (Apr–Mitte Sept 9.30–12, 14–18 Uhr), wo eine gallorömische Villa des 4. Jh. ausgegraben worden ist. Zuvor hatte sich hier eine landwirtschaftliche Anlage mit zwanzig bis dreißig Gebäuden befunden, die aber nach einer Hochflut verlassen wurden. Um 330 entstanden eine Reihe unabhängiger kleiner Bauten und eine Prachtvilla, deren Marmor aus den Pyrenäen, bei St-Béat, herbeigeschafft wurde. Was hier heute noch zu sehen ist (einige Gemäuer und Säulen), beeindruckt durch die großzügige Weitläufigkeit seiner Anlage.

GASCOGNE UND AGENAIS

26 Nach Auch und Nérac

Über die D633 fahren wir von Montmaurin, der letzten Station, nach Boulogne, von wo die D632 nach Nordosten führt. Schon nach knapp sieben Kilometern können wir nach links auf die D12 abbiegen, um nach **Simorre** zu gelangen, dessen Altstadt mit Fachwerkhäusern und engen Gassen ebenso erhalten ist wie seine Kirche – sie wurde von *Viollet-le-Duc* restauriert oder gotisch umgestaltet, man weiß es nicht mehr. In der Sakristei sind Wandmalereien (14. Jh.) zu sehen. Auf der D632 fahren wir weiter nach **Lombez**, dessen alter Kern, Häuser aus Fachwerk und Backstein, kreisförmig um die *Kathedrale Sainte Marie* angelegt ist, deren achteckiger Backsteinturm sich nach oben etagenweise verjüngt. Die Kirche ist ein Werk des 14. Jh., ihre byzantinischen Kapitelle stammen allerdings von ihrem Vorgängerbau, einer romanischen Kirche (9. Jh.). Ab 1317 war Lombez ein Bischofssitz, 32 Bischöfe waren hier tätig, unter ihnen *Jacques Colonna*, ein Freund Petrarcas, der im Jahr 1530 einen Sommer lang zu Besuch in Lombez weilte.

Verputztes Fachwerk in Simorre

Die D39 bringt uns über Samatan zum **Château de Caumont**, Geburtshaus des *Duc d'Epernon*, den wir schon aus Cadillac kennen (*S. 169*). Das Schloß liegt ein bißchen versteckt links vom Weg (hinter Cazeau Saves) im Wald (Juli/Aug tgl. 15–18 Uhr, Tel. 62.07.94.20). Auch wenn es geschlossen ist: Einen Blick sollte man auf dieses hufeisenförmig angelegte Bauwerk, dessen Wände im Wechsel aus Ziegelsteinen und Bruchsteinen gemauert sind, schon werfen. Türme mit spitzen Dächern akzentuieren die Ecken der Anlage.

In Cazeau-Savès geht es auf der D160 nach **Gimont** (Syndicat d'Initiative: 83, route nationale, Tel. 62.67.77.87), einer Bastide (13. Jh.), deren Grundriß sich über den Hügel zieht und deren Hauptstraße über die Hügelkuppe mitten durch die Markthalle zwischen den dicken weißen Steinsäulen hindurchführt. Die Kirche (1331) verfügt über ein einziges Schiff von 16 x 30 m Größe und einen achteckigen rötlichen Ziegelturm, dessen drei obere Etagen von umlaufenden Simsen und schmalen hohen Fenstern gegliedert werden.

Preiswert essen Sie am Boulevard Nord im ›**Coin du Feu**‹ (Tel. 62.67.71.56, Fax 62.67.88.28), gemütlich und im Grünen speisen können Sie ein bißchen außerhalb im ›**Château Larroque**‹ an der Route de Toulouse (Tel. 62.67.77.44).

Wenn Sie von Gimont auf der N124 ein kleines Stück in Richtung Auch fahren, erreichen Sie die D12, auf der Sie (links) zur nahegelegenen Klosteranlage **Abbaye de Planselve**(12. Jh. Besichtigungen Sa, So nachmittags, bei schlechtem Wetter aber nicht, Tel. 62.67.70.02) gelangen. Das Kloster wurde für die Jakobspilger angelegt. Zu sehen gibt es einige Mauerreste und Gewölbe hinter dem monumentalen Eingangstor, die Reste einer Mühle und zwei Taubentürme. Bezeichnenderweise heißt die ge-

genüberliegende Straße *Route des Indécis* – Straße der Unentschlossenen.

Das Hinterland zwischen Pyrenäen und Dordogne, Atlantikküste und Toulouse ist eine herrliche Landschaft, sanft geschwungen, mit gelblichen Feldern, die die Reihen dunkler Zypressen akzentuieren und zwischen denen die steingrauen Gehöfte aussehen wie gemalt. Hier macht die Durchfahrt auch bei Regen Freude, weil die Landschaft dann in ganz anderem Licht erscheint: Hell-dunkel-Schattierungen von einer Hügelkette zur nächsten verleihen dem Land eine optische Tiefe, die unter prallender Sonne niemals sichtbar wird.

Von Gimont fahren wir in nördlicher Richtung auf der D12 nach **Mauvezin** (Syndicat d'Initiative: Tel. 62.06.81.45), dessen Mittelpunkt die *Place de la Libération* ist. Die Post mit ihren Arkaden und die Markthalle, deren breites Dach auf Steinpfeilern ruht, heben sich von dem modernen glatten Brunnen in der Mitte des Platzes ab. Über die Dächer der Häuser an den absteigenden Gassen der Altstadt hinweg sieht man den Kirchturm weiß und achteckig in der Sonne leuchten.

Gepflegt essen kann man in ›La Rapière‹ (Tel. 62.06.80.08).

Die D654 bringt Sie nach Osten nach **Cologne** (Syndicat d' Initiative: Tel. 62.06.99.30), einem dieser Orte, die nach den Metropolen des Mittelalters benannt sind und denen wir im folgenden öfter begegnen, wie zum Beispiel Fleurance, Valence und Mirande. Der Ort wurde im 13. Jh. als Bastide gegründet. Aus dieser Zeit stammen die schönen, aber untereinander ganz verschieden gemusterten Fachwerkhäuser in den rechtwinklig angelegten Gassen. Ebenso der zentrale Platz, dessen Häuser sich im Erdgeschoß für Arkadengänge öffnen, und die Halle, in deren Mitte ein Haus steht – unten dient es als Blumenladen und Zeitungskiosk, und über dem Dach ein Uhrturm, dessen Uhrwerk seit 1607 läuft.

Auf der D165 fahren wir nach Norden nach **Sarrant**, einem in Kreisform angelegten Ort, was in diesem Fall heißt: Die einzige Straße bildet einen Kreis um die Kirche. Vorne treten wir ein durch ein Tor (14. Jh.), hinten ist der Ort vollkommen offen. Die Kirche ist voll ausgemalt, aber leider in keinem guten Zustand. In dem Laden ›Arts de Village‹ (Tel. 62.65.01.70) werden Weine, Pasteten, Enten- und Gänseschmalz und Eingemachtes sowie Floc, der regionale Apéritif (S. 48), Liköre und Digestifs aus der Region angeboten. Und um den 20. August finden die ›Médiévales de Sarrant‹ statt, ein auf mittelalterlich gemachtes Dorf-

Das berühmte Chorgestühl in der Kathedrale von Auch (S. 301)

fest mit Feuerschluckern, Akrobaten und Handwerksschau von dazumal.

Auf derselben Straße kommen wir nach **Solomiac** (Syndicat d'Initiative: Tel. 62.65.02.57), wo es wiederum einen Platz mit Halle auf Steinsäulen und Arkaden unter einetagigen Fachwerkhäusern sowie eine Kirche Notre-Dame (14. Jh.) zu sehen gibt.

*Auch

23 000 Einw., 75 km nördl. von Tarbes, 16 km westl. Gimont, an N124, N21. **Office de Tourisme**: 1, rue Dressoles, Tel. 62.05.22.89

Auch ist einer der seltenen Orte, deren Bürger der Literatur ein Denkmal gesetzt haben. Nicht einem Dichter, sondern einer Romanfigur, *der* Romanfigur der Gascogne, dem vierten im Bunde der Drei Musketiere des Alexandre Dumas: D'Artagnan, eigentlich Charles de Batz, der zu Beginn des 17. Jh. im Nordwesten von Auch zur Welt kam und sich, weil es mehr hermachte, den Namen aus der Linie seiner Mutter zulegte, die aus der Gegend von Montesquiou (*S. 303*) stammte. Das Denkmal steht unterhalb der monumentalen Treppe. Von der Zeit der *Mousquetaires* spüren wir natürlich nicht mehr allzuviel in der Hauptstadt der Gascogne, es sei denn, wir besuchen den wöchentlichen Gemüsemarkt (Samstag) oder wir verlieren uns auf den Pousterles, den Gassen, die ansteigen wie Treppen.

Hauptsehenswürdigkeit des Orts ist die Kathedrale ***Ste-Marie** (8.30–12, 14–18 Uhr, Okt–März 9.15–12, 14–17 Uhr). Nicht daß die Stadt sonst gar nichts zu bieten hätte, aber in der Kirche sind die Darstellungen der Fenster und das Chorgestühl mit seinen geschnitzten Holzfiguren ein Muß.

Mit dem Bau der Kathedrale wurde im ausgehenden 15. Jh. begonnen, fertiggestellt war sie erst im 18. Jh. Um mit den **Fenstern** zu beginnen: 18 von ihnen hat Anfang des 16. Jh. der Maler *Arnaud de Moles* angefertigt. Drei werden als *vitraux historiés* – Geschichtenfenster – bezeichnet, weil auf ihnen bildlich etwas beschrieben wird. Das eine befindet sich, wenn man in der Mitte der Kirche vor dem Chor steht, in der Kapelle rechts vom linken Eingang. Oben sehen wir die Schöpfung der Welt, fünf Kreise für fünf Tage (die Schöpfung des Menschen ist in zwei Teilen dargestellt) und die Ursünde im mittleren Teil. Unten sehen wir Adam und Eva ›danach‹: Durch ein enges Tor müssen sie hinaus in eine dunkle Zukunft. In der mittleren Kapelle hinter der Apsis wird die Kreuzigung gezeigt, in der Kapelle gegenüber der ersten die Auferstehung. (Nach dem Nummernsystem von links nach rechts, das in der Kirche ausgelegt wird, sind es die Nummern 11, 16 und 21). Auch die sehenswerten **Holzfiguren des Chorgestühls* sind durchnummeriert: 113 Sitze sind es und dazu 1 500 kleine Skulpturen und Reliefs. Das Material ist Eichenholz, das vor seiner Bearbeitung ein paar Jahre im Gers, dem Fluß gleich unterhalb der Treppe, versenkt war. 1510 wurde es herausgenommen, zusammengefügt und bis 1552 bearbeitet. Insgesamt teilen sich die Motive auf drei Zyklen: Bibelfiguren, Mythologie, das Leben Christi. Die 69 hohen Lehnen des Gestühls, also der äußere Kreis, zeigen biblische, der innere Kreis zeigt mythologische Motive. An den Treppenabsätzen und an den Enden der Stuhlreihen sehen wir Szenen aus dem Leben Christi.

Im Osten der Kirche, also hinter der Apsis, befindet sich die monumentale Treppe (232 Stufen), die zu d'Artagnans Denkmal und an den Gers führt und bei deren Ersteigen die *Tour d'Armagnac*, ein Gefängnisturm des 14. Jh., besonders beeindruckt. Gleich nach der Treppe bei der *Place Salinis* nach links, kommen wir an einem früheren Stadttor vorbei zur *Rue Convention*, in die wir rechts einbiegen. Links sehen wir drei Gassen, die zugleich Treppen sind, sogenannte *Pousterles*. Auf der *Rue d'Espagne* gehen wir wieder rechts zur Kirche. Hinter der Kirche nach links, auf der *Rue Charras*, kommen wir zum **Musée des Jacobins** (4, place Louis Blanc, Di–So Apr–Okt 10–12, 14–18 Uhr, sonst bis 17 Uhr, Tel. 62.05.74.79), das unter den Revolutionären 1793 (im revolutionären Jahr III) gegründet wurde. Viele Exponate sind Beschlagnahmestücke der Revolutionäre, Gemälde und Kunsthandwerk, später wurden sie um die archäologischen Stücke der *Société Historique de Gascogne* (um 1900) ergänzt, und 1921 kam die lateinamerikanische Sammlung von *Guillaume Pujols* hinzu, darunter das Glanzstück des Hauses: Ein mexikanisches Federmosaik von 1539 (40 Jahre nach der Entdeckung Amerikas) zeigt die gregorianische Messe.

Wenn Sie über den Platz vor dem Museum und in die gegenüberliegende Straße gehen, kommen Sie zur ›**Table d'Hôtes**‹ (7, rue Lamartine, Tel. 62.05.55.62), wenn es Ihnen dort nicht gefällt, versuchen Sie es um den Block in der Rue Dressoles bei ›**Claude Laffitte**‹ (Nr. 38, Tel. 62.05.04.18). Wenn Sie erlesen essen möchten, brauchen Sie sich nur bis zur Place de la Libération zu bemühen, ins Hotel-Restaurant ›**France**‹ (Place de la Libération, Tel. 62.61.71.84).

Von Auch geht es auf der N21 nach **Mirande** (3 500 Einw., 25 km südwestl. von Auch, an N21. Office de Tourisme: 5, rue de l'-Evêché, Tel. 62.66.51.16), einer Bastide des 13. Jh., deren Kirchturm (15. Jh.) sich über eine Straße spannt. Überdies bietet Mirande mit dem *Musée des Beaux Arts* eines der ersten Museen der Gascogne (Rue de l'Evéché, 10–12, 15–18 Uhr, Tel. 62.66.68.10), unter dessen Ausstellungsstücken vor allem die Keramiken, Vasen aus Sèvres (19. Jh.) und verschiedene Porzellan- und Fayencestücken aus Dax, Nevers und Moustiers einen Blick wert sind. Ein paar Häuser weiter befindet sich ein Weinladen, wo es auch ein paar Exemplare erster Güte gibt.

Der mittlere Platz ist weit und großzügig angelegt, die Markthalle ist einem kleinen Baldachin für Platzkonzerte gewichen. Samstag nachmittags und an besonderen Tagen wird der Ort aus allerseits befestigten Lautsprechern mit Radiosendungen beschallt. Weil es nicht einfach ist, ein Restaurant zu finden, hier die entsprechenden Adressen:

›**Pyrénées**‹ (av. d'Etigny, Tel. 62.66.51.16), ›**Métropole**‹ (31, Victor Hugo, Tel. 62.66.50.25).

Von Mirande nehmen wir die D159 nach Westen, um nach **St-Christaud** mit seiner auf einen Hügel gestellten Backsteinkirche zu fahren. Es bietet sich ein schöner Ausblick auf das Land mit seinen braunen Äckern und grünen Reihen von Zypressen seitlich der Alleen, Gehöfte auf kleinen Hügeln, Kühe und Gänse: Auch dieser Teil der Reise hat die Landschaft zum Mittelpunkt. Die D943 bringt uns nach **Marciac** (Syndicat d'Initiative: Tel. 62.09.30.55), an dessen großzügigem Platz mit Arkaden die Häuser ein bißchen heruntergekommen wirken. Die geringe Höhe der Häuser verleiht dem Ortsbild einen Hauch von Großzügigkeit. Das ehemalige *Kloster* beherbergt u. a. eine Schule, in der *Klosterkirche* sind ein Kino, das auch als Aufführungsort des regelmäßig stattfindenden Jazz–Festivals (Tel. 62.09.33.33) dient, und das Turismusbüro untergebracht. Die Gemeindekirche *Notre Dame* (15. Jh.) bietet ein paar hübsche romanische Kapitelle mit Bildgeschichten: In der südlichen Apsidiole zwackt der hl. Elo dem Teufel mit einer Zange in die Nase, nachdem er ihn in der Gestalt einer Frau erkannt hat. Auf einem anderen Kapitell beschlägt St-Elo ein Pferd. Die seitlichen Säulen sind im Wechsel oktogonal und rund, wobei die Kapitelle der runden, mächtigeren Säulen ebenfalls mit Bildschmuck verziert sind: am südlichen Eingang mit lustigen Schweinen und Akanthus, beim Nordeingang mit Menschen, die sich an den Händen halten.

Von Marciac fahren wir nach **Beaumarchés**, Bastide von 1288 mit einer gotischen Kirche, deren Glockenturm unvollendet blieb, und auf der D946 (schöne Landschaft) nach **Bassoues**, wo wiederum eine Markthalle neben hübschen Häusern mit Holzbalkonen und roten Rosen steht und ein Donjon (10–12, 14–18 Uhr, Tel. 62.70.97.34), ein mächtiger Turm, zu besichtigen ist. Das Besondere sind die schönen Kamine und die Tatsache, daß es in jeder Etage ein Plumpsklo gibt, das sich nach unten ins Gemäuer leert.

Nächster Ort ist **Montesquiou** (Syndicat d'Initiative: Tel. 62.70.91.42), dessen Namen soviel bedeutet wie ›wilder Berg‹. Funde im *Tumulus de la Thuraque* und Spuren einer gallorömischen Villa zeugen von einer langen Besiedlung. Zur Zeit der Pilger war hier mehr los als heute. Vor der Burg entstand eine kleine Vorstadt, von der noch ein Tor neben ein paar Fachwerkhäusern steht.

Auf der D34 nach Norden erreichen wir **Vic-Fézensac** (Office de Tourisme: 22, place Julie St-Avit, Tel. 62.06.34.90). Eine Besonderheit ist der an vier Abenden im Juli und August nachts abgehaltene Markt. Wer einen Armagnac kaufen oder probieren möchte, kann dies in der *Cave Armagnacaise* (Tel. 62.06.31.01) oder bei *Monsieur Gelas* (Tel. 62.06.30.11) tun. Zum Übernachten bieten sich die Hotels ›Relais des Postes‹ (mit Restaurant, Tel. 62.06.44.22) und das ›Hôtel du Midi‹ an (4, rue de la Treille, Tel. 62.06.35.17).

Wir nehmen die Nebenstraße D112 nach Valence, einer Bastide des 13. Jh., um weiterzufahren zum nahegelegenen Zisterzienserkloster, der ****Abbaye de Flaran** (März–Jan tgl. 9.30–12, 14–18 Uhr, Mitte Juni–Mitte Sept bis 19 Uhr, Juli/Aug durchgehend, Tel. 62.28.50.19). Schon der Parkplatz ist ein Idyll unter dem Blattwerk alter Bäume – wenn Sie heute noch keinen Picknickplatz gefunden haben und außerdem gerade Mittagspause ist, dann sind Sie hier richtig. Die Abtei wurde nach einem Brand (1970) zum Kulturzentrum umgestaltet. Jetzt finden hier in den kargen Räumen Ausstellungen, aber auch Musik-, Theater- und Tanzvorführungen statt. Reizvollster Gebäudeteil ist der von der Kirche durch eine Tür (Christusmonogramm) zu erreichende *Kreuzgang*, der aus zwei Etagen Fachwerk mit einem umlaufenden Balkon besteht. Die Wandelgänge sind vom Hof durch die im Wechsel doppelten und vierfachen Arkadensäulen getrennt. Drumherum liegen die *Refektorien*, der *Heizraum*, der *Kapitelsaal* mit schönen Gewölben und darüber die Schlafräume, von denen Sie in die schlichte Kirche hinuntersteigen können. Sie kommen im Querschiff an, das ebenso lang ist wie die Spitzbogentonne des Hauptschiffs.

An der Kirche wurde von der zweiten Hälfte des 12. Jh. bis ins 13. Jh. gebaut, das romanische Portal wurde dabei wiederverwendet. Neben dem Kapitelsaal kann man in den weitläufigen *Garten* hinausgehen, von dem aus man sieht, wie rund die Apsis und die vier Nebenapsiden sind – als seien es fünf Türme. Die *son-et-lumière*-Veranstaltungen an Sommerabenden (Juli/Aug Di, Do, So) stellen das besonders heraus.

Auf der D142 fahren Sie zum **Château de Cassaigne** (tgl. 9–12, 14–19 Uhr, Tel. 62.28.41.43), einer früheren Residenz der Bischöfe von Condom, deren klassizistische Fassade inzwischen ein wenig Moos angesetzt hat. Außer einer alten Küche (16. Jh.), deren Ziegelkuppel uns das Gefühl gibt, in einem großen Bäckerofen gelandet zu sein, werden im Hof Destilliermaschinen für Armagnac ausgestellt, außerdem finden Weinproben und -verkauf statt.

Weiter geht es auf der D208 nach *Condom (7 700 Einw., 44 km nordwestl. von Auch, an D930, D931, *Office de Tourisme*: Place Bossuet, Tel. 62.28.00.80), der alten Bischofsstadt, deren Bürger die Baïse, die sich übrigens ›Bëïse‹ ausspricht, kanalisieren ließen, um ihren Armagnac besser nach Bordeaux liefern zu können. Im Viertel um die Kirche läßt es sich angenehm flanieren, durch die alten Gassen kommt man an einigen schönen alten Fassaden vorbei. Die Hauptsache ist allerdings die Kathedrale *St-Pierre, eine gotische Kirche aus dem beginnenden 16. Jh., an der im 19. und im 20. Jh. viel auf neogotisch restauriert worden ist. Das Südportal mit seinen 24 kleinen Skulpturen stammt noch aus der Bauzeit wie auch der überwiegende Teil des Kreuzgangs. Auf der anderen Seite des Kreuzgangs steht noch die *Chapelle des Évêques* (Mo–Fr 9–12, 14–17 Uhr), die gotisch geblieben ist. Auf deren anderer Seite ist ein schöner Garten angelegt worden. Gleich rechts um die Ecke von der *Place Lannelongue* können Sie das *Musée de l'Armagnac* (Rue Jules Ferry, Mo–Sa 10–12, 14.30–18.30 Uhr, Juli/Aug tgl., Tel. 62.28.00.80) besuchen, wo die Kelter- und Brenntechniken anhand alter und moderner Gerätschaften veranschaulicht werden. Ähnliches bietet Ihnen die *Maison Ryst-Dupeyron* im *Hôtel de Cugnac* (1, rue Daunou, Juli/Aug 9.30–11.30, 14–18, sonst nur Mo–Fr, Tel. 62.28.00.08): Traditionell gekleidete Puppen simulieren das alte Küferhandwerk, es gibt einen Armagnac-Keller, man kann kosten und kaufen.

Condom ist der geeignete Ausgangsort für sternförmige **Ausflüge** in die Umgebung. Westlich von Flaran und Cassaigne steht in **Mouchan** eine der ältesten romanischen Kirchen der Umgebung, im Westen von Condom finden Sie die alte **Festung Larressingle**, an der ab dem 13. Jh. kein Stein verändert worden zu sein scheint. Die Gassen mit ihrem grünen ›Unkraut‹ und die Häuser aus rauhem Stein strahlen Kraft und Robustheit aus. Im Osten steht in **La Roumieu** die *Stiftskirche* mit einem schönen Kreuzgang, dessen teilweise verwaschene Kapitelle von einer *son-et-lumière*-Musik umspült werden.

Wer bislang keine Zeit für einen Armagnac-Kauf hatte, kann dies auf dem Weg nach Nérac in der *Domaine d'Aula* (Patrick Aurin, Route de Nérac, Tel. 62.28.12.98) nachholen.

Nérac (7 000 Einw., 21 km nördl. von Condom, an der D930, *Office de Tourisme*: Av. Mondenard, Tel. 53.65.27.75. ▲) ist ein schmuckes Städtchen, das als Wohnort der Autorin des berühmten ›Heptaméron‹, *Margarite de Navarra*, und der Eltern des Königs Henri IV Bedeutung erlangte. Die Altstadt besteht aus dem Kern um das Schloß und dem gegenüberliegenden *Petit Nérac*, wobei die Brücken zu den wichtigen Plätzen gehören: Der gotische *Pont vieux* ist malerisch anzusehen, der *Pont Neuf* ist hoch gelegen und bietet daher einen geeigneten Aussichtsplatz auf den Pont Vieux und die älteren Häuser des Orts. Auf der zwei Kilometer langen *Promenade de la Garenne* am Ostufer der Baïse trifft man auf ein erhaltenes römisches Mosaik und einen charmanten Brunnen (17. Jh.). Vom *Renaissance-Schloß* (Feb–Dez tgl. 10–12, 14–18 Uhr, Juni–Sept bis 19 Uhr, Tel. 53.65.21.11) auf der gegenüberliegenden Seite, erbaut unter *Jeanne d'Albret*, sind nur ein Flügel und ein Treppenturm geblieben. Die Südseite ist wegen ihrer Fassade mit Galerie, Arkaden und feingliedrigen Säulen reizvoll. Außer der *Kapelle der Jeanne d'Albret* werden in den Gewölbesälen mit einem Kamin gallo-römische Funde ausgestellt.

Zum Essen setzen Sie sich entweder hinter der Kirche in der Rue Armand Fallières an die ›**Table d'Harmonie**‹ (Nr.4, Tel. 53.65.33.91), oder Sie gehen auf der anderen Seite des Château in der Avenue Mondenard ins Restaurant ›**Château**‹ (Nr. 7, Tel. 53.65.09.05) oder ins ›**Hôtel du Pont**‹ (Nr. 2, Tel. 53.65.09.76).

Wenn Sie noch nicht direkt nach Agen wollen, fahren Sie Richtung Südwesten zum **Château de Poudenas** (an der D656, So 15–18 Uhr, Mitte Juli/Aug tgl 15–18 Uhr, Tel. 53.65.78.86 und 53.65.70.53), einer Burg des 13. Jh., die im 16. Jh. zum Renaissanceschloß umgestaltet und innen mit alten Möbeln ausgestattet wurde.

Im Nordwesten (D930) von Nérac befindet sich **Lavardac**, einst der Verschiffungshafen für die Fässer mit Armagnac, die aus der Gegend von Condom herangekarrt wurden. Südlich steht bei **Barbaste** (▲) die *Mühle Heinrichs IV* mit ihren weit sichtbaren, unterschiedlich hohen vier Türmen und der massigen romanischen Brücke

27 Agen und Villeneuve-sur-Lot

Agen

30 000 Einw., 41 km nördl. Auch, 157 km nördl. von Pau, 139 km südl. Périgueux, an A 62, N113, N21. **Office de Tourisme**: 107, bd. Carnot, Tel. 53.47.36.09

Auf der D7, die zur D656 wird, erreichen wir Agen, bei dessen Namen die Feinschmecker an Pflaumen denken. Aber auch Pfirsiche und weiße Chasselas-Trauben gehören zu den Erzeugnissen des Agenais, der Hügelgegend zwischen Lot und Garonne. Aber nicht nur als Zentrum einer landwirtschaftlich produktiven Region, auch als Handelsplatz zwischen Mittelmeer und Atlantik am einst bedeutenden Flußweg der Garonne gelegen, nahm Agen einen wichtigen Rang ein. Das geschäftige Treiben hat sich gehalten. Die für Touristen reizvollen Gebäude stehen zwischen Läden und Cafés, so daß man sich zwischendurch mit seinem Pflaumenschnaps versorgen kann.

Schon im 4. Jh. war die Gegend christianisiert, und die Reliquien der hl. Fides – Ste–Foy – zogen zahlreiche Pilger nach Agen. Agen wurde zu einem Bischofssitz der Katharer und im 13. Jh. englisch, während der Renaissance weilte der Humanist *Julius-Caesar Scaliger* (1484–1558) aus Padua an diesem Ort. Ein bekannter Mann aus Agen war *Jacques Jasmin*, der dichtende Friseur (geboren 1798). Er dichtete auf okzitanisch und trug seine Elaborate seinen Kunden vor. Das machte ihn so berühmt, daß er vom Kaiser *Napoléon III.* empfangen wurde, ob zum Dichten oder Lockenwickeln, ist nicht überliefert.

In Agen ist das alte Zentrum relativ überschaubar. An der *Place Dr. Pierre Esquirol* trifft der Besucher auf das *Rathaus*, das *Theater Ducourneau* und das ****Musée des Beaux Arts** (Mi–Mo, 10–12, 14–18 Uhr, Tel. 53.69.47.23), das sich innerhalb einer Gruppe benachbarter Privatpalais des 16. und 17. Jh. ausbreitet, der Hôtels d'Estrades, de Vaurs, Vergès und Monluc. Nach außen sind die Gebäude in ihrem Ursprungszustand erhalten geblieben. Im *Keller* des Museums sind nicht nur die vorgeschicht-

*Steinerne
Schönheit:
die Vénus
du Mas im
Museum
von Agen*

lichen Sammlungen untergebracht, sondern auch ein Kerker mit
den notwendigen Requisiten wie Ketten und Armreifen eingerichtet worden. Im *Erdgeschoß* sehen wir die Stücke mittelalterlicher Archäologie, romanische und gotische Kapitelle mit schönen Ornamenten, als kunsthistorisch bedeutendes Stück das
Grabmal des Étienne de Dufort und seiner Frau und als wohl
schönstes die *Vénus du Mas* (1. Jh. v. Chr), eine Aphrodite nach

griechischer Vorlage. Ins *erste Stockwerk* gelangt man über die wohlproportionierte steinerne Wendeltreppe des *Hôtel de Vaurs* zu einer nachgebauten Apotheke und einer reichen Sammlung französischer und anderer Fayencen. Es folgt die Gemälde-sammlung, darunter ein Watteau, ein Corot und eine ganze Reihe Goyas sowie aus jüngerer Zeit ein Sisley und ein Picabia. Wer oben auf der Terrasse und dem Turm angekommen ist, hat Ausblick auf den Ort und die Umgebung.

In Agen sieht man beim Umhergehen einige alte Hausfassaden und Fachwerkhäuser. Andere Gebäude wurden aus Ziegelsteinen aufgebaut, wie zum Beispiel die Kirche **Notre–Dame du Bourg** in der *Rue Montesquieu* (14. Jh.; vom Museum zu erreichen über die *Rue Chaudordy*) und die doppelschiffige **Jakobi - nerkirche** (*Rue Richard Cœur-de-Lion*), vom Museum in die andere Richtung auf der *Rue Moncorny*) der Rest eines Klosters aus dem 13. Jh. Wenn wir von der Rue Moncorny in die *Rue Garonne* einbiegen, kommen wir zur belebten *Place des Laitiers* mit ihren Arkaden und Läden. Über die Rue de la République betreten wir die *Rue des Cornières*, deren Fachwerkhäuser von vergangenen Tagen erzählen. Am Ende der Straße haben wir die Kathedrale **St-Caprais** erreicht, eine Klosterkirche (11. Jh.) mit einer harmonisch gestalteten Apsis (12. Jh.).

Wenige Meter östlich der Apsis verläuft der *Boulevard du Président Carnot*, der nach rechts zur Rue E. Sentini mit dem Restaurant **La Bohème** (Nr. 14, Tel: 53.68.31.00) führt und weiter zur Ortsmitte zum Office de Tourisme.

Wenn Sie gepflegt essen gehen wollen, müssen Sie entweder verzichten und bloß ins ›**Michel Latrille**‹ (66, rue C. Desmoulins, Tel. 53.66.24.35) oder gleich neben der *Touristeninformation* (Bd. du Prés. Carnot) ins ›**Restaurant des Stim'Otel**‹ (105, bd. Carnot, Tel. 53.47.48.70) gehen. Ein Ausflug nach Westen führt nach **Puymirol** (ca. 12 km), wo in der ›**Aubergade**‹, einem Haus des 13. Jh. (52, rue Royale, Tel. 53.95.31.46, Fax 53.95.3380), in Fettpapier gebackene Kartoffeln mit Trüffeln und gefüllter Koh auf Sie warten.

Statt von Agen direkt nach Villeneuve zu fahren, sei den Liebhabern von Pflaumen und skurrilerweise auch von Automaten ein Umweg empfohlen. 30 km westlich von Villeneuve liegt am Lot die **Benediktinerabtei Clairac** (Apr–Okt tgl. 10–18 Uhr), die schon im Jahr 782 gegründet wurde. Inzwischen sind die Mönche fort, lassen aber gewissermaßen ihre Zombies weiterwirken: Lebensgroße Mönchspuppen mit automatischem Mechanismus führen den Besuchern Szenen aus dem Alltag der Abtei vor. 10 km weiter in Richtung Lot finden Sie in **Granges** das *Musée du*

Pruneau (tgl. 8–12, 14–19 Uhr, So ab 15 Uhr, Tel. 53.84.00.69), wo Ihnen alles nahegebracht wird, was mit der Verarbeitung der Pflaume über die Jahrhunderte zu tun hat, wo Ihnen aber vor allem nahegelegt wird, am Ende etwas zu kaufen, sei es Kuchen oder Schnaps.

Villeneuve-sur-Lot

22 700 Einw., 31 km nördl. von Agen, an N21, D911. **Office de Tourisme**: 1, bd. de la République, Tel. 53.36.17.30. ▲

Von der alten Bastide Villeneuve-sur-Lot ist im Zentrum um die *Place La Fayette* mit ihren Arkaden und die geschäftige Ladenstraße *Rue de Paris* noch die rechtwinklige Anordnung der Straßen geblieben.

Bald nach ihrer Gründung (1257) durch *Alphonse de Poitiers* wurde Villeneuve zu einer der größten und mächtigsten Bastiden Aquitaniens. Die *Porte de Paris* und besonders die *Porte de Pujols* sind architektonische Zeugen von der Macht, die der Ort einst besaß. Stehengeblieben sind außerdem noch weitere Teile der Stadtbefestigung. Von der Porte de Pujols geht man auf dem *Boulevard Voltaire* ein kurzes Stück, um zum Haus des Architekten *Gaston Rapin* zu gelangen, in dem das *Musée Municipal* eingerichtet worden ist (Sammlung von Piranesi-Drucken; zur Zeit geschlossen).

Die Mitte von Villeneuve durchschneidet der Lot. Noch von den Engländern stammt der *Vieux Pont*, von dem man die Kapelle *Notre Dame du Bout du Pont (Notre* Dame vom Brückenkopf) betrachten kann, deren Apsis über das Wasser ragt. Aber sehen Sie sich auch die Brücke an: ein weiter Bogen, zwei kleinere, und ein ganz kurzer.

Im Südwesten von Villeneuve gelangt man nach **Pujols**, einem alten Dorf auf einer Anhöhe. Von hier aus hat man einen schönen Blick auf Villeneuve (auf die Porte de Pujols) und das Tal des Lot. In den alten Ort mit seinen Fachwerkhäusern und den mit Rosenstöcken verzierten Fassaden fährt man durch einen Torturm, der der Kirche *St. Nicolas* als Glockenturm dient.

Hier sind Sie auch zum Essen richtig: In ›**La Toque Blanche**‹ (Tel. 53.49.00.30) glänzt die Kunst des Kochs unter einem Gourmetstern, aber in der ›**Auberge Lou Calel**‹ (Tel. 53.70.46.14) können Sie auch gut essen und haben überdies einen Blick auf Villeneuve.

Auf der D661 fahren wir südlich des Lot nach **Penne-d'Agenais** (▲), ebenfalls eine Festung im Herrschaftsbereich der Engländer.

Es war *Richard Löwenherz,* der die ersten Befestigungen anlegen ließ. Nach ihm sind ein Stadttor und ein Brunnen benannt. Das andere Tor, die *Porte de Ferracap,* erinnert mit ihrem Namen (›Eisenspitze‹) daran, daß von hier aus Jagden unternommen wurden. Von den Religionskriegen wurde die Stadt arg mitgenommen, trotzdem haben sich bis heute noch ein paar Straßenzüge und Gassen mit alten Häusern gehalten, zwischen denen man auf das Umland hinunterschauen kann.

Jenseits des Lot geht es nach **Fumel** (D911. ▲), dessen Schloß als Bürgermeisteramt dient. Von der mit Blumen bepflanzten Terrasse hat man einen herrlichem Ausblick über das flache Land mit dem Lot im Vordergrund.

Wenige Kilometer nordöstlich von Fumel erreichen wir die

*Burg Bonaguil (1480–1520), die mit ihren aneinander, ineinander und nebeneinander gestellten Türmen aussieht wie das Klischee einer mittelalterlichen Burg. Was wir in der Geisterbahn aus Pappmaschee gesehen haben, hier ist es Wirklichkeit (Führungen tgl. März–Sept 10.30, 14.30, 15.30, 16.30 Uhr, Juni–Aug 10–18 Uhr stündlich).

Wenden Sie sich im Dorf an den ›**Cellier de Bonaguil**‹ (Tel. 53.71.23.50) oder ans Hotel ›**Climat de France**‹ (Tel. 53.40.93.93).

Nächste Station nordöstlich von Bonguil ist St-Front-sur-Lémance, wo wir links auf die D420 abbiegen und über Lacapelle Biron zum ***Château Biron** (Feb–Dez Mi–Mo 10–12, 14–17 Uhr, Juli/Aug tgl 9–12, 14–19 Uhr, Tel. 53.63.13.39) gelangen, dessen

Der Platz von Montpazier: eine der schönsten Bastiden Aquitaniens

erste Mauern sich schon im 11. Jh. über die Hügel der Umgebung erhoben. Zu Beginn des 16. Jh. wurde es umgestaltet. Eine Kapelle wurde zweigeschossig eingerichtet: Unten fanden die Gottesdiente für die Bewohner des hangab gelegenen Örtchens statt, oben diejenigen für die Schloßherren. Nachdem der Schloßherr *Charles de Biron* wegen einer politischen Konspiration gegen Heinrich IV. hingerichtet worden war, nahmen Umbauten rasch ein Ende. Man geht oder fährt zuerst einmal ein ganzes Stück hinauf, bis man zu einem massigen Turm und in den Innenhof vordringt, wo sich links die Schloßkapelle (16. Jh.) befindet. Aber auch die Küche ist bemerkenswert: ein weitläufiges niedriges Tonnengewölbe mit sich seitlich öffnenden Bögen.

Von Biron nehmen wir die D53 nach Norden, um auf der D2 (rechts) nach ****Montpazier** zu kommen. Der Ort gilt als Musterbeispiel einer im Schachbrettmuster angelegten Bastide, von der fast alles erhalten ist. *Jean de Grailly* gründete Montpazier 1285 im Auftrag *Edwards I.* von England. Zwei parallele Straße führen durch Stadttore, die eine überquert den mittleren Platz mit seinen Arkadengängen, die rundum unter den Häusern fortlaufen. In der Mitte eine kleine Markthalle, die Kirche steht ein wenig abseits vom Platz entfernt. Die Gebäude in den Ecken des Platzes bilden eine bogenförmige Öffnung, wodurch der Platz in sich geschlossen, ja geradezu abgeschlossen wirkt. Durch die gelblich-natürlichen Farben der Mauern und die gleichmäßigen Bögen der Arkaden strahlt er Ausgewogenheit und Ruhe aus, auch wenn die einzelnen Häuser sich (bis auf die einheitliche Höhe) unterscheiden. Die Kirche an der Nordostecke des Platzes ist zur Zeit der Stadtgründung errichtet worden und mußte aufgrund zahlreicher Beschädigungen immer wieder renoviert werden, so daß heute vom Ursprungsbau nicht mehr viel zu sehen ist. Im *Musée archéologique* (Juli/Aug tgl. 14–18 Uhr, sonst nach Vereinbarung, Tel. 53.22.65.72) können Sie sich über die ersten Besiedlungen der Region informieren.

Reiseinformationen – Die Blauen Seiten

Allgemeine Reisehinweise: Tips zur Reisevorbereitung

> **Hinweis**: Alle französischen Anschriften sind im folgenden ohne den Kennbuchstaben ›F‹ für Frankreich, alle Telefon- und Faxnummern in Frankreich – auch im Reiseteil – ohne die internationale Vorwahl (0033) angegeben.

Informationen vor Antritt der Reise bieten die französischen Fremdenverkehrsämter (Maison de la France): *Deutschland*: Westendstr. 47, 60325 Frankfurt/M., Tel. (069) 7560830, Fax (069) 752187; *Österreich*: Hilton Center 259, Landstraßer Hauptstraße 2A, 1033 Wien, Tel. (01) 757062; *Schweiz*: Löwenstr. 59, 8023 Zürich, Tel. (01) 2113085 oder 2, rue Thalberg, 1201 Genève, (022) 7328610.

Informationsstellen der **Automobilclubs** in *Deutschland*: ADAC, Am Westpark 8, 81373 München, Tel. (089) 505061; in *Österreich*: ÖAMTC, Postfach 252, 1015 Wien, Tel. (01) 711990; in der *Schweiz*: Touring Club Suisse, rue Pierre Fatio, 1211 Genf, Tel. (022) 7371212; in *Frankreich*: Association Française des Automobil-Clubs, 9, rue Anatole-de-la-Forge, 75017 Paris, Tel. (1) 47.04.31.30.

Wer sich über diesen Reiseführer hinaus informieren möchte, kann dies bei folgenden französischen Kulturinstituten tun: Institut Français in Aachen, Berlin, Bonn, Bremen, Köln, Düsseldorf, Frankfurt, Freiburg, Graz, Hamburg, Hannover, Heidelberg, Innsbruck, Kiel, Mainz, München, Saarbrücken, Salzburg, Stuttgart, Wien; bei den Centres Culturels, Centres Franco-Allemands oder Instituts Culturels in Dresden, Erfurt, Erlangen, Essen, Karlsruhe, Leipzig und Rostock.

In **Aquitanien** (nach Départements): Maison du *Périgord*, 6, rue Gomboust, 75001 Paris, Tel. (1) 42.60.38.77; *Dordogne*: 16, rue Wilson, 24000 Périgueux, Tel. 53.53.85.50, Fax 53.09.51.41, für Zimmerreservierungen Tel. 53 53 44 35; *Gironde*: 21, cours de l'Intendance, 33000 Bordeaux, Tel. 56.52.61.40, Fax 56.81.09.99; *Landes*: BP 407, 40012 Mont-de-Marsan Cédex, Tel. 58.06.89.89, Fax 58.06.90.90. *Pays Basque*: BP 811, 64108 Bayonne, Tel. 59.59.28.77, Fax 59.25.48.90; *Pyrénées*: Maison des Pyrénées: 15, rue St-Augustin, 75002 Paris, Tel. (1) 42.86.51.86; 6, rue Vital-Carles, 33000 Bordeaux, Tel. 56.44.05.65; 7, rue Paré, 44000 Nantes, Tel. 40.20.36.36; *Béarn*: 22ter, rue J.J.-de-Monaix, 64000 Pau, Tel. 59.30.01.30, Fax 59.02.52.75; *Hautes-Pyrénées*: 6, rue Eugène-Ténot, 65004 Tarbes, Tel. 62.93.03.30; *Haute-Garonne*: 14, rue Bayard, 31000 Toulouse, Tel. 61.99.44.00, Fax 61.99.44.19. *Midi-Pyrénées*: 54, bd. de l'Embouchure, 31022 Toulouse, Tel. 61.13.55.55, Fax 61.47.17.16; *Gers*: 7, rue Diderot, 32003 Auch, Tel. 62.05.37.02, Fax 62.05.02.16;

Anreise mit dem Auto: Am schnellsten geht es natürlich auf der Autobahn. Wer aus Deutschlands Norden oder Westen kommt, fährt über Paris und von dort auf der A10 über Orléans, Tours, Poitiers nach Bordeaux. Wer aus Deutschlands Süden kommt, fährt über Zürich und Genf nach Lyon (A40, A42) und von dort auf der A7, A9, A61 und A62 über Valence, Montpellier und Toulouse nach Bordeaux. Auf den Autobahnen wird eine Maut (péage) verlangt. Die Umfahrung von Paris dauert an Werktagen mindestens eine Stunde,

Samstags und Sonntags dauert es halb so lang. Die A3 und die A86 führen um die Metropole zur A10. Bordeaux ist ausgeschildert, wie auf dem Rückweg Lille.

Straßenkarten: Relativ genau und deshalb auch für den Besuch der in diesem Führer aufgeführten kleineren Orte ist die Michelin-Karte 1:200 000, die Sie in unterschiedlicher Konfektionierung kaufen können: Abschnittskarten, Regionalkarten oder als ganzes Buch. Für unseren Bereich gelten die Regionalkarten 233 (Médoc und Périgueux), 234 (Atlantikküste und Landes) und 235 (östlicher Teil der Pyrenäen, Agen, Auch).

Anreise mit der Bahn: Nach Bordeaux braucht der normale Zug fünf Stunden von Paris Austerlitz, der TGV (Train Grande Vitesse) drei bis dreieinhalb von Paris Montparnasse (jeweils mehrfach täglich). Ein Teil der Züge fährt weitere Ziele im Bereich dieses Führers an: Libourne (vor Bordeaux), Agen, Toulouse, Bayonne, Pau.

Der Reisende aus dem Norden und Westen Deutschlands kommt an der Gare du Nord an, aus dem Süden Deutschlands, aus Österreich und der Schweiz kommt man an der Gare de l'Est an. Beide Bahnhöfe sind einander benachbart. Die Bahnhöfe der Stadt sind direkt mit dem Metronetz verbunden, Busse und Taxen halten vor den Gebäuden.

Es gibt immer wieder günstige Angebote für ausländische Bahnreisende, nach denen man sich erkundigen sollte. Informationen bei der SNCF (Société Nationale des Chemins de Fer – Staatliche Eisenbahngesellschaft) in Deutschland, Rüsterstr. 11, 60325 Frankfurt/M., Tel. 069/72.84.44, in Paris, Tel. 1.42.61.50.50.

Wer in Frankreich in die Bahn steigt, muß sein Billet oder Ticket am Bahnhof selbst an einem kleinen unscheinbaren Apparat entwerten. Tut er das nicht, wird er bei einer Kontrolle zur Kasse gebeten.

Anreise mit dem Flugzeug: Über Paris kann man von Berlin, Bremen, Dresden, Düsseldorf, Frankfurt, Hamburg, Hannover, Kiel, Köln, Leipzig, München, Nürnberg und Stuttgart nach Bordeaux, Agen, Bergerac, Biarritz, Pau, Périgueux und Toulouse fliegen. Im Reisebüro nach Sonderangeboten fragen!

Anreise mit dem Autoreisezug: Preise und Zeiten erfahren Sie bei der Deutschen Bahn AG.

Einreisebestimmungen: Für die Anreise genügen Personalausweis oder Reisepaß. Kinder unter 16 Jahren benötigen einen Kinderausweis oder einen Eintrag im Reisepaß der Eltern. Lebende Tiere: Tiere wie Hund und Katze müssen gegen Tollwut geimpft sein. (Die Impfung muß mindestens einen Monat, höchstens 12 Monate zurückliegen). Junge Tiere unter 3 Monaten darf man nicht mitbringen.

Zoll und Devisenbestimmungen: Abgabenfrei ist die Mitnahme von 800 Zigaretten oder 400 Zigarillos oder 200 Zigarren oder 1000 g Tabak; 10 l Spirituosen, 60 l Schaumwein oder 90 l Wein. Tabak und Alkohol erst ab 17 Jahre. Bei der Einreise aus Nicht-EG-Ländern gelten geringere Mengen. Feststehende Messer sind verboten.

Reisezeit: Die Hauptreisezeit liegt zwischen Ostern und Ende Oktober, die Ferienzeit der Franzosen ist Juli und August. Dann ist überall, vor allem aber an der Küste, viel Betrieb. In den warmen Wochen der Sommermonate gibt es regelmäßig Gewitter, denen wenige Regentage folgen.

Unterkunft

> **Hinweis**: Bitte beachten Sie auch
> die entsprechenden Hinweise im
> Reiseteil. Weitere Anschriften und
> Adressen von schönen Unter-
> künften finden Sie auf den ›Blauen
> Seiten‹ unter ›Die Ortschaften von
> **1** – **27** ‹, S. 341 ff.

Kategorien: Die Klassifizierung der
französischen Hotels nach Sternen ist
so wie überall: Vier Sterne mit einem L
verheißen obersten Luxus, vier Sterne
zeigen ebenfalls luxuriöse Ausstattung
an, drei Sterne versprechen komforta-
ble Zimmer mit eigenem Bad. Bei zwei
Sternen kann es passieren, daß man
eine Gemeinschaftstoilette oder ein
Etagenbad benutzen muß. Ein Stern
ziert die schlichten Unterkünfte. Wenn
Sie es vornehm wünschen und im
Château nächtigen wollen, hilft Ihnen
das französische Fremdenverkehrsamt
weiter.
Es empfiehlt sich besonders in der Zeit
von Juli bis Mitte September Zimmer
zu reservieren. Im Winter und in der
Nebensaison sollte man sicherstellen,
daß in dem Hotel, das man sich ausge-
sucht hat, überhaupt Betrieb ist. Bequem und preiswert ist es, sich an Rei-
sebüro-Angebote anzuhängen. Da wird
man untergebracht und bekommt bei
manchen Rundfahrt oder Ausflug dazu
angeboten. Manche Reiseveranstalter
stellen einem Hotels unterschiedlicher
Kategorien zur Auswahl, lassen private
Anreise offen etc.
In beinahe jedem Ort gibt es ein
Tourismus-Büro (Syndicat d'Initiative;
die Adresse siehe bei jeweiligen Ort im
Reiseteil), wo man sich eine Unterkunft vermitteln lassen kann. Wird ein
Zimmer vermittelt, wird eine Anzah-
lung verlangt. Das Frühstück ist im

Übernachtungspreis meistens nicht mit
inbegriffen (petit déjeuner non compris). In der Nebensaison kann man,
wenn man für mehrere Tage mit Halb-
oder Vollpension bucht, einen gewis-
sen Preisnachlaß aushandeln.
Manche Hotels schließen bereits um
22 Uhr. Man muß an der Rezeption um
den Schlüssel bitten.
Private Zimmeranbieter: Als Chambres d'hôte – Gästezimmer – werden
in guter Auswahl, allerdings nicht an
der Küste, privat Unterkünfte angeboten. Manche sind sehr schön, weil in
alten Gebäuden. Oft sind sie auf dem
Land (Ferme-auberge – Bauernhof-
herberge), oft sind sie kombiniert mit
einer Table d'hôte – Restauration für
Gäste. Meistens kommt man dort auch
mit seinen Gastgebern in Kontakt.
Wie man diese Zimmer findet: Am
Straßenrand werden mal wörtlich
›chambres‹ angeboten, zumeist haben
diese Schilder als Zusatz das Emblem
der Gîtes de France, die Silhouette
Frankreichs, darüber ein Hausdach mit
rauchendem Schornstein, darin ein
geöffnetes Fenster mit einem Hahn, bei
den Fermes-auberge ist es ein damp-
fender Suppentopf unter dem Dach.
Alles auf dem Tisch muß aus der nahen Umgebung oder vom eigenen Hof
sein, eigener Kuchen, eigenes Brot,
eigener Wein und Traubensaft vom
Nachbarhof. Meistens sind die Zimmer
größer als in den Hotels, außerdem liegen die Unterkünfte oft sehr reizvoll.
Fragen Sie beim französischen Fremdenverkehrsamt nach dem Verzeichnis
der Chambres d'hôte und der Fermes
auberges, oder bei den regionalen
Organisatoren: Gîtes du Gers/ Chambre d'Agriculture, an der Route de
Tarbes, Auch, Tel. 62.63.16.55, Fax
62.05.83.73; Gîtes de la Haute Ga-
ronne/Maison de l'Agriculture: 61,

allée de Brienne, Toulouse, Tel. 61.10.43.48, Fax 61.23.45.98; Gîtes des Hautes-Pyrénées, 22, place du Foirail, Tarbes, Tel. 62.34.31.50, Fax 62.51.25.65; Gîtes en Pyrénées-Atlantik/Maison de l'Agriculture, 124, bd., Tourasse, Tel. 59.80.19.13, Fax 59.30.60.65.

Ferienhäuser, Ferienwohnungen: Ferienhäuser gibt es an der Küste und im Landesinneren. Vermietet wird wochenweise. Das Angebot ist groß, die Preise sind je nach Saison, Lage, Größe und Komfort differenziert. Vermittler sind Scharnow, ITS, ADAC, Interhome etc. Etwas anders geartet ist das Angebot der Gîtes de France, deren Gastgeber zumeist im Hinterland sind, wo man auch schon mal in der Pfarrerswohnug einer romanischen Kirche unterkommt, die die Dorfgemeinde mangels Pfarrer als Einnahmequelle nutzt. Die Angebote sind nicht zu teuer, aber direkt wird es noch billger. Wer am Ort noch eine Woche verlängert, zahlt deutlich weniger. *Gîtes de France*, Sachsenhäuser Landwehrweg 108, 60599 Frankfurt, Tel. (069) 683599, 683855 und 684314, Fax (069) 686236. Der Katalog kostet 5,- DM.

Jugendherbergen: Verzeichnisse der Auberges de Jeunesse oder Centres internationaux de séjour erhält man über das Deutsche Jugendherbergswerk (Bismarckstr.8, 32754 Detmold, Tel. [05231] 740142 und 740131) und über die FUAJ (Fédération Uni des Auberges de Jeunesse; 27, rue Pajol, 75018 Paris, Tel. [1] 44.89.87.27, Fax [1] 44.89.87.10).

Jugendherbergen im Reisegebiet:
Bordeaux, 22, cours Barbey, ganzjährig, Tel. 56.91.59.51, Fax 56.92.59.39;
Périgueux, Résidence Lakanal, ganzjährig, Tel. 53.09.22.77 und 53.53.52.05, Fax 53.54.37.46;
Biarritz/Anglet, 19, route des Vignes, Quartier Chiberta, Feb–Nov, Tel. 59.63.86.49, Fax 59.63.38.92;
Salies-de-Béarn, route du Padu, Tel. 59.38.29.66;
Lourdios/Aramits, Maison Pelou, Tel. 59.34.46.39, Fax 59.34.48.04; *Etsaut*, Tel. 59.34.88.98, Fax 59.34.86.91;
Paul Gelos, Base de Plain Air in Gelos, Tel. 59.06.53.02; *Arrens*, route du Col des Bordères, Tel. 62.97.24.64;
Tarbes, rue Alsace-Lorraine, Tel. 62.36.63.63, Fax 62.37.69.81;
St-Gaudens, 3, rue de la Résidence, Tel. 61.95.65.37, Fax 61.95.61.02;
Toulouse, 125, av. Jean Rieux, Tel. 61.80.49.93, Fax 61.20.50.66;
Auch, 36, rue des Canaris, Tel. 62.05.34.80, Fax 62.60.00.44;
Agen, 17, rue Léo Lagrange, Tel. 53.66.18.98, Fax 53.47.78.81;
Lauzun, Château Jolibert, Tel. 53.94.12.07, Fax 53.94.18.63.

Camping

> (Hinweise auf die hier aufgeführte Liste von Campingplätzen finden Sie unter folgendem Symbol [▲] im Reiseteil)

Die Campingplätze werden wie Hotels mit 1 bis 4 Sternen ihrer Güte entsprechend eingestuft. Das französische Fremdenverkehrsamt schickt auf Anfrage einen Guide de Camping. Weitere Informationen erhalten Sie über Automobilclubs und den Deutschen Campingclub (Mandlstr. 28, 80802 München, Tel. 089/ 38.01.42–0). Zelten auf dem Bauernhof – Camping en ferme d'Accueil – ist eine weitere Möglichkeit. Verzeichnis beim Fremdenverkehrsamt anfordern.

Liste der im Reiseteil erwähnten Campingplätze:

Dordogne

Beaumont du Périgord
**Camping Les Remparts, D. 660,
Route de Villereal, Tel. 53.22.40.86
*Camping Naturiste le Couderc,
Naussannes, Fax 53.23.90.98,
Tel. 53.22.40.40

Belves
****Camping Les Hauts de Rabetout,
Fax 53.29.08.28, Tel. 53.29.02.10
****Camping le Moulin de la Pique,
D 710, Fax 53.28.29.09,
Tel.53.29.01.15
***Camping Les Nauves, Bos Rouge,
Tel. 52.29.12.64

Bergerac
**Camping Municipal La Pelouse,
8 bis, Rue J. J. Rousseau,
Tel. 53.57.06.67

Bugue (Le)
****Camping Saint Avit Loisirs,
St-Avit de Vialard, Fax 53.02.64.39,
Tel. 53.02.64.00
***Camping Le Val de la Marquise,
Campagne, Tel. 53.54.74.10
**Camping Brin d'Adamour, Fondival,
Fax 53.54.18.06, Tel. 53.07.23.73
**Camping Municipal Le Port,
D. 710, D. 703, Tel. 53.07.24.60

Buisson de Cadouin (Le)
***Camping La Grande Veyière,
Molières, Tel. 53.63.25.84
**Camping Panoramique de Cadouin,
Cadouin, Tel. 53.63.46.43
**Camping Du Pont de Vicq, Vicq,
Tel. 53.22.01.73
*Camping Terme d'Astor, Bouillac,
Saint Avit Rivière, Fax 53.63.25.43,
Tel. 53.63.24.52

Domme
****Caming Le Carbonnier, D. 46,
Les Labours, St-Martial de Nabirat,
Fax 53.28.51.31, Tel. 53.28.42.53
****Camping de L'Étang, Nabirat,
Tel. 52.28.52.28
***Camping Le Pech de Caumont –
Cenac, Fax 53.29.99.73,
Tel. 53.28.21.63
***Camping Le Perpetuum,
La Rivière, Fax 53. 29.63.64,
Tel. 53.28.35.18
**Camping La Rivière, La Rivière,
Tel. 53.28.33.46
*Camping Le Bras, Bras,
Tel. 53.28.34.20

Eyzies de Tayac (Les)
****Camping Le Mas, Sireuil,
Fax 53.31.12.73, Tel. 53.29.68.06

Hautefort
***Camping Les Tourterelles, Le Clos
Faure Ouest, D. 73, Tourtoirac,
Fax 53.50.53.44, Tel. 53.51.11.17
*Camping Le Moulin de Loisirs,
L'Étang du Coucou, D. 704,
Tel. 53.50.46.55
*Camping Municipal Le Clupeau,
Cherveix Cubas, Tel. 53.50.43.21

Issigeac
*Camping Municipal Le Bourg, D. 21,
Tel. 53.58.79.62

Montignac Lascaux
****Camping de la Fage,
La Chapelle Aubareil,
Fax 53.50.79.19,
Tel. 53.50.76.50
**Camping Le Bleufond, D. 65,
Tel.53.51.83.95
**Camping La Castillanderie, Thonac,
Tel. 53.50.76.79
*Camping Le Croquant, La Ferelie,
Fanlac, Tel. 53.51.88.42

Périgueux
****Camping Le Grand Dague, Atur,
Fax 53.04.22.01, Tel. 53.04.21.01
**Camping Barnabe Plage, 80, Rue
des Bains, Boulazac, Tel. 53.53.41.45
**Camping Municipal des Garennes,
RN 21, Trelissac, Tel. 53.54.45.88
*Camping de l'Isle, Rte de
Brive–Boulazac, Tel. 53.53.57.75

Roque Gageac (La)
**Camping Beau Rivage, D. 703,
Fax 53.29.63.56, Tel. 53.28.32.05
**Camping Le Lauzier, Tel.
53.29.54.59
*Camping Verte Rive, D. 703,
Tel. 53.28.30.04

Rouffignac
****Camping La Nouvelle Croze,
Fax 53.05.39.80, Tel. 53.05.38.90
***Camping Cantegrel, Domaine
Touvent, Fax 53.05.40.67,
Tel. 53.05.48.30

Saint Leon sur Vezère
****Camping Le Paradis, D.704,
Fax 53.50.75.90, Tel. 53.50.72.64
*Camping Municipal D. 706,
Fax 53.29.60.17, Tel. 53.50.73.16

Sarlat
****Camping Le Moulin du Roch, D.
47, Rte des Eyziers, St-Andre d'Allas,
Fax 53.29.44.65, Tel. 53.59.20.27
****Camping Les Périères, BP 98,
Fax 53.2857.51, Tel.53.59.05.84
***Camping Le Caminel, D. 47,
Fax 53.31.09.55, Tel. 53.59.37.16
***Camping Le Montant,
Fax 53.59.37.73, Tel. 53.59.18.50
***Camping Les Tailladis, D. 48,
Marcillac St Quentin, Tel. 53.59.10.95
***Camping Le Val d'Ussel, Proissans,
Fax 53.29.38.25, Tel. 53.59.28.73

Siorac en Périgord
**Camping Municipal Le Port, D.
710, Tel. 53.31.63.81

Tursac (Les Eyzies)
****Camping Le Vezère Périgord, D.
706, Fax 53.50.78.96, Tel 53.06.96.31
**Camping Le Pigeonnier, D. 706,
Tel. 53.06.96.90
*Camping Bouyssou, Tel. 53.06.98.08
*Camping La Ferme du Pelou, D. 706,
Tel. 53.06.98.17

Vitrac (Sarlat)
****Camping Soleil Plage, D. 703,
Caudon, Fax 53.29.36.87,
Tel. 53.28.33.33
***Camping La Bouysse de Caudon,
D. 703, Fax 53.30.38.52,
Tel. 53.28.33.44

Gironde

Ambarès
***Camping Clos Chauvet, 5, Ave
Libération, D. 911, Tel. 56.38.81.08

Arcachon
**Camping Club d'Arcachon, 5 Allée
de la Galaxie les Abatilles,
Fax 57.52.28.51, Tel. 56.83.24.15

Bazas
*Camping Municipal, Aire de Répos,
Rocade, Fax 56.25.08.52,
Tel. 56.25.25.59

Blasimon
**Camping du Lac, Domaine Dep. de
Loisirs, Fax 56.71.55.62,
Tel. 56.71.55.62

Blaye
**Camping Municipal de la Citadelle,
Tel. 56.42.00.20
**Camping Les Tilleuls, Les Alberts,
Mazion, Tel. 57.42.18.13

Bourg sur Gironde
**Camping Municipal la Citadelle,
Port, Tel. 57.68.40.06

Cadillac
**Camping Municipal, Rue du Port,
Tel. 56.62.66.70

Carcans Maubuisson
**Camping les Arbousiers, 4 Rte de
Touate, Tel. 56.03.35.04
**Camping Le Pin Franc, Rte de
Maubuisson, Tel. 56.03.33.57

Fronsac
**Camping Municipal du Fronsardais,
2, Rte du Port, Tel. 57.51.31.33

Hourtin
****Camping Airotel de la Côte
d'Argent, Hourtin Plage,
Fax 56.09.25.25, Tel. 56.09.10.25
****Camping La Mariflaude, D. 4,
Fax 56.09.24.01, Tel. 56.09.11.97
***Camping du Littoral, Rte des Lacs,
Fax 56.09.15.13, Tel. 56.09.13.73
***Camping l'Orée du Bois, Rte
d'Aquitaine, Tel. 56.09.15.88
**Camping au Bon Coin, Rte de
Pauillac, Pey du Camin,
Tel. 56.09.10.82
**Camping du C.V.H.M., Piquerot,
Tel. 56.09.10.05
**Camping Les Ecureuils, Rte des
Lacs, Fax 56.09.15.28,
Tel. 56.09.10.47
**Camping Les Ourmes, Ave. du Lac,
Hourtin Port, Fax 56.09.23.90,
Tel. 56.09.12.76
**Camping La Rotonde, Ch. de
Becassine, Hourtin Port,
Tel. 56.09.10.60

Lacanau
****Camping Airotel de l'Océan, Rue
du Répos, Océan, Fax 57.70.01.87,
Tel. 56.02.24.45

****Camping Les Grands Pins,
Océan, Fax 57.70.03.89,
Tel. 56.03.20.77
****Camping de Talaris, Rte de
l'Océan, Fax 56.26.21.56,
Tel. 56.03.04.15
***Camping Le Tedey, Rte de
Longarisse, Fax. 56.03.01.90,
Tel. 56.03.00.15

Langon
**Camping Municipal, Bld. Salvador
Allende, Tel. 56.63.50.82

Lège Cap Ferret
****Camping Airotel Les Viviers,
Claouey, CD 106, Fax. 56.60.76.14,
Tel. 56.60.70.04
****Camping Du Truc Vert, Rte
Forestière Truc Vert, Fax 56.60.99.47,
Tel. 56.60.89.55

Monségur
*Camping Municipal La Piscine,
Tel. 56.61.60.12

Pauillac
***Camping Municipal Les
Gabarreys, Rte de la Rivière,
Fax 56.59.23.38, Tel. 56.59.54.88

Porge
**Camping Municipal La Grigne,
Ave de l'Océan, Fax 56.26.59.21,
Tel. 56.26.54.88

Rauzan
**Camping du Vieux Château, D.
123, Tel. 57.84.15.38

Réole (La)
**Camping Municipal de la Réole,
Fax 56.71.25.40, Tel. 56.61.13.55

Saint-André-de-Cubzac
**Camping de Port Neuf, D. 689,
Tel. 57.43.16.44

Saint Émilion
***Camping La Barbanne, D. 122,
Fax 57.24.75.80, Tel. 57.24.75.80

Saint Macaire
**Camping Municipal Les Remparts,
Les Aubaredes, Tel. 56.62.23.42

Sauveterre de Guyenne
***Camping Municipal, Bourrassat,
Fax 56.71.59.39, Tel. 56.71.56.95

Soulac-sur-Mer
***Camping Amélie Plage,
Fax 56.73.64.26, Tel. 56.09.87.27
***Camping Le Lilhan, D. 101,
L'Amélie, Tel. 56.09.77.63
***Camping l'Océan, Allée de la
Negade, L'Amélie, Tel. 56.09.76.10.
***Camping Palace, 65, Bld. J.
Marsan Monbrun, Fax 56.09.84.23,
Tel. 56.09.80.22
***Camping Les Sables d'Argent,
Bld de l'Amélie, Fax 56.09.94.82,
Tel. 56.09.82.87

Vensac
***Camping Les Acacias, 44 Rte.
de Saint Vivien, Fax 56.09.50.67,
Tel. 56.09.58.81
**Camping Tastesoule, Rte des Lacs
Tel. 56.09.54.50
**Camping du Vieux Moulin, Rte du
Moulin, Tel. 56.09.45.98

Villandraut
**Camping Municipal de Villandraut,
Tel. 56.25.31.41

Landes

Aire sur l'Adour
**Camping Les Ombrages de l'Adour,
RN 124, B.P. 155, Tel. 58.71.75.10

Amou
**Camping Municipal,
Fax 58.89.22.67, Tel. 58.89.00.22

Biscarrosse
****Camping Campeoles Navarosse,
712, Ch. de Navarosse, Lac de
Sanguinet, Fax 58.09.86.22,
Tel. 58.09.84.32
****Camping Les Ecureuils, Port
Navarosse, Fax 58.09.81.21,
Tel. 58.09.80.00
****Camping Mayotte Vacances,
Fax 58.78.83.91, Tel. 58.78.00.00
****Camping de la Rive, Lac de
Sanguinet, Fax 58.78.12.92,
Tel. 58.78.12.24
***Camping Bimbo, Fax 58.09.80.14,
Tel. 58.09.82.33
***Camping Campeoles Plage Sud,
Biscarrosse Plage, Fax 58.78.34.23,
Tel. 58.78.21.24
***Camping La Jaougue Soule,
Tel. 58.82.90.00
***Camping Municipal Latécoère,
265, Rue Louis Bréguet,
Tel. 58.78.13.01
***Camping Le Vivier, 681, Rue du
Tit, Campeoles, Biscarrosse Plage,
Fax 58.78.35.23, Tel. 58.78.25.76
**Camping Lou Galip, Navarrosse,
Fax 58.09.86.03, Tel. 58.09.81.81
**Camping Maguide, Biscarrosse
Plage, Tel. 58.09.81.90
Camp de Loisirs Cantalaoude,
Navarrosse, Fax 58.78.74.58,
Tel. 58.78.10.64

Capbreton
***Camping Municipal Bel Air, Ave
du Bourret, D. 652, Tel. 58.72.12.04
***Camping Municipal La Civelle,
Ave des Biches, Tel. 58.72.15.11
***Camping Labarthe, 14, Rue des
Campeurs, Tel. 58.72.02.34
***Camping La Pointe, D. 652,
Tel. 58.72.14.98

Castets
***Camping Municipal Le Galan,
Fax 58.89.45.43, Tel. 58.89.43.52

Hagetmau
****Camping Municipal, La Cité
Verte, Fax 58.05.77.78,
Tel. 58.79.36.36

Hossegor
****Camping du Lac, Lac d'Hossegor,
Tel. 58.43.53.14
***Camping Municipal de la Foret, D.
33, Tel. 58.43.75.92
***Camping Le Rey, Lac d'Hossegor,
D. 652, Tel. 58.43.52.00

Labenne
****Camping Le Boudigau, Rte de
l'Océan, Fax 59.45.77.76,
Tel. 59.45.42.07
****Camping de la Côte d'Argent,
Rte. de l'Océan, Fax 59.45.73.31,
Tel. 59.45.42.02
****Camping Sylvamar, Rte de
l'Océan, Tel. 59.45.75.16
***Camping La Mer, Rte de l'Océan,
Fax 59.43.43.07, Tel. 59.45.42.09
**Camp de Tourisme Marina,
Tel. 59.45.45.49
**Camping Océanic, Rte de l'Océan,
Tel. 59.45.46.22
**Camping La Savane, Village de
Plein Air, Rte de Plage,
Fax 59.45.44.70, Tel. 59.45.41.13

Leon
****Camping Lou Puntaou,
Fax 58.48.70.42, Tel. 58.48.74.30

Linxe
***Camping Municipal, Le Grand
Jean, Fax 58.42.94.67,
Tel. 58.42.90.00

Lit et Mixe
****Camping L'Univers, Rte des Lacs,
Fax 58.42.41.28, Tel. 58.42.83.37
****Camping Les Vignes, Rte de la
Plage, Cap de l'Homy,
Fax 58.42.74.46, Tel. 58.42.85.60

***Camping Municipal de la Plage,
Cap de l'Homy, Fax 58.42.83.47,
Tel. 58.42.83.47
**Camping Le Satellite, Rte des Lacs,
Tel. 58.42.74.12

Messanges
****Camping Lou Pignada
****Camping Le Vieux Port, D. 652,
Fax 58.48.01.69, Tel. 58.48.22.00
***Camping de la Côte, Rte du Vieux
Boucau, Tel. 58.48.94.94
***Camping Moisan, Rte de la Plage,
Tel. 58.48.92.06
**Camping Albret Plage, D. 652,
Fax 58.48.21.91, Tel. 58.48.03.67
**Camping La Foret, Tel. 58.48.02.65
**Campin Le Moussaillon, Ave des
Lacs, Tel. 58.48.92.39

Mimizan
****Camping Club Marina, Plage
Sud, Fax 58.09.16.40,
Tel. 58.09.12.66
***Camping de la Plage,
Tel. 58.09.00.32
**Camping du Lac, D. 87, Le Lac,
Tel. 58.09.01.21
**Camping La Lande, D. 44,
Fax 58.09.01.98, Tel. 58.82.46.62

Moliets et Maa
***Camping Les Cigales, D. 117,
Fax 58.48.53.27, Tel. 58.48.51.18
***Camping Saint Martin, D. 117,
Océan, Fax 58.48.50.73,
Tel. 58.48.52.30

Mont de Marsan
**Camping Le Clave, Rte de Rion,
Bourg, Tel. 58.07.83.11

Ondres
***Camping Lou Pignada, D. 26,
Fax 59.45.25.79, Tel. 59.45.30.65
**Camping Municipal, Rte de la
Plage, Tel. 59.45.31.40

Parentis en Born
***Camping L'Arbre d'Or, Rte du Lac,
Fax 58.78.49.62, Tel. 58.78.41.56
***Camping Pipiou, Rte du Lac,
Fax 58.78.90.22, Tel. 58.78.57.25
**Camping Lahitte, Pres Lac,
Tel. 58.78.47.17
**Camping Municipal Mouteou, Rte
du Lac, Fax 58.78.9022,
Tel. 58.78.42.27

Pissos
**Camping Municipal, Rte de Sore,
Fax 58.08.92.93, Tel. 58.08.91.45

Roquefort
**Camping Municipal,
Tel. 58.45.59.99

Sabres
***Camping du Peyricat, Rte de
Luglon, Fax 58.07.51.86,
Tel. 58.07.51.88

Saint Justin
***Camping Le Pin, D. 626,
Tel. 58.44.88.91

Saint Sever
**Camping Rive de l'Adour

Sanguinet
****Camping Lou Broustaricq,
D. 652, Tel. 58.78.62.62
***Camping Les Grands Pins, D. 652,
Fax 58.78.69.15, Tel. 58.78.61.74
**Camping Municipal du Lac, D. 652,
Tel. 58.78.61.94

Sarbazan
**Camping Municipal,
Tel. 58.45.64.93

Soustons
****Camping Municipal l'Airial,
D. 652, Tel. 58.41.12.48

Vieux Boucau
***Camping Municipal Les Sablères,
Bld du Marensin, Tel. 58.48.12.29
**Camping Les Chênes,
Tel. 58.48.21.21

Lot et Garonne

Barbaste
**Camping Les Martinets, Lac des
Martinets, D. 408, Tel. 53.65.55.32
**Camping La Pinède, RN 113,
Tel. 53.65.51.83

Clairac
**Camping Municipal de la Plage,
Rte de la Plage, Tel. 53.84.22.79

Duras
**Camping Municipal le Château,
D. 708, Tel. 53.83.70.18
**Camping du Parc Saint Vincent,
Levignac de Guyenne,
Tel. 53.83.75.17

Fumel
**Camping Municipal de Condat,
Che. de la Moute, Rte de Cahors,
Tel. 53.71.11.99

Miramont de Guyenne
***Camping du Lac du Saut du Loup,
Fax 53.93.55.33, Tel. 53.93.22.35

Nérac
**Camping Municipal La Garenne,
Rte de Nazaretz, Tel. 53.97.02.66

Penne d'Agenais
**Camping Municipal du Lac de
Ferrie, La Peupleraie, Fax 53.41.40.28,
Tel. 53.41.30.97
**Camping Municipal les Berges du
Lot, St-Sylvestre-sur-Lot, Tel.
53.41.22.23

Villeneuve-sur-Lot
**Camping Municipal du Rooy, Rue
du Rooy, RN 21, Tel. 53.70.24.18

Pyrénées Atlantiques, Pays Basque

Ainhoa
***Camping Xokoan, Dancharia, Fax 59.29.73.82, Tel. 59.29.90.26

Anglet
***Camping de Parme, Rte le l'Aviation, Brindos, Tel. 59.23.03.00
**Camping Municipal de la Barre, 130, Ave de l'Adour, Tel. 59.63.16.16

Ascain
***Camping des Truites, D. 918, Tel. 59.54.01.19
***Camping Zelaia, Rte du col d'Ibardin, Tel. 59.54.02.36
**Camping d'Ascain, D. 618, Tel. 59.54.40.61

Bayonne
****Camping Airotel La Cheneraie, RN 117, Ch. Cazenave, Tel. 59.55.01.31

Biarritz
***Biarritz Camping, 28, Rue Harcet, Fax 59.43.74.67, Tel. 59.23.00.12

Cambo les Bains
***Camping Bixta Eder, Rte de St. Jean de Luz, Fax 59.29.23.70, Tel. 59.29.94.23
***Camping Ur Hegia, Rte des Sept Chênes, Tel. 5929.72.03

Hasparren
***Camping Chapital, Rte de Cambo, Fax 59.29.69.71, Tel. 59.29.62.94
*Camping de l'Ursuya, Oihal Herria Ursuia, D. 152, Quartier Zelai, Tel. 59.29.67.57

Hendaye
***Camping Les Acacias, Rte de la Glacière, D. 658, Fax 59.20.78.76, Tel. 59.20.78.76

***Camping Alturan, Rue de la Côte, Tel. 59.20.04.55
***Camping Ametza, Rue l'Empéreur, B.P. 353, Fax 59.20.32.16, Tel. 59.20.07.05
***Camping Eskualduna, Rte le la Corniche, D. 912, Fax 59.20.04.64, Tel. 59.20.04.64
***Camping du Moulin, Rte de la Glacière, Tel. 59.20.76.35
***Camping Sascoenea, Fax 59.20.55.77, Tel. 59.20.05.44
***Camping Seres, Rte de la Corniche, B.P. 353, Fax 59.20.32.16, Tel. 59.20.05.43
**Camping Les 2 Jumeaux, Rte le la Corniche, Tel. 59.20.01.65
**Camping Dorrondeguy, Rte de la Glacière, Fax 59.20.26.16, Tel. 59.20.26.16

Itxassou
***Camping Hiriberria, Tel. 59.29.98.09

Mauleon Soule
**Camping Le Saison, Rte de Libarrenx, Gotein Libarrenx, Fax 59.28.00.78, Tel. 59.28.18.79

Sainte Engrâce
**Camping Oyhanart, Ibarra, CD 113, Tel. 59.28.73.59

Saint Jean de Luz
****Airotel Internationel d'Erromardie, Ave de la Source, Tel. 59.26.07.74
****Camping Tamaris Plage, Acotz, Fax 59.47.70.15, Tel. 59.26.55.90
***Camping Atlantica, Quartier Acotz, Fax 59.54.72.27, Tel. 59.47.72.44
***Camping Bord de Mer, Erromardie, Tel. 59.26.24.61
***Camping Municipal Chibaou Berria, Acotz, Tel. 59.26.11.94
***Camping de la Ferme, Erromardie, Tel. 59.26.34.26

***Camping Inter Plages, Acotz,
Tel. 59.26.56.94
***Camping Iratzia, Chemin
d'Erromardie, Tel. 59.26.14.89
***Camping Itsas Mendi, Acotz,
Fax 59.54.88.40, Tel. 59.26.56.50
***Caravaning Playa, Acotz,
Tel. 59.26.55.85
**Camping Elgar, Erromardie,
Tel. 59.26.85.85
**Camping Maya, Acotz,
Tel. 59.26.54.91
**Camping Merko Lacarra, Acotz,
59.26.56.76
**Camping Plage Soubelet, Acotz,
Tel. 59.26.51.60

Saint Jean Pied de Port
****Europ Camping, Ascarat,
Fax. 59.37.29.82, Tel. 59.37.12.78
***Camping Narbaitz, Ascarat,
Tel. 59.37.10.13
**Camping L'Arradoy, 4, Chemin
Zalikarte, Tel. 59.37.11.75
**Camping Bidegainia, Uhart Cize,
Tel. 59.37.03.75
**Camping Mendy, St-Jean-le-Vieux,
Fax 59.37.27.49, Tel. 59.37.11.81
**Camping Municipal Plazza Berri,
Ave du Fronton, Tel. 59.37.11.19
*Camping de la Truite, La Ferme,
Ascarat, Tel. 59.37.31.22

Saint Pée sur Nivelle
***Camping Goyetchea, Ibarron,
Tel. 59.54.19.59
***Camping d'Ibarron, Tel.
59.54.10.43
***Camping de la Nivelle, S. 918,
Tel. 59.54.01.94
*Camping Armora, Tel. 59.54.12.60

Sare
***Camping de la Petite Rhune, Rte de
Vera, Lehenbiscaye, Tel. 59.54.23.97
**Camping Goyenetche, Rte des
Grottes, Tel. 59.54.21.71

Urrugne
***Camping du Col d'Ibardin,
Fax 59.54.62.28, Tel. 59.54.31.21
***Camping La Corniche, Haigabia,
Tel. 59.20.06.87
***Camping Juantcho, Rte de la
Corniche, Socoa, Tel. 59.47.11.97
***Camping Larrouleta, RN 10,
Fax 59.47.42.54, Tel. 59.47.37.84
***Camping Suhiberry, Rte de Socoa,
Tel. 59.47.06.23
**Camping Aire Ona,
Tel. 59.54.30.32
**Camping Martiarena, Herboure,
Tel. 59.54.33.46
**Camping Oria, Maison Orio
Koborda, Rte d'Erreka,
Tel. 59.20.30.30
**Camping Unxin Socoa, Socoa,
Tel. 59.47.27.09

Pyrénées Atlantique Béarn

Laruns
***Camping des Gaves,
Tel. 59.05.32.37
**Camping Aigueberre, RN 134 bis,
Gros Ossau, Tel. 59.05.38.55
**Camping Barthèque, Tel.
59.05.38.88
**Camping de Geteu, D. 934, Geteu,
Tel. 59.05.37.15
**Camping le Gourzy, Promenade de
l'Arriusse, Tel. 59.05.31.12
**Camping du Pont Lauguere,
Quartier Pon, Tel. 59.05.35.99
**Camping du Valentin, D. 918,
Tel. 59.05.39.33

Lescar (Pau)
***Camping Le Terrier, Ave du Vert
Galant, Lescar, Tel. 59.81.01.82

Lestelle Betharram
***Camping de Saillet,
Fax 59.82.64.78, Tel. 59.71.98.65

Lourdes
****Camping Plein Soleil, Av. du
Mange, Tel. 62.94.40.93
**Camping de la Poste, 78, rue de
Langelle, Tel. 62.94.40.35
**Camping le Fronton, 78, rue de
Bagnères, Tel. 62.94.93.76

Morlaás
**Camping Municipal de la Piscine,
Rte d'Astis, Tel. 59.33.06.97

Orthez
**Camping de la Source, Bld Charles
de Gaulle, Fax 59l69.12.00,
Tel. 59.6704.81

Pau
***Camping Municipal de la Plaine,
Bld du Cami Salie, Tel. 59.02.30.49

Essen und Trinken

> **Hinweis**: Besondere Restaurants
> (mit Anschrift und Telefonnummer
> finden Sie im Reiseteil.

Statt ›einer‹ Küche gibt es in Aquitanien verschiedene Arten, zu kochen.
In Bordeaux kocht man anders als im
Baskenland, am Atlantik anders als im
Périgord und in der Gascogne. Gemeinsam ist allen Teilen nur, daß billige
Touristenmenüs meistens wenig Freude machen, wenn man die regionale
Küche erkunden will. So viel billiger als
zuhause kann es gar nicht sein. Achten
Sie auf die Autos vor den Lokalen: Sind
hier die einheimischen Nummern-
schilder (Endziffer) in der Mehrzahl,
dann sind Sie richtig, zum Beispiel in
den ›Toques Gasconnes‹ im Département Lot-et-Garonne. Auf den *fermes*
der Gascogne oder des Périgord kocht
die Chefin, die Kinder besorgen den
Service, der zwar nicht perfekt ist, aber
meist um so freundlicher.

Die **Essenszeiten** und **Essensformen**
sind in Frankreich allgemein präziser
als bei uns. Unter Frühstück (*petit
déjeuner*) verstehen Franzosen meistens nicht mehr als einen Milchkaffee
(*café au lait*) mit einem Stück gebut-
terter Baguette (*tartine beurrée*) oder
einem *brioche* oder *croissant*. In der
Bar müssen Sie das einzeln bestellen,
sonst erhalten Sie bloß einen *café noir*.
Im Hotel wird oft ein Frühstück angeboten. Was einem als Frühstück vorgesetzt wird, rechtfertigt den Preisauf-
schlag selten. Gehen Sie besser in ein
Café, wo man am Tisch oder stehend
an der Bar sein Frühstück nimmt.
Mittagessen (*déjeuner*) wird zwischen
12 und 14 Uhr, Abendessen (*dîner*)
von 19.30 bis 22 Uhr angeboten.
Danach oder vorher kann man in einer
Bar oder einem Café ein *sandwich*
(französisch auszusprechen) mit Käse
(au fromage), *rillettes* oder *paté*
bestellen. Die nächste Brasserie bietet
vielleicht noch einen *croque-monsieur*
(Toast mit Käse und Schinken, überbacken) an, auch wenn das nicht gerade eine kulinarische Offenbarung ist.
Zwischen Mittag und Abend gibt es
nicht das ausgeprägte Kaffeetrinken,
das man in Deutschland kennt, und
eine Tortenkultur wie im Elsaß pflegt
man in Aquitanien nicht. Wo Büros in
der Nähe sind, bieten Restaurants und
Bistrots zu Mittag feste Menüs (*plat du
jour* – Tagesmenü) an, die oft drei
Gänge und ein Getränk enthalten. Sie
werden schnell serviert und sind
zumeist preiswert. Der Preis ist festgelegt (prix fixe, ›formule‹), man kann
von verschiedenen Dingen aussuchen.
Bei einem preisgünstigen Menü ist die
Auswahl meistens festgelegt.
In teuren Luxusrestaurants wird mitunter ein *Menu dégustation* oder ein
Menu spécial zu festem Preis angebo-

ten. Service compris heißt, daß alles inklusive Bedienung und Gedeck ist. Service non compris: Hier muß man mit Aufschlägen rechnen.

Man zahlt, indem man ›l'addition s'il vous plaît‹ – die Rechnung, bitte – verlangt.

An der Atlantikküste ist nichts so frisch wie der **Fisch** und die Austern. In St-Jean-de-Luz liegt die Fangflotte der Hochseefischer. Seewolf, Seezunge, Goldbrasse, Thunfisch, Makrelen, Kabeljau, Sardine, Seebutt und Seebarsch kommen direkt aus dem Seewasser. Aber auch Süßwasserfische werden angeboten: Forelle, Lachs, Hecht, Barsch und Aal. Die *fruits de mer*, Meeresfrüchte in Gestalt von Krustentieren wie Hummer, Langusten, Krabben, Crevetten, Garnelen, und Mies- und Jakobsmuscheln gibt es an der gesamten Küste – ein Standardgericht. Die Hummer kommen oft aus anderem Gewässer, aus Kanada oder über die Kanarischen Inseln. *Homard au beurre blanc*, gekochter Hummer, ist natürlich etwas teurer als die einfacheren Langustinen mit Mayonnaise, die fast genausogut schmecken. Besondere Gerichte sind gebratene Seezunge (*Sole meunière*), mit Fenchel gegrillter Seewolf (*Bar grillé au fenouil*), gegrillter Steinbutt (*Turbot grillé*) oder Neunauge in Rotweinsauce (*Lamproie à la bordelaise*).

In Arcachon liegen die **Austernzüchtereien** vor der Tür. *Huîtres de Parc* (Gigas oder Japonaises) stammen von der Muschelbank im Flachwasser. Eine Güteklasse besser sind die *Huîtres fines de Claires*, deren Färbung und Geschmack auf die *Navicule bleue*, eine bestimmte Algenart, zurückgeht.

In **Bordeaux** ißt man fast dasselbe wie an der Küste, aber es kommt selbstverständlich der Wein hinzu. Besonder-

heiten sind der Störkaviar aus der Girondemündung (*Caviar Gironde*), *Entrecôte à la bordelaise* (auf Weinstöcken gegrilltes Steak, ein Essen der Winzer) mit Schalotten und Ochsenmark, Entenleber mit Pilzen, Taube in Rotwein, Lamm à la bordelaise (in Rotwein). Originell sind die ›Sandwich Menu‹, halbe Baguettes, deren erstes Drittel als Hors d'Œuvre mit Salat belegt ist, an den sich kalter Braten anschließt, um mit Camembert (das Weißbrot haben wir schon in der Hand) zu enden.

Auch in der **Küche des Baskenlands**, die auf der anderen Seite der Grenze übrigens als die beste Spaniens gilt – ist der Fisch wichtig. Die baskische Fischsuppe *Ttoro* ist rot, darin schwimmen Stücke vom Fisch, Muscheln oder Langustinen, der geriebene Käse und die gerösteten Brotwürfel runden den Geschmack erst ab. Der spanische Einfluß ist übrigens überall zu spüren: Tomaten und Knoblauch dominieren in der Küche. Die *Pipérade* ist ein gut gewürztes Omelette mit Tomaten, *Loukinkas* sind kurze Knoblauchwürste. Der Schinken von Bayonne (*Jambon de Bayonne*) ist fast so fein wie Parmaschinken. Eine weitere baskische Spezialität sind die Singvögel: *Ortolan* (Ammer) und *Palombe* (Ringeltaube) werden, allen Aufrufen der Naturschützer zum Trotz, weiterhin verspiesen.

Im **Périgord** und in der **Gascogne** gibt es mehr Geflügel und Gemüse als Fisch und Meeresfrüchte. Die *Carbute* ist eine reich gewürzte Gemüsesuppe, zu der auch gerne kleine Würste (*Salmis*) gegessen werden. Das *Poule au Pot* ist ein Huhn, das mit Gemüsen im Topf gesotten wurde. Eine Besonderheit ist der *foie gras*, Gänseleberpastete, die hier sogar besser ist als im Elsaß. Die Gänse und Enten werden mit Maisbrei gemästet (die Bezeichnung Stopfleber beschreibt den Fütterungsvorgang). Die Leber schwillt, bis das arme Federvieh sich nicht rühren kann – die Schlachtreife ist erreicht. Die berühmten Trüffel (*truffe*) des Périgord sind eine teuer bezahlte Spezialität. An den Wurzeln bestimmter Eichen wächst der edle Pilz, mit Schweinen oder dafür abgerichteten Schäferhunden spürt man ihn auf.

Rezepte aus dem Périgord

Soufflé au foie gras (Gänselebersoufflé)

300 g foie gras, 3 Eier, 30 cl Crème Fraîche, 30 g Butter, Salz, Pfeffer
Zubereitung: Leber durch Sieb drükken, vorsichtig mit Eigelb und Sahne vermengen. Salzen, pfeffern. Eiweiß schlagen und zugeben. In fester Form 25 Min bei 220° backen.

Entenbein nach Tafelspitzrezept (Cuisses de canard confites)

Für vier Personen: 4 eingelegte (confit bedeutet, daß das Enten- oder Gänsefleisch nach dem Braten mit Fett überzogen worden ist) Entenbeine, 500 g Karotten, 500 g weiße Rüben, 500 g Kartoffeln, 600 g Lauch, 600 g Grünkohl.
Für die Geflügelsuppe: Hühner- oder Gänseklein, 1 dicke Zwiebel mit vier Nelken, Suppengrün, 4 Körner Pfeffer, 2 l Wasser, 20 g Salz, 30 Min auf kleiner Flamme kochen, durch Sieb abgießen, stehen lassen.
Zubereitung: Die Gemüse in der Geflügelsuppe auf kleiner Flamme kochen, 15 Min vor dem Servieren die Entenbeine hinzugeben. Mit kleinen Zwiebeln und Gürkchen servieren.

Feine Scheiben von eingelegtem Gänsemagen auf Salat

Für vier Personen: 280 g feingeschnittener Magen von eingelegten Gänsen (gésier d'oie confit), 1 zu kleinen Würfeln geschnittene Tomate, zwei oder drei Salatsorten, ein halber Bund Schnittlauch, Salatsauce aus Walnußöl und Weinessig, Nußkerne.
Zubereitung: Die gésiers im Ofen oder in der Pfanne wärmen und auf den Salat auslegen. Tomaten, Schnittlauch und Nußkerne darüber. Mit Walnußbrot servieren.

Eingelegter Entenbraten mit Bratkartoffeln

Für vier Personen: Vier eingelegte Entenbeine (cuisses de canard confites), 500 g Kartoffeln, 500 g Steinpilze (cèpes), 50 g Knoblauch, 50 g Petersilie.
Zubereitung: Die eingelegten Entenbeine leicht braten, in dem dabei ablaufenden Fett die Kartoffeln mit den Steinpilzen braten.

Steinpilzomelette

Für vier Personen: 16 Eier, 80 g frische Butter, 500 g Steinpilze, 2 Schalotten, ein Viertel Bund Schnittlauch oder Petersilie, ein Löffel Erdnußöl.
Zubereitung: Die Steinpilze schälen und mehrmals waschen, abtropfen lassen und kleinschneiden, in einem Gemisch aus Butter und Öl in Pfanne garen, am Ende die Schalotten und das kleingehackte Grün dazugeben, abschmecken. Die Eier schlagen, zu den Steinpilzen geben und zum Omelette braten. Mit einem Steinpilz als Dekoration servieren.

Gâteau aux noix (Walnußkuchen)

3 Eier, 250 g Zucker, 125 g Butter, 1/4 l Milch, 250 g Mehl, 100 g Walnußkerne und ganze Walnußkerne zum Verzieren, 1 Tütchen Backpulver, 2 Tütchen Vanillezucker.

Zubereitung: Butter weich werden lassen, Zucker, danach die Eigelbe, Mehl und Backpulver einmengen, Milch und Vanillezucker dazu.
Eiweiß schlagen, unterziehen, dazu die Walnußkerne (zerhackt) in eingefetteter Form 45 Min backen (mittlere Hitze). Ganze Walnüsse aufsetzen.

Kleiner Sprachführer

petit déjeuner – Frühstück
(grand) café crème – Kaffee mit geschäumter Milch
café au lait – Milchkaffee
café – schwarzer Kaffee
thé – Tee
tartine beurrée – mit Butter bestrichene Baguette-Hälfte
sandwich jambon/ paté/ fromage/ rillettes – belegtes Baguette (mit gekochtem Schinken/Pastete/Käse/ eingemachtem Schweinefleisch)
brioche – Hefegebäck
déjeuner – Mittagessen
dîner – Abendessen

Was auf dem Tisch ist:
das Besteck – le couvert
die Gabel – la fourchette
der Löffel – le cuiller
das Messer – le couteau
der Teller – l'assiette
das Glas – le verre
das Öl – l'huile
der Essig – le vinaigre
das Salz – le sel
der Pfeffer – le poivre
der Senf – la moutarde
der Zucker – le sucre
die Sahne – la crème
das Getränk – la boisson

Die Speisen (*Spezialitäten der Region):
agneau – Lamm
*agneau pré-salé – Lamm von den Salzweiden bei der Küste

aiglefin – Schellfisch
aigre – sauer
aigre-doux – süßsauer
aiguilettes – in feine Streifen geschnitten
aïl – Knoblauch
aïoli – Knoblauchmayonnaise
à la crème – mit Sahne
alsace, à l'alsacienne – auf Elsässer Art (hat meistens mit Bratwurst und Sauerkraut zu tun)
amer – bitter
amuse-gueule – kleine Vorspeisen
andouille – Würstchen (Schweinswurst aus Kutteln)
andouillete – Kalbswürstchen
anguille (Aal) là point – halbgar gebraten (vgl. saignant und bien cuit)
artichaut – Artischocke
asperge – Spargel
assiette anglaise – Roastbeef
assiette de crudité – rohe Salatplatte
assiette du pêcheur – gemischte Fischplatte
auvergnate – nach Art der Auvergne, d. h. oft mit Weißkohl, Wurst und Speck
*axoa – Kalbfleisch mit Paprikaschoten und Zwiebeln
baba au rhum – Hefering in Rumsirup
bar – See- oder Wolfsbarsch
béarnaise – Sauce aus Butter, Eigelb, Schalotten, Kräutern, Weißwein und Essig
béchamel – Sauce aus Milch, Muskatnuß und gespickter Zwiebel
beignet – Krapfen
belon – flache Auster aus der Bretagne
bette (auch: blette) – Mangold
beurre – Butter
beurre blanc – zerlassene Butter mit Schalotten, Weißwein, Essig
beurre noir– braune Butter mit Kapern, Petersilie und Zitrone

bien cuit / bien fait – gut durch
(gebacken oder gebraten)

bifteck – Steak

blanc (de volaille) – (Geflügel-) Brust

blanquette (de veau) – (Kalbs-)
Ragout

bœuf bourguignon – Rindfleich nach
Burgunderart (in Rotwein
geschmort)

bœuf stroganoff – Rindsfilet in
Rahmsauce

bordelaise – Sauce nach der Art von
Bordeaux (Rotwein, Thymian,
Pfeffer, Rindermarkscheiben)

boudin – Blutwurst

bouillabaisse – Fischsuppe aus ver-
schiedenerlei Fisch, Muscheln,
Crevetten etc.

brandade de morue – Stockfischpüree

bretonne – Sauce nach Art der
Bretagne: Weißwein mit Karotten
und Sellerie

brochet – Hecht

brochette – Bratspießchen

*brousse – Ziegenmilchquark mit
Waldbeeren

*cabécous – frischer, cremiger
Ziegenkäse

café liégois – Eiskaffee

cailles – Wachteln

*calmar – Tintenfisch

canard – Ente

canard confit – Entenkeulen in
Entenfett

caneton aux truffes – junge Ente mit
Trüffeln

carottes – Karotten

carpe – Karpfen

carré (de porc/ de veau) –
Lendenstück (vom Schwein / Rind)

cassis – Likör von schwarzen
Johannisbeeren

cassoulet – Eintopf (mit weißen
Bohnen)

*caviar de Gironde – Kaviar aus der
Girondemündung

célerie – Sellerie

cèpe (à la bordelaise) – Steinpilz (in Öl
und Knoblauch)

cerf – Hirsch

cerise – Kirsche

cervelle de canut – Kräuterqark mit
Zwiebeln

cervelle (de veau) – (Kalbs-) Hirn

*chabichou – Ziegenkäse

chanterelle – Pfifferling

charcuterie – Schinken-, Wurst- und
Pastetenplatte (auch: der
Laden, wo man entsprechendes
bekommt)

châteaubriand – doppelte gebratene
Rinderlende

chèvre – Ziege (vor allem Ziegenkäse)

chevreuil – Reh

*chipirones grillés – kleine gegrillte
Tintenfische

chocolat liégois – Eisschokolade

chou (-frisé/ -fleur /-rave) – Wirsing,
Blumenkohl, Kohlrabi

chou de Bruxelles – Rosenkohl

choucroute – Sauerkraut, auch: elsäs-
sisches Gericht aus
Sauerkraut, Wurst, Speck und
Schweinefleisch

civet de lièvre – Hasenpfeffer

claire fine – Auster (portugiesisch)

colin – Seehecht

concombre – Gurke

confit – im eigenen Fett eingelegt
(Geflügel oder Schwein)

consommé – Fleischbrühe

congelé – gefroren

contrefilet – Roastbeefstück

coq au vin – Huhn in Wein

coquillages – Muscheln

coquille Saint Jacques –
Jakobsmuschel

coquille Saint Jacques en Mayonnaise
– kalte Jakobsmuschel

côte (d'agneau) – (Lamm-) Kotelett

coulis – Püree aus rohen oder gekoch-
ten Gemüsen oder Früchten

courgette – Zucchini
couscous – Grießkügelchen mit
  Gemüse und Hammel- oder
  Geflügelfleisch
couvert – Gedeck
crabes – Krabben
crème chantilly – Schlagsahne
crème fraîche – dicke Sahne
crêpe – Pfannkuchen, zumeist süß in
  allen Variationen
crevettes – Garnelen
croustade – Pastete (überbacken)
crudités – Rohkost
crustacés – Krustentiere
daube – Schmorfleisch
dorade – Goldbrasse
dindon – Truthahn
écrevisses – Süßwasserkrebse
entrecôte – Rumpsteak (à la bordelaise; mit Ochsenmark, Schalotten
  und Rotwein)
entrée – erster Gang
épices – Gewürze
épinards – Spinat
escalope – Schnitzel
escargot – Schnecke
estoufade de bœuf –
  Rinderschmorbraten
esturgeon – Stör
faisan – Fasan
farcie – gefüllt
fenouil – Fenchel
feuilletage – Blätterteig
flageolets – junge weiße Bohnen
flambé – flambiert
flétan – Heilbutt
foie (de canard, de veau) – (Enten-,
  Kalbs-) Leber
foie gras – Gänse/Entenleber
fraise – Erdbeere
framboise – Himbeere
fricassé – Fleischragout in weißer
  Sauce
frisée – Endiviensalat
fromage – Käse
fromage de tête – Schweinskopfsülze

fruits de mer – Meeresfrüchte
fumé – geräuchert
galette – Crêpe, zumeist mit salzigen
  Zutaten (und aus Buchweizenmehl)
garbure – Gemüsesuppe
gâteau (basque) – Kuchen (mit
  Früchten und Kirschkonfitüre)
gâteau feuilleté garni de pruneaux –
  Obstkuchen mit Pflaumen
gésiers de canard – Entenmägen
gibier – Wild
gigot – Hammelkeule
girolles – Pfifferlinge
glace – Eis
grenouille – Froschschenkel
grillade – gegrilltes Fleisch
grive – Drossel, Krammetsvogel
hachis – Hachee
haddock aux pâtes fraîches –
  Schellfisch mit Nudeln
hareng (baltique) – Hering (sauer mit
  Crème fraîche)
haricots blancs/verts – weiße/grüne
  Bohnen
homard – Hummer
huile (d'Olives/de noix) – (Oliven-
  /Nuß-) Öl
huître – Auster
huîtres à la charentaise – Austern mit
  Bratwürsten
izarra – baskischer grüner oder gelber
  Likör
jambon (de Paris) – gekochter
  Schinken
jambon d'Auvergne – roher Schinken
jambon de Bayonne – gesalzener, luft-
  getrockneter Schinken (aus
  Bayonne)
*lamproie à la bordelaise – Neunauge
  in Rotwein
langouste – Languste
langoustine – Hummerart, kleiner
  Panzerkrebs
langue de bœuf – Ochsenzunge
*lapereau – kleines Kaninchen
lapin – Kaninchen

lard – Speck, lardon: Speckwürfel
lardon – Speckstreifen (gebraten)
léger – leicht
légume – Gemüse
lentilles – Linsen
lièvre – Hase
lotte – Seeteufel
*loukinas – baskische
  Knoblauchwürste
loup de mer – Barbe, Seewolf
magret de canard – Entenbrust
maquereau – Makrele
marcassin – Wildschwein
marenne – Auster von der französischen Atlantikküste
marrons glacés – glasierte Maronen
meringue – Baiser
miel – Honig
moelle – Rindermark
morilles – Morcheln
morue – Kabeljau
moules – Muscheln
mousse au chocolat – Schokocrème
moutarde – Senf
mouton – Hammel
mûre – Brombeere
myrtilles – Heidelbeeren
mystère – Eistorte mit Gebäck
navarin – Hammelragout mit Rüben
navets – weiße Rüben
noisette – Haselnuß
nouilles – Nudeln
œufs – Eier (à la coque – weich; brou-
  illés – Rühreier; pochés – verlorene
  Eier; sur le plat – Spiegeleier; à la
  neige – Eischnee)
oie – Gans
oignon – Zwiebel
omelette – Omelette
ortolan – Fettammer
os – Knochen
pain – Brot
palombe – Taube, siehe auch salmis
pâté – Fleischpastete
pâté de grives – Krammetsvögel
  – de volaille – Geflügelpastete

– des landes – Schweineleber
– foie-gras – Gänseleberpastete
– feuilleté – Pastete in Blätterteig
pâtes fraiches – frische Pasta
pâtisserie – Gebäck (auch: Konditorei)
paupiette – Roulade
pêche – Pfirsich
perche – Barsch
perdreau, perdrix – Rebhuhn
persil – Petersilie
petits pois – Erbsen
petit fours – kleine Gebäckteile
petit salé aux lentilles –
  Schweinefleisch mit Linsen
pied de porc – Eisbein, Schweinshaxe
pintade – Perlhuhn
*piperade – baskisches
  Tomatenomelette
poire – Birne
poireau – Lauch
pois – Erbsen
poisson – Fisch
poitrine – Brust
poivre – Pfeffer
pommes de terre – Kartoffeln
pommes alumette – feine Art von
  Pommes frites
  – dauphines – mit Rahm und Käse
  überbacken
  – sautées – Bratkartoffeln
  – vapeur – Salzkartoffeln
potage – Suppe
pot au feu – Tafelspitz
*poule au pot – Suppenhuhn mit
  Gemüse
poulet – Brathuhn
poularde au riz – Huhn mit Reis
profiterolles – Windbeutel mit
  Schokoladensauce und Eis
pruneaux – Backpflaumen
quenelles – Fleischklößchen
quenelles de brochet – Hechtklößchen
quiche lorraine – Blätterteig mit
  Schinken, Ei und Käse
raie – Rochen
raisins – Weintrauben

ratatouille – Auberginen, Zucchini, Tomaten, Zwiebeln, mit Knoblauch und Paprika, überbacken

rillettes – feingehacktes, eingekochtes Schweinefleisch

ris de veau – Kalbsbries

riz – Reis

rognons – Nieren

rôti – Braten

rouget – Rotbarbe

salade beaujolaise – Salat mit gebratenen Speckstückchen und gerösteten Brotwürfeln

salade niçoise – Salat mit Thunfisch, Oliven, harten Eiern u. a.

salmis – Frikasse aus Taubenfleisch mit Rotweinsauce

sandre – Zander

saucisse – Wurst

saumon – Lachs

sel – Salz

sorbet – Eis aus Fruchtsaft und -mus

steak au poivre – Pfeffersteak

sucre – Zucker

tarte – Obsttorte

tarte tatin – karamelisierte Apfeltorte

*taureau à la broche – Stier am Spieß

tendre – zart

thon – Thunfisch

tiède – lauwarm

tournedos – Filetsteak

tripes – Kutteln

*trpotcha – baskische Hammelblutwurst

truite – Forelle

truffe – Trüffel

*ttoro – baskische Fischsuppe

turbot – Steinbutt

vacherin – cremiger Käse

veau – Kalb (côte de veau – Kalbskotelett; escalope de veau – Kalbschnitzel)

venaison – Wildbret

viande – Fleisch

vinaigre – Essig

vinaigrette – Salatsauce aus Essig, Öl, Senf und Salz

volaille – Geflügel

vol-au-vent – Blätterteigpastetchen

yaourt – Joghurt

Vokabular des Trinkens und der Getränke

(*regionale Besonderheiten):

An der Bar kann man den Wein in kleinen und mittleren Gläsern (petit verre oder grand verre) verlangen: der *ballon* ist ein bißchen größer als *la tulipe*.

bière – Bier (un demi – eine Halbe mit 0,25 l; à la pression – vom Faß)

boissons (non) comprises – Getränke (nicht) eingeschlossen im Preis

cidre – Apfelwein aus Normandie oder Bretagne

eau-de-vie – Schnaps

eau minérale (naturelle oder plate/gazeuse) – Mineralwasser (still/sprudelnd)

en bouteille – in der Flasche (muß nicht unbedingt teurer sein)

en pichet, en carafe – in der Karaffe *floc – Armagnac mit Most (Aperitif)

infusion, tisane – Kräutertee

jus d'orange/ de pommes – Orangen-/ Apfelsaft

kir – Weißwein mit Cassis

lait – Milch

marc (zuweilen mit Beinamen als ›marc de …‹) – Tresterschnaps

*monbazillac – süßer Dessertwein

*pineau – Cognac mit Most (Aperitif)

un démi litre, un quart – ein halber, ein viertel Liter

vin rouge / blanc / rosé – Rot-/Weiß-/Roséwein

Mit dem Auto unterwegs

Papiere: Wer mit dem Auto kommt, braucht Führerschein und Fahrzeugschein. Die Grüne Versicherungskarte mitzuführen, wird empfohlen. In Notfällen kann man den deutschsprachigen Notdienst des ADAC anrufen (in Paris Tel. 1.45.00.42.95, in Bordeaux 56.44.46.81, in Lyon 72.17.12.22). Bei schweren Unfällen verlange man nach dem *huissier*. Das ist ein Beamter, dessen Bericht bei einer gerichtlichen Auseinandersetzung Gewicht hat.

Benzin ist teurer als in Deutschland, bei Hypermärkten wie Leclerc ist es preisgünstiger. Bleifreies Benzin (essence/super sans plomb) wird flächendeckend angeboten. Diesel heißt manchmal auch Gazole.

Höchstgeschwindigkeit innerhalb geschlossener Ortschaften 50 km/h, außerhalb 90 km/h (bei Nässe 80); auf Straßen mit je 2 Fahrstreifen und einer Mitteltrennung 110 km/h (bei Nässe 100); auf Autobahnen 130 km/h (bei Nässe: 110). Bei Regen und Schnee ist Abblendlicht vorgeschrieben. Mancher Franzose fährt auch in der Nacht ohne Licht oder nur mit Standlicht. Damit muß man rechnen, es ist nichts besonderes. Kreisverkehr hat Vorfahrt, wenn dies extra so beschildert ist.

Nicht nur das Benzin ist teurer, auch die Verstöße gegen Verkehrsregeln sind es. **Autobahngebühren** werden allgemein verlangt. Beim Einfahren zieht man am Automaten ein Ticket, beim Verlassen wird gezahlt. Die jeweiligen Preise unterscheiden sich je nach Strecke. Auf parallel verlaufenden Nationalstraßen fährt man fast genauso schnell.

Mietwagenservice (location de véhicules): Zentrale Reservierungsbüros finden Sie an den Flughäfen, in den Zentren größerer Städte. Die Preise sind verschieden, es gibt immer wieder Sonderangebote, die Sie bei der Bestellung von zu Hause nicht kennen. Dafür haben Sie Ihr Auto dann aber sicher. Häufig ist die Altersgrenze 21 oder 25 Jahre. Führerschein und Ausweis mitbringen! Mit einer Kreditkarte erübrigt sich die Hinterlegung eines Pfandgeldes. Erkundigen Sie sich, was beim Verleih versichert ist.

Notfälle: Entlang der Autobahnen gibt es etwa alle 50 km in der Nähe von Autobahnmeistereien Polizeistationen (*gendarmerie*). Über die orangefarbenen Notrufsäulen (an Pannenstreifen) kann man die Polizei im Notfall gebührenfrei verständigen. Bei Pannen auf Autobahnen schickt die Polizei meist Abschleppdienste, die auch in einzelnen Fällen an Ort und Stelle Pannenhilfe (*dépannage*) leisten. Zur Vermeidung von größeren Unkosten ist ein Auslandsschutzbrief des ADAC unbedingt zu empfehlen, der auch in Frankreich anerkannt ist. In größeren Städten ist die **Polizei** unter der **Notrufnummer 17**, die **Feuerwehr** (*pompiers*) unter der **Nummer 18** zu erreichen, der **Notarzt** hat die **Nummer 15**.

Parken: Gelbe und rote Streifen am Fahrbahnrand bedeuten Parkverbot. Verwarnungen sind teurer als bei uns, und das Abkassieren der Strafzettel (contrevention oder PV, sprich: peweh) über die Staatsgrenze hinweg wird ausgebaut. Nur vor Wahlen kommt es nicht darauf an, denn da gibt es traditionell eine Generalamnestie für kleinere Vergehen.

Mit dem Bus unterwegs: Es gibt ein dichtes Netz privat betriebener Buslinien. Man erkundige sich beim örtlichen Fremdenverkehrsbüro.

Praktisches von A – Z

Apotheken (*pharmacies*) sind durch ein Schild mit grünem Kreuz gekennzeichnet. Es gibt Nacht- und Notdienste wie bei uns, die wie bei uns an der Tür ausgewiesen sind.

Banken/Geldwechsel (banque, change): Schalterstunden von 9 bis 16.30, in manchen Orten von 9–12 und 14–16 Uhr. An Tagen vor Feiertagen nur bis 12 Uhr. Euroschecks: Maximum 1400 FF (Paß oder Personalausweis werden manchmal verlangt).

An Geldautomaten kann man mit Kreditkarten (Visa, Euro, Master) Geld abheben. Das Geldabholen per Euroscheck-Karte mit der Geheimnummer ist noch nicht so ausgedehnt entwickelt, wie wir es gewohnt sind, weil es seit zwanzig Jahren ein nationales Geldautomatensystem mit der *carte bleue* gibt. Die Umstellung dauert noch. Die Bildschirmfrage ›Ticket?‹ heißt, ob man eine Quittung haben will.

Bei Bargeldwechsel kassiert die französische Bank eine Kommission.

Kreditkarten werden akzeptiert (Visa und Master/Eurocard mehr als American Express). Mit dem Postsparbuch geht man zum Postamt (*bureau de poste*), dabei Ausweiskarte und Paß oder Personalausweis nicht vergessen.

Bei **Verlust** oder **Diebstahl** der Eurocheque-Karte rufen Sie Ihre Bank an, bei Kreditkarten (Telefon): *American Express*: 47 77 70 00 – *Diner's Club*: 47 62 75 00 – *Eurocard*: 45 67 84 84 – *Visa*: 42 77 11 90 – *JCB*: 42 86 06 01

Im Umlauf sind Münzen im Wert von 5, 10, und 20 Centimes, von 1/2, 1, 2, 5 und 10 Francs. Die 10-Francs-Münze ist innen silbern, außen Messing. Die anderen 10-Francs-Münzen sind ungültig. Papiergeld gibt es zu 20, 50, 100, 200 und 500 Francs. 1 Franc kostet im Umtausch ungefähr 30% einer DM. Die Kaufkraft der DM ist in Frankreich geringfügig höher als in Deutschland.

Diplomatische Vertretungen:
Deutsche Botschaft in Paris, 13, av. Franklin D. Roosevelt; Metro Franklin D. Roosevelt; Tel. (1) 42.99.78.00. Ausweiskontrolle. Deutsches Generalkonsulat in Bordeaux: 377, bd. du Président Wilson, Tel. 56.08.60.20; in Toulouse: 24, rue de Metz, Tel. 61.52.35.56 (nur vormittags). Wer seinen Ausweis verloren hat oder sonst in Not ist, geht hierhin. Bei Ausweisverlust 2 Paßbilder mitbringen. Vorher zur nächsten Polizeidienststelle gehen und eine Verlustmeldung (*déclaration de perte*) machen.

Österreichische Botschaft in Paris, 6, rue Fabert; Métro Invalides; Tel. 1.45.55.95.66. Österreichisches Konsulat in Bordeaux: 86, cours Balguerié-Stuttenberg, Tel. 56.48.57.57; in Toulouse: 22, bd. de la Gare, Tel. 61.54.50.04.

Schweizer Botschaft und Konsulat in Paris, 142, rue de Grenelle; Métro Invalides; Tel. 1.45.50.34.46. Konsulat in Bordeaux: 4, cours Xavier Arnozan, Tel. 56.52.18.65; in Toulouse: 36, allées de Bellefontaine (nur auf Verabredung), Tel. 61.40.45.33.

Einkaufen: Im Allgemeinen sind Läden von 9 bis 19 Uhr geöffnet. Manche Läden sind über Mittag geschlossen (12 oder 13 bis 15 oder 16 Uhr). Andere haben bis spät abends geöffnet, manche auch sonntags (Sonntagvormittag: viele Bäckereien), sind dafür montags geschlossen (auch Supermärkte).

Elektrizität: Allgemein fließt Wechselstrom mit 220 Volt/50 Hz. Trotzdem kann es passieren, daß man an eine Steckdose mit 110 Volt gerät. Die Leistung des Geräts ist dann schwächer, aber es geht nicht kaputt. Oder man kann sein Gerät auf 110 Volt umstellen.

Schwierigkeiten mit der Steckdose (*prise de courant*) behebt man mit Hilfe eines Zwischensteckers oder Adapters (*adaptateur*), den man im Haushaltswarenladen (*quincaillerie*) oder in einem Laden für Electricité erhält.

Fahrradverleih: Zusätzlich zu den jeweils angegebenen Adressen können Sie am Bahnhof nach einem Fahrradverleih fragen (*location de vélo*). Die Bahn kombiniert oft Rundreisen mit Radverleih.

Feiertage (*jours de fête*): 1. Januar, Ostersonntag und -montag, 1. Mai, 8. Mai (Tag der Befreiung), Christi Himmelfahrt, Pfingstsonntag und -montag, 14. Juli (Erstürmung der Bastille 1789; Nationalfeiertag), 15. August (Mariä Himmelfahrt), 1. November (Allerheiligen), 11. November (Waffenstillstandstag 1918), 25. Dezember.

Die Hauptferienzeit liegt zwischen Mitte Juli und Ende August, die Schulen fangen Mitte September wieder an.

FKK: In Aquitanien liegt Europas größtes Nudistenzentrum: Montalivet. Weitere Nacktbadestrände werden im Guide Naturiste Français aufgelistet, den man bestellen kann bei SOCNAT (16, rue Drouot, F-75009 Paris).

Geschäftszeiten:

– **Ämter**: Mo–Fr 9–17 Uhr. Zwischen 12 und 14 Uhr wird zumeist Pause gemacht.
– **Banken**: Mo–Fr 9–16.30 Uhr; in manchen Zweigstellen wird Mittagspause gemacht.

– **Post**: Mo–Fr 8–19 Uhr, Sa bis 12 Uhr.
– **Kaufhäuser:** Mo–Sa 10–18.30 Uhr.
– **Läden** unterliegen nicht Ladenschlußzeiten wie bei uns. Manche Lebensmittelgeschäfte (nämlich die, die keine Angestellten beschäftigen), haben Sonntag vormittags geöffnet, dafür am Montag oder Mittwoch geschlossen. Manche machen irgendwann zwischen 13 und 16 Uhr Pause. Die meisten haben abends bis 19 oder 20 Uhr geöffnet.
– **Restaurants** haben ihre Küche mittags oft nur zwischen 12 und 14 Uhr in Betrieb. In Brasserien und Cafés kann man jederzeit eine Kleinigkeit zu essen bekommen.

Kinder: Die touristischen Plätze Aquitaniens sind für Familien mit Kindern eingerichtet. Es gibt in manchen Orten Babysitter-Services (bei Hotel- oder Camping-Rezeption nachfragen). An manchen Stränden gibt es ›Mini-Clubs‹, Kindergärten für Eltern, die alleine segeln etc. wollen.

Kreditkarten: Visa und Mastercard sind einigermaßen verbreitet, American Express ein bißchen weniger. Merken Sie sich die Telefon-Nummer Ihres Kreditkarten-Instituts für den Fall des Verlustes. Siehe auch unter ›Geldwechsel‹, S. 335.

Mehrwertsteuer: Steuerbefreiung beim Einkauf (Erlaß der französischen Mehrwert-Steuer TVA, je nach Ware zwischen 18% und 22%) ist in den großen Warenhäusern, in Spezialgeschäften und Boutiquen möglich. Dabei muß man für eine Mindestsumme (4200 FF bei EG-Bürgern, 2000 FF bei Nicht-EG-Bürgern) eingekauft haben und seine Ausweispapiere vorlegen. An der Grenze muß man die Rechnung vorlegen. Dem Geschäft schickt man dann den Zettel mit Sichtvermerk des Zolls, um die Ermäßigungssumme überwiesen zu bekommen.

Medizinische Versorgung: Für alle Fälle kann man sich von seiner Krankenkasse einen Auslandskrankenschein geben lassen. Oder man schließt eine Reisekrankenversicherung ab. Nach deutschsprachigen Ärzten kann man sich bei Botschaft oder Konsulat erkundigen. Manche deutsche Kassen verlangen den Befund (*le diagnostique*) des untersuchenden Arztes. Den kann man sich vom Arzt aushändigen lassen.

Den Arzt muß man zunächst bezahlen. Man erhält einen Schein, den man mit dem deutschen Auslandskrankenschein bei der französischen Sozialversicherung vorlegt, der *Direction des relations internationales* (84, rue Charles Michels; 93000 Saint Denis; Métro Carrefour Pleyel; Tel. 1.48.20.61.05). Dort erhält man den größeren Teil der Kosten zurückerstattet.

Krankenhäuser:
Arcachon: Hôpital, Tel. 56.89.39.50
Bayonne: Centre hospitalier, Tel. 59.63.50.50
Bergerac: Hôpital, Tel. 53.57.77.77
Blaye: Hôpital, Tel. 56.42.00.26
Bordeaux: Centre hospitalier, Tel. 56.96.84.50
Dax: Centre hospitalier, Tel. 58.74.48.48
Libourne: Hôpital, Tel. 56.51.50.50
Mont de Marsan: Centre hospitalier, Tel. 58.75.54.55
Pau: Centre hospitalier, Tel. 59.32.84.30
Périgueux: Centre hospoitalier, Tel. 53.09.51.51
St-Jean-de-Luz: Hôpital, Tel. 59.63.33.33

Polizei: 17 wählen, Feuerwehr: 18 wählen. Bei Raub, Diebstahl etc. ist es auf alle Fälle (z. B. für die heimische Versicherung) sinnvoll, bei der Polizei um ein Protokoll (procès verbal) zu bitten.

Post: Briefmarken im Postamt (bureau de poste; 8–12, 15–18 Uhr, manchmal 8–19 Uhr; Sa 8–12 Uhr) kaufen zu wollen heißt, zuviel Zeit zu haben. In den Bureaux de Tabac (erkennbar an der stilisierten roten Zigarre an der Fassade oder einem ›T‹) kann man die benötigte Briefmarke (*timbre*) für Brief (*lettre*) und Postkarte (*carte postale*) kaufen.

Telefon: Zum Telefonieren benötigen Sie Münzen oder eine Telefonkarte. Die *télécarte* oder *carte de téléphone* mit 40 oder 120 Einheiten (*unités*) ist erhältlich im Bureau de Poste oder im Bureau de Tabac. In Kabinen, die mit einer blauen Glocke versehen sind, kann man sich anrufen lassen. R-Gespräch heißt *PCV* und erreicht man mit der Nr. 10. Die billigen Tarife sind ab 21.30 Uhr an Werktagen; samstags ab 13.30 Uhr, sonntags ganztägig. Ab 22.30 bis 6 Uhr ist es am billigsten.

In den Bars, Cafés und Restaurants kann man ebenfalls telefonieren. Man fragt am besten an der Bar, wo das Telefon ist, nicht, weil man die zumeist deutlich angebrachten Hinweisschilder nicht sehen kann, sondern vielmehr, weil einem der Bar-Keeper gleich sagen kann, ob man dafür einen *jeton*, also eine Extra-Münze, braucht, die er an der Bar verkauft.

Um in Deutschland anzurufen: 19 für Ausland. Summton abwarten. 49 für Deutschland (41 Schweiz; 43 Österreich) und dann die gewohnte Vorwahlnummer (*préfixe*) ohne die 0.

Um in Frankreich anzurufen: 33 ist die Nummer für Frankreich. 1 für Paris. Die meisten Pariser Nummern fangen mit einer 4 an.

Trinkgeld (le pourboire; man nennt es aber: *service*) wird wie bei uns gegeben. Für Platzanweiser in Kinos und Theatern ist es oft die einzige Einnahme. ›service compris‹ oder ›prix nets‹ heißt: einschließlich Bedienung. ›service non compris‹ oder ›service en sus‹ heißt: zuzüglich Bedienung.

Urlaub für Behinderte: Behinderte: Die Vorstellung, daß Behinderte (*handicapés*) sich gerne auch bewegen, setzt sich nur langsam durch. Bahnen, Busse und Gebäude sind zumeist nicht behindertengerecht für Rollstuhlfahrer. Trotzdem sind einige Institutionen darauf eingestellt.

Wer mit der Eisenbahn anreist, erkundige sich nach den Behinderten-Einrichtungen am Zielbahnhof.

Informationen bietet eine Schrift ›Touriste quand même‹, die man direkt beim *Comité National Français de Liaison pour la Réadaptation des Handicapés* (38, bd. Raspail, 75007 Paris; Métro Sèvres-Babylone; Tel. 45.48.90.13) beziehen kann.

Sport- und Freizeittips
(siehe auch die entsprechenden Hinweise im Reiseteil)

Angeln dürfen Sie wie bei uns nur mit Erlaubnis. In den Gewässern der Pyrenäen gibt es Forellen, Lachs und Zander, in Seen Aal, Hecht, Brasse und Rotauge. Die Flüsse Dordogne, Garonne und Adour sind einigermaßen reich an Fischen.

Wer angeln will, besorgt sich eine Tages-Angelkarte im Tabac, im Anglerladen oder beim jeweiligen Anglerverein.

Wer sich für **Hochseefischerei** interessiert: *Anglet*: Yacht Club Adam Atlantique, Tel. 59.63.16.22. *Arcachon*: U.B.A., Tel. 56.54.60.32. *Capbreton*: Sinbad Plaisance, Tel. 58.72.34.76. *St-Jean-de-Luz*: Tourisme basque, Tel. 59.26.25.87

Baden dürfen Sie auch ohne Erlaubnis, aber beachten Sie Strömungen und Gezeiten. Das Meer ist heftig und kann gefährlich sein. Deshalb sollte man nicht leichtsinnig zu weit hinaus schwimmen.

An vielen Stränden gibt es sogenannte ›Mini-Clubs‹, wo man seine Kinder beaufsichtigen lassen kann, allerdings wird hier kaum deutsch gesprochen.

Zum **Bergsteigen** in den Pyrenäen sind in der Literaturliste zwei Führer angegeben. Siehe auch die Angaben bei den jeweiligen Orten, Auskünfte auch über die Tourismusbüros. Allgemeine Auskünfte erteilt die *Fédération Française de la Montagne*, 20bis, rue de la Boétie, F–75008 Paris.

Golfplätze finden Sie bei den Orten im Reiseteil.

Bootstouren: Einen Bootsführerschein benötigt man bis 6 PS nicht, aber es wird vorausgesetzt, daß man die in Frankreich geltenden Regeln auf Wasserwegen kennt und beachtet. An den Schleusen muß man, außer einem Trinkgeld für den Schleusenwärter, nichts bezahlen. Die Höchstgeschwindigkeit beträgt 3 Knoten in den Häfen, 5 Knoten im Abstand bis zu 300 m zum Land, sonst maximal 20 Knoten. *Dordogne, Lot und Célé*: Safaraid, F–19400 Argentat, Tel. 55.28.80.70, Fax 65.36.29.31, in F–46330 Bouzies, Tel. 65.30.22.84, Fax 65.30.23.87; außer Saison: 46140-Luzech, Tel. 65.36.23.54, Fax 65.36.29.31. *Canal du Midi*: Crown Blue Line, Le Grand Bassin, BP 21, F–11401 Castelnaudary, Tel. 68.23.17.51,

Fax 68.23.33.82; Ls Chalandoux, Place de la République, F–31290 Avignonet Lauragais, Tel. 61.27.82.95, Fax 61.81.57.06.

Canal Lateral de la Garonne: Rive de France, Base de Montech Port de Plaisance, F–82700 Montech, Tel. 53.20.97.17; Moissac navigation Plaisance, Port de Plaisance, Quai Charles de Gaulle, F–82200 Moissac, Tel. 63.04.48.28, Fax 63.04.26.70.

Auf dem Lot: Crown Blue Line, F–46140 Douelle, Tel. 65.30.71.11, Fax 65.20.13.52. Locaboat plaisance in Freiburg/Br.: Ludwigstr. 1, Tel. 07.61/38.10.85, Fax 07.61/38.11.56, dieselben für den Canal du Midi: Ecluse de Negra, F–31450 Montesquieu Lauragais, Tel. 61.91.36.40; und für den Lot: F–46140 Luzech, Tel. 65.30.71.11, Fax 65.20.13.52.

Informationen (nach Regionen):
Loisirs Accueil Dordogne/Périgord (16, av. Président Wilson, 24000 Périgueux)
Loisirs Accueil Landes (B.P. 259, 40005 Mont-de-Marsan) Loisirs Accueil Gironde (21, Cours de l'Intendance; 33000 Bordeaux)
Aktuelle Informationen: Radio France Bordeaux-Gironde: 101,6 Médoc, 100,1 Bordeaux, 102,2 Arcachon. France Inter 162 KHz. Unwetter-Info: Sud Gascogne bei Arcachon Radio 1820 KHz (164m), 2775 KHz.
Seewetter Tel. 36.68.08.33, Küstenwetter Tel. 56.34.36.05. Centre de Sécurité in Bordeaux (1, rue Fondaudège, Tel. 57.81.12.69); Le Verdon (station maritime Tel. 56.09.60.23); Bourg sur Gironde (station maritime Tel. 57.68.44.29)
In Notfällen Tel. 56.09.82.00 (24-Stundenservice)
Weitere Informationen (Fahrer-

laubnis, Schleusen etc): Ministère de l'Urbanisme du Logement et des Transports Services des voies navigables (244, Boulevard Saint-Germain, 75007 Paris, Tel. 1.45.55.39.93)

Kanu/Kajakfahren: Auf den Binnenseen, auf den Kanälen und auf den Flüssen Garonne, Dordogne, Adour, Vézère, Dropt, Eyre, Midouze kann man paddeln und Kajak fahren. Etwas Übung braucht man in den reißenden Gewässern der Pyrenäen. Allgemeine Auskünfte erteilt die Fédération Française de Canoe-Kayak (Route de Vienne, 69007 Vienne, Tel. 78613274).
Auf der Dordogne flußabwärts bis zum Château de Milandes: La Peyssière, La Roque-Gageac, Tel.:53.28.17.07.

Radwandern: Auskünfte erteilen die Tourismusbüros. Allgemein: Fédération Française de Cyclotourisme, 8, rue Jean-Marie Jégo, F–75013 Paris, Tel. (1) 44.16.88.88. Fahrradtransport: In den Nahverkehrszügen können Fahrräder mitgenommen werden. Fragen Sie am Bahnhof oder beim Reisebüro vor Reiseantritt.

Fahrradverleih: Räder können an folgenden Bahnhöfen gemietet werden: Agen, Arcachon, Argelès-Gazost, Auch, Bagnères-de-Bigorre, Bayonne, Bordeaux, St-Jean, Dax, Libourne, Sarlat-la-Canéda, St-Jean-de-Luz, Soulac-sur-Mer, Tarbes, Vic-en-Bigorre.

Reiten: Reitmöglichkeiten gibt es an vielen Plätzen Aquitaniens. Über Reittouren über längere Strecken und über Reisen mit dem Pferdewagen kann man sich informieren bei: Association de Tourisme Équestre (16, rue Wilson, F–24000 Périgueux, Tel. 53.53.44.35). Allgemeine Auskünfte erteilt: Association Nationale pour le Tourisme Équestre, 170, quai Stalingrad, F–Issyles-Moulineaux, Tel. (1) 46.48.83.93.

Rugby ist in Aquitanien überraschend beliebt. Wann und wo die Spiele ausgetragen werden, erfährt man in Agen (Tel. 53.96.43.01), Bayonne (Tel. 59.63.36.57), Mont-de-Marsan (Tel. 58.75.14.90) sowie auch in Pau (Tel. 59.27.34.77).

Segeln und Surfen: Es gibt an der Atlantikküste kaum einen Platz, an dem man nicht ein Surfbrett oder ein Segelboot leihen könnte. Die Windverhältnisse und die Strömungen können aus dem Sport ein gefährliches Abenteuer machen, wenn man sich nicht vorher eingehend kundig gemacht hat.

Tennis: Auskünfte über Tennisplätze und Öffnungszeuten erhalten Sie auch über die Tourismusbüros (Anschriften und Telefonnummern bei den Orten im Reiseteil).

Wandern: Durch die Flußtäler, über die Hügel der Gascogne und in den Pyrenäen gibt es Wanderwege. Auskünfte: *Landes*: Fédération Départementale de la Randonnée et du Tourisme Pédestre, La Chaumière, 40180 Narosse; Comité Départemental de la Randonnée, Chambre d'Agriculture, BP. 279, 40005 Mont-de-Marsan, Tel. 58.75.15.62. Allgemeine Auskünfte erteilen die Fédération Française de la Randonnée pedestre (9, rue Geoffroy Marie, 75009 Paris, Tel. (1) 48.01.80.80) und das Comité National des Sentiers de Grande Randonnée (92, rue de Clignancourt, F-75883 Paris cédex 15, Tel. 12.59.60.40).

Wintersport: Allgemeine Auskünfte erteilt die Fédération Française de Ski, 34, rue Eugène Flachat, F–75017 Paris, Tel. (1) 47.64.99.39. Hinweise hierzu finden Sie, wie bei allen anderen Sportarten, bei den entsprechenden Orten im Reiseteil.

Veranstaltungen und Feste

Hinweis: Zu den lokalen Festen siehe unter ›Die Ortschafte von **1** – **27**‹

Ende März – Anfang April: Festival sakraler Musik in Lourdes (Tel. 62.94.15.64).
Palmsonntag: Kuhrennen und ›Stier‹kampf mit Kühen in Amou
Ostern: Kirchenmusik und sakrale Kunst in Lourdes
Pfingstfest in Vic-Fezensac.
2. Sonntag nach Pfingsten: Prozessionen und Gottesdienste in Bidarry, Hélette, Iholdy (Baskenland)
1. Mai: Fête de la Mer und Blumenkorso in Mimizan-Plage.
2. Sonntag im Mai: Folklore-Festival in Condom
Im Mai ohne Datum: Musik-Festival in Bordeaux (fünftägig)
Juni: Klassische Musik in der Kathedrale von Auch (Tel. 62.05.22.89).
2. oder 3. Sonntag im Juni: Weinfest und Wahl des Weins des Vorjahres in St-Émilion
24./25.Juni (St.Johann): Großes Fest von St-Jean-de-Luz (Konzerte, Jahrmarkt, Gottesdienste, Feuerwerk)
Alle Wochenenden: Weinfeste im Medoc und Haut-Médoc
Im Juni ohne Datum: Internationales Touristik-Filmfestival in Tarbes (einwöchig)
Juli/Aug Musikfestival in St-Bertrand-de-Comminges (Tel. 61.98.45.35).
Erste Juliwoche: Thunfisch-Fest in St-Jean-de-Luz
14. Juli: Nationalfeiertag (Feuerwerke)
Mitte Juli: Feria de la Madeleine (Umzug, Stierkampf) in Mont-de-Marsan
Zweite Julihälfte: Pyrenäenfestival in Gavarnie (Tel. 62.92.49.10).
Erste Augustwoche: Altstadtfest (Stier-

kampf, Feuerwerk, Konzerte) in Bayonne

5./6. August: Internationales Folklore-Festival in Saint-Sever. Jazz in Marciac (Tel. 62.09.33.33).

15. August: Fête de la Mer in Arcachon. Feuerwerk in Biarritz 1. Sonntag nach dem 15. August: baskische Kraft- und Geschicklichkeitsspiele in St-Palais

3. Sonntag im August: Fête de la mer und Fischer-Wettbewerb in Biarritz.

ohne Datum im August: Festival der Karikatur in Bayonne

Ende August: Blumenfest in Luchon.

Ende August: Internationales Musikfestival in St-Lizier (Tel. 61.96.07.89).

Ende August/Anfang September: Musik-Festival an der Côte basque (in mehreren Orten zwischen Bayonne und St-Jean-de-Luz; einwöchig)

letzter Samstag im August/ 1. Samstag im September: Historisches Kostümfest in Labastide-d'Armagnac

3. Sonntag im September: Beginn der Weinlese in St-Émilion

3. Sonntag im Oktober: Weinfest und Beginn der Weinlese in St-Croix-du-Mont

Ortschaften der Touren **1** – **27**

(Hotels, Veranstaltungen etc.)

Hinweis: Öffnungszeiten sowie Restauranttips und Sportangebote finden Sie im Reiseteil

---

(**H**) Hotels und andere Unterkunftsmöglichkeiten.

***: über 500 Fr/Nacht;

**: bis 500 Fr/Nacht;

*: bis 300 Fr/Nacht.

(**V**) Veranstaltungen (Feste, Feiertage, Märkte)

(**W**) Weinproben (dégustation)

---

1 Bordeaux

(**H**): **Château Chartrons (81, cours St-Louis, Tel. 56.43.15.00, Fax 56.69.15.21); ***Hôtel Burdigala (115, Rue Bonnac, Tel. 56.90.16.16, Fax 56.93.15.06); *Gambetta (66, rue Porte Dijeaux; Tel. 56.51.21.83, Fax 56.81.00.40); **Hôtel de l'Opéra (35, rue Esprit des Lois, Tel. 56.81.41.27, Fax 56.51.78.80); Jugendherberge (22, Cours Barbey, Tel. 56.91.59.51)

(**V**): Februar: Filmfestival, Karneval; Mai: Festival klassischer Musik, Theater, Tanz; Juni: Son et Lumière in der Altstadt

(**W**): Maison du Vin, 1, Cours du XXX Juillet, Information, kein Verkauf! Weinkauf (unter anderem): Vinothèque, 8, cours du XXX Juillet.

Allgemein Gironde:

Fährdienste: Blaye: Tel. 57.42.04.49; Le Verdon Tel. 56.09.60.84

(**H**): Privatunterkünfte über Loisirs Accueil Gironde Tel. 56.52.61.40 und Gîtes de France Gironde, Tel. 56815423

Busverbindungen: von Bordeaux ins Entre-Deux-Mers: Citram Aquitaine, Tel. 56.43.04.04. In Ambès: Transports Prévost Tel. 56.77.11.36. In Libourne: Citram Aquitaine Tel. 57.51.19.28. In Lussac: Transports Marchesseau Tel. 57.40.61.13

2 St-Émilion

(**H**): **Auberge de la Commanderie (Rue des Cordeliers, Tel. 57.24.70.19, Fax 57.74.44.53); **Le Logis des Remparts (Rue Guadet, Tel. 57.24.70.43, Fax 57.74.47.44); ***Château Grand Barrail Lamarzeille Figeac (Route Libourne D243, Tel. 57.55.37.00, Fax 57.55.37.49)

(**S**): Tennis über das Office de Tourisme

(**V**): Juni/Juli: Konzertreihen an verschiedenen Plätzen; 25. Juni:

Johannis-Feuer am Menhir de Pierre-
fitte; 17. Sept La Nuit du Patrimoine.
Okt: Wanderung durch die Weinberge
(Cours pédestre des Grands Vins
Tel. 57511270)
(**W**): Großer Weinprobentag im
ganzen Ort: 30. April (Journées
portes ouvertes dans les châteaux)
2 Lussac
(**H**): **Hôtel Oasis (bei RN89,
Tel. 57.49.17.18)
2 St-Médard-de-Guiziers
(**H**): **Hôtel des Sports (134, rue
République, Tel. 57.69.71.52);
**Hôtel de la Gare (5, rue de la
République, Tel. 57.69.60.14)
2 Guitres
(**H**): **Hôtel Bellevue (46, avenue de
l'Isle; Tel. 57.69.12.81)
2 Coutras
(**H**): **Hôtel Henri IV. (Place du 8 Mai,
Tel. 57.49.34.34, Fax 57.49.20.72);
**Hôtel des Sports (St-Médard, 134,
rue de la République, Tel. 57.69.71.52)
Abzac: **Le Relais de Sorillon (59,
Grand Sorillon, Tel. 57.49.07.21)
2 St-André-de-Cubzac
(**H**): **Hôtel le Sabot (153,
rue Nationale, Tel. 57.43.37.58)
(**W**): **Château de Terrefort-Juancard
(Tel. 57.43.00.53); **Château Jacquet
(185, route de Bourg, Tel.
57.43.20.71)
2 St-Germain-La-Rivière
(**S**): Wandern und Geländeradeln:
SI, Maison du Pays (Tel. 57.84.40.18)
2 Libourne
(**H**): **Hotel Loubat (in Bahnhofs-
nähe, 32, rue Chanzy, Tel.
57.51.17.58); **Hotel Pub (22, place
Decazes, Tel. 57.51.03.39); *Auberge
Les Treilles (11, rue des Treilles,
Tel. 57250252, Fax 57.25.29.70)
Arveyres: Climat de France (Port du
Noyer, RN89, Tel. 57.51.41.41, Fax
57.51.88.45)

(**S**): Radtouren: Cycles Gauthier
(Mi–Sa, 9, avenue de Verdun,
Tel. 57.51.10.01); Louit (Di–Sa
8.30–12, 14–19 Uhr, 80, rue de la
Marne, Tel. 57.51.38.89)
2 Sainte-Terre
(**H**): **Hotel Chez Régis (Rue Charles
de Gaulle, Tel. 57.47.16.21); Hotel
Chez Clovis (Lavagnac, Tel. 57.47.16.03)
2 Castillon-la-Bataille
(**H**): **La Bonne Auberge (Rue du 8
Mai 1945, Tel. 57.40.11.56)
(**S**): Radtouren: Cycles Gauthier
(Mi–Sa, 22, rue Emile Combes,
Tel. 57.40.12.27); Casticycles Ch.
Vulvin (av. John Talbot);
3 Bergerac
(**H**): **Commerce (36, place
Gambetta, Tel. 53.57.30.50,
Fax 53.58.23.82); **Relais du Petit
Prince (Route d'Agen,
Tel. 53.24.89.76, Fax 53.57.72.24);
**La Flambée (route de Périgueux,
Tel. 53.57.52.33, Fax 53.61.07.57).
(**W**): Maison du Vin (Place du Docteur
Cayla Mo–Fr 15.30–16.30, Juli/Aug
tgl. 10–12, 14–17 Uhr)
3 Ste-Foy-La-Grande
(**H**): **Grand Hôtel (117, rue de la
République, Tel. 57.46.00.08,
Fax 57.46.50.70); *Hôtel de la Boule
d'Or (10, place Jean Jaurès, Tel.
57.46.00.76); *La Vieille Auberge (10,
rue Louis Pasteur, Tel. 57.46.0478)
(**S**): Radtouren: Jean Vircoulon (Di–Sa,
41, rue Victor Hugo, Tel. 57.46.02.67)
(**V**): Markt Sa vormittags, Jahrmarkt
20. März und 20. Nov,
3 Lalinde
(**S**): Fahrradverleih beim SI.
Wanderwege GR6 und GR36
4 Périgueux
(**H**): **Périgord (74, av. Victor Hugo,
Tel. 53.53.33.63); **Bristol (37,
rue A. Gadaud, Tel. 53.08.75.90,
Fax 53.07.00.49)

(**V**): Juli/Aug Theaterfestival; 2. Sept-
Hälfte: Jahrmarkt
5 Montignac
(**H**): südlich: **La Table du Terroir (La
Chapelle Aubareil, Tel. 53.50.72.14,
Fax 53.51.16.23); ***Château Puy
Robert (an der D65, Tel. 53.51.92.13,
Fax 53.51.80.11)
(**R**): südlich: La Table du Terroir (La
Chapelle Aubareil, Tel. 53.50.72.14)
5 Les-Eyzies
(**H**): ***Le Centenaire (Tel.
53.06.97.18, Fax 53.06.92.41);
***Cro-Magnon (Tel. 53.06.97.06,
Fax 53.06.95.45); **Centre (Tel.
53.06.97.13, Fax 53.06.91.63)
6 Sarlat
(**H**): **Hotel de Selves (93, avenue
des Selves, Tel. 53.31.50.00,
Fax 53.31.23.52); **La Madeleine
(1, place la Petite Rigaudie, Tel.
53591041, Fax 53.31.03.62); **St-
Albert de Montaigne (place Pasteur,
Tel. 53.31.55.55, Fax 53.59.19.99)
(**V**): Theaterfestival Juli / August.
Bureau du Festival: Hôtel Plamon,
F–24200 Sarlat, Tel (0033)
53.31.10.83
7 Domme
(**H**): **Hôtel de l'Esplanade
(Tel. 53.28.31.41, Fax 53.28.49.92)
7 St-Cyprien
(**H**): **L'Abbaye (Tel. 53.29.20.48,
Fax 53.29.15.85)
(**S**): Wandern (lokale Wege und GR36,
GR64 am Dordogne-Ufer); Kajak
8 La Réole
(**H**): **Hôtel de l'Abbaye
(42, Rue Armand Caduc,
Tel. 56.61.02.64, Fax 56712440)
(**S**): Cap33 Wassersport, Hôtel de
Ville, Tel. 56.61.10.11; Aéro-Club de
Guyenne, Tel. 56.61.27.86
(**W**): Maison des Arts et du Vin, Place
du Colonel Bouché, Tel. 56.61.10.88
(10–12, 15–18 Uhr)

8 Marmande
(**H**): *EuropHotel (place Couronne,
Tel. 53.20.93.93, Fax 53.64.46.31)
8 Monségur
(**H**): **Grand Hôtel (26, Place
Darniche, Tel. 56.61.60.28)
(**S**): Bergklettern in Monségur und in
Dieulivol; Reiten: Rodéo-Ranch
(Montignac, Tel. 56.61.68.14)
8 Duras
(**H**): **Hostellerie des Ducs
(Tel. 53.83.74.58, Fax 53.83.75.03);
Zimmernachweis: Association touri-
stique du Pays de Duras,
Tel. 53.94.76.94, Fax 53.94.77.63
(**S**): Lac du Castelgaillard (Tel. Juli/Aug
53.94.78.74, sonst 53.94.76.94)
(**W**): Maison de Pays et du Vin,
Boulevard Jean Brisseau,
Tel. 53.83.81.88
9 Saint Macaire
(**W**): Maison du Pays de St-Macaire, 8,
rue du Canton, Tel. 56.63.32.14
9 Langon
(**H**): **Hotel Claude Darroze
(95, cours General Leclerc,
Tel. 56.63.00.48, Fax 56.63.41.15);
**Hotel Horus (2, Rue des Bruyères,
Tel. 56.62.36.37, Fax 56.63.09.99);
**Hotel de Chantilly (24, Rue Pasteur,
Tel. 56.63.11.95); Camping
(**S**): Reiten: Centre Hippique et Poney-
Club de la Gourmette, Chemin de la
Merlaire, Tel. 56.63.07.46.
Bootsfahrten: Bateau l'Escapade,
43bis, Rue des Salières,
Tel. 56.63.06.45
9 Barsac
(**H**): **Hostellerie Château de Rolland
(RN113, Tel. 56.27.15.75); Camping
(**W**): La Maison du Vin de Barsac
(Place de l'Église, Tel. 56.27.15.44).
Château Dudon (Tel. 56.27.07.37)
9 Ste-Croix-du-Mont
(**W**): Château du Mont (Tel.
56.62.01.72). Château la Grave

(Tel. 56.62.01.65), Château Laurette
(Tel. 56.62.01.31)

9 Sauternes

(**W**): Maison du Vin de Sauternes
(Place de la Mairie, Tel. 56.76.60.37);
Caveau du Sauternais (Place de la
Mairie, Tel. 56.63.62.17)

9 Cadillac

(**H**): **Hotel Château de la Tour
(Beguey, Tel. 56769200, Fax
56621159)
(**W**): Cadillac: Maison du Vin de
Cadillac (Château des Ducs
d'Epernon, Tel. 56.62.66.95);
Podensac: Maison de Vins de Graves
(Mo–Fr 8.30–12.30, 13.30–17.30 Uhr,
Juli/Aug bis 19 Uhr und Sa, So ab
9.30 Uhr. Tel. 56.27.09.25)

9 Sauveterre

(**H**): **Hotel de Guyenne (Route de
Bordeaux, Tel. 56.71.54.92)
(**W**): Maison du Sauveterrois (4, place
de la République, Tel. 56.71.61.28);
Château des Léotins (Tel.
56.71.50.25)

9 Rauzan

(**H**): **Hôtel du Château (Rue du Pont
Long, Tel. 57.84.13.33)
(**W**): Weinproben bei der Union de
Producteurs (Tel. 57.84.13.22)

10 Créon

(**H**): **Hostellerie Château Camiac
(Route de Branne D121,
Tel.56.23.20.85, Fax 56.23.38.84)
(**S**): Créon: Wandern und
Radwandern.

10 Langoiran

(**H**): **Le Saint Martin (5, place
A. Gousy Le Port, Tel. 56.67.02.67,
Fax 56.67.15.75); **Chez Philippe
(Le Tourne, Tel. 56.67.51.27)
(**S**): Tennis (Tel. 56.67.01.06);
Wanderungen und Flußfahrten über
das OT
(**W**): Château Ste-Cathérine
(Tel. 56.72.11.64)

11 Blaye

Transporte: Citram Aquitaine in
Bordeaux Tel. 56.43.04.04.; Hébrard
(33390 Blaye, 57.42.77.61); Rozeville
(33000 Bordeaux, Tel. 56.39.25.79)
(**S**): Reiten: Château de Gourdet
(Reiterferien, 33620 Saint-Mariens,
Tel. 57.58.99.33); Le Centaure (33390
Cartalègue, Tel. 57.64.62.40);
Flugzentrum Aéro-club de Montendre
(33860 Marcillac, Tel. 57.32.40.50)

12 Louens (Médoc)

(**H**): **Hotel-Restaurant Le Pont
Bernet (Tel. 56.72.00.19,
Fax 56.72.02.90)
(**S**): Golf du Médoc, 36 Löcher,
Schlägerverleih, Chemin de
Courmanteau ›Louens‹,
(Tel. 56.72.01.10)

12 Margaux

(**H**): **Relais de Margaux
(Tel. 56.88.38.30, Fax 57.88.31.73)
(**V**): Sept./Okt. Polospiele im Château
Giscours (Tel. 56.88.34.02)

12 Castelnau de Médoc

(**H**): **Hotel-Restaurant Des Landes
(Place Romain Videau,
Tel. 56.58.73.80, Fax 56.88.81.59)

12 Listrac Médoc

(**H**): **Chambres d'Hôtes im Château
Cap Léon Veyrin (Tel. 56.58.07.28,
Fax 56.58.07.50); **Chambres
d'Hôtes im Château Rose-Sainte-Croix
(Tel. 56.58.02.06, Fax 56.58.14.24)

12 Saint-Laurent Médoc

(**H**): **Hotel-Restaurant La
Renaissance (Tel.&Fax 56.59.40.29)

12 Cussac (Info Tel. 56.58.98.98)

(**V**): Juli: Internationales Jazz-Festival
im Fort Médoc; Ende Okt:
Pferdegespannrennen im Château
Lanessan

12 Pauillac (Info Tel. 56.59.03.08)

(**H**): ***Restaurant-Hotel Château
Cordeillan-Bages (Tel. 56.59.24.24,
Fax 56.59.01.89); **Hotel Restaurant

Yachting (Port de Plaisance,
Tel. 56.59.06.43); **Hotel de France
et d'Angleterre (Quai A.-de-Pichon,
Tel. 56.59.01.20); Camping Les
Gabarreys (Tel. 56.59.10.03)
(**V**): Pfingstfest und Pfingstregatta;
Juli: Jazzkonzerte; Mitte Sept.
Marathon der Médoc-Châteaux
 (Tel. 56.59.01.91)

12 Saint-Estèphe
(**H**): **Château Pomys/Château
St-Estèphe (Leyssac, Tel. 56.59.73.44
und 56.59.32.26; Fax 56.59.35.24)

12 Lesparre-Médoc
(**H**) ***Château Layauga
(Tel. 56.41.26.83, Fax 56.41.19.52)

13 Soulac/Amélie
(**H**): **Pins (Amélie, Tel. 56.09.80.01,
Fax 56.73.60.39)

13 Cap Ferret
(**H**): **La Frégate (avenue Océan, Tel.
56.60.41.62, Fax 56.03.76.18); **Les
Pins (Rue Fauvettes, Tel. 56.60.60.11,
Fax 56.03.70.61); **Les Dunes (av. de
Bordeaux, Tel. 56.60.61.81)

14 Arcachon
(**H**): ***Arc Hôtel sur Mer
(Tel. 56.83.06.85, Fax 56.83.53.72)
***Roc Hôtel et Moderne (200, Bd de
la Plage, April-Okt. Tel. 56.83.05.01,
Fax 56.83.22.76); ***Les Vagues
(Ville de Printemps, 9, Boulevard
Océan, Tel. 56.83.03.75);
***Sémiramis (Villa Thérésa, 4, allée
Rebsomen, Tel. 56.83.25.87,
Fax 57.52.22.41)
(**S**): *Kanu und Kayak*: in Mios und
Salles auf der Leyre im
Naturschutzgebiet (Tel. 56.22.80.93);
Reiten: L'Etrier d'Arcachon (Rue Pierre
Frondaie beim Lycée, Tel.
56.83.21.79); *Fahrradleih*: Loca Beach
(326 bd de la Plage, Tel. 56.54.90.33
oder 56.54.93.78); *Schwimmbad*:
av. du Parc; *Tiefseetauchen*: CASA
(46, bd Mestrézat, Tel. 56.83.98.95);

Squash-Club (3, rue Aimé Bourdier,
Tel. 56.54.99.74); *Tennis*: av. du Parc
Pereire (Tel. 56.83.07.77); *Segeln*
(beide im Port de Plaisance): Centre
Nautique (Tel. 56.83.44.50); Cercle de
Voile (Tel. 56.83.05.95 oder
56.83.13.95). *Bootsfahrten*:
Rundfahrten Tel. 56.54.83.01, Über-
fahrten von Le Moulleau nach Cap
Ferret Tel. 56.54.04.88)

14 Pyla sur Mer
(**H**): **Maminotte (Allée Acacias,
Tel. 56.54.55.73, Fax 57.52.24.30); in
Pilat-Plage **Oyana (Tel. 56.22.72.59,
Fax 56.22.16.47); **Corniche
(Tel. 56.22.72.11, Fax 56.22.70.21)

15 Biscarosse
(**H**): Biscarosse Ort: **Atlantide (77,
place Marsan, Tel. 58.78.08.86, Fax
58.78.75.98), Biscarosse Plage: **La
Plage (sur la Dune, Tel. 58.78.26.69)

15 Hossegor
(**H**): ***Beauséjour (av. Tour du Lac,
Tel. 58.43.51.07, Fax 58.43.70.13);
**Les Hortensias du Lac (av. Tour du
Lac, Tel. 58.43.99.00,
Fax 58.43.42.81)

15 Capbreton
(**H**): **Atlantic (av. de Lattre de
Tassigny, Tel. 58.72.11.14,
Fax 58.72.29.01); ***Océan
(av. Georges Pompidou,
Tel. 58.72.10.22, Fax 58.72.08.43)

16 Villandraut
(**H**): **Goth (Tel. und Fax
56.25.31.25)

16 Bazas
(**H**): **Domaine de Fompaire (Route
de Mont-de-Marsan, Tel. 56.25.98.00,
Fax 56.25.16.25)

17 Cazaubon
(**H**): **Château Bellevue
(Tel. 62.09.51.95, Fax 62.09.54.57)

17 Barbotan-les-Thermes
(**H**): ***La Bastide Gasconne
(Tel. 62.08.31.00, Fax 62.08.31.49);

**Cante Grit (Tel. 62.69.52.12,
Fax 62.69.53.98); *Beauséjour
(Tel. 62.69.52.01, Fax 62.09.50.78);
*Roseraie (Tel. 62.69.53.26,
Fax 62.69.58.75)

17 Eauze
(H): **Auberge de Guinlet
(Tel. 62.09.85.99, Fax 62.09.84.50)

17 Nogaro
(H): **Commerce (Place des
Cordeliers, Tel. 62.09.00.95)

Aire sur Adour
(H): *Adour (Tel. 58.71.66.17,
Fax 58.71.87.66), *Platanes
(Tel. 58.71.60.36

Eugénie les Bains
(H): ***Les Prés d'Eugénie,
Tel. 58.05.06.07, Fax 58.51.13.59);
**Maison Rose (Tel. 58.05.05.05,
Fax 58.51.13.59).

17 Grenade sur l'Adour
(H): **Pain Adour et Fantaisie
(7, place des Tilleuls, Tel. 58.45.18.80,
Fax 58.45.16.57).

18 Mont-de-Marsan
(H): *Richelieu (3, rue Wlerick,
Tel. 58.06.10.20, Fax 58.06.00.68);
*La Siesta (8, place Jean Jaurès,
Tel.58.06.44.44, Fax 58.06.09.30);
**La Renaissance (Route de
Villeneuve, Tel. 58.51.51.51,
Fax 58.75.29.07); **Abor (Route de
Grenade, Tel. 58.51.58.00,
Fax 58.75.78.78).

18 Saint-Sever
(H): **Relais du Pavillon (an der
Kreuzung D933/D924, Tel.
58.76.20.22, Fax 58.76.25.81).

18 Orthez
(H): **Au Temps de la Reine Jeanne
(44, rue du Bourg Vieux,
Tel. 59.67.00.76, Fax 59.69.09.63).

19 Salies-de-Béarn
(H): **Hôtel du Golf, an der D933
nach Osten (Domaine d'Hélios,
Tel. 59.65.02.10,

Fax 59.38.16.41); Jugendherberge
(Stade al Cartero, Route du Padou,
Tel. 59.38.29.66).

19 Castagnède
(H): **La Belle Auberge
(Tel.59.38.15.27, Fax 59.65.03.57).

19 Peyrehorade
(H): **Hôtel Central (Place A.Briand,
Tel. 58.73.03.22, Fax 58.73.17.15).

19 Dax
(H): **Hotel Splendid (Cours Verdun,
Tel. 58.56.70.70, Fax 58.74.76.33);
**Grand Hôtel (rue de la Source,
Tel. 58.90.53.00, Fax 58.90.52.88);
*Le Vascon (Place de la Fontaine
Chaude, Tel. 58.56.64.60); *Nord
(68, ave St-Vincent-de-Paul,
Tel. 58.74.19.87); in St-Paul-lès-Dax:
**Hôtel du Lac (Lac de Christus,
Tel. 58.90.60.00); **Climat de France
(Lac de Christus, Tel. 58.91.70.70);
**Campanile (N124, Tel. 58.91.35.34,
Fax 58.91.37.00); **Relais des Plages
(N124, Tel. 58.91.78.86,
Fax 58.91.85.13).
(V): Juni–Sept: spanischer Stierkampf,
Kuhkämpfe (Tel. 58.74.13.98),
Musikfestival

20 Bayonne
(H): ***Grand Hôtel (21, rue Thiers,
Tel. 59.59.14.61, Fax 59.25.61.70);
**Ibis (44, bd Alsace-Lorraine,
Tel. 59.50.38.38, Fax 59.50.38.00);
**Lousteau (1, place de la
République, Tel. 59.55.16.74,
Fax 59.55.69.36)
(V): Schinkenmarkt 31.3.–2.4.;
Folklorefest Ende Juli; Fête de
Bayonne (Pelota, Stierkampf)
Anfang August

20 Anglet
(H): ***Atlanthal (153, bd Plages,
Tel. 59.52.75.75, Fax 59.52.75.13);
Jugenherberge (19, route des Vignes,
Tel. 59.63.86.49).

20 Biarritz

(**H**): ***Hôtel du Palais
(1, av. Impératrice, Tel. 59.41.64.00,
Fax 59.41.67.99); ***Tonic (58, av.
Edouard VII, Tel. 59.24.58.58,
Fax 59.24.86.14); ***Miramar
(13, rue L.Bobet, Tel. 59.41.30.00,
Fax 59.24.77.20); ***Café de Paris
(5, place Bellevue, Tel. 59.24.19.53,
Fax 59.24.18.20); **Malouthéa
(3, av. Jardin Public, Tel. 59.24.06.00,
Fax 59.24.87.26); in Arcangues:
**Marie-Eder (Tel. 59.43.05.61,
Fax 59.43.08.34) (V): Juli: Pelota-
und baskisches Folklorefest

21 St-Jean-de-Luz

(**H**): ***Chantaco (D918 beim
Golfplatz, Tel. 59.26.14.76,
Fax 59.26.35.97); ***Parc Victoria
(5, rue Cépé, Tel. 59.26.78.78,
Fax 59.26.78.08); **Agur (96, rue
Gambetta, Tel. 59.26.21.55);
**Ohartzia (28, rue Garat,
Tel. 59.26.00.06,
Fax 59.26.74.75).

21 Hendaye

(**H**): ***Serge Blanco (Bd. de Mer,
Tel. 59.51.35.35, Fax 59.51.36.00);
**Pohoténia (Route Corniche,
Tel. 59.20.04.76, Fax 59.20.81.25); in
Biriatou: **Atxenia (Tel. 59.20.38.83,
Fax 59.20.57.78).

21 Ascain

(**H**): **Parc Trinquet-Larralde (Tel.
59.54.00.10, Fax 59.54.01.23);
Oberena (Tel. 59.54.03.60).

21 Sare

(**H**): ***Arraya (Tel. 59.54.20.46,
Fax 59.54.27.04); **Pikasseria (D406,
Tel. 59.54.21.51, Fax 59.54.27.40).

21 Ainhoa

(**H**): ***Argi-Eder (Tel. 59.29.91.04,
Fax 59.29.74.33); Oppoca
(Tel. 59.29.90.72, Fax 59.29.81.03);
***Ithurria (Tel. 59.29.92.11,
Fax 59.29.81.28). Camping an der

Grenze, in Dancharia
(Tel. 59.29.90.26).

21 Espelette

(**H**): *Euzkadi (Tel. 59.93.91.88,
Fax 59.93.90.19).

21 Cambo-les-Bains

(**H**): *Trinquet (Tel. 59.29.73.38);
**Bellevue (rue Terrasses, Tel.
59.29.73.22, Fax 59.29.30.96);
*Chez Tante Ursule (Bas-Cambo,
Tel. 59.29.28.57, Fax 59.29.78.23).

21 Hasparren

(**H**): **Tilleuls (Place Verdun,
Tel. 59.29.62.20, Fax 59.29.13.58).

22 St-Jean-Pied-de-Port

(**H**): ***Les Pyrénées (Place Charles
de Gaulle, Tel. 59.37.01.01,
Fax 59.37.18.97); **Continental
(3, av. Renaud, Tel. 59.37.00.25,
Fax 59.37.27.81); **Central (pl.
Charles de Gaulle, Tel. 59.37.00.22,
Fax 59.37.27.79); **Etche Ona (pl.
Floquet, Tel. 59.37.01.14); **Plaza
Berri (Av. Fronton, Tel. 59.37.12.79).

22 St-Palais

(**H**): **Paix (Tel. 59.65.73.15,
Fax 59.65.63.83); Trinquet
(Tel. 59.65.73.13, Fax 59.65.83.84).

22 Sauveterre-de-Béarn

(**H**): **Hostellerie du Château
 (Tel. 59.38.52.10); Hôtel-Restaurant
A Boste (Tel. 59.38.55.36).

23 Pau

(**H**): **Aquitaine (30, rue L.Barthou,
Tel. 59.27.92.10); **Béarn (5, rue
Maréchal Joffre, Tel. 59.27.52.50);
**Le Bourbon (Place Clemenceau,
Tel. 59.27.53.12, Fax 59.82.90.99);
**Continental (Tel. 59.27.69.31,
Fax 59.27.99.84).

23 Oloron-Ste-Marie

(**H**): *Brun (Place Jaca,
Tel. 59.39.64.90, Fax 59.39.12.28);
**Alysson (Tel. 59.39.12.28, Fax
59.39.24.47); Paix (Tel. 59.39.02.63,
Fax 59.39.98.20).

23 Artouste
(**H**): **Le Chalet des Pyrenées (Gabas, Tel. 59.05.30.51); **Maison de Fabrèges (Artouste, Tel. 59.05.34.00, Fax 59.05.37.55).

24 Argelès-Gazost
(**H**): **Miramont (Tel. 62.97.01.26, Fax 62.97.56.67); *Les Cimes (Tel. 62.97.00.10, Fax 62.97.10.19); *Soleil Levant (Tel. 62.97.08.68, Fax 62.97.04.60); *Hostellerie Le Relais (25, rue Maréchal Foch, Tel. 62.97.01.27); *Gabizos (av. Pyrénées, Tel. 62.97.02.70, Fax 62.97.02.70).

24 Cauterets
(**H**): **Aladin (av. Général Leclerc, Tel. 62.92.60.00, Fax 62.92.63.30); **Bordeaux (Tel. 62.92.52.50, Fax 62.92.63.29); *Le Sacca (Bd. Latapie-Flurin, Tel. 62.92.50.02, Fax 62.92.64.63); *Welcome (3, rue Victor Hugo, Tel. 62.92.50.22, Fax 62.92.02.90); *Les Edelweiss (Bd. Latapie-Flurin, Tel. 62.92.52.75, Fax 62.92.62.73); *Hostellerie La Fruitière (Tel. 62.92.52.04).

24 Gavarnie
(**H**): **Vignemale (Tel. 62.92.40.00, Fax 62.92.40.08); *Le Marboré (Tel. 62.92.40.40, Fax 62.92.40.30).

24 Gèdre
(**H**): *Brèche de Roland (Tel. 62.92.48.54, Fax 62.92.46.05).

24 Lourdes
(**H**): **Grand Hôtel de la Grotte (66, rue de la Grotte, Tel. 62.94.58.87, Fax 62.94.20.50); **Paradis (15, av. du Paradis, Tel. 62.42.14.14, Fax 62.94.64.04); **Solitude (3, passage St-Louis (Tel. 62.42.7171, Fax 62.94.40.65); **Christ-Roi (9, rue Mgr. Rhodain, Tel. 62.94.24.98, Fax 62.94.17.65); *Majestic (9, av. Maransin, Tel. 62.94.27.23, Fax 62.94.64.91); *Notre Dame de Lorette (12, route de Pau, Tel. 62.94.12.16).

24 Tarbes
(**H**): **Foch (18, place Verdun, Tel. 62.93.71.58, Fax 62.93.34.59); **Henri IV (7, av. B.Barère, Tel. 62.34.01.68, Fax 62.93.71.32).

25 Bagnères-de-Bigorre
(**H**): **La Résidence (Parc thermal de Salut, Tel. 62.91.19.19, Fax 62.95.29.88); *Glycines (12, place des Thermes, Tel. 62.95.28.11); **Hostellerie d'Asté (Tel. 62.91.74.27, Fax 62.91.76.74).

25 Baudéan
(**H**): **Catala (Tel. 62.91.75.20).

25 Campan
(**H**): *Beauséjour (Tel. 62.91.75.30).

25 Arreau
(**H**): **Angleterre (Route de Luchon, Tel. 62.98.63.30, Fax 62.98.69.66).

25 Bagnères-de-Luchon
(**H**): *Le Concorde (12, allées Etigny, Tel. 61.79.00.69); ***Etigny (, beim Thermalbad, Tel. 62.79.01.42, Fax 62.79.80.64); ***Corneille (5, av. Dumas, Tel. 61.79.36.22, Fax 62.79.81.11); *Bains (75, allées Etigny, Tel. 62.79.00.58, Fax 62.79.18.18); **Auberge de Castel Vielh (Tel. 61.79.36.79).

25 St-Bertrand-de-Comminges
(**H**): **Comminges (61.88.31.43, Fax 61.94.98.22); **Oppidum (Tel. 61.88.33.50, Fax 61.95.94.04).

25 St Gaudens
(**H**): *Esplanade (7, place Mas St-Pierre, Tel. 61.89.15.90); **Commerce (av. Boulogne, Tel. 61.89.44.77, Fax 61.95.06.96).

25 St-Girons
(**H**): *Mirouze (19, av. Gallieni, Tel. 61.66.12.77, Fax 61.04.81.59); ***Eychenne (8, av. P.Laffont, Tel. 61.66.20.55, Fax 61.96.07.20).

25 Aurignac
(**H**): *Cerf Blanc (Route St-Michel, Tel. 61.98.95.76).

26 Gimont
(**H**): *Coin du Feu (Boulevard Nord,
Tel. 62.67.71.56, Fax 62.67.88.28);
***Château Larroque (Route de
Toulouse, Tel. 62.67.77.44,
Fax 62.67.88.90).

26 Auch
(**H**): ***France (place de la Libération,
Tel. 62.61.71.84, Fax 62.61.71.81);
**Relais de Gascogne (5, av. de la
Marne, Tel. 62.05.26.81,
Fax 62.63.30.22).

26 Mirande
(**H**): **Pyrénées (av. d'Etigny,
Tel. 62.66.51.16, Fax 62.66.79.96),
*Métropole (31, Victor Hugo,
Tel. 62.66.50.25, Fax 62.66.77.63).

26 Vic-Fézenac
(**H**): *Hôtel du Midi (4, rue de la
Treille, Tel. 62.06.35.17); **Relais des
Postes (23, rue Raynal,
Tel. 62.06.44.22).

26 Condom
(**H**): **Trois Lys (38, rue Gambetta,
Tel. 62.28.33.33, Fax 62.28.41.85);
**Logis des Cordeliers (rue de la Paix,
Tel. 62.28.03.68, Fax 62.68.29.03).

26 Nérac
(**H**): **Château (7, av. Mondenard,
Tel. 53.65.09.05); **Hôtel du Pont
(2, av. Mondenard, Tel. 53.65.09.76):
**Hôtel d'Albret (42, allées d'Albret,
Tel. 53.65.01.47, Fax 53.65.20.26).

27 Agen
(**H**): ***Hostellerie des Jacobins
(1, Place des Jacobins,
Tel. 53.47.03.31, Fax 53.47.02.80);
**Provence (22, cours du 14 Juillet,
Tel. 53.47.39.11, Fax 53.68.26.24);
*Stim'Otel (105, bd. Carnot,
Tel. 53.47.48.70); Puymirol: ***
Aubergade (52, rue Royale,
Tel. 53.95.31.46, Fax 53.95.33.80).

27 Villeneuve-sur-Lot
(**H**): *La Résidence (17, av. Carnot,
Tel. 53.40.17.03, Fax 53.01.57.34);
*Les Platanes (40, bd. Marine,
Tel. 53.40.11.40, Fax 53.70.71.95).

27 Bonaguil
(**H**): **Hotel Climat de France
(Tel. 53.40.93.93).

Lesetips
Auferbauer, Günter und Luise: Pyrenäen – Abenteuer Trekking, München 1995
Härtling, Peter: Hölderlin. Ein Roman, München 1993
Hüsler, Eugen: Wanderungen in den Pyrenäen (46 Touren), München 1992
Mann, Heinrich: Die Jugend des Königs Henri Quatre (1935), Reinbek 1994
-, Die Vollendung des Königs Henri Quatre (1938), Reinbek 1994
Michelin Hotelführer France 1995, 86. Ausgabe, Clermont-Ferrand 1995
Tucholsky, Kurt: Ein Pyrenäenbuch (1927), Reinbek 1993
Werfel, Franz: Das Lied von Bernadette (1941, über Bernadette Soubirous),
   Frankfurt a.M. 1991

Kunstgeschichtliches Glossar

Abtei: Kloster, geleitet von Abt oder Äbtissin

Akanthus: Blätter des Bärenklau, die wegen ihrer Struktur als Vorbild für Ziermuster dienen

Apsis: Altarnische am östlichen Ende des Chors einer Kirche. In der Romanik zumeist halbrund, in der Gotik mehreckig. Auch das Querschiff kann nach Osten hin mit Apsiden ausgestattet sein

Arkade: Fortlaufende Reihe von Bögen, die auf Säulen oder Pfeilern ruhen

Baldachin: Dachartiger Aufbau über einem Brunnen, einer Figur oder einem Kultgegenstand

Baptisterium: Taufraum neben der Hauptkirche

Basilika: Kirchentyp mit drei oder fünf Schiffen, dessen Haupthaus oder Mittelschiff höher als die Seitenschiffe ist und durch Lichtgaden erhellt wird

Bergfried: Zumeist der höchste Turm einer Burganlage. Letzte Zufluchtsstätte der Verteidiger

Campanile: Ein freistehender Glockenturm

Chor: Der durch die Verlängerung des Mittelschiffs über das Querhaus hinaus gebildete quadratische Raumteil, Platz des Hochaltars, des Chorgestühls und des Kultbilds

Donjon: Wohn- und Wehrturm einer Burg, der im Untergeschoß häufig mit Kerker und Vorratskammer, darüber mit einer Küche, im zweiten und dritten Stockwerk mit Wohn-, Schlaf- und Repräsentationsräumen ausgestattet ist und oben noch über eine zinnenbewehrte Plattform verfügt

Dormitorium: Schlafsaal der Mönche

Email: Schmelzmasse, die durch Metalloxyde gefärbt und auf Metall zu farbigem Dekor aufgeschmolzen ist

Flamboyant: Maßwerkform der französischen Spätgotik, die als ›Flamme‹ gedeutet wird

Gewände: Die durch einen schrägen Einschnitt eines Fensters oder eines Portals in der Mauer entstehende Schnittfläche

Gurtbogen: Quer zur Längsachse eines Tonnen- oder Kreuzgratgewölbes verlaufender Verstärkungsbogen

Joch: Gewölbeabschnitt eines Bauwerks, das in Richtung der Längsachse gezählt wird und durch Stützen und Gurte von den benachbarten Gewölbeabschnitten abgegrenzt ist

Kapitell: Ausladendes Kopfstück einer Säule, eines Pfeilers oder eines Pilasters

Kapitelsaal: Gemeinschaftsraum eines Klosters

Kemenate: Heizbarer Wohn- und Schlafraum, oft aber auch ein Frauengemach

Kolonnade: Säulen- oder Pfeilergang mit waagerechtem Gebälk

Kreuzgratgewölbe: Gewölbe am Kreuzungspunkt zweier gleich hoher Tonnengewölbe. Die Schnittstellen heißen Grate

Kreuzrippengewölbe: Gotisches Gewölbe, bei dem die Schnittstellen einander kreuzender Gewölbe aus Rippen bestehen, über die die Last zu den Eckpfeilern weitergeleitet wird

Krypta: Halb unterirdischer Sakralraum unter dem Chor. Begräbnisort von Heiligen oder Stiftern

Langhaus: Gebäudeteil zwischen westlicher Fassade und Vierung oder Chor

Laterne: Lichteinlassender Aufsatz über einer Gewölbe- oder Kuppelöffnung

Lettner: Trennwand zwischen Presbyterium und Chor zur einen und dem Mittelschiff mit den normalen Gläubigen zur anderen Seite

Lukarne: Dacherker oder Zwerchhaus

Ober- und Lichtgaden: Bei der Basilika die Lichtdurchlässe, die in der Wand des Haupthauses oberhalb der Seitenschiffe angebracht sind.

Pavillon: Kleiner Baukörper, freistehend oder mit einem Schloß verbunden

Pechnase: An Burganlagen nach unten offener Erker, aus dem Angreifer mit siedendem Pech, kochendem Wasser oder schweren Steinen beworfen werden konnten.

Pendentif: Der dreieckige Übergang von den Ecken eines quadratischen Raums zu einer darüberliegenden Kuppel

Pietà (auch Vesperbild): Andachtsbild, bei dem Christi Leichnam auf Marias Schoß liegt

Pilaster: Wandpfeiler, der wenig aus der Mauer vortritt

Priorat: Kloster eines Ordens, dem ein Prior vorsteht

Propstei: Gemeinschaft von Weltpriestern, denen ein Propst vorsteht (z. B. Dompropst)

Querhaus: Ein- oder mehrschiffiger Teil der Kirche, der dem Langhaus senkrecht angegliedert ist

Rayonnant: Strahlenförmige Überformung des gotischen Maßwerks

Refektorium: Speisesaal der Mönche

Retabel: Altaraufsatz

Risalit: Aus der Mauerflucht vorspringendes Bauteil

Rose: Gotisches Rundfenster mit Maßwerkfüllung

Strebewerk: Besonders bei gotischen Basiliken das Verspannungssystem der Konstruktionselemente, über die der Schub der Gewölbemassen abgeleitet wird

Triumphbogen: Der Bogen, der das Haupthaus von der Vierung oder dem Chor trennt

Triforium: Schmaler Gang zwischen Arkaden und Obergaden

Trumeau: Mittelpfeiler eines Portals

Tumba: Hochgrab

Tympanon: Feld über dem Türsturz mittelalterlicher Portale

Vierung: Wo Langhaus und Querhaus sich kreuzen

Wimperg: Giebelförmige, mit Maßwerk verzierte Bekrönung gotischer Portale und Fenster

Ziselierung: Dekor, eingeritzt in Glas und Metall

Register

Die **fettgedruckten** Ziffern in eckigen Klammern beziehen sich auf die jeweiligen Hauptnummern im Text; wichtige Textstellen sind *kursiv* gesetzt, ebenso Verweise auf Stadtpläne, Grundrisse oder Exkurse.

Abbildungsnachweis

Gunda Amberg (Gröbenzell): 59, 80f., 180f., 192, 199, 209, Umschlag Rückseite Mitte. Anzenberger, Wien (Jan Sagl): 6, 15, 243, 256. Anzenberger, Wien (G. Sioen): 10f., 123, 129, 135, 137, 147, 151, 284f. Anzenberger, Wien (Laurent Giraudou): 114f., Umschlag Rückseite oben. Archiv für Kunst und Geschichte (Berlin): 24, 29, 31. Rudolf von Bitter (München): 36, 63, 77, 92f., 100, 158, 217, 221, 257, 265, 276f., 280, 307. Werner Dieterich (Stuttgart): 5 (oben), 119, 185, 188f. Franz Frei (München): 40, 225, 237, 261, 269, 297, 299, Umschlag Rückseite unten. IFA Bilderteam, München (Fried): 85. Look, München (Aldo Acquadro): 244f., 246. Martin Thomas (Aachen): 4, 5 (unten), 32, 47, 48, 50f., 60f., 69, 89, 97, 101, 103, 112, 141, 148f., 154f., 161, 168f., 213, 229, 233, 248f., 253, 288, 290f., 295, 310f. Tourisme d'Aquitaine (Bordeaux): 53, 55.

Titelbild: Hôtel/Château bei Libourne, Foto Franz Frei, München

Die Deutsche Bibliothek – CIP-Einheitsaufnahme

Bitter, Rudolf von:
Südwestfrankreich : Bordeaux, Périgord, Atlantikküste,
Pyrenäen / Rudolf von Bitter
München ; Limes Verlag, 1996 (ArteLimes Reiseführer)
ISBN 3–8090–0854–0

**Reiseinformationen (›Blaue Seiten‹):
Stand Februar 1996**

©1996 Limes Verlag, München
Alle Rechte, einschließlich derjenigen des
auszugsweisen Abdrucks, der photomechanischen
und elektronischen Wiedergabe, vorbehalten.

DTP-Gestaltung auf Macintosh mit Quark Xpress:
Meike Harms
Druck und Bindung: Pustet, Regensburg
Printed in Germany